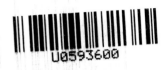

图书在版编目（CIP）数据

工程经济学（第三版）/梁学栋主编. —北京：经济管理出版社，2017.5
ISBN 978-7-5096-5134-6

Ⅰ. ①工… Ⅱ. ①梁… Ⅲ. ①工程经济学—高等学校—教材 Ⅳ. ①F062.4

中国版本图书馆 CIP 数据核字（2022年重印）第 116976 号

组稿编辑：王光艳
责任编辑：许　兵
责任印制：黄章平
责任校对：超　凡

出版发行：经济管理出版社
（北京市海淀区北蜂窝 8 号中雅大厦 A 座 11 层　100038）
网　　址：www. E-mp. com. cn
电　　话：(010) 51915602
印　　刷：北京市海淀区唐家岭福利印刷厂
经　　销：新华书店
开　　本：787mm×1092mm/16
印　　张：20
字　　数：427 千字
版　　次：2017 年 9 月第 1 版　　2022 年 7 月第 3 次印刷
书　　号：ISBN 978-7-5096-5134-6
定　　价：68.00 元

前　言

工程项目是为人们创造物质财富的重要方法与途径，其根本目的是更好地服务人民群众的工作和生活。随着国家“一带一路”倡议的不断深化，工程项目的数量也在急剧增加，因此在实际工作中，除了需要保证技术上的成熟性和可靠性以外，更需要研究其经济上的可行性。以“成本预算，规范管理”为基本原则的工程项目强调对工程基础数据、基本业务流程、工程进度、内部控制、合同管理、工程预算、成本评估、工程造价等要素的控制与管理，通过工程建设项目业务流程的梳理、规范、计划及计算，对工程在实施过程中的进度、成本进行有效控制。工程经济学就是以工程项目为主体，以技术—经济系统为核心，研究如何通过有效利用资源提高经济效益的学科，因而其也成为工程项目实践活动中非常重要的组成部分。

工程经济学的产生距今已有100多年的历史。1887年，美国的土木工程师亚瑟姆·威灵顿出版的《铁路布局的经济理论》著作成为工程经济学诞生的标志，其将资本费用分析法首次运用在铁路建设中，并提出了工程利息的概念。1930年，“工程经济学之父”E.L.格兰特教授出版了《工程经济学原理》一书，奠定了经典工程经济学的基础。1982年，J.L.里格斯出版了《工程经济学》一书，使之成为了一门较为完善的、以工程项目为研究对象的学科。近代工程经济学的发展侧重通过概率统计进行风险性、不确定性分析，运用新方法对工程项目的必要性、财务可行性、经济合理性、投资风险等进行系统、科学的评价。我国对工程经济学的研究和应用起步于20世纪70年代后期，其广泛应用于轨道、公路、隧道、桥梁、铁路、地铁、炼油、核电以及新产品开发、新药物研发、软件研发、新工艺及设备研发等项目的投资决策分析与评估管理中，并取得了显著的应用实践效果，其应用范围也因横跨工程与经济两学科并强调理论与实践相结合而使之更为广泛。应用经济分析的工具，分析工程项目费用（工程项目费用是建设和运用于某项工程或技术项目生产效益过程所支付的货币金额）的成分、性质以及不同时期的等效价值、预估消耗、回收及可能带来直接的、间接的经济效益，从而保证工程项目在经济上的可行性。

“经济”有四个方面的含义：一是指生产或生活上的节约或节省，前者包括资金、物质资料和劳动等；后者指人们的日常工作与生活。二是指社会生产关系，其是在物质资料生产过程中结成的，与一定的社会生产力相适应的生产关系的总和或社会经济制度，是政治和思想等上层建筑赖以存在的基础。三是指国民经济的总称，包括一国全部物质资料生产部门及其活动和部分非物质资料生产部门及其活动。四是指社会物质资料的生产和再生产过程，包括物质资料的直接生产过程以及由它决定的交换、分配和消费过程。工程经济学侧重经济分析的系统理论与方法，内容以工程项目生产活动的节约和节省为主，属于与社会生产力相适应的经济制度；对象则以工程项目为载体的社会物质资料生产和再生产过程为主，属于侧重物质资料生产的国民经济活动。

工程经济学研究的是关于各种工程技术方案的经济效益及各种技术在使用过程中如何以最小的投入获得预期产出或者如何以等量的投入获得最大产出的问题；如何用最低的寿命周期成本实现产品、作业以及服务的必要功能。它的核心任务是对工程项目技术方案进行经济决策。因此，在当代以科学决策为主导的经济建设活动中，工程经济学成为一门具有较强实践指导价值的应用学科。

工程经济学是对工程技术问题进行系统经济分析的理论与方法，是高等院校工程类专业的主干技术课程。工程经济学提供了一个对工程技术方案进行经济性分析与评价的系统框架，并协助工程师对工程项目进行经济、科学、有效的决策，其具有较强的实践应用价值。

本书的编写本着“系统性、科学性、实用性、易学性”的原则，结合国家发展改革委员会颁布的《建设项目经济评价方法与参数》（第三版），系统地介绍了工程经济学的基本原理和方法，坚持理论成果与工程实践相结合、定量分析与定性分析相结合、动态分析与静态分析相结合，确保工程项目方案评价的系统性、客观性与科学公正性。

本书适合工程类高年级本科生、工程类研究生以及工程师的学习与使用，每个章节的内容包括学习目标、章前引例、主要内容、本章小结、概念回顾、练习题、案例分析等模块，深入浅出、逻辑清晰地将内容讲解与实践训练相结合，既适合教师的日常教学使用，也可以作为自学者的参考教材。本书为了方便使用者，每一章都提供了PPT供日常自学与教学使用，如需要，请发邮件联系李智博士：zhil1090@scu.edu.cn。此外，张欣莉副教授录制了涵盖基本概念和知识点的慕课课程（中国大学MOOC：http://www.icourse163.org，搜索“工程经济学”）。

本书受四川大学本科立项建设教材项目与第三批学术学位研究生教材建设项目资助（项目编号：2017KCSJ055），由四川大学的梁学栋副教授提出编写大纲，李智博士负责统稿，邓富民教授主审，张欣莉负责定稿。本版教材具体编写分工如下：第一章至第五章与附录部分由李智负责，编写小组成员包括江河、焦磊磊、刘洪轶、张小云、司冬阳；第六章至第八章由梁学栋负责，编写小组成员包括张如云、徐洋洋、刘灿棉；第九章至第十章由张欣莉负责，编写小组成员包括彭先怡、何圆。

在本书的编写过程中，为保证内容全面实用，参考了大量相关文献，在此向文献作者表示感谢。

书中难免存在疏漏与不足之处，敬请各位师生批评指正。

梁学栋

2017年4月

目　录

第一章 绪 论

学习目标

1. 理解工程经济学的概念和发展历程。
2. 了解工程经济学的研究对象和特点。
3. 了解工程经济分析的基本原则和基本要素。
4. 掌握工程经济分析的方法和步骤。

章前引例

铁路项目建设中的工程经济学分析

按照2008年提出的《中长期铁路网调整规划》，预计从2009年至2020年，中国将新建铁路约4万公里，建设投资总规模突破5万亿元。由于铁路建设项目的显著特点就是它的长期性和不可撤销性，一旦实施，不能随意终止或取消，否则，将造成已投入项目的资金浪费，所以项目决策的科学化是铁路建设项目的头等大事。因此，在可行性研究和项目评估过程中，引入工程经济分析的方法，是实现项目决策科学化、民主化的先导。铁路建设项目进行经济分析各阶段的步骤如下：

其一，投资决策阶段。对建设项目进行投资决策是选择和决定投资行动方案的过程，是对拟建项目的必要性和可行性进行技术经济论证，也是对不同建设方案进行技术、经济比较选择及做出判断和决定的过程。铁路工程项目投资决策正确与否，将直接关系到铁路项目建设的成败，正确的投资决策是合理确定与控制项目造价的前提。在对铁路项目进行投资决策以前，需要对其决策进行可行性研究。可行性研究就是根据审定的项目建议书，对投资项目在技术、工程、经济、社会和外部协作条件等方面的可行性和合理性进行全面的分析论证，做多方案的比选，推荐最佳方案的一个阶段。这就需要深入调查研究，收集大量数据，运用系统工程学原理和经济学原理对研究对象进行技术与经济两个方面的综合预测与论证评价。

其二，设计阶段。在铁路项目设计阶段需要对设计方案进行优选，也就是从若干设计方案中选出最佳方案的过程。设计方案在选择时，要综合考虑各方面因素，对方案进行全方位的技术分析和比较，选择功能完善、技术先进、经济合理的设计方案。

同时，也需要对设计方案进行经济评价，经济评价的必要性表现在以下几个方面：①设计方案必须要处理好经济合理性与技术先进性之间的关系。②设计方案必须兼顾建设与使用，考虑项目全寿命费用。③设计方案必须兼顾近期与远期的要求。

其三，投标报价阶段。在采用合理低价中标的工程投标过程中，投标报价是整个过程的核心，报价过高并不一定意味着高利润，过高的报价会导致企业不能中标；而报价过低，则可能因为低于“合理低价”而废标，或者即使中标，也可能会给企业带来亏本的风险。所以，针对工程的实际情况，测算出工程成本是敲定最终报价的关键。要想保证预测工程成本的准确性，必须做好充分的报价准备。

其四，施工阶段。铁路工程项目在施工阶段需要进行的一项重要管理工作就是施工组织设计，施工组织设计是对工程施工活动实行科学管理的重要手段，它编制的成功与否将直接影响工程经济组织管理的效果。对施工组织设计进行技术、经济分析的目的就是论证所编制的施工组织设计在技术上是否可行、在经济上是否合理，从而选择满意的方案，并寻求节约的途径。

其五，运营阶段。铁路工程项目在投入运营后，项目的相关设备维护、更新也需要工程经济分析。设备更新同技术方案选择一样，应遵循有关技术政策，进行技术论证和经济分析，从而作出最佳的选择。

上例即是在日常经济生活中常遇到的典型工程经济学问题，在完成了对本书的学习以后，能够对上述案例所述情况有较为直观的认识。

资料来源：许瑞成. 工程经济分析在铁路项目建设中的重要性初探［J］. 现代经济：现代物业中旬刊，2009，8（12）：109-110.

第一节　工程经济学简介

工程经济学（Engineering Economics）是工程技术与经济的交叉学科，是研究工程技术实践活动与经济效果的学科，即以工程项目为主体，以技术—经济系统为核心，研究如何有效利用资源，提高经济效益的学科。工程经济学研究的是关于各种工程技术方案的经济效益及技术在使用过程中如何以最小的投入获得预期产出或者如何以等量的投入获得最大产出的问题；如何用最低的寿命周期成本实现产品、作业以及服务的必要功能。在深入了解工程经济学之前，我们必须明确工程经济学的一些基本概念及其发展历程。

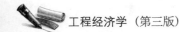

一、概念

工程（Engineering）一词，美国专业发展工程师理事会对其的定义为“工程是研究、试验、实践而得来的数学和自然科学知识，用来判断人类利用物质和自然力谋福利的发展道路”。

对于经济（Economics）这一概念，则有多种认识角度。它可以指一种生产关系，如按生产资料的所有制可划分为国有经济、集体经济和私有经济，按资源的配置方式划分为小农经济、市场经济、计划经济等；也可以指一个国家国民经济的总体或各个组成部分，如工业经济、农业经济、第三产业经济等；也可以指社会生产和再生产过程及其各个环节，即包括生产、交换、流通、分配和消费等社会活动都属于经济范畴；它同时还可以是效益和节约的概念，即以尽可能小的投入，获取尽可能大的产出。例如，某个投资项目，以比较小的资金投入，获取丰厚的利润，就可以说这项投资很经济或经济效益很好。本书中的“经济”更多指的是第四种含义，即节约、效益。

工程经济学是工程技术与经济相结合的综合性交叉学科，是兼有技术经济属性和工程技术属性的应用经济学科。它是以工程技术为主体，以技术经济系统为核心，研究工程技术领域的经济问题和经济规律、工程技术进步和经济增长相互关系的科学。工程经济学是微观经济学的一个特殊领域，因此，它关注的重点是单个组织或企业的经济决策，其任务就是用有限的资源，以最优的方式完成工程任务，并获得最大的经济效益和社会效益。著名的亚瑟姆·威灵顿（Arthur M.Wellington）曾经将工程经济学描述为“一门少花钱多办事的艺术”，这对工程经济学进行了形象的概括和阐述。

工程经济学一般用来解决如下一些问题：

其一，什么样的工程项目是值得去做的。在工程经济学中，通过使用不同的分析工具，在项目实施之前对项目进行分析、评估，从而决定某个具体的项目是否值得去做以及可以花费多少资源和代价去做。

其二，给不同的项目赋予不同的优先性。在实际中，一般都不会只有一个项目需要做，而是同时有两个或两个以上的项目需要去完成，这种情况下就需要辨明每个项目的轻重缓急，以便更好地安排项目的进度和完成顺序。

其三，对工程项目的任务安排设计。如章前引例，在确定一个项目以后，需要对每个环节的任务进行安排，从项目开始，到最后完成，都需要事先对项目进行完善缜密的设计。正所谓“凡事预则立，不预则废”。充分完善的任务设计可以有效保证项目的顺利进行。

由工程经济学主要解决的问题出发，可得出工程经济学的主要内容包括资金的时间价值理论、工程项目的可行性研究理论、投资项目经济评价指标体系与多方案择优理论、不确定性分析、设备更新的经济分析、价值工程理论等，这些内容将在本书接下来的章节中详细介绍。

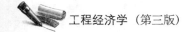

二、发展历程

工程经济学主要产生并发展于国外，目前公认的起源为 1887 年亚瑟姆·威灵顿的著作《铁路布局的经济理论》（*The Economic Theory of Railway Location*）的出版，他首次将成本分析方法应用于铁路的最佳长度和路线的曲率选择问题方面，并提出了工程利息概念。1930 年，格兰特（E.L.Grant）在他的《工程经济学原理》（*Principles of Engineering Economy*）一书中指出了古典工程经济学的局限性，他的许多观点获得了社会认可，被称为“工程经济学之父”。此后，工程经济学在美国等西方国家得到了进一步的发展和完善，形成了相对完整的学科领域（见表 1–1）。

表 1–1　工程经济学发展历程

重要的历史人物	主要贡献
亚瑟姆·威灵顿	最早探讨工程经济问题的人物之一。首次将成本分析方法应用于铁路的最佳长度和路线的曲率选择问题方面，并提出了工程利息的概念。他认为工程经济并不是建造艺术，而是“一门少花钱多办事”的艺术，从而开创了工程领域中的经济评价工作。1887 年出版了《铁路布局的经济理论》著作
菲什	20 世纪 20 年代，系统地阐述了与债券市场相联系的工程投资模型
戈尔德曼	20 世纪 20 年代，出版《财务工程》一书，第一次提出用复利法来确定方案的比较值、进行投资方案评价的思想，并且批评了当时研究工程技术问题不考虑成本、不讲究节约的错误倾向
格兰特	1930 年出版教科书《工程经济学原理》，奠定了经典工程经济学的基础，指出了古典工程经济学的局限性，并以复利计算为基础，对固定资产投资的经济评价原理作了阐述，同时指出人的经验判断在投资决策中具有重要作用，被誉为“工程经济学之父”
迪安	在凯恩斯经济理论的基础上，分析了市场供求状况对企业有限投资分配的影响。1951 年出版《投资预算》一书，阐述了动态经济评价法以及合理分配资金的一些方法及其在工程经济中的应用
布西	1978 年出版了《工业投资项目的经济分析》一书，全面系统地总结了工程项目的资金筹集、经济评价、优化决策以及项目的风险和不确定性分析等
里格斯	1982 年出版了《工程经济学》著作，系统地阐述了货币的时间价值、时间的货币价值、货币理论、经济决策和风险以及不确定性等工程经济学的内容，把工程经济学的学科水平向前推进了一大步

近几十年来，西方工程经济学理论出现了宏观化研究的趋势，工程经济中的微观部门效果分析正逐步同宏观的效益研究、环境效益分析结合在一起，国家的经济制度和政策等宏观问题也成为当代工程经济学研究的新内容，这些都促使这一学科得到了更为完善的发展。

我国对工程经济学的研究和应用起步于 20 世纪 70 年代后期。随着改革开放的推进，工程经济学的原理和方法已广泛应用在我国诸多领域的经济建设项目宏观与微观的评价中；对工程经济学学科体系、理论和方法、性质与对象的研究也十分活跃；有关工程经济的投资理论、项目评价等著作和文章大量涌现，逐步形成了有体系的、比较贴近我国国情的工程经济学学科。

第二节 研究对象及内容

工程经济学属于综合性的交叉学科，采用定性和定量相结合的方法，其对象以工程技术的经济性分析为主，包括了时间价值、评价分析、对比分析、价值工程和不确定分析等方面的研究内容。

一、研究对象

工程经济学从技术的可行性和经济的合理性出发，运用经济理论和定量分析方法，研究工程技术投资和经济效益的关系。例如，各种技术在使用过程中，如何以最小的投入取得最大的产出；如何用最低的寿命周期成本实现产品、作业或服务的必要功能等。工程经济学不研究工程技术原理与应用本身，也不研究影响经济效果的各种因素自身，而是研究这些因素对工程项目产生的影响，研究工程项目的经济效果，其具体内容包括对工程项目的资金筹集、经济评价、优化决策以及风险和不确定性分析等。

扩展阅读

目前关于工程经济学的主要观点

第一种观点，从经济角度选择最佳方案的原理与方法。

在《管理经济与工程经济》中，G.A. 泰勒教授认为，工程经济学和管理经济的研究对象是如何进行经济决策，即按经济准则选取最佳方案的学科。美国德克萨斯州大学的布西教授（Lynn.E.Bussey）与泰勒的观点相似，在其 1978 年的《工业投资项目的经济分析》一书中，布西教授将“工程经济学”与“工业投资项目的经济分析”严格区分开来。在他看来，为了解决资源分配上的竞争，“不但要一对一对地将待选方案做出经济比较，而且更需要找出使企业的整体利益（通常指企业的总体净现值）最大的子集项目（Subset of Project）。这正是工程经济与工业投资项目选择之间最根本的区别所在”。

第二种观点，为工程师服务的经济学。

无论是第一代的工程经济学家威灵顿、菲什、戈尔德曼，还是当代的 J.L.里格斯，都普遍认为，工程经济学就是为工程师而准备的经济学。威灵顿更是直接地将工程经济学定义为“使工程师少花钱多办事的艺术”。如此一来，工程经济学的具体对象就涵盖了工程项目规划、投资项目经济评价、投资决策分析及生产经营管理等领域的决策问题。

第三种观点，研究经济性的学科领域。

日本学者千住镇雄、伏见多美雄教授和中村善太郎副教授自20世纪50年代开始，对西方的工程经济进行了研究反思和新的探索，创建了颇具特色的经济性工程学。他们认为，不论是企业还是非营利性组织为了合理地运营发展都“以经济性为准则或尺度”选择行为方案，基于经济性的分析称为经济性分析。但以往的经济性分析一直是在各种学科领域中相互孤立地进行研究发展，如管理会计、管理经济学、工程经济学、运筹学、质量控制、工业工程等学科均从略有不同的立场、角度研究经济性，并探索出实用的分析方法。但以经济性的综合应用角度观之，这些理论仍无法充分地发挥应有的实践效果，为此，他们开发出了经济性工程学这样一种综合而实用的研究分析评价经济性的学科。

第四种观点，研究工程项目节省或节约之道的学科。

我国学者任隆淯、陈云鹏于1987年出版了《工程经济》，主要研究“工程项目的节约，即经济性”。更具体地说，就是从拟议中的一个或若干个工程项目投资的财务和经济效果出发，运用事先的成本效益分析方法，通过对同一工程项目方案的优先和最佳方案的可行性判断，或不同工程项目财务和经济效果的排列和最佳的项目组合，力求实现最大限度的节省或节约，从而为正确的工程项目决策（投资决策）提供可靠依据；工程经济学是介于工程学科与经济学科之间的一门边缘性、应用性的管理学科。

资料来源：赵国杰. 新工程经济学体系设计［J］. 基础管理优化，2003，56（3）.

二、研究内容及特点

工程经济学立足于经济性，研究技术方案的可行性，是一门综合性的交叉学科，其主要研究内容包括资金的时间价值、工程项目评价指标与方法、工程项目多方案的比较和选择、建设项目的财务评价、建设项目的国民经济评价和社会评价、不确定性分析、价值工程、设备更新方案的比较、项目可行性研究等方面。主要特点有如下几方面：

1. 综合性

工程经济学既包含自然科学的内容，又包含社会科学的内容。工程技术学科研究自然因素运动、发展的规律，是以特定的技术为对象的；而经济学科是研究生产力和生产关系运动、发展规律的一门学科。工程经济学既从技术的角度分析经济问题，又从经济角度考虑技术问题。工程技术的经济问题往往是多目标、多因素的，其所研究的内容涉及技术、经济、社会、时间等因素，具有综合性。

2. 实用性

工程经济学是实践性很强的应用科学，其所研究的课题、分析的方案来源于工程建设实际，并紧密结合生产技术和经济活动进行，是为了适应生产实践的需要而产生和发展的。工程经济学分析和研究的成果直接用于生产，并受到实践的验证。

3. 定量性

工程经济学注重定量分析的研究方法。通过对各种方案进行客观、合理、完善的评价，用定量分析的结果为定性分析提供科学依据。如果不进行定量分析，技术方案的经济性就无法评价，经济效果的大小就无法衡量，也就无法在方案之间进行比较和优选。因此，在分析和研究过程中，要用到很多数学方法、计算公式，并需要建立数学模型。

4. 预测性

工程经济学是对工程技术可行方案的预期效果进行分析。由于工程经济分析活动一般都在项目发生之前进行，因而要事先对未来要实施的技术政策、技术措施、技术方案等进行经济分析评价。通过预测使技术方案更接近实际，避免盲目性。

5. 系统性

在进行工程经济分析过程中，要将所研究的对象置于一个大系统中，着眼于整体，采用系统分析的思想与方法来分析各个因素与环节对整体工程的影响，以实现系统总体最优为目的。

6. 择优性

工程经济学的研究内容是在技术可行性的基础上进行经济合理性的研究，为技术可行性提供经济依据。对于一个技术问题，往往存在着不同的解决方案，为了达到最佳的经济效果，需要对这些方案进行比较和选择。工程经济分析的过程，简而言之就是方案的比较和择优的过程。

第三节 工程经济分析

工程经济分析的主要目标是实现评价对象经济效益的最大化。建设项目作为工程经济分析的主要客体，如果追求其投资的最大报酬，就应当遵循科学的建设规律，讲究资源合理配置和有效使用，努力提高工程的有效性。

工程经济分析是项目建设前期的一项重要工作，是科学的建设程序中十分重要的一个环节。工程经济分析是在项目初步设计基础上进行的。通过对项目经济性进行评价，可考察项目设计方案能够实现的经济状况，并以此对方案优化提出建议；通过对项目经济性进行评价，可考察融资方案的经济可行性，并对项目融资组合和融资决策提出建议；通过对项目经济性进行评价，可全面考察项目的财务盈利能力、偿债能力和生存能力，为投融资各方提供科学的决策依据；通过对项目经济性进行评价，可考察项目的社会经济资源配置和使用状况以及对社会福利的贡献，为有关部门审批/核项目提供科学依据；通过对项目经济性进行评价，可考察项目运营的不确定性因素和可能的风险，为项目的可靠运营提供建议。

一、基本原则

工程经济分析以实现评价对象经济效益的最大化为目标，其分析过程遵循以下基本原则：

1. 经济效益原则

经济效益原则是工程经济分析的核心原则。

所谓工程活动的经济效益是指该活动的投入与产出比，一般有比率和绝对效果两种表达形式：

$$经济效益=\frac{产出（所得）}{投入（所出）} \tag{1-1}$$

或者

$$经济效益=产出（所得）-投入（所出） \tag{1-2}$$

式（1–1）是经济效益的相对效果，式（1–2）是经济效益的绝对效果，比值（差值）越大，则表示经济效益越好。

对工程项目进行分析要以经济效益为核心原则来考察分析项目是否具有实行的必要性。本书后面章节中的很多指标体系，都是从不同角度构造的反映经济效益的指标。

2. 定量与定性相结合的原则

工程经济分析方案的效果要从工程消耗和工程成果两方面来确定，用定量的方法对成果和费用、产出与投入进行分析和计算，并以此作为评选方案的依据。

但是，由于实际工程中往往存在着一些无法定量的因素，例如，社会因素、政治因素、环境因素等，所以仅凭定量计算的结果作为选择方案的依据是不够的。因此，在评选方案中应在定量计算的基础上进行定性分析。

3. 可比性原则

方案之间的比较是工程经济分析中极为重要的内容，而参选方案之间是否具有可比性是进行方案比较的基础。若方案之间具有可比性，则可以进行比较选择，否则就不能直接进行比较，必须经过处理之后才可以进行。工程经济分析的可比性包括原始资料和数据的可比性、消耗费用的可比性、需求可比性、价格和时间的可比性。

4. 技术与经济相结合的原则

随着科学技术的进步和社会经济的发展，经济活动已经与现代科学技术密不可分，而科学技术的发展又受经济发展的制约。经济发展是技术进步的动力，技术进步又是推动经济发展的决定因素，二者是矛盾的统一体。因此，在工程经济分析中技术上的先进性与经济上的合理性必须统一。在使用工程经济分析方法对项目进行评价时，既要评价其技术上的先进性与适用性，又要评价其经济上的合理性，要将两者结合起来。

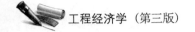

5. 财务分析与国民经济分析相结合的原则

财务分析是指在国家现行财税制度和价格体系的前提下，从项目的角度计算其财务效益和费用，分析项目的盈利能力、偿债能力和可行性。国民经济分析是指在合理配置社会资源的前提下，从国家整体利益的角度计算项目对国家经济的贡献，分析其经济效率、效果以及对社会的影响，评价项目在宏观经济上的可行性。

由于财务分析与国民经济分析所代表的利益主体不同，因而财务评价的结论与国民经济评价的结论可能会不一致。在我国，项目是以国民经济评价是否可行作为选取条件的，当财务分析与国民经济评价的结果不一致时，应以国民经济分析的结果为主。

二、基本要素

在对工程项目进行财务评价时，其基本的经济要素主要包括投资、成本费用、营业收入、税金和利润。

1. 投资

工程经济学所说的投资主要是指以固定资产建造和购置为中心的活动与投入。根据工程项目建设与经营的要求，投资者要形成一定的生产能力，所需要的项目总投资应包括建设投资、建设期利息、固定资产投资方向调节和流动资金四个部分。

常见的投资分类方法有以下几种：

（1）投资按其与形成资产关系的直接程度，可以分为直接投资和间接投资。

1）直接投资。直接投资是指投资者运用筹措的资金直接开设厂房、独立经营，或者收购原有企业或与其他投资者合资经营、合作开发等，从而获得企业经营管理的权力。直接投资一般都能使实质资产存量增加，为生产产品和提供劳务创造物质基础。

2）间接投资。间接投资是指投资者运用自己的资金购买股票、债券等有价证券以获得一定的股息为目的的投资行为。间接投资只能形成虚拟资产，其本身并不会直接提升生产能力或服务能力。

（2）投资按其形成资产内容的不同，可以分为固定资产投资、流动资产投资、无形资产投资和其他长期投资。

1）固定资产投资。固定资产投资是指构建新的固定资产或者更新改造原有固定资产的投资。固定资产在生产经营过程中，其价值将随着固定资产的磨损，以折旧的形式逐渐计入产品成本，随着产品价值的实现而分次得到补偿。

2）流动资产投资。流动资产投资即增加流动资产的投资。流动资产是指可以在一年或超过一年的一个营业周期内变现或耗用的资产，如现金、存款、存货等。流动资产在经营过程中，其价值一次性转移到产品成本中去，并随着产品价值的实现而得到补偿。

3）无形资产投资。无形资产投资是指为了获得无形资产而支付的资金。无形资产是指企业为生产商品、提供劳务、出租或为管理目的而持有的、没有实物形态的非货币性长期投资，一般包括专利权、非专利技术、商标权、著作权、土地使用权和商誉等。

4）其他长期投资。其他长期投资是指除固定资产、流动资产、无形资产以外的其他投资，如长期待摊费用等。长期待摊费用又称递延资产或递延费用，企业已经支付这些费用，但是其影响不仅限于支付当期，而是由支付当期和以后各期一起共同分摊。其他长期投资包括固定资产大修理支出、租入固定资产改良支出和开办费等。

（3）投资按其形成资产的用途不同，可以分为经营性投资和非经营性投资。

1）经营性投资。经营性投资是指所形成的资产主要用于物质生产和营利性服务。投资资金所转换的资产在运转中进行经济核算，以其收入弥补支出，计算分析盈亏。一般情况下，所投资金能完成周转过程。

2）非经营性投资。非经营性投资是指所形成的资产主要用于服务管理性事业。投资资金所转换的资产在运转中，资产的使用价值逐渐损耗，价值无处转移，不能以收入弥补支出，不考核经济成果。因此，投资资金不能形成自身的循环周转。

2. 成本费用

（1）总成本费用。企业总成本费用是指项目在一定时期内为生产、销售产品和提供劳务所发生的全部费用。总成本费用由生产成本和期间费用两部分组成。

1）生产成本。生产成本是指为生产产品和提供服务所发生的各种耗费，主要包括各项直接支出和制造费用。

各项直接支出主要包括直接材料、直接燃料和动力、直接工资和其他直接支出。制造费用是指发生在生产单位的间接费用，是生产单位为组织和管理生产所发生的各项费用，包括生产单位管理人员的工资、职工福利费、生产单位固定资产折旧费、修理费等。

2）期间费用。期间费用是指与特定的生产经营期密切相关，直接在当期得以补偿的费用。期间费用包括管理费用、财务费用和销售费用。

（2）经营成本。经营成本是工程经济学中分析现金流量时使用的特定概念。经营成本是指总成本费用扣除折旧费、维护费、摊销费和利息支出后的成本费用。经营成本涉及项目的生产及销售，企业管理过程中的物料、人力和能源的投入费用，能够准确地反映企业的生产和管理水平，与同类产品或服务的生产企业具有可比性，因而是经济分析的重要指标。

（3）固定成本和可变成本。按照各种费用与产品或服务数量的关系，可以把总成本费用分为固定成本和可变成本两部分。

固定成本是指在一定时期和一定业务范围限度内不受产品或服务数量增减变动影响的费用。例如，折旧费、修理费、摊销费、工资（计件工资除外）及福利费和其他费用等。通常把运营期发生的全部利息也作为固定成本处理。

可变成本是指产品成本中随产品或服务数量的增减变动成比例增减的费用，包括外购原材料、燃料及动力费和计件工资等。

3. 营业收入

营业收入是指在企业销售产品或提供服务等日常活动中所形成的经济利益总流入，包括主营业务收入、其他业务收入等。营业收入是财务分析的重要数据，也是现金流量表中主要的现金流入量。

营业收入与同期总产值不同。总产值是指已加工完毕的成品、半成品和在制品按相应的价格计算的总值，反映的是生产阶段的效益；而营业收入是产品出售的货币收入，是按照出售时的市场价格计算的，是给企业带来的真正效益。

4. 税金

税金是指工程项目按照国家税法的规定向国家缴纳的各种税款。税收是国家取得财政收入的主要渠道，也是国家对各项经济活动进行宏观调控的重要杠杆。在工程经济分析中，只有正确地计量项目的各项税费，才能科学、准确地对项目进行评价。现行税收制度包含几十个税种，本章就几个主要的相关税种进行简要的介绍。

（1）增值税。增值税是对在我国境内销售或者提供加工、修理修配劳务以及进口货物的单位和个人，就其取得货物的销售额、进口货物金额、应税劳务销售计算税款，并实施抵扣制的一种流转税。增值税是价外税，销售价格内不含增值税款，因此，增值税既不计入成本费用，也不计入销售收入。从企业角度进行投资项目现金流量分析时可以不考虑增值税。

（2）营业税。营业税是对在我国境内提供应税劳务、转让无形资产或销售不动产的单位和个人，就其取得的营业额为课税依据征收的一种流转税。营业税的征收范围包括交通运输业、建筑业、金融保险业、邮电通信业、文化体育业、娱乐业、服务业七大行业的劳务提供；转让土地使用权、商标权、专利权、非专利技术、著作权、商誉等无形资产；销售不动产和混合销售行为。

（3）消费税。消费税是政府针对消费品征收的税项，可对批发商或零售商征收。征收消费税的消费品主要是奢侈品、非生活必需品、高能耗消费品、高档消费品、特殊消费品（烟、酒等）、稀缺资源消费品等。消费税是价内税，是价格的组成部分，与增值税交叉征收。

（4）所得税。所得税是以单位（法人）或个人（自然人）在一定时期内的纯所得额为征税对象的各种税种，包括企业所得税以及个人所得税两种。

1）企业所得税。企业所得税适用于我国境内的实行独立经济核算的企业组织，包括国有企业、集体企业、私营企业、联营企业、股份制企业和其他组织，但外商投资企业和外国企业除外。在计算企业应纳所得税额时，企业的收入总额应包括生产经营收入、财产转让收入、利息收入、租赁收入、特许使用费收入、股息收入和其他收入。其计算公式：

$$应纳税所得额=收入总额-税收准予扣除项目金额 \tag{1-3}$$

$$应纳所得税额=应纳税所得额\times适用税率-税额减免-税额抵免 \tag{1-4}$$

本期实际应纳税额 = 应纳所得税额 + 期初递延所得税额 − 期初预付所得税额　(1–5)

纳税人发生年度亏损的，可以用下一纳税年度的所得弥补；下一纳税年度的所得不足以弥补的，可以逐年弥补，延续弥补期最长不得超过 5 年。

2）个人所得税。凡在中国境内有住所，或无住所而在境内住满一年的个人，从中国境内和境外取得的收入，均应缴纳个人所得税。个人所得税适用于居民个人工资、薪金、劳动报酬以及个体工商户的生产、经营所得和对企事业单位的承包经营、承租经营所得。

5. 利润

利润是指企业在一定会计期间内从事生产经营活动所取得的财务成果，其能综合反映企业的生产经营情况。企业利润主要包括营业利润、利润总额、税后利润等。

（1）营业利润。营业利润是指企业在一定期间取得的主营业务利润和其他业务利润减去期间费用之后的余额，即

营业利润 = 主营业务利润 + 其他业务利润 − 期间费用　(1–6)

（2）利润总额。利润总额是指企业在一定期间内全部生产经营活动的最终财务成果，包括营业利润、投资净收益、营业外收支净额和补贴收入，即

利润总额 = 营业利润 + 投资净收益 + 营业外收支净额 + 补贴收入　(1–7)

其中：

营业利润 = 主营业务收入 − 主营业务总成本费用及主营业务税金及附加 + 其他业务利润 − 营业费用 − 管理费用 − 财务费用　(1–8)

在进行项目评价时，为简化计算，通常假定项目不发生其他业务利润，也不发生投资净收益、补贴收入、营业外收支净额，即

利润总额 = 主营业务收入 − 主营业务总成本费用 − 主营业务税金及附加　(1–9)

（3）税后利润。税后利润又称净利润，是指企业在一定时期内利润总额减去所得税后的余额，即

净利润 = 利润总额 − 所得税　(1–10)

三、基本方法及步骤

改革开放以来，工程经济分析在方法与步骤的研究方面有很大的进展，工程经济评价方法日趋完善。20 世纪 50 年代我国曾从国外引进了工程经济论证方法、投资计算方法，20 世纪 70 年代末期又从西方引进了增量分析法、费用效益分析法等。工程经济分析步骤也逐渐趋于标准化和规范化。

1. 基本方法

本节着重介绍增量分析法和费用效益分析法。

（1）增量分析法。增量分析法主要适用于对一个项目的多个备选方案的投资决策。由于边际效应和规模报酬递减定律的存在，在对同一个项目进行投资时，不同的投资

规模会形成不同的收益与成本，因而就形成了多个投资备选方案。

对于具有两个以上的备选方案的项目进行决策时可以采取增量分析法。增量分析法是指在相互竞争的互斥方案中通过比较一个方案相对于另一个方案的差额成本与差额收益，分析为获得增量效果所付出的增量成本是否经济，从而做出投资决策的一种分析方法。对于具有两个以上的备选方案的项目进行增量分析的步骤：①将可行的方案费用按递增的顺序进行排列。②将费用最低的两个方案进行比较，通过增量分析选出优势方案。③将选出的方案与紧邻的下一方案进行增量分析，并选出新的优势方案。④重复第三步，直到最后一个方案，此时被选定的方案即为最优方案。

（2）费用效益分析法。费用效益分析是通过比较项目的预期效益和预计费用来判断项目的经济合理性，并以此作为决策者决策依据的一种方法。

为了保证项目的经济合理性，费用效益分析必须同时反映项目投入与产出这两个因素影响的结果。常用的表示方法有差额表示法和比率表示法两种。

1）差额表示法。差额表示法是将项目总效益减去项目总费用，计算出项目净效益的一种方法。其计算公式：

净效益＝效益－费用 (1–11)

对于工程项目来说，净效益应大于零，且净效益越大经济效果越好。此方法要求投入与产出的计量单位必须是价值形式。由于得出的净效益是一个绝对量，因而只适用于在规模、内外条件与技术水平等方面都相似的企业或行业的经济结果表示。

2）比率表示法。比率表示法是通过项目总效益与项目总费用之间的比值，来计算项目效益费用比的一种方法。其计算公式：

效益费用比＝效益/费用 (1–12)

此方法中，分子和分母的量纲可以不同。例如，固定资产利用的经济效果用每百元固定资产所产生的产值表示（元/百元），或者是能源利用的经济效果用每吨煤所提供的产值表示（元/吨）。

2. 基本步骤

工程经济分析一般包括五个步骤：①确定目标；②寻找关键要素；③穷举方案；④评价方案；⑤决策。步骤之间的关系如图 1–1 所示。

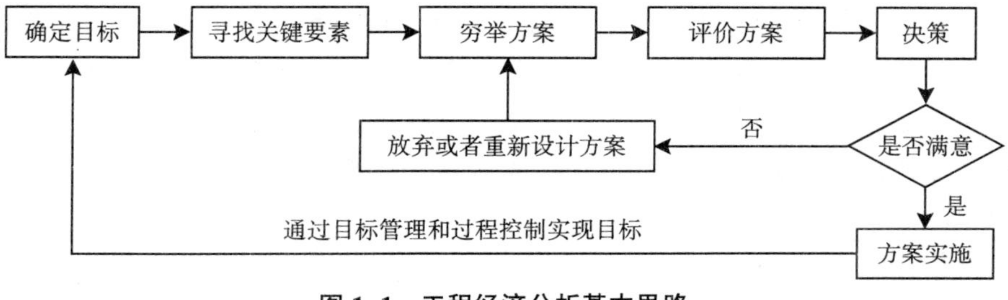

图 1–1 工程经济分析基本思路

（1）确定目标。工程经济分析首先要通过调查研究寻找经济环境中的需求，并确定工作目标。工程项目的成功与否是与该系统能否满足社会需要密切相关，只有通过市场调查，明确目标，才能谈得上技术可行性和经济合理性。

（2）寻找关键要素。关键要素即实现目标的制约因素，寻找关键要素是工程经济分析的重要环节之一。只有找出了主要矛盾，确定了系统的各个关键要素，才能集中力量采取有效的方法和措施。寻找关键要素是一个系统分析的过程，需要使用系统思想方法，综合运用各种相关学科的知识。

（3）穷举方案。确定关键要素后，下一步要做的工作就是制定各种备选方案。由于一个问题可以采用多种解决方法，因而可以制定出许多种不同的方案。例如，要降低人工费用可以采用新设备，也可以采用简化操作流程的方法；要降低废品率，可以通过采用新设备或者通过质量控制的方法实现。工程经济分析本身就是多方案择优的一个过程，因此穷举方案就要尽可能多地提出潜在方案，也可提出包括维持现状的方案。

穷举方案需要多专业交叉配合。工程技术人员不应单凭自己的直觉提出方案，也不应草率地淘汰方案，应该通过仔细的定量和定性综合分析后得出结论。

（4）评价方案。从工程技术角度提出的方案通常都是技术可行的，为了在相同的效果下选择最为经济合理的方案，就需要对备选方案进行经济效果评价。

在评价方案时应尽可能对参与分析的各个因素进行定量分析，一般来说，将方案的投入与产出用货币表示为费用与收益，以此来确定各个对比方案的现金流量，然后进一步采用数学方法进行综合分析，选出最优方案。

（5）决策。决策就是从若干个方案中选择最佳的实施方案，其对工程项目建设的效果起决定性的影响作用。在决策阶段，要通过增强信息交流和沟通来尽可能减少由于信息不对称而产生的分歧，使各方人员充分了解每个方案的综合效果，从而提高决策的科学性和有效性。

本章小结

本章作为工程经济学的绪论篇，主要介绍了工程经济学相关的概念界定及发展历史，同时，对工程经济学的研究对象和特点也给予了说明。在工程经济分析部分，详细介绍了分析的基本原则和基本要素，对要素中的投资、成本费用、营业收入、税金和利润等内容给予了详细阐述。最后，介绍了工程经济分析的基本方法和进行工程经济分析的必要步骤。本章应重点掌握工程经济分析的原则、要素、基本方法和步骤等内容。

概念回顾

工程经济学 (Engineering Economics)。工程经济学是工程技术与经济相结合的综合性交叉学科，是兼有技术科学属性和工程技术属性的应用经济学科，它是以工程技术为主体，以技术经济系统为核心，研究工程技术领域的经济问题和经济规律以及工程技术进步和经济增长相互关系的科学。

直接投资 (Direct Investment)。直接投资是指投资者运用筹措的资金直接开设厂房、独立经营，或者收购原有企业或与其他投资者合资经营、合作开发等，从而获得企业经营管理的权力。

间接投资 (Indirect Investment)。间接投资是指投资者运用自己的资金购买股票、债券等有价证券以取得一定的股息为目的的投资行为。

期间费用 (Period Expense)。期间费用是指与特定的生产经营期密切相关，直接在当期得以补偿的费用。

营业收入 (Operating Revenue)。营业收入是指在企业销售产品或提供服务等日常活动中所形成的经济利益总流入，包括主营业务收入、其他业务收入等。

税金 (Tex)。税金是指工程项目按照国家税法的规定向国家缴纳的各种税款。

利润 (Profit)。利润是企业在一定会计期间内从事生产经营活动所取得的财务成果，能综合反映企业的生产经营情况。

练习题

1. 什么是工程经济学?
2. 简述工程经济学的发展历程及相关学者或工程师的主要贡献。
3. 工程经济学的研究对象有哪些?
4. 工程经济学具有哪些特点?
5. 工程经济分析中技术与经济相结合原则的主要内容是什么?
6. 对工程项目评价时需要考虑的基本要素有哪些?
7. 增量分析法分析步骤有哪些?
8. 简述工程经济分析的基本步骤。

案例分析

如何确定商场的选址

商场的选址是一项长期性投资，是企业经营的战略决策，直接关系企业的经营效益，是影响企业发展和经营目标实现的一个决定性因素。曾经有人说“选址是商场的生命，如能选择适当的地点，则商场经营成功率在70%以上。”由此说明了选址的重要性。但如何选择商场开设地点，应该说没有固定的答案，兵无定势，水无常形，然而，有些重要的因素是在商场选址过程中必须要考虑的。

一、影响商场选址的主要因素

1. 区域人口密度

商场是消费中心。从经济效益上讲，商场必须满足所在区域消费市场的要求，争取尽可能多的顾客；从成本效益上讲，要争取聚集效益，最大限度地利用和发挥物业条件和经营设施来为更多的消费群体服务。因此商场选址首先要考虑设置地区内人口居住的密度问题。根据商场规模的大小设计消费区域内消费群体的数量是一个先决条件。任何一家商场都需要有一个基本的消费群来保证基本的日销售量，这是作为一个商业企业经营的最关键因素，也是最基本的条件。

2. 区域内的消费结构

商场所选的区域、人口的职业分布、收入状况、年龄等是影响购买能力、购买习惯的因素，也是关系商场经营效果的主要因素，必须重点考虑。实践证明，各方面物业设施条件相同的商业企业，由于消费区域内的消费群体结构不同所产生的销售效果差异是非常显著的。并且，这一重要因素不仅影响企业规模也决定了商业经营的特色和内容。

3. 交通条件

城市道路交通是联系顾客与商业设施的载体，是制约商业聚集与选址的又一个重要因素。商业设施，尤其是作为商业规模较大的场所，商业活动的经济原则要求有尽可能大的吸引范围，保证尽可能多的顾客方便快捷地到达商场，因此，商场的选址必须是交通方便、可达性最佳的地点。在追求最大销售量的原则下，选址应使交通时间花费最小。所以商场交通可达性最佳的实质是“所有购物出行者到达商场的出行时间总和最小”。在实际操作上，商场选址要考虑道路状况、交通联结状况、车站的性质和公共交通的状况等因素。

4. 周边商业环境

商场选址应考虑设店地点附近的商场数量和规模，一方面，如果在同一地区内已有过多的同行业商场，势必会影响其经营效果，此为趋异性考虑。但是另一方面，由于顾客希望就近广泛地比较选择商品并希望一次性购足所需，这要求商场又要有集中趋势，相邻而居，此为趋同性考虑。

5. 城市规划

城市总体规划和详细规划，都会根据城市现状和发展要求对商业中心的分布、商业建筑的布局等作出一系列的规定。商场的选址应重视城市规划的设计，服从城市总体发展的要求。不仅要考虑区域现状，还要了解未来的发展变化，尤其要了解城市建设的长期规划，如所选择的地区街道、交通市政、公共设施、居民住宅及其他建设或

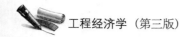

改造的项目规划。

二、商场选址的主要步骤

1. 选择区域、方位

选择商场店址，首先要找出目标市场、找准服务对象；其次再根据目标市场、服务对象选择方位、确定地址；最后绘制出该区域的简图，标出该区域的网点、客流地段、交通路线等。

2. 市场调研

在商场店址确定之后，必须进行周密的市场调查活动。在市场调查的过程中，应注意将调查对象分类统计，并对调查时间和内容进行必要的抽样复查，以保证调查资料的可靠性。市场调研范围要经过认真研究后确定，将影响企业经营和发展的各种因素全盘考虑。

3. 经营预测和商业价值评估

任何项目的投资都要求回报，并追求实现效益的最大化。商场的建设与筹备开业，是一项长期和巨大的投资，势必在选址、调研、计划投资时就要预测项目完成并开业后的经营效果，对投入—产出和发展前景进行调研、计算和预测，充分论证其投资风险与投资价值，使之最终做出理性的投资决定。

4. 专家咨询策略

对于较大规模的商业投资来说，商场位置的选择是重要的战略决策。为避免重大损失，投资者应聘请有关专家进行咨询。对所选择的商场位置进行调研和系统分析，如对人口与消费情况、交通流量、竞争对手等情况逐一摸底分析，综合评价优劣，再做出选择，使商场地址的选择具有科学性。

资料来源：商和功. 影响商场选址的主要因素分析［J］. 北京市财贸管理干部学院学报，2016，22（2）：23–25.

思考题

（1）在商场选址因素中，有哪些涉及工程经济学的内容？

（2）工程经济学中有哪些方法或者工具可以用于商场选址的决策？

（3）如果你要开一家商场，你会如何考虑商场的选址？

第二章　资金的时间价值与等值计算

学习目标

1. 掌握现金流量、资金的时间价值、资金等值等基本概念。
2. 掌握现金流量图的基本绘制方法。
3. 掌握现值、终值和等值的计算方法。
4. 了解名义利率和实际利率的区别。

章前引例

设有A和B两种投资方案，寿命期相同，均为5年，初始投资相同，均为10000元，实现收益的总额相同，但每年数值不同，如表2-1所示。

表2-1　A和B两种投资方案的现金流量

单位：元

方案	0	1	2	3	4	5
A	-10000	5000	4000	3000	2000	1000
B	-10000	1000	2000	3000	4000	5000

如果其他条件相同，那么应该选择哪个方案呢？凭直觉和经验，人们会选择方案A。因为方案A开始获取收益的时间比方案B早，先到手的资金可以用来再投资，从而产生新的价值。也即资金的价值不仅与资金量的大小有关，而且与发生的时间有关。这里隐含着资金具有时间价值的概念。

资料来源：任黎. 工程经济学［EB/OL］. https：//wenku.baidu.com/view/1of17a56eefdc8d377ee3232.html？re=view，2014-10-15.

第一节　现金流量

现金流量是现代理财学中的一个重要概念，是指企业在一定会计期间按照现金收付实现制，通过一定经济活动（包括经营活动、投资活动、筹资活动和非经常性项目）而产生的现金流入、现金流出及其总量情况的总称，即企业一定时期的现金和现金等价物的流入和流出的数量。

一、含义

在进行工程经济分析时，可把所考察的对象视为一个系统。这个系统可以是一个建设项目、一个企业，也可以是一个地区、一个国家。而投入的资金、花费的成本、获取的收益，均可被看成是以资金形式体现出来的该系统的资金流出或资金流入，这种考察对象在一定时期内各时点上实际发生的资金流出或资金流入称为现金流量，其中流出系统的资金称为现金流出（Cash Output），用符号 CO 表示；流入系统的资金称为现金流入（Cash Input），用符号 CI 表示。现金流入与现金流出之差称为净现金流量（NCF = Net Cash Flow）。

工程项目中常见的现金流入包括营业收入、回收固定资产余值以及回收流动资金等；常见的现金流出包括建设投资、流动资金、经营成本以及税金等。而工程经济分析的任务就是要根据所考察系统的预期目标和所拥有的资源条件，分析该系统的现金流量情况，选择合适的技术方案，以获得最佳的经济效果。

二、现金流量图

在解决某一问题时，人们往往借助直观的图形来帮助理解和分析。例如，物理学中分析物体的受力情况，可以借助受力图来进行分析。对一个经济系统而言，为了考察其在整个寿命期或计算期内的现金流入和现金流出情况，可以用现金流量图来进行经济效果分析。现金流量图就是一种能反映某一经济系统现金流量运动状态的图式，它可以直观地、形象地把项目的现金收支情况在一张图上表示出来，如图 2–1 所示。

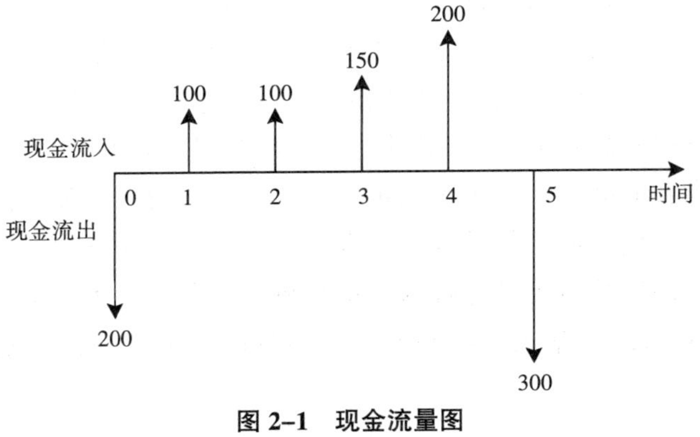

图 2–1　现金流量图

现以图 2–1 为例说明现金流量图的绘制方法和规则。

其一，横轴为时间轴，自左向右表示时间的延续。根据需要将时间轴等分为若干刻度，轴上每一刻度表示一个时间单位，可以取年、半年、季、月等。时间轴上的点称为时点，时点通常表示的是该期的期末，同时也是下一期的期初。0 表示时间序列的起点。

其二，与横轴相连的垂直线代表流入或流出系统的现金流量。箭头表示现金流动的方向，箭头向上表示现金流入，即表示效益；箭头向下表示现金流出，即表示费用或损失。

其三，在现金流量图中，垂直线的长短应与现金流量的数值大小成正比。实际工作中，由于各时点现金流量常常因数值差额悬殊而无法成比例绘出，因而在现金流量图的绘制中，垂直线的长短只能适当体现各时点现金流量数值的差异，可在其上方标出实际数值。

其四，垂直线与时间轴的交点即为现金流量发生的时间。现金流量的大小（资金数额）、方向（资金流入或流出）和时间点（资金发生的时间点）是现金流量的三要素，也是正确绘制现金流量图的关键。

第二节　资金的时间价值

在工程经济活动中，时间就是经济效益。因为经济效益是在一定时间内创造的，不讲时间，也就谈不上效益，如 100 万元的利润，是一个月创造的，还是一年创造的，其效果是大不一样的。因此，重视时间因素的研究，对工程经济分析有着重要的意义。

在工程项目经济效果评价中，常常会遇到以下几类问题：①投资时间不同的方案评价。例如，是早投资还是晚投资，是集中投资还是分期投资，它们的经济效果是不一样的。②投产时间不同的方案评价。投产时间也有早投产和晚投产，分期投产和一次投产等问题，在这些情况下，经济效果也是不一样的。③使用寿命不同的方案评价。④实现技术方案后，各年经营费用不同的方案评价。如有的方案前期经营费用大，后期经营费用小；有的方案前期经营费用小，后期经营费用大等。

上述问题都存在时间因素的不可比现象，要正确评价工程项目技术方案的经济效果，就必须研究资金的时间价值及其计算方法，从而为消除方案在时间上的不可比性奠定基础。资金的时间价值理论是技术经济分析、财务预决策、项目评估等学科及相关实践中比较重要的理论基础，明确资金时间价值的概念及其实质具有重要的理论意义。

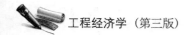

一、含义

资金时间价值是指资金在生产和流通过程中随着时间推移而产生的增值，也可将其看成是资金的使用成本。资金不会自动随时间变化而增值，只有在投资过程中才会有收益，所以这个时间价值一般用无风险的投资收益率来代替，因为理性个体不会将资金闲置不用。资金随时间的变化而变化，是时间的函数，随时间的推移而发生价值的变化，变化的部分价值就是原有的资金时间价值。资金只有和劳动结合才有意义，不同于通货膨胀。

1. 资金时间价值的概念

一笔资金如果存入银行会获得利息，而投资到工程建设项目中可获得利润。这反映出资金在运动的过程中，随着时间的推移，会产生增值。我们把资金在使用过程中由于时间的因素而产生的差额价值叫做资金的时间价值。这种增值通过储蓄和投资两种方式实现。例如，我们将 100 元钱存入银行，按年利率 10%计算，一年后本利和为 110 元。其中的 10 元利息就是在不考虑其他因素的情况下，100 元资金在一年时间产生的“时间价值”。如果将资金用于投资，通过资金的运动，就可以得到一定的收益，这段时间资金所产生的价值也是资金的时间价值。

资金具有时间价值需要具备两个前提条件：第一，要经历一定的时间；第二，要经过劳动生产的周转。只有资金在随着时间的推移不断地进行周转和循环，实现生产和流通过程，并为社会提供物质财富时，作为资金的这笔钱才是可以“生”钱的，即这笔资金才具有时间价值。

2. 资金时间价值的实质

资金时间价值的实质是资金作为生产要素，在扩大再生产及流通过程中，随时间的变化而产生增值。资金的增值过程是与生产和流通过程相结合的，离开了生产过程和流通领域，资金是不可能实现增值的。资金的增值过程可由图 2–2 表示。

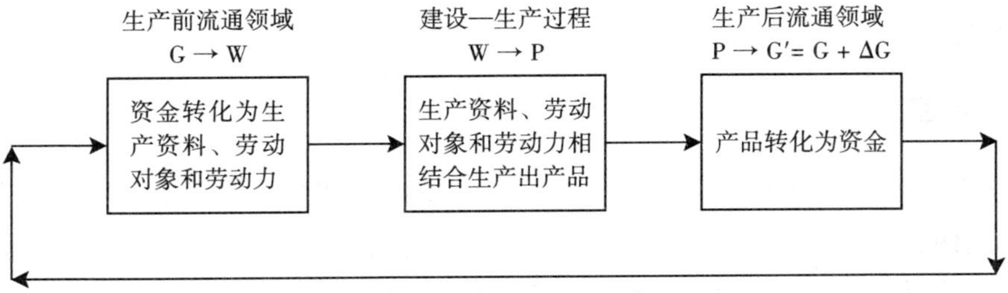

图 2–2 资金增值过程示意图

在产品生产前，首先需要一笔资金（G），这笔资金用来购买厂房和设备作为该企业生产资料的固定资产，同时还需垫支流动资金采购生产所需要的原材料、辅助材料、燃料等劳动对象和支付雇用工人的工资；其次在生产过程中，资金以物化形式出现（W），劳动者运用生产资料对劳动对象进行加工、生产和劳动，生产制造出新的产品，新产品（P）比原先投入的资金（G）具有更高的价值（G′）；最后这些新产品（P）必须在生产后的流通领域（商品市场）里作为商品出售给用户，才能转化为具有新增价值的资金（G′），使物化的资金（P）转化为货币形式的资金（G′），这里的 G′=G+ΔG，从而使生产过程中劳动者创造的资金增值部分 ΔG 得以实现。这样就完成了"G→W→G′"形式表示的、完整的资金增值过程。

资金在生产过程和流通领域之间如此不断地周转循环，其过程不仅在时间上是连续的，而且在价值上是不断增值的。其实整个社会生产就是价值创造的过程，也是资金增值的过程。

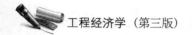

由于资金时间价值的存在，使不同时点上发生的现金流量无法直接加以比较，因而，要通过一系列的换算，使其在同一时点上进行对比，才能符合客观的实际情况。这种考虑了资金时间价值的经济分析方法，使方案的评价和选择变得更现实可靠。它构成了工程经济学要讨论的重要内容之一。

3. 资金产生时间价值的原因

资金之所以会产生时间价值，是基于以下几方面的原因：

（1）货币增值因素。只要资金随着时间的推移不断在"流通领域—生产领域—流通领域"循环往复地运动，并为社会提供物质财富，那么每经历一个周期资金就会实现一次增值。这也是生产的本质和投资的目的。资金增值的来源是劳动力所创造的剩余价值。

（2）通货膨胀因素。人们手持货币总是用于购买所需的商品与服务，而社会平均物价水平从总体上看是不断上涨的。同样数量的货币因通货膨胀引起贬值，意味着其价值随时间的增加而减少。因此，要通过资金的时间价值对其损失作出补偿。

（3）时间风险因素。一般来说，未来的预期收入具有不确定性，时间越长，不确定性也越大，这就意味着风险随着时间的增加而增加。因此，对于同样数量的货币，人们更愿意现在拥有而不是将来拥有。这就隐含着人们对未来不确定性需要用一定量的货币作为补偿。

二、计算

衡量资金时间价值的大小有两个尺度，一是绝对尺度，二是相对尺度。利息是资金时间价值的一种重要表现形式，通常我们用利息额的多少作为衡量资金时间价值的绝对尺度，用利率作为衡量资金时间价值的相对尺度。

1. 利息

利息是在借贷过程中，债务人支付给债权人的超过原借贷本金的部分。利息的计算公式如下：

$$I=F-P \tag{2-1}$$

式中，I 表示利息；F 表示还本付息总额；P 表示本金。

在工程经济学中，利息是指占用资金所付出的代价或放弃使用资金所得到的补偿。它常常被看成是资金的一种机会成本。这是因为，如果债权人放弃了现有资金的使用权利，也就放弃了现期消费的权利，但其目的是为了在将来获得更多的资金使用权利，以便享受更多的消费。为此，债务人就要为占用资金而付出一定的代价。利息的计算有单利和复利之分。当计息周期在一个以上时，就需要考虑“单利”与“复利”的区别。复利是对单利而言，是以单利为基础进行计算的。所以要了解复利的计算，必须先了解单利的计算。

（1）单利。所谓单利，是指在计算利息时，仅计算本金的利息，而对本金产生的利息不再计算利息。单利是不论年限多长，每年均按最初本金计息，而已取得的利息不再计息，即通常所说的“利不生利”。计算公式如下：

$$I_t = P \times i_d \tag{2-2}$$

式中，I_t 表示第 t 个计息周期的利息额；P 表示本金；i_d 表示计息周期单利利率。

设 I_n 代表 n 个计息期所付或所收的单利总利息，则有下式：

$$I_n = \sum_{t=1}^{n} I_t = \sum_{t=1}^{n} P \times i_d = n \times P \times i_d \tag{2-3}$$

由式（2–3）可知，在以单利计息的情况下，总利息与本金、利率及计息周期数成正比例关系。而第 n 个期末本利和 F 等于本金加上 n 个计息周期的总利息，即

$$F = P + I_n = P(1 + n \times i_d) \tag{2-4}$$

【例 2–1】 王某以单利方式借入 10000 元，年利率 7%，4 年末偿还，计算各年利息和本利和。

按式（2–2）、式（2–3）、式（2–4）计算，将结果列于表 2–2。

表 2–2　单利方式利息计算表

单位：元

年末	借款本金	利息	本利和	偿还额
0	10000			
1		10000 × 7% = 700	10700	0
2		700	11400	0
3		700	12100	0
4		700	12800	2800

由【例 2–1】可见，单利的年利息额都仅由本金所产生，其新生利息不再加入本金产生利息，此即“利不生利”。这不符合客观的经济发展规律，没有反映资金随时都在“增值”的概念，即没有完全反映资金的时间价值。因此，在工程经济分析中单利计息使用较少，其通常只适用于短期投资及不超过一年的短期贷款。

（2）复利。所谓复利，是指将上期利息结转为本金来一并计算本期利息的计算方式。也就是借款人在每期末不支付利息，而将利息结转为下期的本金，一并计算利息，即通常所说的“利滚利”。计算公式如下：

$$I_t = i \times F_{t-1} \tag{2-5}$$

式中，i 表示计息周期复利利率；F_{t-1} 表示第（t-1）期期末本利和。

用 F 表示 n 个计息周期末的本利和，则推导过程如下：

$I_1 = Pi \quad F_1 = P + I_1 = P(1+i)$

$I_2 = F_1 i \quad F_2 = F_1 + I_2 = F_1(1+i) = P(1+i)^2$

…

$I_n = F_{n-1} i \quad F_n = P(1+i)^n$

即

$$F_n = P(1+i)^n \tag{2-6}$$

【例 2-2】 数据同【例 2-1】，如果按复利计算，则结果如表 2-3 所示。

表 2-3　复利方式利息计算表

单位：元

年末	借款本金	利息	本利和	偿还额
0	10000			
1		10000 × 7% = 700	10700	0
2		10700 × 7% = 749	11449	0
3		11449 × 7% = 801.43	12250.43	0
4		12250.43 × 7% = 857.53	13107.96	3107.96

从表 2-2 和表 2-3 可以看出，同一笔借款，在利率和计息期均相同的情况下，用复利计算出的利息金额比用单利计算出的利息金额大，如本例，两者相差 307.96 元(3107.96-2800)。如果本金越大，利息就越高；年数越多时，两者差距就越大。复利计息比较符合资金在社会再生产过程中运动的实际状况，因此，在实际中得到了广泛的应用。如我国现行财税制度规定，投资贷款实行差别利率并按复利计息。在工程经济分析中，一般也采用复利计息。

复利计息有间断复利和连续复利之分。按期（年、半年、季、月、周、日）计算复利的方法称为间断复利（即普通复利）；按瞬时计算复利的方法称为连续复利。

2. 利率

在经济学中，利率的定义是从利息的定义中衍生出来的。也就是说，在理论上先承认了利息，再以利息来解释利率。而在实际计算中则正好相反，常根据利率来计算利息，利息的大小用利率表示。

利率是指一个借贷周期内所得到的利息额与期初借贷款金额（即本金）之比，一般用百分数表示，即

$$i = \frac{I_t}{P} \times 100\% \tag{2-7}$$

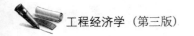

式中，i 表示利率；I_t 表示单位时间内的利息；P 表示本金。

用于表示计算利息的时间单位称为计息周期，计息周期通常为年、半年、季、月、周或天，通常用的是一年。每个计息周期所对应的利率称为周期利率，如一年的利息额与原借贷金额之比称为年利率，一个月的利息额与原借贷金额之比称为月利率。

在复利计算中，利率周期通常以年为单位，它可以与计息周期相同，也可以不同。当利率周期与计息周期不一致时，就出现了名义利率和实际利率的概念。

前述已知，单利和复利的区别在于复利包括了利息的利息。实质上名义利率和实际利率的关系与单利和复利的关系一样，所不同的是，名义利率和实际利率是用在计息周期小于利率周期的时候。

（1）名义利率。所谓名义利率是指计息周期利率乘以一个利率周期内的计息周期数所得的利率周期利率，即

$$r = i \times m \tag{2-8}$$

式中，r 表示名义利率；i 表示计息周期利率；m 表示计息周期数。

若月利率为 0.5%，则年名义利率为 6%（0.5% × 12 = 6%）。很显然，计算名义利率时忽略了前面各期利息再生的因素，这与单利的计算相同。通常所说的利率周期利率都是名义利率。

（2）实际利率。若用计息周期利率来计算利率周期利率，并将利率周期内的利息再生因素考虑进去，这时所得到的利率周期利率称为利率周期实际利率（又称有效利率）。

名义利率与实际利率之间的关系推导过程如下：

已知某人年初有资金 P，名义利率为 r，一年内计息 m 次，则计息周期利率为 r/m，一年后产生的本利和为 F，用复利计息的公式计算得到：

$$F = P\left(1 + \frac{r}{m}\right)^m \tag{2-9}$$

根据利息的定义可得到该年的利息 I：

$$I = F - P = P\left(1 + \frac{r}{m}\right)^m - P = P\left[\left(1 + \frac{r}{m}\right)^m - 1\right] \tag{2-10}$$

再根据利率的定义可得到该年的实际利率 i：

$$i = \frac{I}{P} = \left(1 + \frac{r}{m}\right)^m - 1 \tag{2-11}$$

式中，i 表示实际利率；r 表示名义利率；r/m 表示周期利率；m 表示一年内的复利周期数。

对式（2–11）进行讨论：

1）当 m = 1 时，i = r，即实际利率等于名义利率。

2）当 m > 1 时，i > r，且 m 越大，即一年中计算复利的有限次数越多，则年实际利率相对于名义利率就越高。

不同名义利率、不同计息周期的年实际利率值的比较，如表 2–4 所示。

表 2–4　不同名义利率、不同计息周期的年实际利率值

单位：%

计息周期	一年内计息周期（m）	年名义利率（r）	各期利率（r/m）	年实际利率（i）	年名义利率（r）	各期利率（r/m）	年实际利率（i）
年	1	12	12.00	12.000	6	6.000	6.00
半年	2		6.00	12.360		3.000	6.090
季	4		3.00	12.551		1.500	6.1364
月	12		1.00	12.683		0.500	6.178
周	52		0.2308	12.734		0.1154	6.180
日	365		0.0329	12.748		0.164	6.1831

通过分析可知，在工程经济分析中，如果各方案的计息期不同，就不能简单地使用名义利率来评价，而必须换算成实际利率进行评价，否则会得出不正确的结论。

第三节　资金等值计算

由于资金具有时间价值，因而不同时间的资金不能直接对比。资金的时间价值就是资金随着时间的推移而产生的增值部分。产生的原因：一是投资收益的存在；二是通货膨胀因素的存在；三是风险因素的存在。所以，研究资金等值计算是工程经济分析的必要环节。

一、含义

资金等值是指资金的经济价值相等。由于资金具有时间价值，因而一定量的资金在不同时点上具有不同的价值。由于资金具有时间价值，因而不同时点上发生的绝对额不同的资金，有可能具有相等的经济价值。例如，现在的 10000 元钱在收益率 5%的条件下，与一年后的 10500 元钱，虽然资金数额不相等，但其经济价值是相等的，是等值的。

1. 资金等值的概念

资金的时间价值使发生在不同时点上的同等金额的资金其价值不相同。相应地，发生在不同时点上的资金，即使金额不同却可能具有相等的经济价值。因此，我们将特定利率下，资金在不同时点上发生的绝对数额不相等但经济价值相等的现象称为资金等值。而资金的等值计算是指将一个或多个时点上发生的资金额换算成另一个时点上等值的资金额。例如，在年利率为 8%的条件下，现在的 1000 元资金在一年后将增值：

$1000 \times (1+8\%) = 1080$（元）

即现在的1000元与一年后的1080元是等值的。可见，在年利率8%的情况下，现在的1000元与一年后的1080元发生的时间和金额均不相同，但其价值相等。而现在的1000元与一年后的1000元，在年利率为8%时，虽然数额一样，但发生的时间不同，其价值不相等。造成这种情况的原因就是资金的时间价值，即资金的等值是考虑了资金时间价值后的等值。资金的数额相等，发生的时间不同，其价值不一定相等；而资金数额不等，由于发生的时间也不同，其价值却可能相等。

在工程经济分析中，等值是一个十分重要的概念，它为我们提供了计算某一经济活动有效性或者进行方案比较、优选的可能性，因为在考虑资金时间价值的情况下，其不同时间发生的收入或支出是不能直接相加减的。而利用资金等值的概念，就可以把不同时点上发生的现金流量换算成同一时点上的等值资金，然后再进行比较。所以，在工程经济分析中，方案评选都是采用等值的概念来进行分析、评价和选定。

2. 资金等值的影响因素

资金等值的影响因素包括以下三个方面：①资金数额的大小。②资金发生的时点。③利率的大小。

在这三个因素中，利率是关键因素，在处理资金等值问题时必须以相同利率作为比较计算的依据。

3. 资金等值计算的相关参数

在进行资金等值计算之前，先要明确几个计算参数的含义：

（1）现值P。现值表示资金发生在某一特定时间序列起始点上的价值。在工程经济分析中，它表示发生在现金流量图中零点的资金或投资项目的现金流量折算到零点时的价值。

（2）终值F。终值表示发生在某一特定时间序列终点上资金的价值，指期初或期间发生的资金换算得出的在期末的价值。

（3）年金A。年金是指每年（时间段）等额收入和支付的金额，通常以等额序列表示，即在某一特定时间序列期内，每隔相同时间（不一定是年）内收支的等额款项。

（4）计息次数n。计息次数指从投资项目开始投入资金到项目的寿命周期终止的整个期限除以计息周期期限所得的值。计息次数通常以“年”为单位。

（5）折现。将未来某一时点上的资金额换算成现在的等值金额的计算过程称为折现或贴现。

（6）折现率。将未来某一时点上的资金额换算成现在的等值金额所使用的利率叫做折现率。

二、常用公式

常用的资金等值换算公式可以分为三类：

其一，现值与终值的相互变换（①现值变换为终值（已知 P 求 F）。②终值变换为现值（已知 F 求 P）。与①现值变换为终值互为逆运算）。

其二，现值与年金的相互变换（①现值变换为年金（已知 P 求 A）。②年金变换为现值（已知 A 求 P）。与①现值变换为年金互为逆运算）。

其三，年金与终值的相互变换（①年金变换为终值（已知 A 求 F）。②终值变换为年金（已知 F 求 A）。与①年金变换为终值互为逆运算）。

1. 一次支付类型

一次支付又称整付，是指所分析系统的现金流量，无论是流入或是流出，均在一个时点上一次发生，如图 2-3 所示。一次支付情形的复利计算式是复利计算的基本公式。

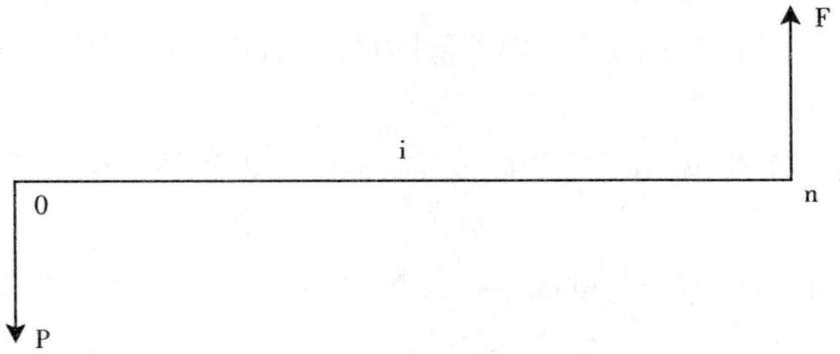

图 2-3　一次支付现金流量

（1）一次支付终值公式（已知 P 求 F）。一次支付终值公式即本利和公式，是指一项资金 P 按年利率 i 进行投资，求 n 年后的本利和。根据复利的定义即可求得本利和 F 的计算公式，其计算过程如表 2-5 所示。

表 2-5　终值计算过程表

计息期	期初金额（1）	本期利息额（2）	期末本利和 F＝（1）＋（2）
1	P	$P\cdot i$	$F_1=P+P\cdot i=P(1+i)$
2	$P(1+i)$	$P(1+i)\cdot i$	$F_2=P(1+i)+P(1+i)\cdot i=P(1+i)^2$
3	$P(1+i)^2$	$P(1+i)^2\cdot i$	$F_3=P(1+i)^2+P(1+i)^2\cdot i=P(1+i)^3$
…	…	…	…
n	$P(1+i)^{(n-1)}$	$P(1+i)^{(n-1)}\cdot i$	$F_n=P(1+i)^{n-1}+P(1+i)^{n-1}\cdot i=P(1+i)^n$

由表 2-5 可以看出，n 年末的本利和 F 与本金的关系：

$$F=P(1+i)^n \tag{2-12}$$

其中，$(1+i)^n$ 称为一次支付终值系数，用（F/P，i，n）表示，故式（2-12）又可写成：

$$F=P(F/P,\ i,\ n) \tag{2-13}$$

在（F/P，i，n）这类符号中，括号内斜线上的符号表示所求的未知数，斜线下的符号表示已知数。整个（F/P，i，n）符号表示在已知 i、n 和 P 的情况下求解 F 的值。为了计算方便，通常按照不同的利率 i 和计息期 n 计算出 $(1+i)^n$ 的值，并列于表中。在计算 F 时，只要从复利表中查出相应的复利系数再乘以本金即为所求。

【例 2–3】 某公司向银行贷款 100 万元，年利率为 10%，复利计息，求 3 年后的本利和是多少？

解：

方法一：

$F = P(1+i)^n = 100 \times (1+10\%)^3 = 100 \times 1.3310 = 133.10$（万元）

方法二：

利用复利系数表查得（F/P，10%，3）=1.3310，则

F = P(F/P，i，n) = 100 × (F/P，10%，3) = 100 × 1.3310 = 133.10（万元）

（2）一次支付现值公式（已知 F 求 P）。一次支付现值公式是指想要在 n 年后得到一笔资金 F，在利率为 i 的情况下，求现在应投入的资金数，即已知 F、i、n，求现值 P。很显然，一次支付现值的求解过程是一次支付终值求解的逆运算。

由公式（2–12）可知：

$$P = F(1+i)^{-n} \tag{2–14}$$

其中，$(1+i)^{-n}$ 称为现值系数，用（P/F，i，n）表示，则一次支付现值公式：

$$P = F(P/F, i, n) \tag{2–15}$$

【例 2–4】 某人希望 5 年末得到 10000 元资金，年利率 i=10%，复利计息，试问现在他必须一次性存款多少元？

解：由式（2–15）：

P = F(P/F，i，n) = 10000(P/F，10%，5)

查表得（P/F，10%，5）= 0.6209，代入式中：

P = 10000 × 0.6209 = 6209（元）

从上面的计算可知，现值与终值的概念和计算方法正好相反，因为现值系数与终值系数互为倒数。在 F 一定、n 相同时，i 越高，P 越小；在 F 一定，i 相同时，n 越长，P 越小，如表 2–6、表 2–7 所示。

表 2–6　一元现值与终值的关系

n i	1 年	5 年	10 年	15 年	20 年
4%	1.0400	1.2167	1.4802	1.8009	2.1911
8%	1.0800	1.4693	2.1589	3.1722	4.6610
12%	1.1200	1.7623	3.1058	5.4736	9.6463
15%	1.1500	2.0114	4.0456	8.1371	16.3665
20%	1.2000	2.4883	6.1917	15.407	38.3376

表 2-7　一元终值与现值的关系

i \ n	1年	5年	10年	15年	20年
4%	0.96154	0.82193	0.67556	0.55526	0.45639
8%	0.92593	0.68058	0.46320	0.31524	0.21455
12%	0.89286	0.56743	0.32197	0.18270	0.10367
15%	0.86957	0.49718	0.24718	0.12289	0.06110
20%	0.83333	0.40188	0.16151	0.06491	0.02608

在工程项目多方案比较中，由于现值评价常常是选择现在为同一时点，把方案预计的不同时期的现金流量折算成现值，并按现值代数和的大小做出决策，因而，在工程经济分析时应当注意以下两点：

1）正确选取折现率。折现率是决定现值大小的一个重要因素，必须根据实际情况灵活选用。

2）注意现金流量的分布情况。从收益方面来看，获得收益的时间越早、数额越大，其现值也越大。因此，应使建设项目早日投产，早日达到设计生产能力，早获收益，多获收益，才能达到最佳经济效益。从投资方面来看，投资支出的时间越晚、数额越小，其现值也越小。因此，应合理分配各年投资额，在不影响项目正常实施的前提下，尽量减少建设初期投资额，加大建设后期投资比重。

2. 等额支付类型

一个经济系统分析期内的现金流量，有的是集中发生在一个时点上的，此时可以用一次性支付类型的计算公式进行计算；而大多数现金流量是分布在整个分析期内的，即发生多次支付。现金流入和流出发生在多个时点上的现金流量，其数额可以是不等的，也可以是相等的。等额系列现金流，是指所分析的系统中现金流入与现金流出可在多个时间点上发生，即形成一个序列现金流量，并且这个序列现金流量额的大小是相等的。等额支付包括四个基本公式：

（1）等额支付终值公式（已知 A，i，n，求 F）。等额支付终值的含义是在一个时间序列中，在利率为 i 的情况下连续在每个计息期的期末支付一笔等额年金 A，计算在 n 个计息周期结束时所有年金的本利和 F，类似于银行储蓄中的零存整取。其现金流量图如图 2-4 所示。

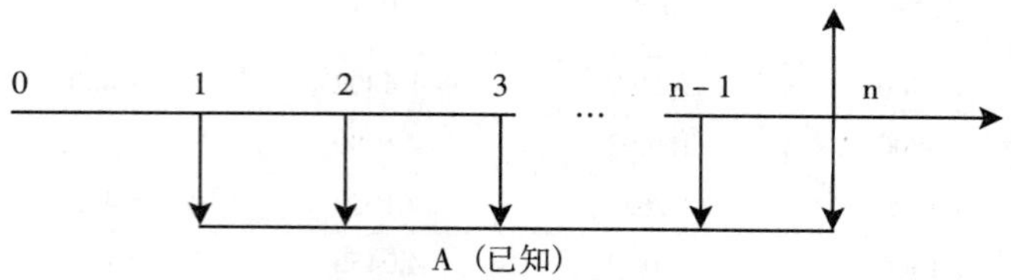

图 2-4　等额年金现金流量

由图 2–4 推导出：

$$F=\sum_{t=1}^{n}A_t(1+i)^{n-t}=A[(1+i)^{n-1}+(1+i)^{n-2}+\cdots+(1+i)+1]$$

$$F=A\left[\frac{(1+i)^n-1}{i}\right] \tag{2–16}$$

其中，$\frac{(1+i)^n-1}{i}$称为等额年金终值系数，记为（F/A，i，n），则等额年金终值公式：

$$F=A(F/A,\ i,\ n) \tag{2–17}$$

【例 2–5】 某人为养老，每年年末存入银行 10000 元钱，年利率为 8%，问 10 年后此人可从银行取出多少钱？

解：已知 A=10000，i=8%，n=10，根据式（2–17）：

F=A（F/A，i，n）=10000×（F/A，8%，10）

查表得（F/A，8%，10）=14.4866，则

F=10000×（F/A，8%，10）=10000×14.4866=144866（元）

（2）等额支付偿债基金公式（已知 F，i，n，求 A）。等额支付偿债基金的含义是为了筹集未来 n 年后需要的一笔偿债资金 F，在利率为 i 的情况下，求每个计息期的期末应等额存储的资金 A，类似于日常商业中的分期付款业务，其现金流量如图 2–5 所示。

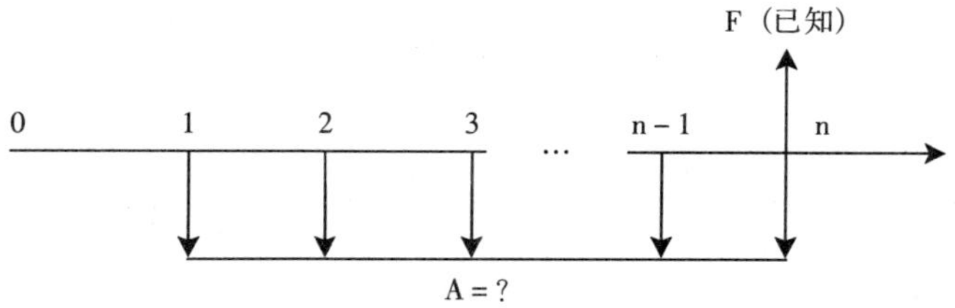

图 2–5 偿债基金现金流量

其计算公式可由等额年金终值公式导出：

$$A=F\left[\frac{i}{(1+i)^n-1}\right] \tag{2–18}$$

其中，$\frac{i}{(1+i)^n-1}$称为偿债基金系数，记为（A/F，i，n），则等额支付偿债基金公式：

$$A=F(A/F,\ i,\ n) \tag{2–19}$$

【例 2–6】 某人希望在 10 年后得到一笔 4000 元的资金，在年利率 5%的条件下，他每年应存入多少钱？

解：这是一个已知终值求年金的问题，其现金流量如图 2–6 所示。

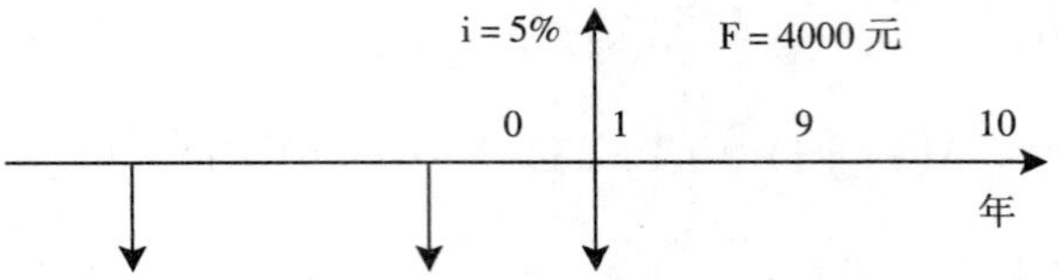

图 2-6 已知终值求年金现金流量

根据计算公式可求：

$$A = F\left[\frac{i}{(1+i)^n - 1}\right] = 4000 \times \frac{0.05}{(1+0.05)^{10} - 1} = 4000 \times 0.0795 = 318.02 \text{（元）}$$

即他每年应存入 318.02 元。

（3）等额支付资金回收公式（已知 P，i，n，求 A）。等额支付资金回收的含义是在期初一次性投入资金 P，在利率为 i 的情况下，想要在 n 年内的每年年末以等额资金 A 将投资及利息全部回收，求 A 的值，其现金流量如图 2-7 所示。

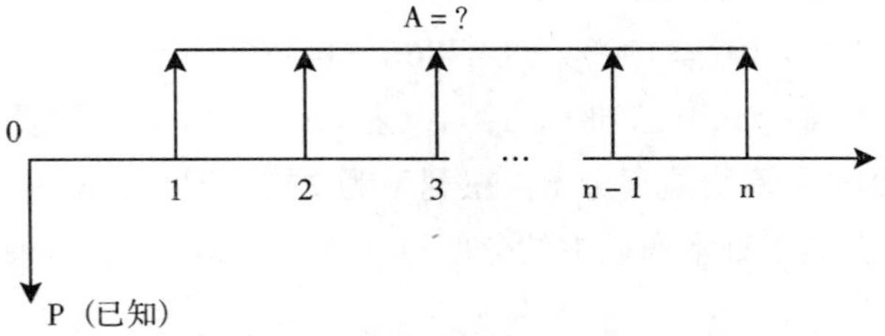

图 2-7 等额支付资金回收现金流量

等额支付资金回收公式可由偿债基金公式 $A = F\left[\frac{i}{(1+i)^n - 1}\right]$ 和一次支付终值公式 $F = P(1+i)^n$ 推导得出：

$$A = P\left[\frac{i(1+i)^n}{(1+i)^n - 1}\right] = P(A/P, i, n) \tag{2-20}$$

其中，$\frac{i(1+i)^n}{(1+i)^n - 1}$ 称为等额支付资金回收系数，记为（A/P，i，n）。

【例 2-7】 某企业投资 3000 万元，计划 5 年收回，现折现率为 10%，求每年的回收数额。

解：

$$A = P\left[\frac{i(1+i)^n}{(1+i)^n - 1}\right] = 3000 \times \frac{0.1 \times 1.1^5}{1.1^5 - 1} = 791.40 \text{（万元）}$$

（4）等额支付现值公式（已知 A，i，n，求 P）。等额支付现值含义是指在 n 个计息周期内，每年年末等额收支一笔资金，求在利率为 i 的情况下，这些年金的现值，其现金流量如图 2-8 所示。

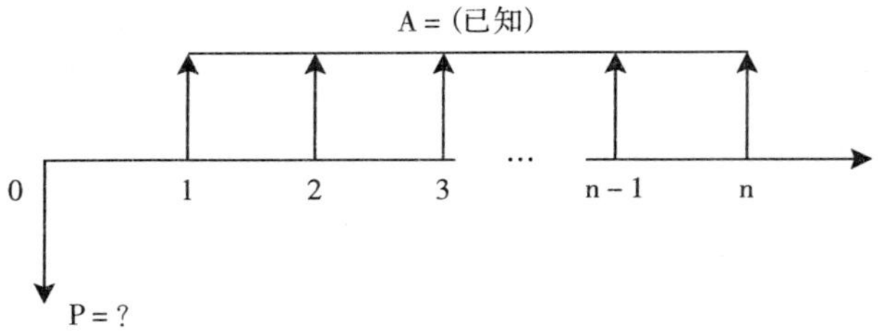

图 2–8　年金现值流量

等额年金现值是等额支付资金回收的逆运算。可推导出等额支付现值公式：

$$P=A\left[\frac{(1+i)^n-1}{i}\right](1+i)^{-n}=A\left[\frac{(1+i)^n-1}{i(1+i)^n}\right] \tag{2–21}$$

其中，$\frac{(1+i)^n-1}{i(1+i)^n}$称为年金现值系数，可记为（P/A，i，n），则等额支付现值公式：

$$P=A(P/A,\ i,\ n) \tag{2–22}$$

【例 2–8】 某人计划在今后 4 年每年能从银行获取 8000 元，问此人应在初始阶段一次性存入银行多少钱？设银行利率为 5%。

解：

$$P=A\left[\frac{(1+i)^n-1}{i(1+i)^n}\right]=8000\times\frac{1.05^4-1}{0.05\times1.05^4}=28367.6\ (元)$$

需要指出的是，应用等额支付资金回收公式和等额支付现值公式进行的等值计算时要满足：①每期支付金额相同（A 值）。②支付间隔相同（如一年）。③每次支付都在对应的期末，而现值则在计算期的期初发生。

3. 特殊变额分付类型

等额分付与变额分付都属于多次分付。变额系列现金流量是指现金流序列是连续的，但其数额大小不等。通常经济系统分析期内的现金流量不会只局限于一种类型，而是多种类型的组合。变额分付较等额分付的计算过程更加复杂。此处介绍两种特殊情况下有规律可循的序列现金流的等值计算公式。

（1）等差现金流量等值变换。在现实经济生活中，现金流量通常不是等额的，一些情况下，资金流动呈等差数列。等差现金流量是指计息周期内各时点的现金流量按某一定值逐年增加，呈等差数列的形式，如设施的维护费用一般都是逐年增加的。等差现金流量如图 2–9 所示。

图 2–9 所示的等差序列递增现金流量图可分为两部分：一是在各年末等额支付的年金；二是以 G 为差额的等差资金序列，可表示为 0，G，2G，···，(n–1) G。将这个等差资金序列视为 n 个一次性支付，可推导出等差序列终值公式（推导过程略）。

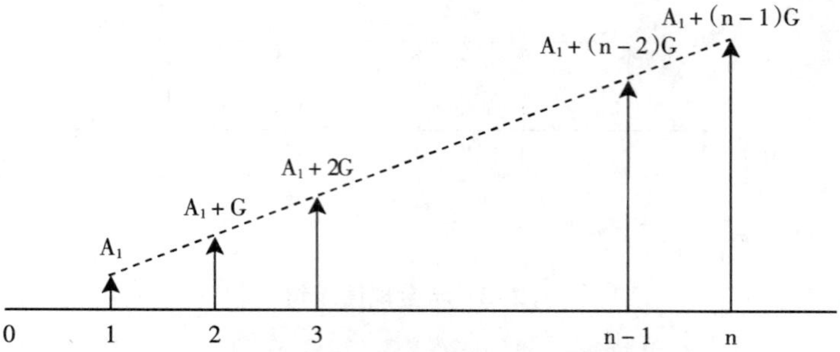

图 2–9　等差序列递增现金流量图

1）等差序列终值公式。等差序列终值公式分为递增等差序列和递减等差序列两种形式：

A. 递增等差序列。

$$F=F_{A_1}+F_G=A_1(F/A,\ i,\ n)+G(F/G,\ i,\ n) \tag{2–23}$$

B. 递减等差序列。

$$F=F_{A_1}-F_G=A_1(F/A,\ i,\ n)-G(F/G,\ i,\ n) \tag{2–24}$$

其中，(F/G，i，n) 或 $\frac{(1+i)^n-ni-1}{i^2}$ 称为等差序列终值系数。

2）等差序列现值公式。等差序列现值公式分为递增等差序列和递减等差序列两种形式：

A. 递增等差序列。

$$P=P_{A_1}+P_G=A_1(P/A,\ i,\ n)+G(P/G,\ i,\ n) \tag{2–25}$$

B. 递减等差序列。

$$P=P_{A_1}-P_G=A_1(P/A,\ i,\ n)-G(P/G,\ i,\ n) \tag{2–26}$$

其中，(P/G，i，n) 或 $\frac{(1+i)^n-ni-1}{i^2(1+i)^n}$ 称为等差序列现值系数。

【例 2–9】 某项目投资额第一年是 10000 元，以后 5 年每年递增 1000 元，如图 2–10 所示。问 6 年投资额的终值、现值和年值分别为多少（i＝10%）？

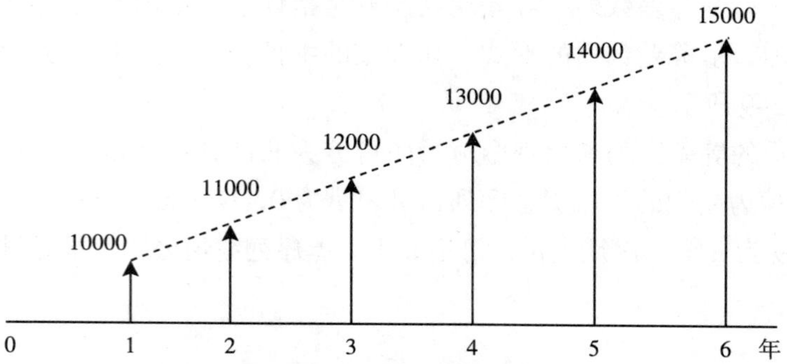

图 2–10　现金流量图

解：

$$F=10000\times\frac{(1+0.1)^6-1}{0.1}+1000\times\frac{(1+0.1)^6-0.1\times6-1}{0.1^2}=94306\text{（元）}$$

$$P=\frac{F}{(1+i)^6}=\frac{94306}{1.1^6}=53280.23\text{（元）}$$

$$A=P[i(1+i)^6]/[(1+i)^6-1]=53280.23\times(0.1\times1.1^6)/(1.1^6-1)=12254.45\text{（元）}$$

（2）等比现金流量等值变换。等比现金流量序列是指每一计息周期流入或流出的金额都以某一固定比率 g 递增或递减，各时点的现金流量形成一个等比数列，如图 2–11 所示。将这些等比数列的资金看成是 n 次一次支付的资金，可推导出等比序列资金的终值和现值公式（推导过程略）。

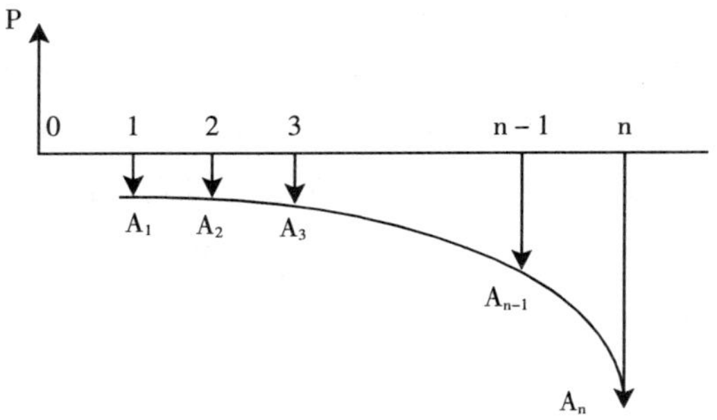

图 2–11　等比序列现金流量图

等比序列终值公式：

$$F=A_1(F/A,\ i,\ g,\ n)=A_1\frac{(1+i)^n-(1+g)^n}{i-g}(i\neq g)\tag{2–27}$$

其中，$(F/A,\ i,\ g,\ n)$称为等比序列终值系数；g 为等比序列递增（减）率。

等比序列现值公式：

$$P=A_1(P/A,\ i,\ g,\ n)=A_1\frac{1-(1+i)^{-n}(1+g)^n}{i-g}(i\neq g)\tag{2–28}$$

其中，$(P/A,\ i,\ g,\ n)$或$\frac{1-(1+i)^{-n}(1+g)^n}{i-g}$称为等比序列现值系数；g 为等比序列递增（减）率。

【例 2–10】某企业希望利用某专利生产某产品。如果是租赁专利，每年租金为 5000 元，预计租金水平在今后的 20 年内每年上涨 6%。如果直接购买，费用为 70000 元，需一次性支付，预计 20 年后该专利可以原价两倍出售。若投资收益率设定为 15%，问是租赁还是直接购买更划算？

解：根据题意，$n=20$，$A_1=5000$，$g=6\%$，$i=15\%$，则

a）租赁，20 年内年租金的现值是：

$$P_1 = A_1\frac{1-(1+i)^{-n}(1+g)^n}{i-g} = 5000\times\frac{1-(1+15\%)^{-20}(1+6\%)^{20}}{15\%-6\%} = 44669\text{（元）}$$

b）直接购买，全部费用的现值为：

$P_2 = 70000 - 140000\times(1+15\%)^{-20} = 70000 - 140000\times0.0611 = 61446$（元）

因为 $P_1 < P_2$，所以租赁更为划算。

本章小结

对每个方案都要估计现金流入（收益）和流出（费用）。当现金从一个企业或个人转移到另一个企业或个人时就会产生现金流，现金流入（收益）和流出（费用）称为现金流量。现金流以现金收支形式体现了方案的经济影响。没有一定时期内的现金流量的估计就不可能进行项目经济特性的研究。本章介绍了现金流量的概念和构成，借助现金流量图，人们可以方便地表示项目在各个时间点上的现金流量。由于不同时间点上发生的现金流量不具有可比性，因而，在项目评价中常需要将现金流量在不同时间点上进行换算，这就需要学生掌握资金等值的相关概念，并熟练应用资金等值的计算公式。

概念回顾

现金流（Cash Flow）。现金流是考察对象在一定时期内各时点上实际发生的资金流出或资金流入。

资金的时间价值（Time Value of Capital）。资金的时间价值是指资金在使用过程中由于时间的因素而产生的差额价值。

名义利率（Nominal Interest Rate）。名义利率是指计息周期利率 i 乘以一个利率周期内的计息周期数 m 所得的利率周期利率。

实际利率（Real Interest Rate）。用计息周期利率来计算利率周期利率，并将利率周期内的利息再生因素考虑进去，这时所得到的利率周期利率为实际利率。

资金等值（Fund Equivalence）。资金等值是指在特定利率下，资金在不同时点发生的绝对数额不相等但经济价值相等的现象。

练习题

1. 什么是现金流量？常见的现金流入量和流出量有哪些？

2. 什么是现金流量图？它的构成要素有哪些？绘制现金流量图的目的及注意事项

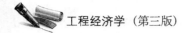

有哪些？

3. 何谓资金的时间价值？如何理解资金的时间价值？影响资金时间价值的因素有哪些？

4. 单利与复利的区别是什么？试举例说明。

5. 什么是终值、现值、等值？

6. 什么是名义利率和实际利率，它们有什么关系？

7. 简述资金时间价值的 6 个等值公式。

8. 某企业拟向银行申请贷款 1000000 元，贷款期限为 5 年，有两种计息方式。甲方案年利率为 9%，按复利计息；乙方案年利率为 10%，按单利计息。试计算决定采用何种方案。

9. 某人从银行贷款 100000 元，利率为 6%，每年年末等额还款，10 年还清。在还款 4 次后，打算在第五年末一次性还清，问第五年末应一次性还款多少钱？作出现金流量图。

10. 某人从第一年末开始，每年存款 5000 元，共存五年，利率为 6%，问第五年末共可取出多少钱？取出的这笔钱相当于第一年初多少钱？作出现金流量图。

分析：已知 A，i，n，运用等额支付终值公式求 F，再对已经求得的 F 用一次支付现值公式求现值 P；或者直接根据已知的 A，i，n，运用等额支付现值公式求 P。

11. 某人准备在三年后用 100000 元购买一辆轿车，若从现在起每年年末存入银行等额的钱，存期三年，利率为 4%，这笔等额的钱是多少？如果是在第一年初一次性存入一笔钱用于三年后买车，应存多少？作出现金流量图。

12. 某人投资 1000000 元，投资收益率为 8%，每年等额收回本息，共六年全部收回，问每年收回多少钱？作出现金流量图。

分析：已知 P，i，n，运用等额支付投资回收公式求 A。

13. 建设银行贷款给某建设单位，年利率为 5%，第一年初贷给 3000 万元，第二年初贷给 2000 万元，该建设单位第三年末开始用盈利偿还贷款，按协议至第十年末还清。问该建设单位每年末应等额偿还多少钱？

14. 某建筑企业 7 年前用 3500 元购买了一台机械，每年用此机械获得利益为 750 元，在第一年时维护费为 100 元，以后每年递增维护费 20 元，该单位打算现在（第七年末）转让出售，若年利率为 5%，问该项目投资的现值是多少？

15. 某技术转让项目，合同规定甲方向乙方第一年支付费用 4 万元，而后每年以 6%递增支付，直到第十年，若银行利率为 10%，求与之等值的现值、终值和年金各为多少？

案例分析

体育明星的薪酬时间价值

大牌体育明星的签约都非常夸张，然而，有时候数字会产生误导。例如，美国橄榄球联盟印第安纳小马队 18 号——佩顿·曼宁。

佩顿·曼宁，1976 年 3 月 24 日出生，196 厘米，104 公斤，1998 年选秀中第一顺位加入小马队。7 年的职业生涯中，5 次入选全明星阵容，2003 年、2004 年赛季连续获得联盟最有价值球员（MVP）称号。2004 赛季常规赛，传出 49 次达阵，创造了 NFL 纪录。

小马队在 2005~2006 年赛季中获得了骄人战绩，其著名球星佩顿·曼宁更是一个值得大书特书的人物。佩顿·曼宁，大联盟最富有的球员，2004 年，他和小马队签订了 9 年价值 9200 万美元的巨额合同，同时还一次性获得了 3400 多万美元的签字费。如此，他的平均年薪达到了创纪录的 1400 万美元，成为历史上最富有的橄榄球运动员。在这一年，他的收入仅次于泰格·伍兹、沙克·奥尼尔和勒布朗·詹姆斯，在所有体育明星中位居第四。

数字表明佩顿·曼宁的待遇的确优厚，但是报出的数字与实际却相差甚远。虽然合约的价值被报道为 1.26 亿美元，但确切地讲，它要分 9 年支付，包括 3404 万美元的签约奖金以及 9150 万美元的工资和未来的奖金。工资分年支付，2004 年 53.5 万美元，2005 年 66.5 万美元，2006 年 1000 万美元，2007 年 1100 万美元，2008 年 1150 万美元，2009 年 1400 万美元，2010 年 1580 万美元，2011 年和 2012 年则都是 1400 万美元。

资料来源：http：//www.docin. com/p-433444702.html.

思考题

（1）当利率为 5%时，他能收到多少？

（2）当利率为 10%时，他能收到多少？

对上述两种情况，通过时间价值的计算结果进行分析。

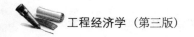

第三章　方案的评价指标

学习目标

1. 理解经济性评价的重要性。
2. 掌握方案经济评价各指标概念及含义。
3. 学会计算静态评价指标和动态评价指标。
4. 能利用 EXCEL 进行评价指标的计算。
5. 区分不同评价指标运用的环境。

章前引例

麦当劳公司

总部位于美国伊利诺伊州欧克布鲁克的麦当劳（McDonald's）公司（以下简称麦当劳），在战略评价方面做得很出色，能够及时做出合理的判断以增加营业额和利润。即使在 2011 年的寒期，也没有阻止麦当劳超越其竞争对手——汉堡王（Burger King）和温迪（Wendy's）国际快餐连锁集团。麦当劳的菜单现在越来越多样化，比如最近推出的马里布三明治和焦糖摩卡咖啡。更特别的是几乎每个人都很喜欢麦当劳的牛肉汉堡、麦乐鸡和巨无霸。

最近，为吸引孩子们的注意力，公司把吉祥物罗纳德麦当劳（Ronald McDonald）放在电视上播放，新电视广告的目标在于孩子，而不是通过父母鼓励孩子去开心乐园玩游戏，或者到罗纳德拍照。

麦当劳的负债也很有特色，其总额的 40%以外币表示，主要是欧元、英镑、澳元和加拿大元，因此公司可从美元贬值中获利。公司营业额的 2/3 来自于美国境外，它在 118 个国家都有分店。麦当劳在美国境内有 14000 家“金拱门”餐厅，在境外还有 21000 多家餐厅。麦当劳有超过 400000 名员工，由首席执行官和副主席詹姆斯·斯金纳（James Skinner）领导。2010 年，麦当劳的 32737 家餐厅第一次被赛百味（Subway）快餐的 33749 家店超越。其实，在 2002 年，赛百味的餐厅数就已经超过了麦当劳在美国境内的餐厅数，但即使在今天，麦当劳的营业额也比赛百味高。

2011 年，麦当劳新开了 1100 家店，关闭了 350 家店，相当于净开了 750 家店，而公司在2010年净开了541家店。麦当劳在2011年的净资本支出是25亿美元。麦当劳每天约可接待6200万名客人，且在芝加哥郊区建立了汉堡大学。将近80%的麦当劳餐厅是以连锁店而不是以自营形式开办的。

麦当劳的直接竞争对手是温迪（Wendy's）快餐连锁、阿贝兹（Arby's）、汉堡王（Burger King）、百盛餐饮集团和哈迪斯汉堡，还与肯德基（KFC）、尼克松快餐等上千家快餐店竞争。2010年，麦当劳的营业额增长了5.8%，达到240亿美元，而净利润增长了8.7%，达到49亿美元。麦当劳依据客户需要持续不断地调整每个地区的供应量以满足不同客人的需求。

哪家公司拥有最忠诚的咖啡消费者——邓肯的甜甜圈（Dunkin' Donuts）、提姆霍顿（Tim Hortons）、星巴克（Starbucks）还是麦当劳？最近的一个研究表明是麦当劳，因为麦当劳咖啡的消费者去别的地方买咖啡的相对较少。针对15000个咖啡爱好者的调查表明，在每个月里，麦当劳忠诚顾客中的29%会去其他地方喝咖啡；与之相对的是，星巴克和邓肯甜甜圈的该数值则达到了53%。造成这种现象的原因是快餐业的"早餐战争"。Customer DNA联合创立者戴夫·詹金斯（Dave Jenkins）告诉道琼斯（Dow Jones）："顾客多到他们店里一次，就少去竞争者的店里一次，这就导致了在这场战争中谁胜谁负。"

麦当劳应该如何进行科学抉择，如何对连锁店扩张所带来的利益和风险做出综合评价，这正是这一章我们将要重点讨论的问题。

资料来源：Based on Anne Gasparro and Tess Stynes，McDonald's Profit Edges Up，Wall Street Journal，January 25 2011，B4. Also，Anmie Gasparro，"McDonald's Brings Back Ronald，" Wall Street Journal，April 7，2011，BS. Also，http：//chicagobreakingbusiness. com/2011/04/study-mcdonalds-winning，coffee-loyalty-battle，html.

第一节　评价指标体系

在工程经济研究中，经济评价是在工程项目方案计算期内对各种与方案投入及产出有关的技术经济因素、财务和经济资料数据进行调查、分析及预测，并对工程项目方案的经济效果进行计算和评价。对工程项目方案进行经济评价，主要有以下几方面的意义：

其一，为决策者提供单方案是否实施的依据。通过对方案中各指标的计算，可以在项目开始之前，从经济效益、费用等方面判定方案的可行性，从而为决策者是否实施该方案提供科学依据。

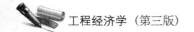

其二，为多方案选优提供重要依据。在面对多种方案时，决策者可以选取多种经济评价指标对各方案进行评价，根据自定的评价目标和所得的评价结果决定选取最优方案。

其三，可以及时避免在建项目带来的损失。在对项目进行经济评价，计算其实施效果时，当发现其实际实施结果与预算相差太大时，可以及时调整实施计划甚至终止计划，避免造成更大的损失。

投资项目经济评价起源于20世纪30年代的美国，在第二次世界大战后，这种方法迅速发展和扩大，到目前为止已经形成了一系列系统性和科学性的评价指标。项目的经济可行性评价，就是通过这一系列的评价指标来进行的。方案经济评价可以根据不同评价目标、评价深度、方案的特点和可获得的数据资料等情况，选用不同的评价指标。

经济评价指标从不同角度可以有不同的分类，一般可分为三类。

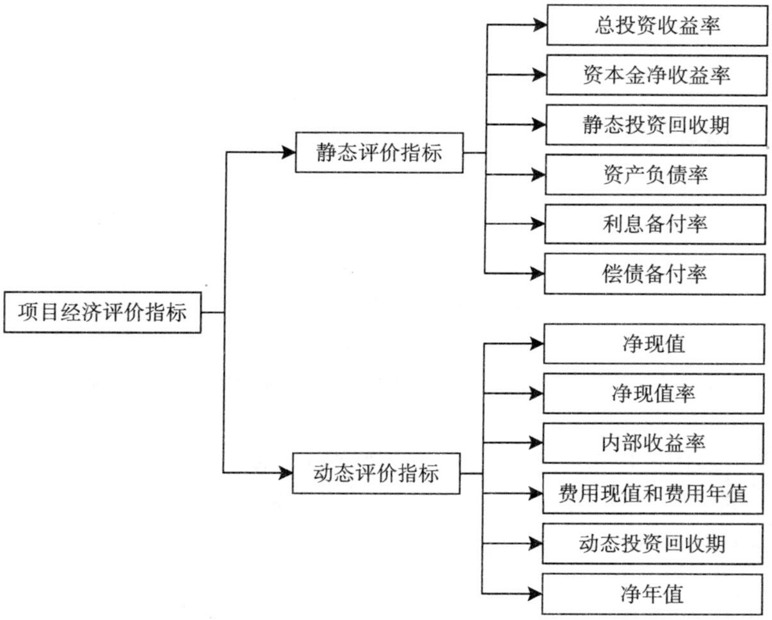

图3-1　项目经济评价指标体系（按是否考虑资金时间价值分类）

第一类，按是否考虑资金时间价值分为静态评价指标和动态评价指标。具体指标如图3-1所示。

静态评价指标是指不考虑资金时间价值，按照收入、支出、利润和资金占用、周转等方面的传统观念来反映项目投资的经济效益指标。这类指标的优点是比较简单、直观，使用起来也很方便，容易被企业经营者理解和运用，缺点是不能准确地反映投资经济效益。

动态评价指标是指在考虑资金时间价值条件下，把不同时间点的效益流入和费用流出折算为同一时间点的等值价值，进而来进行评价和分析项目投资的经济效益的指标。这类指标的优点是在很大程度上弥补了静态评价指标的不足，缺点是计算时需要大量的数据且计算过程复杂。

第二类，按照评价指标所反映的经济性质分为比率性评价指标、时间性评价指标和价值性评价指标。具体指标如图 3–2 所示。

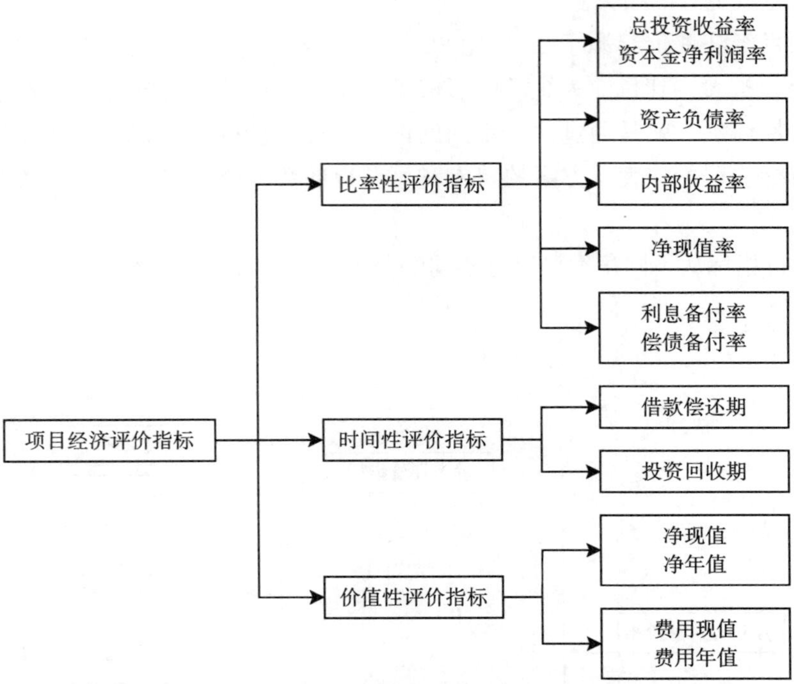

图 3–2　项目经济评价指标体系（按评价指标所反映的经济性质分类）

时间性评价指标是指用时间长短来衡量投资回收能力的指标。

第三类，按项目经济评价的性质分为盈利能力分析指标、清偿能力分析指标和财务生存能力分析指标。具体指标如图 3–3 所示。

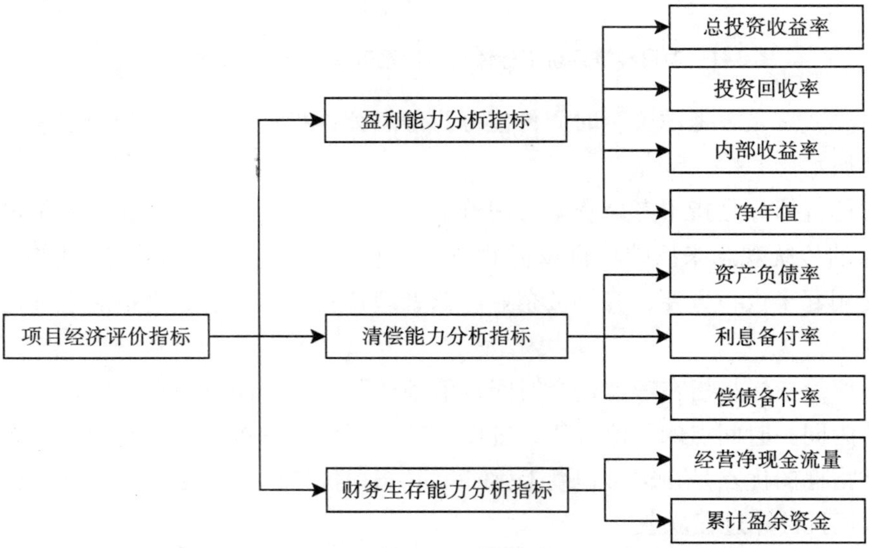

图 3–3　项目经济评价指标体系（按项目经济评价的性质分类）

工程经济评价包括单方案和多方案两种方式，对某一技术上可行的单方案进行经济评价的目的在于论证该方案在经济上的可行性。对单方案的评价选用的指标比较少，一般选取一个。而对多个技术上可行的方案进行经济评价的目的在于选择经济上最优的方案。由于多方案的经济效益可以从多方面进行评价，一个评价指标仅能反映某一方面，因此，为达到系统而全面地评价技术方案的经济效益，需要采用多个评价指标，从多方面进行分析考察。本章系统地介绍了在技术方案评价和选择中常用的经济评价指标，主要从以下两个方面进行介绍，即静态评价指标和动态评价指标。

第二节　静态评价指标

静态评价指标计算简便，主要用于技术经济数据不完备和不精确的项目初选阶段，或对计算期比较短的项目以及逐年收益大致相等的项目进行评价，其主要包括盈利能力指标、静态投资回收期和偿债能力指标。

一、盈利能力指标

静态指标中的盈利能力指标主要有总投资收益率和资本金净利率。

1. 总投资收益率

总投资收益率，又称投资报酬率（记作 ROI），是反映投资效果的一个指标。

（1）总投资收益率的含义。总投资收益率（Return On Investment，ROI）表示总投资的收益水平，是指项目达到设计生产能力后正常年份的年息税前利润或运营期内税前利润（EBIT）与项目总投资（TI）的比率。

（2）计算公式。总投资收益率的计算公式：

$$ROI=\frac{EBIT}{TI}\times 100\% \tag{3-1}$$

其中，EBIT 表示项目达到设计生产能力正常年份的年息税前利润或运营期内税前利润，即

EBIT=年销售收入－年销售税金及附加－年总成本费用+利息支出=年利润总额+利息支出

TI 表示项目总投资，即

TI=固定资产投资+流动资金投资

（3）评价标准。用总投资收益率指标评价投资方案的经济效果需要与行业的总投资收益率参考值进行比较，如果高于行业参考水平则表明此项目可行，否则表示不可行。若总投资收益率高于同期银行贷款利率，则表明借款是有利的；反之，则有损企业的利

益。因此，总投资收益率不仅可以衡量企业的获利能力，也可以作为企业举债的标准。

（4）适用范围。总投资收益率计算简便，意义明确，但是没有考虑投资收益的时间因素。因此，此指标只适用于计算短期项目，不适用对需详细资料的项目进行盈利能力分析。此指标尤其适用于工程项目方案制定的早期阶段或工艺简单而生产变化不大的建设方案的投资经济效果评价。

【例 3-1】某新建项目总投资为 3000 万元，用两年时间建设，投产后运行 15 年，年销售收入为 2000 万元，年经营成本为 800 万元，年销售税金为销售收入的 6%，计算总投资收益率。

解：$ROI = \frac{2000 - 800 - 2000 \times 6\%}{3000} \times 100\% = 36\%$

如果再知道此项目的行业基准利率，我们就可以确定此项目的可行性了。

2. 资本金净利率

（1）资本金净利率的经济含义。资本金净利率（Return On Equity，ROE）表示项目资本金的盈利能力，是指项目达到正常生产能力后正常年份的年净利润总额或运营期内年平均净利润（NP）总额占项目资本金（EC）总额的百分比。

（2）资本金净利率的计算方法。资本金净利率的计算公式：

$$ROE = \frac{NP}{EC} \times 100\% \tag{3-2}$$

其中，ROE 表示项目资本金净利率；NP 表示项目正常年份的年净利润或运营期内年平均净利润，即

年净利润 = 年销售收入 – 年销售税金及附加 – 年经营成本 – 年折旧摊销费 – 利息支出 – 所得税 = 年息税前利润 – 利息支出 – 所得税

EC 表示项目资本金（项目公司股东投入的资金）。

（3）评价标准。若 ROE 高于同行业的参考值表示用项目资本金净利率计算的盈利能力满足要求，这种项目可以接受；反之，盈利能力不能满足要求，应予以拒绝。

（4）使用范围。资本金净利率作为政府和银行特别关注的一个指标，也被财政部和许多银行视为重要指标，同时在项目静态能力评价中也是一个重要指标。但是此指标是一个静态指标，应该和动态指标结合使用，这样才能保证决策的准确性。

二、静态投资回收期

投资回收期也称返本期，是反映投资方案盈利能力的静态指标。静态投资回收期是在不考虑资金时间价值的条件下，以方案的净收益抵偿全部投资所需要的时间。静态投资回收期可以自项目建设开始年算起，也可以自项目投产年开始算起，但应予以注明。自建设开始年算起，静态投资回收期 P_t 的计算公式：

$$\sum_{t=0}^{P_t} (CI - CO)_t = 0 \tag{3-3}$$

其中，P_t 为静态投资回收期；CI 为现金流入量；CO 为现金流出量；$(CI-CO)_t$ 为第 t 年的净现金流量。

静态投资回收期可根据项目现存流量表计算，其具体计算方法又分以下两种情况：

1. 直接计算法

项目建成投产后各年的净现金流量均相同，则静态投资回收期的计算公式：

$$P_t=\frac{I}{A} \tag{3-4}$$

其中，I 为项目投入的全部资金；A 为每年的净现金流量，即

$A=(CI-CO)_t$

2. 累计算法

项目建成投产后各年的净收益不相同，则静态投资回收期可根据累计净现金流量求得，也就是在现金流量表中累计净现金流量由负值转向正值之间的年份，其计算公式：

P_t=（累计净现金流量出现正值的年份－1）+（上一年累计净现金流量的绝对值）/（出现正值年份的净现金流量） (3-5)

计算出静态投资回收期 P_t 后，需要与所确定的基准投资回收期 P_b 进行比较。若 $P_t\leqslant P_b$，表明项目投入的总资金能在规定的时间内回收，则可以考虑接受方案；否则，拒绝方案。

三、偿债能力指标

偿债能力指标主要包括资产负债率、利息备付率、偿债备付率。

1. 资产负债率

（1）资产负债率的含义。资产负债率（Liability On Asset Ratio，LOAR）是指各期末负债总额（TL）与资产总额（TA）的比率，表示总资产中有多少是通过负债得来的。它是反映项目所面临的财务风险程度的指标。

（2）计算公式。资产负债率的公式：

$$LOAR=\frac{TL}{TA}\times 100\% \tag{3-6}$$

（3）评价标准。对于资产负债率应根据国家宏观经济状况、行业发展趋势、企业所处竞争条件决定，目前，通常认为资产负债率在 40%~60%为适宜。一般来说，经营风险较高的企业应选择较低的资产负债率；反之，则选择较高的资产负债率。我国交通、运输、电力行业的资产负债率一般为 50%，加工业为 65%，商业为 80%左右。

（4）适用范围。资产负债率指标比较简单、明确，为企业借债提供了一定的参考依据。此指标一般在资产负债表中要计算，但在长期债务还清后就不需要计算了。

2. 利息备付率

利息备付率也称已获利息倍数，指项目在借款偿还期内，各年用于支付利息的息税前利润与当期应付利息费用的比值。其表达式：

$$利息备付率 = \frac{息税前利润}{当期应付利息} \tag{3-7}$$

式中，息税前利润=利润总额+计入总成本费用的利息费用；当期应付利息是指计入总成本费用的全部利息。

利息备付率可以按年计算，也可以按整个借款期计算。

利息备付率表示使用项目利润偿付利息的保证倍率，利息备付率越高，表明利息偿付的保障程度越高。对于正常经营的企业，利息备付率应当大于2；否则，表示项目的付息能力保障程度不足。使用利息备付率指标进行项目评价，还需要将其与其他企业项目进行比较，来分析决定本项目的指标水平。

3. 偿债备付率

偿债备付率指项目在借款偿还期内，各年可用于还本付息的资金与当期应还本付息金额的比值，其表达式：

$$偿债备付率 = \frac{可用于还本付息金额}{当期应还本付息金额} \tag{3-8}$$

其中，可用于还本付息的资金包括可用于还款的折旧和摊销、成本中列支的利息费用、可用于还款的税后利润等。

当期应还本付息金额包括当期应还贷款本金额及计入成本的利息。

偿债备付率可以按年计算，也可以按项目的整个借款期计算。

偿债备付率表示可用于还本付息的资金偿还借款本息的保证倍率。正常情况应当大于1，且越高越好，当指标小于1时，表示当年资金来源不足以偿付当期债务，需要通过短期借款偿付已到期债务。

第三节　动态评价指标

动态评价指标能较全面地反映投资方案整个计算期的经济效果，主要用于项目最后决策前的可行性研究阶段，或对计算期较长的项目以及逐年收益不相等的项目进行评价。主要包括净现值、净现值率、内部收益率、动态投资回收期、费用现值与费用年值和净年值等指标。

一、不同方案的现值分析

现值分析理论（Present Value Analysis Theory）是基于货币的时间价值原理，对企业未来的投资活动、筹资活动产生的现金流量进行贴现分析，以便正确地衡量投资收益、计算筹资成本、评价企业价值。

1. 净现值的含义与计算公式

净现值（Net Present Value，NPV）指标是对投资项目进行动态评价的最重要指标之一。该指标要求考察项目寿命期内每年发生的现金流量。净现值法就是把在工程项目的整个寿命周期内发生的全部收入和支出的差额，用基准贴现率逐年分别折算为工程开始时的价值（即现值）。

净现值法的计算公式：

$$NPV=\sum_{t=0}^{n}\frac{C_t}{(1+i)^t} \tag{3-9}$$

式中，C_t 表示工程项目每年净现金流量，它等于第 i 年的现金流入量减去该年的现金流出量；n 表示工程经济项目计算期（年）；i 表示折现率。

【例 3-2】 已知某投资方案的各年现金流量如图 3-4 所示，设贴现率为 10%，试求净现值。

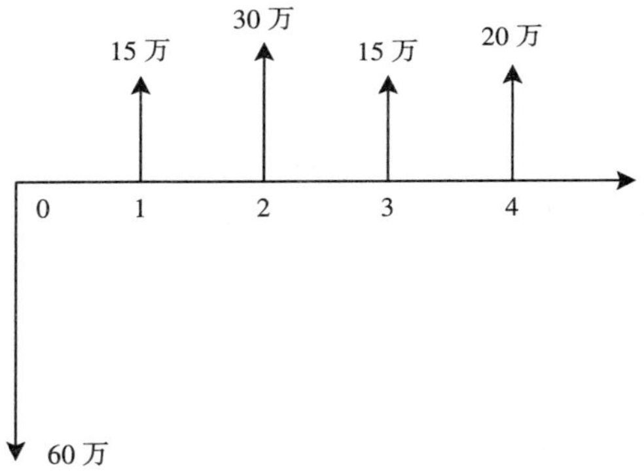

图 3-4　某投资方案现金流量图

解：由式（3-9）可得：

$$NPV=-60+\frac{15}{(1+10\%)}+\frac{30}{(1+10\%)^2}+\frac{15}{(1+10\%)^3}+\frac{20}{(1+10\%)^4}=3.36\text{（万元）}$$

2. 净现值的评价标准

对于单方案我们选择净现值大于等于 0 的方案，即 NPV≥0。因为这种情况下方案实施后投资收益水平不仅可以达到设定折现率的水平，而且还有盈余（等于 0 时没有盈余），项目的盈利能力超过了投资收益期望水平。

而净现值小于 0 的方案为不可接受方案，因为这种情况下方案实施后投资收益水平没有达到设定折现率的水平，同时，该方案还有可能亏损。对于多方案的选择我们一般选择净现值最大的方案，但是前提是净现值大于等于 0。

3. 净现值的含义和优缺点

由资金的时间价值可得：当净现值等于 0 时，表明此方案的收益和费用按照预先设定的折现率正好相等，方案的内部收益率刚好达到折现率。当净现值大于 0 时，表明此方案的内部收益率大于给定的折现率。当净现值小于 0 时，内部收益率小于给定的折现率。由上面的经济含义可知，我们要选择净现值大于等于 0 的方案。

（1）优点。净现值法的优点：①计算比较简单，既考虑了资金的时间价值，也考虑了资金的流入和流出量。②能直接说明项目投资额与资金成本之间的关系。③计算结果稳定，不会因为现金流量换算方法不同而带来差异。

（2）缺点。净现值法的缺点：①需要预先给定贴现率，这给项目决策带来了困难。因为若贴现率定得太高，可行项目就可能被否定；反之，贴现率定得过低，不合理的项目就可能被选中。②不能真正说明项目运营期间各年的经营成果。③不能真正反映项目投资单位的使用效率。④净现值指标用于多方案比较时，没有考虑各方案投资额的大小，因而不能直接反映资金的利用效率，当方案间的初始投资额相差较大时，可能出现失误。因为一个勉强合格的大型项目的正净现值可以比一个很好的小型项目的正净现值大得多，这样，决策时就有可能选择大型项目，造成失误。

4. 净现值函数与基准收益率

净现值函数曲线是理解项目投资评价理论的工具，尤其是对差额内部收益率与各方案的内部收益率及净现值之间复杂的关系，可以借助净现值函数曲线加深理解。所谓净现值函数是指净现值与折现率之间的一种变化关系。

基准收益率（Benchmark Yield）是企业或行业或投资者以动态的观点所确定的、可接受的投资项目方案最低标准的收益水平。它的确定既受客观条件的限制，又受投资者的主观愿望影响。基准收益率表明投资决策者对项目资金时间价值的估价，是投资资金应当获得的最低盈利水平，是评价和判断投资方案在经济上是否可行的依据，是一个重要的经济参数。

（1）净现值函数。由式（3–9）可得，如果以收益率 i 为未知数，可以得到 NPV 与 i 的函数关系表达式：

$$NPV = \sum_{t=0}^{n} C_t \times (1+i)^t \tag{3–10}$$

将 NPV 和 i 的关系绘制在坐标图上可以直观地看出两者之间的关系。把 NPV 作为纵坐标，i 作为横坐标得到两者的关系曲线——净现值函数曲线，如图 3–5 所示。

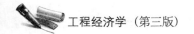

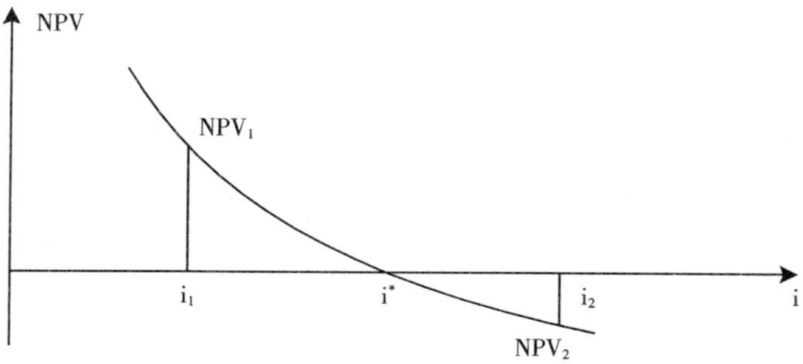

图 3-5　净现值函数曲线

从图 3-5 中我们可以知道，对于具有常规现金流量（即在项目计算期内，方案的净现金流量的符号只改变一次）的投资方案，其净现值的大小和折现率之间呈负相关关系，即随着折现率的逐渐增大，净现值将由大变小，由正变负。且当 $i=i^*$ 时，净现值为 0。

NPV 是 i 的递减函数，故基准收益率定得越高，方案被接受的可能性越小；反之，方案被接受的可能性越大。很明显，当 NPV＝0 时曲线与横轴相交达到了临界值 i^*，我们将其称为内部收益率。

通过分析可知，当一个投资方案各年的净现金流量已知时，方案的净现值就和折现率 i 唯一相关。由此可见，基准收益率确定得合理与否，对投资方案经济效果的评价结论有直接的影响，定得过高或过低都会导致投资决策的失误。

（2）基准收益率。基准投资收益率又称基准收益率、标准折现率，国外一些文献称为最低有吸引力的收益率（Minimum Attractive Rate of Return，MARR），即对企业或者投资者来说是一个最低的、可以接受的贴现率。

1）确定基准收益率应考虑的因素。资金成本和机会成本。资金成本是用资金进行投资活动的代价，主要包括筹资费和资金的使用费。向银行贷款所支付的手续费是筹资费，而向股东支付的红利，向债权人支付的利息等是资金的使用费。

投资的机会成本（Opportunity Cost）是指投资者将有限的资金投资到一个项目中而放弃其他机会所能得到的最大收益。机会成本不是实际支付的成本，它的确定需要技术人员的不断分析、比较。

因此，基准收益率不应低于单位资金成本和单位资金的机会成本之和，只有这样才能保证投资者的收益达到最大。

投资风险。投资者在决定是否对一个项目投资时必须承担各种风险，而一个较高的投资收益水平能够弥补这种风险，我们称这种风险为投资风险（Investment Risk）。一般用风险贴现率来提高基准收益率的值，风险越大，风险贴现率就越高。

通货膨胀。通货膨胀是指由于货币的发行量超过商品流通所需要的货币量而引起的货币贬值和物价上涨的现象。常用通货膨胀率来表示通货膨胀程度。由于通货膨胀会导致原材料成本、人工成本、土地的价值、机器设备等成本的增加，因而，在考虑

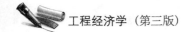

投资收益率时就要考虑通货膨胀因素的影响。

2）确定基准收益率的方法。从上述分析中可知，基准收益率的选取非常重要，如何选取基准收益率对净现值的计算有很大影响。究竟如何确定基准收益率，目前众说纷纭，下面主要论述两种观点。

观点一，根据资金的来源和构成确定。本观点认为，基准收益率的确定应遵照以下原则：

第一，以贷款筹措资金时，基准贴现率一般应高于贷款利率。这两种利率的差额决定着投资者期望的收益和投资项目所承担的风险。

第二， 若为自有资金时，基准贴现率应等于或大于使用贷款资金的计算利率。

第三，若以自有资金和贷款两种资金来源筹措资金时，应按照两者所占的比例及其各自的计算利率求取加权平均值作为基准贴现率。即

$$i = \frac{C_1 \times i_1 + C_2 \times i_2}{C_1 + C_2} \tag{3-11}$$

其中，C_1，C_2 分别表示自有资金和他人资金的数额；i_1，i_2 分别表示自有资金的计算利率和他人资金的计算利率。

第四，若能评价出因承担风险而使投资方案未来收益减少的程度，则在确定基准贴现率时可不考虑风险问题。否则，为了保险起见，投资者常常将基准贴现率调高至某一程度。当然，这种调整完全是一种主观判断，并非客观统一的标准。

观点二，根据资金供给曲线和需求曲线确定。这一观点是建立在以下假定条件基础上的：

第一，假定企业以获得最高利润为目的。

第二，假定企业内部提出的全部投资计划都是清楚的，并且能正确地算出各投资计划的内部收益率（IRR）。

第三，假定企业能在金融市场上经常而方便地借到资金，同时又能估算出该借贷资金的资金成本。

以内部收益率为纵坐标，以累计资金需求量为横坐标可以画出“资金需求曲线”。将资金供给曲线和需求曲线绘制在同一个坐标上，两个曲线的交点就可以作为基准贴现率。

5. 净现值计算基准时点的选择和计算期的选择与确定

（1）净现值计算基准时点的选择。净现值计算基准时点的选择主要有以下三种方式：

1）以建设期初为基准时点进行贴现计算。把项目计算期内各个不同时点的净现金流量全部贴现为建设期初的净现值，这是《建设项目经济评价方法与参数》所规定的贴现基准时点，也是常用的基准时点。

2）以投产期初为基准时点进行贴现计算。这种计算方法是工程经济评价计算式中常采用的贴现基准时点。

3）以计算期内任意时点为贴现时点进行贴现计算。这种计算方法是在计算净现值时由于计算过程的需要而临时选定的贴现时点，但最终还是要贴现为建设期初或投产期初。

（2）计算期的选择和确定。在净现值的计算中关于计算期的选择和确定我们主要讨论以下两个问题。

1）项目计算期数 n 值的确定。计算期 n 值不宜定得太长，除建设期应根据实际需要确定外，一般来说，生产期的取值不宜超过 20 年。有些项目的折旧年限很长甚至是永久性的，比如，一些水利、交通方面的项目其经营年限可以适当地延长至 25 年或者 30 年。具体计算期可以根据行业的特点和实际情况确定。

2）寿命不同的方案计算期的确定。在对两个或多个方案的优劣性进行比较时，如果每个方案的寿命相同，我们可以选择这个共同的寿命作为计算期。但是如果方案的寿命不相同，我们就不能直接进行比较，这时需要对其进行处理。具体的处理方法有以下几种：

第一，以各方案使用寿命的最小公倍数为计算期。以最小公倍数为计算期的处理方法也叫原方案重复法，它是把诸方案计算期内各年的净现金流量或费用流量进行重复，直到与最小公倍数计算期相等，然后再进行计算。这是处理计算期不同的方案常用的方法。具体的定义与计算将在第五章中详细叙述。

第二，如果方案的使用寿命无限长，或者在不断维护下使用寿命不断延长，此时可以认为项目的寿命为无限长，如公路、铁路、桥梁、管道等。另外，如果各方案的使用寿命最小公倍数很大，我们也可以认为其使用寿命为无限大，比如，两个方案的使用寿命分别为 10 年和 11 年，两者的最小公倍数为 110 年，此时 110 年足够大，就可以认为其计算期为无限大。对于计算期为无限大的方案我们可以认为 n 值无穷大，此时就可以利用极限原理进行计算。

第三，以各方案的最短计算期为计算期进行计算。首先将计算期长于最短计算期方案的多余计算期的各年净现金流量进行均摊，将其均摊到前面的计算期上，然后去掉多余的计算期，再进行计算和比较。

6. 净现值率的计算

净现值率是一种动态投资收益指标，用于衡量不同投资方案的获利能力大小，说明某项目单位投资现值所能实现的净现值大小。净现值率小，单位投资的收益就低，净现值率大，单位投资的收益就高。净现值率的经济含义是单位投资现值所能带来的净现值，是一个考察项目单位投资盈利能力的指标，常作为净现值的辅助评价指标。

（1）净现值率的含义与计算公式。由于投资额往往是有限的，如果投资者很重视项目的投资效果，就要依据每单位投资的盈利性来衡量投资方案，而净现值率指标正好能够满足这个要求。净现值率（Net Present Value Ratio，NPVR）是在净现值（NPV）的基础上发展起来的，可作为净现值的一种补充。净现值率是项目净现值与项目全部投资现值之比。其经济含义是单位投资现值的净现值，是一个考察项目单位投资盈利能力的指标。由于净现值不直接考察项目投资额的大小，因而为考察投资的利用效率，常用净现值率作为净现值的辅助评价指标。净现值率计算公式：

$$NPVR = \frac{NPV}{I_P} \tag{3-12}$$

$$I_P = \sum_{t=0}^{m} I_t \times (P/F,\ i_0,\ t) \tag{3-13}$$

其中，I_p 为投入资金现值；I_t 为第 t 年投资额；m 为建设期年数。

（2）净现值率的评价标准与注意事项。使用净现值率对项目进行评价需要关注评价标准和注意事项。

1）净现值率的评价标准。

净现值率克服了 NPV 对于投资额大的方案的偏差。对单个方案来说，NPVR 与 NPV 相同。当 NPVR≥0 时，方案可行，可以考虑接受；当 NPVR<0 时，方案不可行，应予拒绝。对于多个方案比较，对应用 NPVR 指标评价，一般适用于寿命期相等、现金流量和利率已知、投资额相差悬殊的方案的比较和排序。采用净现值率法排序，NPVR 最大的方案为最优。如果各方案 NPVR 的值皆为负值，投资者最佳的决策应是不投资。

2）注意事项。注意事项主要有两点：

第一，投资现值与净现值的研究期应一致，净现值的研究期为 n，则投资现值的研究期也应为 n。

第二，计算投资现值和净现值的折现率应一致。

二、终值分析

净终值是指项目寿命期内各年净现金流量以设定的折现率折算到项目寿命期末的金额代数和，用符号 NFV 表示将来值。

$$NFV = \sum_{t=0}^{n} C_t \times (1+i)^{n-t} \tag{3-14}$$

式（3–14）中的字母表示的含义同式（3–9）的字母含义一致。

另一种计算方法是，先把有关的现金流量折算为现值，然后再把现值换算成 n 年后的将来值，即

$$NFV = NPV \times (F/P,\ i,\ n) \tag{3-15}$$

从式（3–15）可知，将来值等于净现值乘上一个常数。由此可见，方案用将来值评价的结论和用净现值评价的结论相同。

【例 3–3】资料同【例 3–2】，折现率为 10%，求净终值。

解：由式（3–14）可得：

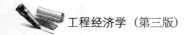

$$NFV=\sum_{t=0}^{n}C_i\times(1+i)^{n-t}$$
$$=-60\times(1+10\%)^4+15\times(1+10\%)^3+30\times(1+10\%)^2+15\times(1+10\%)+20$$
$$=4.29\text{（万元）}$$

由式（3–15）可得：

$NFV=NPV\times(F/P,\ i,\ n)=3.36\times1.4641=4.29$（万元）

由此可见，两种计算结果相同。因此，NFV 是 NPV 的替代。NFV 立足于未来的时间基准点，在某种程度上有些夸大事实的作用。因此，当投资方案可能会遇到高通货膨胀率时，NFV 比较容易显示出通货膨胀的影响效果，应用它较佳。此外，有些策划人员为了说服决策者投资于某个特定的方案，常应用 NFV 指标来夸大此方案较其他方案的优越程度。

三、内部收益率

内部收益率是资金流入现值总额与资金流出现值总额相等、净现值等于零时的折现率。它是一项投资期望达到的报酬率，该指标越大越好。一般情况下，内部收益率大于等于基准收益率时，该项目是可行的。投资项目各年现金流量的折现值之和为项目的净现值，净现值为零时的折现率就是项目的内部收益率。在项目经济评价中，根据分析层次的不同，内部收益率有财务内部收益率（FIRR）和经济内部收益率（EIRR）之分。

1. 内部收益率的定义与公式

内部收益率（IRR）被定义为净现值等于 0 时的折现率，即为 $NPV=\sum_{t=0}^{n}\frac{C_t}{(1+i)^t}=0$ 时的 IRR。从这个定义可以看出，内部收益率是指项目在整个计算期内各年净现金流量的现值累计等于零时的折现率，它所依赖的计算基础仅仅是项目的净现金流量 C_i 和项目的计算期 n。“净现值指标”是在给定基准贴现率的情况下所计算出的方案能够负担资本成本以后的盈利；“内部收益率”则是反过来，用来计算投资方案对所使用的资金能支付的最高成本，即反映项目对初始投资短期偿还能力或项目对贷款利率的最大承受能力。内部收益率的基准值是基准贴现率 i_0，方案可取的评价依据是 $IRR\geqslant i_0$。

若 $IRR>i_0$ 则 $NPV(i_0)>0$，说明企业的投资不仅能够回收，还能够获得盈利，因此应考虑接受该方案。

若 $IRR=i_0$ 则 $NPV(i_0)=0$，说明企业的原始投资能够回收费用。

若 $IRR<i_0$ 则 $NPV(i_0)<0$，说明企业的原始投资可能无法收回，无法支付资本成本费用，该投资方案应被拒绝。

内部收益率的计算求解较为困难，直接按定义求解时，要解 n 次的高次方程，一般无法解出，通常都是采用反复试算的方法（内插法）。

【例 3-4】某项目的原始投资 F=-20000 元，以后每年净现金流量如下：第一年为 3000 元，第 2~10 年为 5000 元。项目计算期为 10 年，折现率为 10%。试求该方案的内部收益率。

解：按照定义可得：

$$NPV=-20000+\frac{3000}{(1+i)}+5000\times\sum_{t=2}^{10}(1+i)^{-t}=0$$

解这个方程就要解 i，直接解比较复杂，我们采用内插法进行求解。一般将折现率 i 从小到大逐个设值计算净现值，直至出现相邻两个净现值的符号相反，即 $NPV(i_1)>0$ 和 $NPV(i_2)<0$ 时，则内部收益率 IRR 必在（i_1，i_2）之间；当区间（i_1，i_2）不大时（一般小于 3%），可以用直线内插法求得内部收益率的近似值：

$$IRR=i_1+(i_2-i_1)\times\frac{|NPV_1|}{|NPV_1|+|NPV_2|} \tag{3-16}$$

当 $i_1=18\%$时，$NPV_1=775.52$，当 $i_2=20\%$时，$NPV_2=-704.31$。按照上面的公式我们可求得 $IRR=18\%+(20\%-18\%)\times\frac{775.52}{775.52+704.31}=19.05\%$。

2. 内部收益率的特点

采用内部收益率计算时，不需事先给定折现率，它是由项目本身的净现金流量所决定的。另外，这个指标直接给出项目盈利水平的相对值，便于投资者理解和做出判断，因此，这个指标在长期投资决策中得到了广泛应用。内部收益率被普遍认为是项目投资的盈利率，但由于求解内部收益率的方程是 n 次方程，故其正数根的个数可能不止一个。对于非常规投资方案，其项目计算期内各年的净现金流量有时为正，有时为负，正、负号的改变可能超过一次，这时因其有多个解就不能采用内部收益率作为评价指标。由于内部收益率不能在所有情况下给出唯一的确定值，使其应用受到一定程度的限制。

3. 内部收益率的经济含义

一般地讲，内部收益率就是投资（资金）的收益率，它表明了项目对所占用资金的一种恢复（收回）能力，项目的内部收益率越高，其经济性也就越好。

通过以上分析，内部收益率的经济含义表述如下：项目在计算期内对占用资金所能偿付的最大的资本成本，或者说，项目所占用资金在总体上的资金盈利率。在项目的整个寿命期内，如果按利率 i=IRR 计算各年的净现金流量时，会始终存在着未能收回的投资，只有到了寿命期末时投资才能被全部收回，此时的净现金流量刚好等于 0。内部收益率实际上是投资方案占用的尚未收回资金的获利能力，是项目到计算期末正好将未收回的资金全部收回的折现率。换句话说，在寿命期内各个时点，项目始终处于"偿还"未被收回的投资的状态，只有到了寿命期结束的时点，才偿清全部投资。将项目内部收益率的这种投资"偿还"过程和结果按某一贴现率贴现为净现值时，则项目的净现值必然等于零。

由于项目的这种“偿付”能力完全取决于项目内部，故有“内部收益率”之称谓。

4. 内部收益率指标的优缺点

（1）内部收益率的优点。内部收益率的优点有以下几点：①考虑了资金的时间价值，对项目进行动态评价。②考察项目在整个寿命周期内的经济状况。③能够直观地反映项目的最大可盈利能力。④是内生决定的，即由项目的现金流量系数等特征决定的，不需要事先给定折现率，只需知道基准收益率的大致范围即可。

（2）内部收益率的缺点。内部收益率的缺点有以下几点：①计算烦琐，试算通常一次很难成功，并且需要大量的相关数据。②对具有非常规现金流量项目来说，其内部收益率可能有多解，还有可能不存在解。③虽然能明确表示出项目投资的盈利能力，但内部收益率过高或过低时，往往会失去实际意义。④适用于独立方案的经济评价和可行性判断，但在进行多方案分析时一般不能直接用于比较和选优。⑤不适用于只有现金流入或现金流出的项目。

5. 内部收益率的几种特殊情况

以上讨论的内部收益率的计算及经济意义都是针对常规的现金流量而言的，这类现金流量是期初一年或几年进行投资，以后年份才出现收益，直到寿命期末现金流量始终为正，而且所有现金流量的代数和为正，同时净现金流量的符号只改变一次。这类现金流量是常规的现金流量。以下将介绍几种特殊的现金流量的内部收益率。

（1）内部收益率不存在的情况。内部收益率不存在的情况主要有三种：①净现金流量都是正数。②净现金流量全部为负数。③净现金流量的代数和小于0。在这三种情况下现金流量的净现值曲线与横轴都没有交点。

（2）非投资的情况。非投资的情况是投资者先从项目取得资金，然后偿付项目的有关费用，例如，融资租入设备，现有项目的转让等。这种情况的净现值函数与常规现金流量正好相反，其内部收益率的经济含义也与常规现金流量不同。

（3）有多个内部收益率的情况。IRR 的个数与现金流量正负的变化次数有关。当投资项目的净现金流量趋势出现一次以上反号时，则可能有多个 IRR。当项目现金流量正负号变化次数多于两次时，可能存在更多的内部收益率，这就会给项目评价带来很大的不便。

四、外部收益率

对投资方案内部收益率的计算，隐含着一个基本假定，即项目寿命期内所获得的净收益全部可用于再投资，且再投资的收益率等于项目的内部收益率。这种隐含假定是由于现金流计算中采用复利计算方法导致的。

受投资机会所限，项目每年净收益按内部收益率再投资的假定往往难以与实际情况相符。这种假定也正是造成非常规投资项目内部收益率方程可能出现多解的原因。

外部收益率（External Rate of Return，ERR）实际上是对内部收益率的一种修正，计算外部收益率时也假定项目寿命期内所获得的净收益全部可用于再投资，所不同的是，假定净收益按基准贴现率再投资。外部收益率的计算公式：

$$\sum_{t=0}^{n} NB_t(1+i_0)^{n-t}=\sum_{t=0}^{n} K_t(1+ERR)^{n-t} \tag{3-17}$$

其中，NB_t 表示第 t 年的净收益；i_0 表示基准贴现率；K_t 表示第 t 年的净投资；ERR 表示外部收益率。

由式（3–17）我们可以看出，计算外部收益率时不会出现多个解的情况。ERR 指标用于评价投资方案经济效果时，也需要与基准贴现率相比较，判别准则：若 $ERR \geq i_0$ 时，项目可以被接受；若 $ERR < i_0$ 时，则项目不可被接受。

【例 3–5】 某设备方案，初始投资为 12 万元，寿命期为 6 年，期末残值为 3 万元。寿命期内平均每年的收入为 9 万元，每年的费用为 6 万元。试用外部收益率指标评价该项目是否可行？

解：由式（3–17）可知：

$(9-6)(F/A, i_0, 6)+3=12\times(1+ERR)^6$

由式（3–17）可知，ERR 与 i_0 有关系，将不同的 i_0 所对应的 ERR 列入表 3–1。

表 3–1 i_0 与 ERR 对应表

单位：%

i_0 取值	10	15	17	20	25	30	40	50
对应的 ERR	14	16	17	18	21	23	28	32

由 ERR 指标判别准则可知：当基准贴现率 i_0 在 0~17%时，$ERR > i_0$，项目可以被接受；当基准贴现率 $i_0=17\%$时，$ERR=i_0$，ERR = IRR；当基准贴现率 $i_0>17\%$时，$ERR<i_0$，项目不能被接受。

五、投资回收期与静态投资效果系数分析

投资回收期以是否考虑资金的时间价值为基础可以分为静态投资回收期和动态投资回收期。上节已介绍了静态投资回收期，下面会详细说明动态投资回收期。

1. 动态投资回收期

动态投资回收期是指在考虑货币时间价值的条件下，以投资项目净现金流量的现值抵偿原始投资现值所需要的全部时间，即动态投资回收期是项目从投资开始起，到累计折现现金流量等于 0 时所需的时间。

（1）动态投资回收期的含义与计算公式。动态投资回收期是在计算回收期时考虑了资金的时间价值。计算公式：

$$\sum_{t=0}^{P_t'}(CI-CO)_t\times(1+i_0)^{-t}=0 \tag{3-18}$$

其中，P_t' 为动态投资回收期；i_0 为基准收益率。

判别标准和静态投资回收期的判别标准类似，即当 $P_t' \leq P_b'$（P_b' 为动态基准投资回收期）时方案可行，否则不可行。

在实际应用中，动态投资回收期还可以采取以下公式计算：

P_t'=(累计折现值出现正值的年份－1)＋(上一年累计折现值的绝对值)/(出现正值年份的折现值)　　(3-19)

【例 3-6】 对于表 3-2 中的净现金流量系列求静态和动态投资回收期，$i_0=10\%$，$P_b=12$ 年。

解：将各年累计净现金流量和累计折现值列于表 3-2 中，再根据式（3-3）和式（3-18）可以进一步计算出静态和动态投资回收期。

$$P_t=(8-1)+\frac{84}{150}=7.56\ (年)$$

$$P_t'=(11-1)+\frac{2.94}{52.57}=10.06\ (年)$$

表 3-2　净现金流量表

单位：万元

年	净现金流量	累计净现金流量	折现系数	折现值	累计折现值
1	-180	-180	0.9091	-163.64	-163.64
2	-250	-430	0.8264	-206.60	-370.24
3	-150	-580	0.7513	-112.70	-482.94
4	84	-496	0.6830	57.37	-425.57
5	112	-384	0.6209	69.54	-356.03
6	150	-234	0.5645	84.68	-271.35
7	150	-84	0.5132	76.98	-194.37
8	150	66	0.4665	69.98	-124.39
9	150	216	0.4241	63.62	-60.77
10	150	366	0.3855	57.83	-2.94
11	150	516	0.3505	52.57	49.63
12~20	150	1866	2.018	302.78	352.91

由于 P_t 和 P_t' 都小于 P_b，因而方案可行。

一般而言，动态投资回收期都大于静态投资回收期。

（2）利用投资回收期进行判别的优缺点。

1）使用投资回收期方法主要有以下优点：

第一，含义明确、直观，分析简便。投资回收期法计算简便，易于被投资决策者理解和接受。在此期间内，投资者可以收回全部投资；在此时期以后，净现金流量都是投资方案的盈利。

第二，反映投资回收的快慢，降低项目的风险。由于未来净现金流量的不确定性使项目存在风险，因而回收期越短，表明资金周转越快，该项投资的风险越小；回收期越长，项目的风险也就越大。

第三，减少投资对企业流动性问题的影响。若企业资金回收较快，则资金流动速率较快，企业就能较快补足其营运资金。这样就避免了企业因为长期投资带来的资金流动性困难问题。

第四，避免“过时”带来的损失。投资回收期短的方案，使投资资金能够较快回收，从而减少因技术进步、市场变化等原因带来的技术、设备、产品“过时”问题。

由于有以上优点，投资回收期法成为投资决策的一种主要方法，特别是在实际工作中有广泛应用。

2）使用投资回收期方法的缺点。使用投资回收期方法的缺点主要表现在以下几方面：①它不能全面反映投资回收之后的情况，也无法准确衡量方案在整个计算期内的经济效果。②投资回收期法只适应早期效益高的项目，使具有战略意义的长期投资项目可能被拒绝，单一使用投资回收期法，容易使投资决策者产生短视行为。

（3）动态投资回收期与 NPV、IRR 之间的关系。上述三者之间有一定的关系，我们以 NPV 为纽带可以将三者之间的关系归纳如下：

$i_0 = IRR \Leftrightarrow NPV = 0 \Leftrightarrow P'_t = n$

$i_0 < IRR \Leftrightarrow NPV > 0 \Leftrightarrow P'_t < n$

$i_0 > IRR \Leftrightarrow NPV < 0 \Leftrightarrow P'_t > n$

我们可以看出，上述三个指标的评价结果是一致的，等价的。但是三者之间并不可以互相代替或者通用。

动态投资回收期是一个时间指标，它表示投资回收速度的快慢，与 NPV 有着相似的经济含义，一般很少用其作为项目好坏的评价指标，如果在对项目后期现金流量的准确性把握不大的情况下，用该指标还是有参考价值的。

内部收益率是一个相对效果指标，它反映了项目未收回投资的获利能力，利于理解和接受，不需要事先确定基准收益率。同时，它还体现了项目所能承受的最大资金成本。这个指标主要是用来判断方案的可行性，不能用于多方案的比较。

净现值是一个绝对效果指标，它是方案所能取得的超过基准收益率部分的超额收益的现值，反映了方案超过投资者最低期望盈利水平的超额绝对数额。这是一个应用方便和广泛的指标，它不仅可以判断方案的可行性，还可以用于多方案的比较和选择。

2. 静态投资效果系数

静态投资效果系数未考虑资金的时间价值，而且舍弃了项目建设期、寿命期等众多经济数据，故一般仅用于技术经济数据尚不完整的项目初步研究阶段。静态投资效果系数具有简单明了、综合性强的特点，它表明了单位投资每年的正常净收益。

（1）静态投资效果系数的含义与计算公式。静态投资效果系数即简单投资收益率，是项目在正常生产年份的净收益与投资总额的比值。其一般表达式：

$$E = \frac{NB}{K} \tag{3-20}$$

其中，K 表示投资总额、全部投资额或投资者的权益投资额；NB 表示正常年份的净收益（或平均年收益）。根据不同的分析目的，NB 可以是纯利润，可以是利润税金总额，也可以是年净现金流入；E 表示静态投资效果系数，根据 K 和 NB 含义可以表现为各种不同的具体形态。

静态投资效果系数常见的具体形态有如下几种：

$$\text{全部投资收益率} = \frac{\text{年利润} + \text{折旧与摊销} + \text{利息支出}}{\text{全部投资额}} \tag{3-21}$$

$$\text{投资利税率} = \frac{\text{年利润} + \text{税金}}{\text{全部投资额}} \tag{3-22}$$

$$\text{投资利润率} = \frac{\text{年利润}}{\text{权益投资额}} \tag{3-23}$$

由静态投资回收期和静态投资效果系数的计算公式我们可以看出二者之间存在着近似倒数的关系。

（2）静态投资效果系数的判别标准。静态投资效果系数与静态投资回收期一样，并没有考虑资金的时间价值，而且舍弃了项目建设期、寿命期等众多经济数据，故一般仅用于工程经济数据尚不完整的项目初步研究阶段。

用静态投资效果系数评价投资方案的经济效果，需要与基准投资收益率作比较。设基准投资收益率为 E_0，评价标准：

$E \geq E_0$，项目可以考虑接受；

$E < E_0$，项目应予以拒绝。

静态投资效果系数具有简单明了、综合性强的特点，它表明了单位投资每年的正常净收益。

六、年值的概念与计算

建设项目或方案的年值是指项目或方案计算期（包括建设期和生产经营期）内各年的净现金流量。按照要求达到的收益率，折算为与该净现金流量序列等值的、分布在各年末的等额年金序列。年值的正、负或等于零以及其数值的大小可用于决定项目或方案的取舍。

1. 净年值的含义

净年值（The Net Annual Value，NAV），或称平均年盈利（The Average Annual Benefit，AAB）指标，其定义为方案寿命期内的净现值用复利方法平均分摊到各个年度而得到的等额年盈利额。

2. 净年值的计算公式

净年值与净现值的相同之处：两者都要在给出的基准收益率的基础上进行计算；不同之处：净现值把投资过程的现金流量折算为基准期的现值，而净年值则是把该现金流量折算为等额年值。净年值的计算其表达式：

$$NAV = \left[\sum_{t=0}^{n} \frac{C_i}{(1+i)^t}\right] \times (A/P,\ i,\ n) \tag{3-24}$$

或 $$NAV = NPV \times (A/P,\ i,\ n) \tag{3-25}$$

其中，(A/P，i，n) 是资本回收系数。

七、年值分析的应用

由于净现值是项目在计算期内获得的超过基准收益率水平的收益现值，而净年值则是项目在计算期内每期的等额超额收益，净年值与净现值仅差一个资本回收系数，而且 $(A/P, i, n)>0$，因此，NAV 与 NPV 总是同为正或负，故 NPV 与 NAV 在评价同一个项目时的结论总是一致的。其评价规则：若 $NAV \geqslant 0$，则项目在经济上可以接受；否则，项目在经济上应予拒绝。

【例 3-7】 资料同【例 3-2】，折现率为 10%，求净年值。

解：由式（3-25）可知：

$NAV = NPV \times (A/P, i, n) = 3.36 \times 0.3155 = 1.06$（万元）

由于 $NAV>0$，故此方案可行。

由计算结果可知，净现值、净终值和净年值三者的评价结果一致。净现值、净终值和净年值三者代表相同的评价尺度，只是所代表的时间不同而已。

八、费用年值

（货币）计量（如环保、教育、保健、国防类项目）时，可以通过对各方案费用年值 AC 比较进行选择。费用年值 AC 的计算式：

$$AC = \sum_{t=0}^{n} CO_t(1+i_0)^{-t} \times (A/P,\ i_0,\ n) \tag{3-26}$$

其中，CO_t 表示第 t 年的费用；AC 表示费用年值。

费用年值只能用于多方案的比较，不能用于单方案的评价，其判别标准是选择费用年值最小的方案。

【例 3-8】 某项目有 3 个采暖方案 A、B、C，均能满足同样的取暖需要。其费用数据如表 3-3 所示。在基准贴现率 $i_0=10\%$的情况下，试用费用年值确定最优方案。

表 3-3　三个取暖方案的费用表

单位：万元

方案	总投资（0 时点）	年运营费用（1~10）
A	200	60
B	240	50
C	300	35

解：各方案的费用年值计算如下：

A 方案的费用年值：

AC=200（A/P，10%，10）+60=92.55（万元）

B 方案的费用年值：

AC=240（A/P，10%，10）+50=89.06（万元）

C 方案的费用年值：

AC=300（A/P，10%，10）+35=83.82（万元）

由以上计算可知，方案 C 的费用年值最低，根据判别标准可知，选择方案 C。

第四节　EXCEL 运用实例

通过前面介绍可以看出，项目评价指标的计算涉及的数据较多，比较烦琐。其实，以上两节介绍的主要评价指标可以用 EXCEL 中的公式编辑进行运算。本节主要通过利用 EXCEL 介绍净现值、内部收益率的计算。

【例 3-9】 某项目的原始投资 F=-20000 元，以后每年净现金流量如下：第 1 年为 3000 元，第 2~10 年为 5000 元。项目计算期为 10 年，折现率为 10%。利用 EXCEL 计算此项目的净现值、内部收益率。

解：计算过程如图 3-6 所示。

创建一个新的 EXCEL 工作簿，将原始数据输入表中。通过计算可以求出净现值和内部收益率。其中 B13 的 fx=NPV（10%，B3：B12）-20000，B14 的函数为 IRR（B2：B12）。

利用 EXCEL 进行计算比较简捷、易懂，计算结果比人工计算更准确、方便，这样更利于记忆。

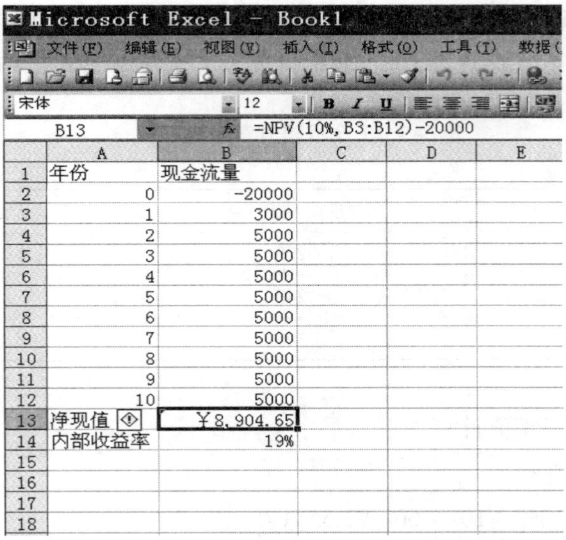

	A	B	C	D	E
1	年份	现金流量			
2	0	-20000			
3	1	3000			
4	2	5000			
5	3	5000			
6	4	5000			
7	5	5000			
8	6	5000			
9	7	5000			
10	8	5000			
11	9	5000			
12	10	5000			
13	净现值	￥8,904.65			
14	内部收益率	19%			
15					
16					
17					
18					

图 3–6　利用 EXCEL 计算某项目净现值与内部收益率

第五节　经济评价指标选择

在进行实际的方案评价时，常用的经济评价指标有投资回收期、净现值、内部收益率、净年值、投资利润率和投资利税率等，这几种指标各有优劣。所以，在进行项目方案经济评价时，应根据方案的具体情况、评价的主要指标和决策者的偏好等因素来考虑选用经济评价指标，综合考虑各种情况，全面衡量，这样得出的经济评价才合理、客观，才有利于项目的继续开展。表 3–4 给出了几个常用的经济评价指标的选择、评定内容等。

表 3–4　NPV、B/C、N/K、IRR、NPVR 比较

比较内容＼指标	净现值（NPV）	内部收益率（IRR）	费用效益率（B/C）	投资净收益率（N/K）或净现值率（NPVR）
选择标准	按资金的机会成本贴现，NPV≥0 的项目均可接受	IRR≥资金的机会成本的项目均可接受	按资金的机会成本贴现，B/C≥1 的独立项目均可接受	按资金的机会成本贴现，N/K≥1 或 NPVR≥0 的独立项目均可接受
优劣评价	不能评定项目实施的先后顺序	对独立项目的优劣评定可能有错误	对独立项目的优劣评定可能有错误	可用于评定独立项目的优劣顺序
互斥项目	按资金的机会成本贴现接受 NPV 最大的备选项目	不可直接使用，需转化为差额投资内部收益率	不能直接使用	不能直接使用
折现率	必须确定一个适用的折现率，一般采用资金的机会成本	自己能确定，但必须确定资金的机会成本，并作为基准收益率	必须确定一个适用的折现率，一般采用资金的机会成本	必须确定一个适用的折现率，一般采用资金的机会成本

在对经济项目进行评价时，首先要考虑项目本身的特点、工作阶段等具体情况；其次要从不同角度出发，选择有针对性、科学的、合理的评价指标。

本章小结

本章主要介绍了项目方案的经济评价指标和方法。为了实现单方案的决策和多方案的择优，运用不同的评价指标对方案进行评价，为决策者提供更科学的依据。经济评价指标从不同的角度有三种分类，按是否考虑资金的时间价值，分为静态评价指标和动态评价指标；按照评价指标所反映的经济性质，分为时间性评价指标、价值性评价指标和比率性评价指标；按项目经济评价的性质分为盈利能力分析指标、清偿能力分析指标和财务生存能力指标。

在方案经济评价中，选用不同的经济指标对同一方案进行评价，可能会得出不同的结果，任一具体指标，都只能从某个方面反映项目的经济性。为了使评价工作系统、全面，需要使用一系列的指标，这就要求我们在对项目进行评价时，综合考虑各种因素，从多方面考虑和分析项目，这样才能合理地利用各经济评价指标得到结果。

概念回顾

总投资收益率（Return On Investment，ROI）。总投资收益率是指项目达到设计生产能力正常年份的年息税前利润或运营期内税前利润与项目总投资的比率。

资本金净利率（Return On Equity，ROE）。资本金净利率是指项目达到正常生产能力后正常年份的年净利润或运营期内年平均净利润与项目资本金的比率。

净现值（Net Present Value，NPV）。净现值是指将投资项目在计算期内各年的净现金流量，根据基准收益率或标准折现率，折现到建设期初的现值的代数和。

基准投资收益率（Benchmark Yield）。基准投资收益率又称基准收益率、标准折现率，即对企业或者投资者来说是一个最低、可以接受的贴现率。

净现值率（Net Present Value Rate，NPVR）。净现值率是指按一定的折现率求得的方案计算期内的净现值与其全部投资现值之比。

净终值（Net Final Value，NFV）。净终值是指以项目计算期末为基准，把不同时间发生的净现金流量按一定的折现率计算到项目计算期末值的代数和。

内部收益率（Inner Return Ratio，IRR）。内部收益率是指项目在整个计算期内各年净现金流量现值累计等于 0 时的折现率。

外部收益率（External Return Ratio，ERR）。外部收益率是假定项目寿命期内所有投资按某个折现率折算的终值恰好可用项目每年的净收益按基准折现率折算的终值来抵偿时得到的折现率。

静态投资回收期（Stable Investment Recovery Period）。静态投资回收期是指在不考虑资金时间价值的条件下，以方案的净收益回收项目全部投入资金所需要的时间。

动态投资回收期（Dynamic Investment Recovery Period）。动态投资回收期是指在考虑资金时间价值的条件下，以方案的净收益回收项目全部投入资金所需要的时间。

利息备付率（Interest Reserve Ratio）。利息备付率是指项目在借款偿还期内各年可用于支付利息的税息前利润与当期应付利息费用的比值。

偿债备付率（Debt Coverage Ratio）。偿债备付率是指项目在借款偿还期内，各年可用于还本付息的资金与当期应还本付息金额的比值。

净年值（Net Annal Value，NAV）。净年值是指方案寿命期内的净现值用复利方法平均分摊到各个年度而得到的等额年盈利额。

练习题

1. 简述静态投资回收期的优缺点。

2. 反映净现值与投资现值比率关系的指标是（　　）。

A. 净现值率　　B. 净年值　　C. 投资回收期　　D. 总投资收益率

3. A 项目的现金流量如表 3–5 所示，试计算该项目的静态投资回收期。

表 3–5　A 项目的现金流量表

单位：万元

项目 \ 年	0	1	2	3	4	5	6	7
投资	1200							
收入		400	300	200	200	200	200	200

4. 在下列投资方案指标评价中，应该考虑资金时间价值的指标是（　　）。

A. 投资利润率和净现值　　B. 投资利润率和投资回收期

C. 净现值和内部收益率　　D. 净现值和投资利税率

5. B 项目的现金流量表如表 3–6 所示。

表 3–6　B 项目的现金流量表

单位：万元

	0	1	2	3	4	5
净现金流量	−700	200	200	200	200	200
折现系数	1	0.909	0.825	0.751	0.683	0.621

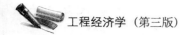

基准收益率为 10%。试用动态投资回收期法判断项目的可行性（项目寿命期为 5 年）。

6. 有 C、D 两个相互独立的方案，其寿命均为 10 年，现金流量如表 3-7 所示，试根据净现值指标选择最优方案（ic=15%）。

表 3-7　C、D 项目的现金流量表

单位：万元

数据 方案	初始投资	年收入	年支出
C	5000	2400	1000
D	8000	3100	1200

7. 如何理解资金的时间价值？

8. 试分析 NPV＞0，NPV＝0 和 NPV＜0 的经济意义。

9. 某工业项目设计方案年产量为 12 万吨，已知每吨产品的销售价格为 675 元，每吨产品缴付的营业税金及附加（含增值税）为 165 元，单位可变成本为 250 元，年总固定成本费用为 1500 万元，分别求出盈亏平衡点的产量及每吨产品的售价。

10. 拟更新设备已到更新时机，更新设备有 A、B 两种，数据如表 3-8 所示，试用年成本法进行方案优选（i=15%）。

表 3-8　A、B 设备的使用数据

单位：元

数据 方案	初始投资	年经营费用	寿命/年	残值
A	20000	4500	6	800
B	15000	6000	6	400

案例分析

某办公楼工程在开始施工之前，有如下决策问题：

现浇楼板工程，工程量 25000 平方米，施工中拟采用钢木组合模板体系方案（A）或小钢模板体系方案（B）施工。经专家讨论，决定从模板摊销费用（F_1）、质量（F_2）、人工费（F_3）、工期（F_4）、施工便利性（F_5）五个技术经济指标进行。五个指标的权重和各方案评分见表 3-9。

表 3–9　各方案得分表

指标	权重	方案 A		方案 B	
		评分	加权分	评分	加权分
F_1	0.253	10		8	
F_2	0.330	8		10	
F_3	0.141	8		10	
F_4	0.185	10		7	
F_5	0.091	10		9	

经估算，该工程方案 A 的总摊销费用为 40 万元，每平方米楼板人工费为 8.5 元；该工程方案 B 的总摊销费用为 50 万元，每平方米楼板人工费为 5.5 元。

资料来源：816 工程经济学. 2014 年三峡大学水利与环境学院研究生考试自命题。

思考题

（1）若以楼板工程的平方米费用作为成本比较对象，试用价值工程理论进行方案选择。

（2）若该办公楼的楼板工程量未确定（其他条件同上），根据价值工程理论，该办公楼楼板工程的现浇工程量至少达到多少万平方米才应采用方案 B。

第四章　建设项目的多方案比较选优

学习目标

1. 了解项目方案的类型。
2. 掌握互斥型方案的选优方法。
3. 掌握独立型方案的选优方法。
4. 理解混合型方案的选优方法。

章前引例

项目遴选要合理

项目选择，尤其是新产品开发（NPD）领域中的项目选择，就是不断对项目进行评估，并决定该项目是否可以继续进行，或者应当放弃的一个过程。针对业界最佳实践的一项重要研究表明，在新产品开发领域表现出色的企业都有一套系统的投资组合管理方法——作为企业项目选择决策时的基本原则，并有效指导企业的资源分配。

在新产品开发上表现出色的企业，也就是那些拥有新产品开发最高生产力的最佳实践者，其在投资组合管理方面也略高一筹。尽管并不完美，但这些最佳实践者可以有效地排定项目的顺序和重要性，比起其他在新产品开发方面较差的企业更加重视系统的投资组合管理体系。

这些业界的最佳实践者在新产品开发方面取得成功的秘诀是什么？其中使用适合的经济方法建立投资组合定期评审制度是重要的原因。

大多数财经专业人士都认为净现值（NPV）是制定资本预算的正确方法，因此也非常适合作为过关/淘汰决策。净现值认为资金具有时间价值的属性，其会逐渐调低未来或远期利润的预估。此外，净现值来自对现金流的计算，因此该方法可以避免会计方法中一些回避不掉的本质问题。项目组合评审的关注点是所有的项目组合，目的是确保企业对应当放行的某些项目做出过关决策，保持组合中各项目所占比例和均衡，排定项目优先级，并确保企业有足够的资源来执行这些被放行的项目。

那么净现值和项目组合评审到底是怎样应用的呢？在本章，我们将进行详细的学习和探讨。

资料来源：Robert Cooper，Scott J. Degett. 项目遴选要合理［EB/OL］. http：//www.ceconline.com/operation/ma/8800053046/03/，2009-05-11.

第一节 建设项目方案概况

企业在进行项目（方案）群选优时，首先必须分析各项目（方案）之间的相互关系，同时选择正确的评价指标，才能以正确的方法做出科学决策。

一、建设项目的性质

许多工程项目的投资方案，在政治、技术、经济甚至生态平衡等方面都存在着一定的联系和影响，而资金限制作为一个强约束，成为建设项目比较、选优的重要依据。

在投资方案的评价、选择过程中，按方案之间的经济关系，可分为相关方案与非相关方案。如果采纳或放弃某一方案并不能显著地改变另一方案的现金系列，或者不影响另一方案，则可以说这两个方案在经济上是不相关的；如果采纳或者放弃某一方案显著地改变了任何其他方案的现金系列，或者影响了其他方案，则可以说这两个方案在经济上是相关的。

在工程经济研究中进行多方案的比较和优选时，不仅要考虑每个方案本身的可行性，还要考虑从可行的方案群中选出最优方案，以便充分而合理地分配和利用有限的资源，取得最佳的经济效益。项目之间的相关性包括正相关性、负相关性、不相关性和互不相容性。在方案选择前搞清这些方案属于何种类型是至关重要的，因为方案类型不同，其选择判断的尺度也不同，进而选择的结果就不同。

项目之间的正相关性是指一个项目的采纳将提高另一个项目的经济利益或价值。例如，建设住宅小区项目和改善该住宅小区的安保项目之间就存在正相关性。项目之间的负相关性是指一个项目的采纳将降低另一个项目的经济利益或价值。例如，在成都和重庆之间修建高速公路与修建高铁项目，在经济上是负相关的。项目之间的不相关性是指一个项目的采纳或放弃对另一个项目的经济收益或价值没有影响。例如，一个企业在两个不相关的领域上分别投资的项目就是两个不相关项目。项目之间的互不相容性是指如果采纳某一项目就自动（在技术上或经济上）排斥其他项目，那么这两个项目就存在互不相容性。例如，某块地产是投资建设购物中心还是商品写字楼就是互不相容性项目，因为两个项目之间只能有一个项目被采纳，因此是互不相容性的项目。

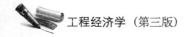

二、建设项目方案的类型

方案类型就是指备选方案之间的相互关系。备选方案是由各级组织的操作人员、管理人员和研究开发人员制定的，只有在建立了一些备选方案的条件下，才能进行经济决策，也只有了解备选方案之间的相互关系，才能掌握正确的评价方法，达到正确决策的目的。备选方案之间的关系可分为独立型、互斥型、混合型、互补型、现金流量相关型、组合互斥型和混合相关型等方案类型。下面介绍其中的几种方案类型。

1. 独立型方案

在没有资源约束的条件下，在一组方案中选择其中的一个方案并不排斥接受其他的方案，即一个方案是否采用与其他方案是否采用无关，则称这一组方案为独立型方案，简称独立多方案或独立方案。独立型方案在经济上是互不相关的方案。例如，一家大型企业为扩大市场，要在几个不同城市建立工厂，如果这些方案不存在资本、资源的限制，它们就是相互独立的，其中每一个方案都称为独立方案。

独立型方案的选择可能出现两种情况：一种是企业可利用的资金足够多，即通常所说的无资金限制条件，如果方案评价时选用的评价指标是 NPV 或 IRR，只要通过了 NPV 或 IRR 的评价标准即可入选；另一种是企业可利用的资金是有限制的，在不超过资金限额的条件下，选择出最佳的方案组合。在这种条件下，独立关系转化为一定程度上的互斥关系，这样就可以参照互斥型方案的比选方法选择最佳方案。

2. 互斥型方案

互斥型方案在实际工作中是最常见到的，是指在没有资源约束的条件下，在一组方案中，选择其中的一个方案则排除了接受其他任何一个方案的可能性，则这一组方案称为互斥型多方案，简称互斥多方案或互斥方案。例如，一家大型企业为了扩大市场要建一座工厂，但以目前的经济水平只能在一个城市建设，厂址的选择究竟选在沿海城市还是内陆城市？从这个例子中我们可以看到，这些方案之间彼此充满了排斥性。

3. 混合型方案

在一组方案中，方案之间有些具有互斥关系，有些具有独立关系，则称这一方案为混合型方案。混合型方案有两种形式：

（1）在一组独立方案中，每一个独立方案下又有若干个互斥方案的形式。例如，某大型零售业公司现欲投资在两个相距较远的 A 城和 B 城各建一个大型物流配送中心，显然 A、B 是独立的。A 有 A_1、A_2、A_3 三个可行地点，同理 B 有 B_1、B_2 两个可行地点，A_1、A_2、A_3 是互斥关系，B_1、B_2 也是互斥关系。

（2）在一组互斥方案中，每一个互斥方案下又有若干个独立方案的类型。例如，某房地产开发商在某市以出让方式取得一块地的使用权，按当地城市规划的规定，该块地只能用来建设居民楼（C 方案）或商业用途建筑中（D 方案）的一种，不能建商居混合物业。如建豪华套型（C_1）、高档套型（C_2）、普通套型（C_3），或者可以建餐饮酒店

(D_1)、大型购物广场（D_2）、写字楼（D_3）。C_1、C_2、C_3 是一组独立方案，D_1、D_2、D_3 也是一组独立方案，但 C、D 却是互斥方案。

4. 互补型方案

互补型方案是指方案之间存在技术互补关系的一组方案。一方案的接受有助于另一方案的接受，方案之间存在着相互补充的关系。根据互补方案之间相互依存的关系，互补方案可能是对称的。例如，建设一个大型物流基地，必须同时建设便利的交通系统，它们在建成时间、建设规模上都要彼此适应，缺少其中任何一个项目，其他项目就不能正常运行。

5. 其他类型方案

其他类型方案有两种：

（1）现金流量相关型方案。现金流量相关型方案是指在一组方案中，方案之间既不完全互斥，也不完全依存，但是任一方案的取舍都会导致其他方案现金流量的变化。

（2）条件性多方案。条件性多方案是指在一组方案中，接受某一方案的同时，就要接受另一个或几个方案，接受后者的一个或多个方案，则首先要接受前者的一个方案。

第二节　独立型方案的比选

由于独立方案的特点，在对一组独立方案进行比较选择时，可选择其中一个或多个方案，同时也可以一个方案都不选择。

当各投资项目相互独立时，若资金对所有的项目都不构成约束，只要分别计算各项目的 NPV 和 IRR，选择所有 NPV≥0 或者 IRR≥i_c 的项目即可；若资金不足以分配全部的 NPV≥0 的项目，即形成资金约束条件下的定量分配问题。

作为评价对象的各个独立方案的现金流是独立的，不具有相关性，且任一方案的采用与否都不影响其他方案的决策。如果决策的对象是单一方案，则可以认为是独立方案的特例。

独立方案的评价特点。独立方案的采用与否只取决于方案自身的经济性，只需检验其是否能够通过净现值、净年值或内部收益率指标的评价标准即可。因此，多个独立方案与单一方案的评价方法是相同的。

在一组独立方案比较选择的过程中，可选择其中任意一个或多个方案，甚至全部方案，也可能一个方案也不选。独立方案的这一特点决定了其的现金流量及其效果具有可加性。一般独立方案选择处于两种情况：

其一，无资源限制的情况。如果独立方案之间共享的资源（通常为资金）足够多（没有限制），则任何一个方案只要是可行的（经济上可接受的），就可采纳并实施。

其二，有资源限制的情况。如果独立方案之间共享的资源是有限的，不能满足所有方案的需要，则在这种不超出资源限额的条件下，独立方案的选择有两种方法，即组合互斥化法和内部收益率或净现值率排序法。

组合互斥化法。独立方案的组合互斥化法是先穷举所有可能的独立方案组合群，将其看作是互斥的多方案，再用互斥的方法进行比较。首先，列出独立方案的所有可能的组合（均为可行方案），形成若干个新的组合方案（其中包括方案 0，即什么也不采纳方案），则所有可能组合方案形成互斥的 2^n 个组合方案。其次，将所有的方案按初始投资额从大到小排序，其组合方案对应的初始投资简单相加，并排除初始投资额超过投资资金限额的组合方案。最后，对剩余的组合方案按互斥的比较方法确定最优的组合（为简化计算，一般以净现值作为比选指标，NPV 最大的方案为优）。

【例 4-1】 某企业现有三个独立的投资方案 A、B、C，期初投资及年净收益见表 4-1，其基准收益率为 8%，各方案的净现值及净现值率也列于表 4-1 中。企业可用于投资的金额为 8000 万元，应怎样选取最优方案？

表 4-1　独立方案 A、B、C 的投资、年净收益

单位：万元

方案	初始投资	年净收益	寿命（年）
A	3000	600	10
B	5000	850	10
C	7000	1200	10

解：

首先，建立所有互斥的方案组合。本例中共有 $2^3=8$ 个互斥的方案组合，各组合的投资、年净收益及净现值见表 4-2。

表 4-2　组合方案投资、年净收益及净现值

单位：万元

组合号	方案组合	投资总额	年净收益	净现值
1	0	0	0	0
2	A	3000	600	1026
3	B	5000	850	704
4	C	7000	1200	1052
5	AB	8000	1450	1730
6	AC	10000	1800	2078
7	BC	12000	2050	1756
8	ABC	15000	—	—

其次，对满足资金限额条件的前 5 个方案进行组合，由于第五个方案组合 AB 的净现值最大，因而 AB 为最优方案组合。

内部收益率或净现值率排序法。内部收益率排序法又称为右下右上法。现在还以

【例 4-1】说明这种方法的选择过程。

首先，A、B、C 3 个方案的内部收益率分别如下：

IRRA = 15.10%

IRRB = 11.23%

IRRC = 11.03%

其次，这组独立方案按内部收益率从大到小的顺序排列，将它们以直方图的形式绘制在以投资为横轴、内部收益率为纵轴的坐标轴上，如图 4-1 所示，并标明基准收益率和投资的限额。

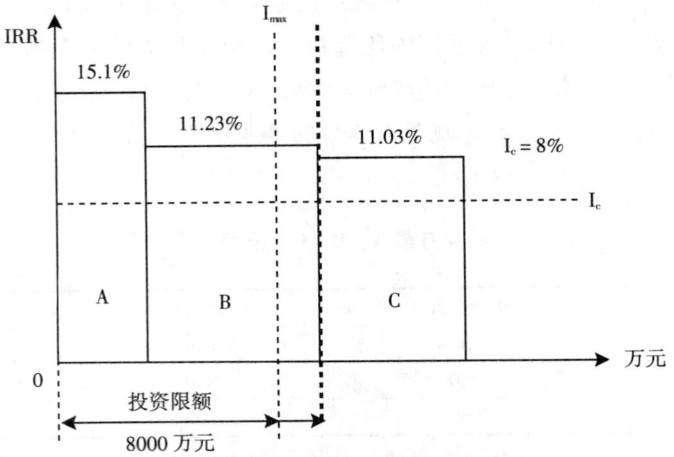

图 4-1　IRR 排序法选择独立方案

最后，排除 I_c 线以下和投资限额线右边的方案，因此选择的最优方案应为 A 和 B。

第三节　互斥型方案的比选

在投资方案的比较和选择中，经常使用的是互斥型方案的比较和选优。在方案互斥条件下，只要投资额在规定的额度之内的方案均可以参加评选。对于评选方案的经济效果的评价通常包含两个方面：一是要先评价各方案自身的经济效果；二是在参选方案经济上都可行的条件下，对所有备选方案选优，即进行相对效果检验。

一、互斥型方案的类型与选优的比较原则

针对方案的寿命是否相等，互斥方案可分为两类：一是寿命相等的各互斥方案的选择。二是寿命不全相等的互斥型方案的选择。前者可直接进行比较，后者则要借助某些方法进行时间上的变换之后再进行比较。

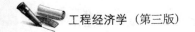

互斥方案的选优比较原则主要有以下四点：

1. 基准收益率比较原则

在基准收益率不变的情况下，若增加投资所得的收益率大于或等于基准收益率，则选择增加投资的方案，否则，则选择不增加投资的方案。

2. 现金差额评价原则

通过计算两个方案的现金流量之差来考虑增加投资的方案在经济上是否合算。

3. 时间可比原则

针对寿命不相等的方案，必须利用如最小公倍数等其他方案来进行寿命的变换使时间相等，以此保证方案的可比性。

4. 环比原则

不能简单地只将各方案与两个最小的投资方案比较，而必须将各方案按投资额从小到大排序，依次比较。

二、互斥型方案的选优

互斥型方案的静态指标优选方法通常包括增量投资分析法和综合费用法。

1. 增量投资分析法

增量投资分析法就是通过计算互斥型方案的增量投资收益率和增量投资回收期来判断互斥方案的相对经济效果，通过比较增量投资收益率和增量投资回收期来进行方案选优。

(1) 增量投资收益率。增量投资收益率是指增量投资所带来的经营成本上的节约与增量投资之比。

现设 I_A、I_B 分别为 A、B 方案的投资额，C_A、C_B 为 A、B 方案的经营成本。如果 $I_B>I_A$，则增量投资收益率 $R_{(A-B)}$ 如式（4–1）所示：

$$R_{(A-B)}=\frac{C_B-C_A}{I_A-I_B}\times 100\% \tag{4-1}$$

若计算出来的增量投资利润率达到基准投资利润率，则投资额大的方案可行，它表明投资的增量完全可以由经营节约的费用补偿（C_B-C_A），反之亦然。

(2) 增量投资回收期法。增量投资回收期是指用互斥型方案经营成本的节约来补偿其增量投资的年限。

当各年经营成本的节约（C_B-C_A）基本相同时，其计算公式：

$$P_{t(A-B)}=\frac{I_A-I_B}{C_B-C_A} \tag{4-2}$$

若计算出来的增量投资回收期小于基准投资回收期，则增加投资的方案是可行的。

2. 综合费用法

综合费用法是指方案的投资与基准投资回收期内年净营收成本的总和。方案的综合费用即为基准投资回收期内年折算费用的总和。在互斥方案的评选时，综合总费用最小的方案为最优方案。

三、互斥型方案指标选优方法

以方案寿命周期为划分标准，可将互斥型方案的比选划分为寿命相同方案与寿命不同方案的比较与选择。

1. 寿命相同方案的比较与选择

净现值法即选取方案的净现值进行比较，选取其最大的为最优方案。运用此方法的前提是将净现值为负数的方案直接去掉，因为没有实际意义。因此首先应计算 NPV，将 NPV 为负数的方案直接删掉。再从剩余方案中选取净现值最大的即为最优方案。

对于寿命期相等的互斥方案，通常将其寿命期设定为共同的分析期，这样，在利用资金等值原理进行经济效果评价时，这些方案在时间上才具有可比性。在进行寿命相同方案的比较和选择时，若采用价值性指标，则选用最大者为最优；若采用比率性指标，则需要考察不同方案之间追加投资的经济效益。

（1）净现值法。净现值法的运用以【例 4–2】来进行说明。

【例 4–2】设 A、B 为两个互斥方案，其寿命期内各年的净现金流量如表 4–3 所示，试用净现值法作出选择（$i_c=10\%$）。

表 4–3　互斥方案 A、B 的净现金流量表

单位：万元

方案 \ 年末	0	1~10
A	–50	10
B	–60	15

解：计算各方案的绝对效果并加以检验。

$NPV_A=-50+10$（P/A，10%，10）$=11.46$（万元）

$NPV_B=-60+15\times$（P/A，10%，10）$=32.17$（万元）

由于 $NPV_A>0$，$NPV_B>0$，因而两个方案均通过了绝对效果检验，它们在经济效果上均可行。

计算两个方案的相对效果并确定最优方案。采用净现值法时，两个方案的相对效果如下：$NPV_{B-A}=NPV_B-NPV_A=32.17-11.46=20.71$（万元）。

由于 $NPV_{B-A}>0$，表明 B 方案优于 A 方案。因此，应选择 B 方案为最佳方案。

在实际计算中，只要计算出各方案自身现金流量的净现值，再将其直接进行比较即可得出最优可行方案。

【例 4–2】是对两个方案的比较而言的，对于三个或三个以上的方案的比较，也可

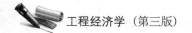

按追加投资价值性指标评选。所谓追加投资是指两个方案比较时，一个方案比另一个方案多出的那部分投资。按追加投资净现值评选的标准，当基础方案可行时，保留投资额大且追加投资净现值大于或等于零的方案。按追加投资净现值进行方案比较的方法称为环比法，下面结合【例 4–3】对其进行介绍。

【例 4–3】 A、B、C 为三个互斥方案，其寿命均为 10 年，净现金流量如表 4–4 所示。试选择最优方案（$i_c=10\%$）。

表 4–4　互斥方案 A、B、C 的净现金流量表

单位：万元

方案＼年末	0	1~10
A	–3000	800
B	–5000	1000
C	–8000	1800

解：第一，把各方案投资额由小到大排列，并增设一个“维持现状”方案 I，作为计算追加投资经济效益的基础方案。“维持现状”方案是不投资方案或简称零方案，这时假设已有的资金用于其他方面的投资可以获得基准收益率，即不管投资额为多大，其 $IRR=i_c$，也即

$NPV(i_c)=0$

第二，以“维持现状”方案 I 作为临时基础方案，首先计算 A 方案相对于 I 方案的追加投资和逐年的净现金流量之差，构成一个新的追加投资净现金流量。然后再计算 A 方案较 I 方案追加投资的净现值，以 NPV_{A-I} 表示。其计算如下：

$NPV_{A-I}=-3000+800(P/A, 10\%, 10)=1916$（万元）

由于 $NPV_{A-I}>0$，说明 A 方案优于 I 方案，应保留 A 方案作为下一步继续比较的基础方案；反之，若 $NPV_{A-I}<0$，则应保留 I 方案作为下一步继续比较的基础方案。

第三，以 A 方案为基础方案，计算 B 方案较 A 方案追加投资净现值，其计算如下：

$NPV_{B-A}=-(5000-3000)+(1000-800)(P/A, 10\%, 10)=-771$（万元）

由于 $NPV_{B-A}<0$，说明 B 方案追加投资是不合算的，应保留 A 方案作为基础方案，舍去 B 方案。

第四，仍以 A 方案作为基础方案，计算 C 方案较 A 方案追加投资净现值，其计算如下：

$NPV_{C-A}=-(8000-3000)+(1800-800)(P/A, 10\%, 10)=1145$（万元）

由于 $NPV_{C-A}>0$，说明 C 方案的追加投资是合算的，应保留 C 方案舍弃 A 方案，故 C 方案为最优方案。

以上方法同样适用于追加投资净终值和净年值指标，其结论是一致的。

在多个互斥方案中，只有通过绝对效果检验和相对效果检验的最优方案才是唯一

可被接受的方案。对于净现值法而言，可表述为净现值大于或等于零且净现值最大的方案为最优可行方案。

（2）内部收益率法。所谓内部收益率法，就是以内部收益率为比较基准，来进行项目评价的方法。内部收益率是反映投资使用效率的指标，是测定资金利用情况好坏的指示器。采用内部收益率法评价互斥方案，同样应当进行绝对效果检验和相对效果检验。通过各方案内部收益率的计算和比较，其值最高的方案应是诸方案中经济效果最优的；内部收益率大于或等于贴现率的方案，就是可以被采纳的方案。内部收益率法是与净现值法本质上不同的另一种项目评价方法，它着眼于资金利用的好坏，而非所得绝对效果的大小。

内部收益率法有其明显的局限性，因为它只适用于有限寿命的收益费用型项目，而且是初期投资较大且无较大的中后期投资的情况。在做比较时，还要求各方案的初期投资相等或相近，否则，就不能采用内部收益率法。

在各方案投资额相同、寿命期相等的情况下，采用内部收益率法可以得出确定正确的投资决策。但在各方案投资额不相同，寿命期不同的情况下，采用内部收益率法与净现值法可能得出不同的结论。此时采用内部收益率法可能得出错误的结论，我们应该考虑方案间增量投资的内部收益率。下面对此举例说明。

【例 4-4】 A、B 是互斥方案，其现金流量如表 4-5 所示。试选择最优方案（i_c=10%）。

表 4-5　互斥方案 A、B 的净现金流量表

单位：万元

方案 \ 年末	0	1~10
A	1000	180
B	800	145
增量（A-B）	-200	35

解：首先计算两个方案的绝对效果指标 IRR_A、IRR_B，根据方程式：

$-1000+180\ (P/A,\ IRR_A,\ 10)=0$

求得：

$IRR_A=12.41\%$

$-800+145\ (P/A,\ IRR_B,\ 10)=0$

求得：

$IRR_B=12.59\%$

由于两者均大于基准折现率 $i_c=10\%$，故方案 A、方案 B 均是可行方案。

哪个方案更优呢？如果认为内部收益率越大越好，那么由于 $IRR_B>IRR_A$，就会认为 B 方案优于 A 方案，但是此结论与净现值法评价结论相矛盾。

$NPV_A=-1000+180$（P/A，10%，10）=106（万元）

$NPV_B=-800+145$（P/A，10%，10）=91（万元）

由于 $NPV_A>NPV_B$，因而按净现值法评价，A 是最优可行方案。

【例 4-4】表明，按照净现值最大准则和内部收益率最大准则比较选择方案，可能会产生相互矛盾的结论。

无论采用净现值法还是采用内部收益率法，进行方案比较时应认清比较的实质，判断投资额大的方案和投资额小的方案相比的追加投资能否被其增量收益抵消，即对增量现金流量的经济性作出判断。因此，用内部收益率法进行互斥方案比较时应计算增量现金流的内部收益率，称为“差额内部收益率”或“追加投资内部收益率”（记作 ΔIRR）。在方案寿命期相等的情况下，计算差额内部收益率的方程：

$$\sum_{t}^{m}(\Delta CI-\Delta CO)_t(I+\Delta IRR)^{-t}=0 \tag{4-3}$$

其中，ΔCI 为互斥方案（A、B）的差额（增量），现金流入为 CI_A-CI_B；ΔCO 为互斥方案（A、B）的差额（增量），现金流出为 CO_A-CO_B。

按追加投资内部收益率与按追加投资净现值评选方案的做法基本相同，只是取舍方案的标准不一样。按追加投资内部收益率评选方案的标准是在投资由小到大进行方案比较时，应保留投资额大且追加投资内部收益率大于基准贴现率的方案。仍以【例 4-4】说明，具体步骤如下：

方法一，增设一零方案Ⅰ，计算投资额较小的方案，即 B 方案较Ⅰ方案的追加投资内部收益率大。

由 $-800+145$（P/A，IRR_{B-I}，10）=0，得：

$\Delta IRR_{B-I}=12.59\%>10\%$

说明 B 方案较Ⅰ方案的追加投资是合理的，故应保留 B 方案作为下一步比较的基础方案，并舍弃Ⅰ方案。

方法二，计算 A 方案较 B 方案的追加投资内部收益率。

由 $-200+35$（P/A，ΔIRR_{A-B}，10）=0，得：

$\Delta IRR_{A-B}=11.73\%>10\%$

说明 A 方案较 B 方案的追加投资合算，应保留 A 方案，舍弃 B 方案。

按内部收益率评选可能与用价值性指标评选的结论不一致，而用追加投资内部收益率与用价值性评价指标的结论比较一致，这说明用追加投资内部收益率的标准确定的方案是最优方案。

（3）用差额法进行互斥型方案选优。差额法是指计算追加投资的净现值或净年值或净终值，并根据它们的正负来进行互斥型方案的选优。在实践中，推测各投资方案的收益与费用的绝对值往往是很不容易的。但是，在很多情况下研究各方案不同的经济要素，找出方案之间现金流量的差额却比较容易。研究比较两方案现金流量的差额，用差额的净现值、净年值或净终值来判定方案的优劣是有效的方法。

【例 4–5】 某建筑承包商拟投资购买设备用于租赁，现有三个互斥型方案，各方案的期初投资额和每年净收益如表 4–6 所示。各投资方案的寿命期均为 10 年，10 年末的残值为 0，基准收益率 i_c 为 15%。试选择在经济上最有利的方案。

表 4–6 投资方案的现金流量

单位：万元

项目方案	初始投资	每年净收益
A_0	NPV（15%）=0	
A_1	5000	1400
A_2	8000	1900
A_3	10000	2500

解：A_0 称为基准方案，有时所有互斥型方案均不符合条件，应把资金投在其他可以获得基准收益的方案上，其 $NPV(i_c)=0$ 或者说 $IRR=i_c$。

方法一，将投资方案按投资额由小到大排序，其中 A_0 为基准方案。若投资为 5000 万元，每年获得 15%的基准收益率，则每年净收益：

$R_0=P(A/P，15\%，10)=5000\times0.19925=996.25$（万元）

对 A_1 方案与基准方案 A_0 进行比较，计算这两个方案追加投资的现金流量，如图 4–2 所示，并按基准收益率 $i_c=15\%$计算追加投资的净现值 $\Delta NPV_{A_1-A_0}$，则：

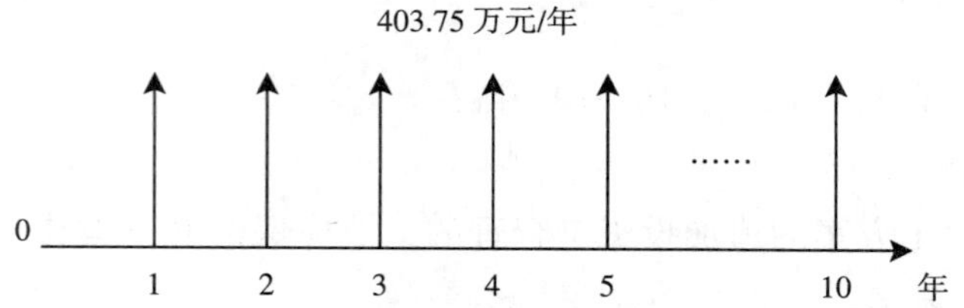

（a）A_1 方案与 A_0 方案的差额现金

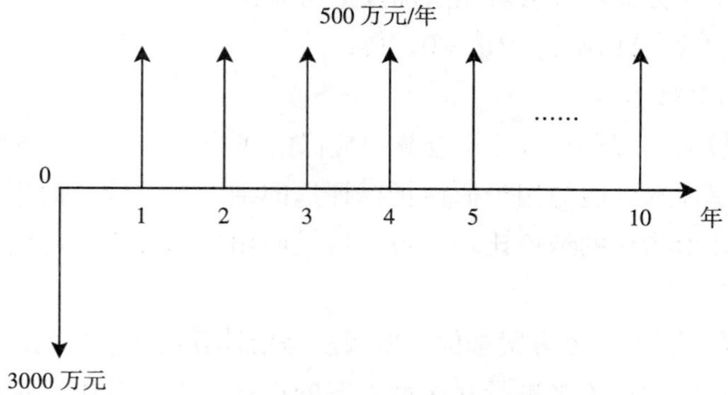

（b）A_2 方案与 A_1 方案的差额现金

图 4–2 差额现金流量图

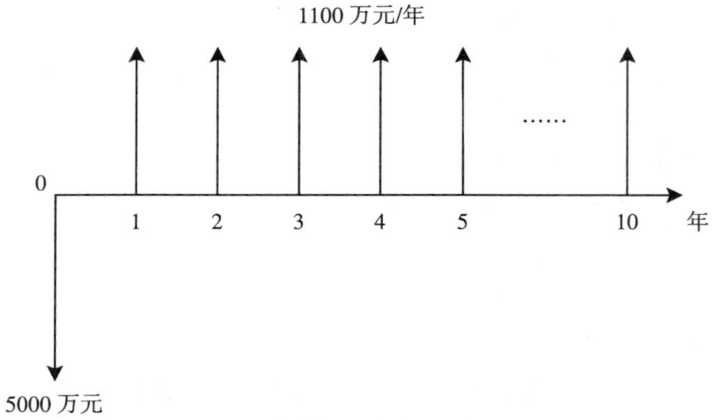

（c）A_3 方案与 A_1 方案的差额现金

图 4–2　差额现金流量图（续）

$\Delta NPV_{A_1-A_0}=(1400-996.25)(P/A，15\%，10)-(5000-5000)$

$=403.75\times5.01=2026.42$（万元）

因为 $\Delta NPV_{A_1-A_0}>0$，说明方案较差，应该把基准方案淘汰，保留方案 A_1 为临时最优方案。

方法二，对方案 A_2 与方案 A_1 进行比较，计算这两个方案追加投资的现金流量，如图 4–2 所示，并按基准收益率 $i_c=15\%$计算追加投资的净现值 $\Delta NPV_{A_2-A_1}$，则：

$\Delta NPV_{A_2-A_1}=(1900-1400)(P/A，15\%，10)-(8000-5000)$

$=500\times5.019-3000=-490.50$（万元）$<0$

因为 $\Delta NPV_{A_2-A_1}<0$，说明方案 A_2 较差，应将其淘汰，保留方案 A_1 为临时最优方案。

方法三，对方案 A_1 与方案 A_3 进行比较，计算这两个方案追加投资的现金流量，如图 4–2 所示，并按照基准收益率 $i_c=15\%$计算追加投资的净现值 $\Delta NPV_{A_3-A_1}$，则：

$\Delta NPV_{A_3-A_1}=(2500-1400)(P/A，15\%，10)-(10000-5000)$

$=1100\times5.019-5000=520.90$（万元）$>0$

因为 $\Delta NPV_{A_3-A_1}>0$，说明方案 A_3 优于方案 A_1，因此方案 A_3 是最终的最优方案。

由此可见，当互斥型方案寿命相等时，直接比较各方案的 NPV 并取 NPV 最大的方案与上述差额法的选择结果是一致的。

（4）用追加投资的回收期（ΔP_t、$\Delta P_t'$）进行互斥型方案选优。追加投资回收期法是指首先计算追加投资的动态或静态投资回收期，然后和基准投资回收期比较来判定方案的优劣。这种方案尤其适用于只有年经营成本和期初投资额的互斥型方案的比选。

【例 4–6】 依然以【例 4–5】说明，试比较哪个方案在经济上最为有利？

解：首先可以方案 A_1 为临时最优方案，然后计算方案 A_2 相对于方案 A_1 的追加投资动态回收期 $\Delta P_{t\,(A_2-A_1)}$。

$$\Delta P_{t(A_2-A_1)}=\frac{\ln\left[1-\frac{(8000-5000)\times 0.15}{1900-1400}\right]}{\ln(1+0.15)}=16.5（年）>n=10（年）$$

方案 A_2 差于方案 A_1，因此应该淘汰 A_2，再取 A_3 与 A_1 比较。

$$\Delta P_{t(A_3-A_1)}=\frac{\ln\left[1-\frac{(8000-5000)\times 0.15}{2500-1400}\right]}{\ln(1+0.15)}=8.2（年）<n=10（年）$$

即方案 A_3 优于 A_1，因此，方案 A_3 为最优方案。

（5）收益相同的互斥型方案选优的最小费用法。最小费用法是指当各方案的效益相同时，只要考虑或者只能考虑比较各方案的费用大小（费用现值或费用年值），费用最小的方案就是最好的方案。在实际中常会遇到这样的问题，其特点是无论选用哪一种方案，其效益都是相同的，或者是无法用货币衡量的。这时，就可以采用最小费用法。

【例 4-7】 某公司拟购买设备，现有 4 种同样功能的设备，使用寿命均为 10 年，残值均为 0，初始投资和年经营费用见表 4-7（$i_c=10\%$）。试问该公司选择哪种设备在经济上更为有利？

表 4-7　设备投资费用

单位：元

项目方案	A	B	C	D
初始投资	3000	3800	4500	5000
年经营费	1800	1770	1470	1320

解：

方法一，费用现值选优法。由于 4 种设备功能相同，又因各方案寿命相等保证了时间可比性，故可以利用费用现值（PC）法进行选优。费用现值是投资项目全部开支的现值之和，其计算如下：

P_A（10%）=3000+1800（P/A，10%，10）=14060（元）

P_B（10%）=3800+1770（P/A，10%，10）=14676（元）

P_C（10%）=4500+1470（P/A，10%，10）=13533（元）

P_D（10%）=5000+1320（P/A，10%，10）=13111（元）

由于设备 D 的费用现值最小，因而选择设备 D 较为有利。

方法二，费用年值选优法。将费用现值变换为费用年值（AC），根据年费用最小来选择最优方案，其计算如下：

A_A（10%）=3000（A/P，10%，10）+1800=2288（元）

A_B（10%）=3800（A/P，10%，10）+1770=2388（元）

A_C（10%）=4500（A/P，10%，10）+1470=2202（元）

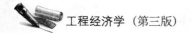

A_D（10%）=5000（A/P，10%，10）+1320=2134（元）

由于设备 D 的费用年值最小，因而选择设备 D 较为有利。

2. 寿命不同方案的比较与选择

前面讲过的多方案评价指标都是寿命期相同的情况，而当两个方案的寿命期不同时，就不能直接进行比较，必须加以处理。为使方案具有可比性而进行处理的方法很多，常用的有最小公倍数法、净年值法和研究期法。

（1）最小公倍数法。最小公倍数法是以各备选方案寿命期的最小公倍数作为比选的共同计算期，并假设各方案在这个共同计算期内投资、收入支出重复进行，对各方案计算期内各年的净现金流量进行重复计算，直至最小公倍数的寿命期末为止。例如，有 A、B 两个互斥方案，A 方案计算期为 6 年，B 方案计算期为 4 年，则其共同的计算期即为 12 年（6 和 4 的最小公倍数）。然后假设 A 方案将重复实施 2 次，B 方案将重复实施 3 次，分别对其净现金流量进行重复计算，计算出在共同的计算期内各个方案的净现值，以净现值较大的方案为最佳方案。这种方法在最小公倍数很小的时候是合理的，而当最小公倍数很大时，这种假设就不符合实际了。

【例 4-8】某建设项目有 A、B 两个方案，方案 A 的原始投资为 300 万元，年收益为 130 万元，计算期为 3 年；方案 B 的原始投资为 100 万元，年收益为 50 万元，计算期为 6 年，基准贴现率为 10%，试比较两方案的优劣。

解：方案 A 寿命期为 3 年，方案 B 寿命期为 6 年，最小公倍数为 6 年，所以 A 方案重复 2 次，B 方案重复 1 次。其现金流量如图 4-3、图 4-4 所示。

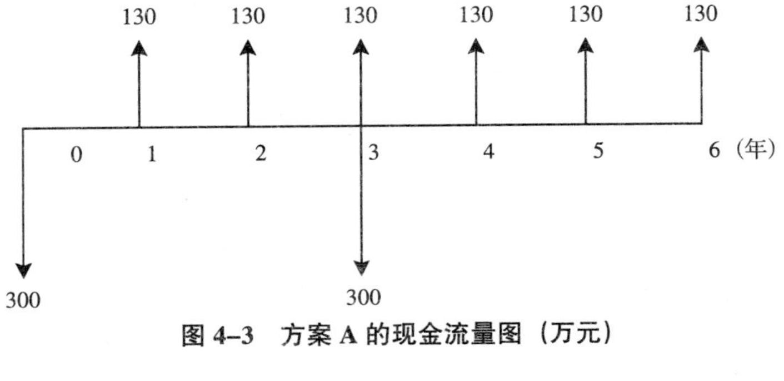

图 4-3　方案 A 的现金流量图（万元）

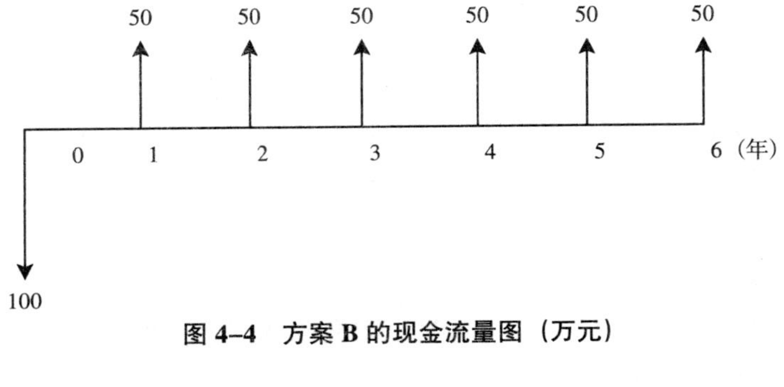

图 4-4　方案 B 的现金流量图（万元）

计算其净现值：

$NPV_A=-300-300\times(P/F，10\%，3)+130\times(P/A，10\%，6)=40.8$（万元）

$NPV_B=-100-50\times(P/A，10\%，6)=117.8$（万元）

$NPV_B>NPV_A$，所以 B 方案优于 A 方案。

（2）净年值法。净年值法是对寿命期不相等的互斥方案进行比较时用到的一种简明的方法。它是通过分别计算各备选方案净现金流量的等额年值并进行比较，若 NAV>0，则 NAV 最大者为最优方案。

以【例 4-8】的数据为例，用净年值法比较两方案。

解：

$NPV_A=300\times(A/P，10\%，3)+130=9.37$（万元）

$NPV_B=-100\times(A/P，10\%，6)+50=179.6$（万元）

$NAV_B>NAV_A$，所以 B 方案优于 A 方案。

（3）研究期法。所谓研究期法就是对寿命期不相等的互斥方案直接选取一个适当的分析期作为各方案共同的计算期，通过比较各方案在该计算期内的净现值来进行比较，以净现值最大的方案为最佳方案，其中，计算期的确定要综合考虑各种因素。在实际应用中，为简便起见，往往直接选取诸方案中最短的计算期为各方案共同的计算期，所以研究期法又称最小计算期法。

【例 4-9】 有 A、B 两个项目的净现金流量如表 4-8 所示，若已知 $i_c=10\%$，试用研究期法对方案进行比选。

表 4-8 用研究期法对方案进行比选

单位：万元

年末 方案	0	1	2~6	7	8
A	-550	-350	400	—	—
B	-1200	-850	750	750	900

解：取两方案中较短的计算期为共同计算期，即 6 年，分别计算两方案的净现值：

$$NPV_A=-550-350\times(P/F，10\%，1)+400\times(P/A，10\%，5)\times(P/F，10\%，1)$$
$$=510.3\text{（万元）}$$

$$NPV_B=[-1200-850\times(P/F，10\%，1)+750\times(P/A，10\%，6)\times(P/F，10\%，1)$$
$$+900\times(P/F，10\%，8)]+750\times(A/P，10\%，8)\times(P/A，10\%，6)$$
$$=1156.2\text{（万元）}$$

$NPV_B>NPV_A$，所以方案 B 优于方案 A。

3. 收益相同的互斥方案比选

在实际中，经常会遇到收益相同的互斥方案比选问题。例如，在水力发电和火力发电之间、在铁路运输和公路运输之间、在水泥结构的桥梁和金属结构的桥梁之间进行选择。这类问题的特点是，无论选择哪一种方案，其效益都是相同的，或者是无法用货币衡量的。这时，可采用最小费用法进行处理。这种方法是指当各方案的效益相同时，只要考虑或者只能考虑比较各方案的费用大小（费用现值或费用年值），费用最小的方案就是最好的方案。费用最小法包括费用现值法和费用年值法。下面以一个例题说明这两种方法的应用。

【例 4–10】某工厂欲采购一台设备，市场上有 A、B 两种型号，两型号的年产品数量和质量相同（即年收益相同），但购置费和日常运营成本不同（见表 4–9）。两种型号的计算寿命均为 10 年，i = 10%，试比较并选择最经济的设备。

表 4–9　比选最经济的设备

单位：元

方案	购置费（元）	运营成本（元）
A	3000	1800
B	4500	1470

解：

方法一，费用现值法。费用现值是投资项目全部开支的现值之和，其计算如下：

$NPV_A = 3000 + 1800 \times (P/A, 10\%, 10) = 14060$（元）

$NPV_B = 4500 + 1470 \times (P/A, 10\%, 10) = 13533$（元）

由计算结果可知，B 设备的费用现值较小，故选择 B 设备。

方法二，费用年值法。费用年值法计算如下：

$AV_A = 3000 \times (A/P, 10\%, 10) + 1800 = 2288$（元）

$AV_B = 4500 \times (A/P, 10\%, 10) + 1470 = 2202$（元）

由计算结果可知，B 设备的费用年值较小，故选择 B 设备。

4. 成本相同的互斥方案比选

成本相同的互斥方案即方案的费用相同。在一般情况下，不同方案的产出可能有所不同，在不同行业和部门之间的工程项目方案的性质也是完全不同的。为使方案之间具有可比性，最常用的办法是用货币统一度量各方案的产出，然后再进行分析比较。

第四节　混合方案的比选

在方案众多的情况下，方案间相关关系可能包括多种类型，这被称为混合方案，传统的混合方案选优的程序按下面介绍的方法进行。

一、混合型项目方案的选优方法

混合方案的结构类型不同，选择方法也不一样，下面分两种情形来讨论。

1. 在一组独立多方案中，每个独立方案下又有若干个互斥方案的情形

A，B 两方案是相互独立的，A 方案下有 2 个互斥方案 A_1、A_2，B 方案下有 3 个互斥方案 B_1、B_2、B_3，对于这种方案，如果 m 代表相互独立的方案数目，n_j 代表第 j 个独立方案下互斥方案的数目，则这一组混合方案可以组合成互斥的组合方案数目为：

$$N=\prod_{j=1}^{m}(n_j+1)=(n_1+1)(n_2+1)(n_3+1)\cdots(n_m+1) \tag{4-4}$$

混合方案形成的所有可能组合方案如表 4-10 所示。组合方案中被最优组合的方案即为该混合方案的最佳选择。具体方法和过程同独立方案。

表 4-10　方案组合表

单位：万元

方案组合序号	方案组合					组合方案
	A		B			
	A_1	A_2	B_1	B_2	B_3	
1	0	0	0	0	0	0
2	1	0	0	0	0	A_1
3	0	1	0	0	0	A_2
4	0	0	1	0	0	B_1
5	0	0	0	1	0	B_2
6	0	0	0	0	1	B_3
7	1	0	1	0	0	A_1+B_1
8	1	0	0	1	0	A_1+B_2
9	1	0	0	0	1	A_1+B_3
10	0	1	1	0	0	A_2+B_1
11	0	1	0	1	0	A_2+B_2
12	0	1	0	0	1	A_2+B_3

2. 在一组互斥多方案中，每个互斥方案下又有若干个独立方案的情形

C、D 是互斥方案。C 方案下有 C_1、C_2、C_3、C_4 四个独立方案，D 方案下有 D_1、D_2、D_3 三个独立方案。分析一下方案之间的关系，就可以找到确定最优方案的方法。由于 C、D 是互斥的，最终的选择只会是其中之一，因而对 C_1、C_2、C_3、C_4 的选择与对 D_1、D_2、D_3 的选择互相没有制约关系，可分别对这两组方案按独立方案选择方法确定最优组合方案，然后再按互斥方案的方法确定选择哪一个组合方案。具体过程如下：

C_1、C_2、C_3、C_4 四个独立方案，按独立方案的选择方法确定最优组合（见表 4-11）。

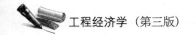

表 4-11　方案组合表

单位：万元

方案组合序号	方案组合				组合方案
	C_1	C_2	C_3	C_4	
1	0	0	0	0	0
2	1	0	0	0	C_1
3	0	1	0	0	C_2
4	0	0	1	0	C_3
5	0	0	0	1	C_4
6	1	1	0	0	C_1+C_2
7	1	0	1	0	C_1+C_3
8	1	0	0	1	C_1+C_4
9	0	1	1	0	C_2+C_3
10	0	1	0	1	C_2+C_4
11	0	0	1	1	C_3+C_4
12	1	1	1	0	$C_1+C_2+C_3$
13	1	1	0	1	$C_1+C_2+C_4$
14	1	0	1	1	$C_1+C_3+C_4$
15	0	1	1	1	$C_2+C_3+C_4$
16	1	1	1	1	$C_1+C_2+C_3+C_4$

对 D_1、D_2、D_3 三个独立方案，也按独立方案选择方法确定最优组合方案（见表 4-12）。

表 4-12　方案组合表

单位：万元

方案组合序号	方案组合			组合方案
	D_1	D_2	D_3	
1	0	0	0	0
2	1	0	0	D_1
3	0	1	0	D_2
4	0	0	1	D_3
5	1	1	0	D_1+D_2
6	1	0	1	D_1+D_3
7	0	1	1	D_2+D_3
8	1	1	1	$D_1+D_2+D_3$

将由最优组合方案构成的 C、D 两方案用互斥的比较方法确定最优选择。假设最优方案为 D 方案，则该组混合方案的最佳选择应是 D_1、D_2 和 D_3。

二、混合型项目方案投资决策权问题

当我们处理混合型项目方案投资决策时，如果将决策权下放给各独立项目决策人，利用 NPV（或者 NAV、NFV）指标从各独立项目方案中选择出最优方案，然后利用投资效率指标从独立项目被选中的最优方案中选择最优项目组合，那么往往会造成所选择的最优项目组合不是真正的最优。

【例 4–11】 某公司有 A、B、C 三个子公司，各子公司的投资项目间是相互独立的，各项目又分别由相互替代的方案构成，数据如表 4–13 所示，投资方案均为一年，基准收益率为 10%。该公司资金有限，仅有 400 万元可供投资。试求该公司应该如何进行项目投资决策？

表 4–13 三个子公司的投资项目方案

单位：万元

A 子公司			B 子公司			C 子公司		
方案	投资额	净收益	方案	投资额	净收益	方案	投资额	净收益
A_1	100	130	B_1	100	148	C_1	100	115
A_2	200	245	B_2	200	260	C_2	200	240
A_3	300	354	—	—	—	C_3	300	346

解：

方法一，如果总公司决定让各子公司内部先选择各自的最优方案，然后再由公司从 A、B、C 子公司选择的方案中挑选最优方案，则对最优项目组合的选择进行计算。

A 子公司各方案的 NFV 指标计算如下：

$NFV_{A_1}=130-100(1+0.1)=20$（万元）

$NFV_{A_2}=245-200(1+0.1)=25$（万元）

$NFV_{A_3}=354-300(1+0.1)=24$（万元）

因为方案 A_2 的 NFV 最大，A 子公司应该选方案 A_2。

B 子公司各方案的 NFV 指标计算如下：

$NFV_{B_1}=148-100(1+0.1)=38$（万元）

$NFV_{B_2}=260-200(1+0.1)=40$（万元）

因为方案 B_2 的 NFV 最大，B 子公司应该选方案 B_2。

C 子公司各方案的 NFV 指标计算如下：

$NFV_{C_1}=115-100(1+0.1)=5$（万元）

$NFV_{C_2}=240-200(1+0.1)=20$（万元）

$NFV_{C_3}=346-300(1+0.1)=16$（万元）

因为方案 C_2 的 NFV 最大，C 子公司应该选方案 C_2。

这样，总计净终值为 85 万元，投资额为 600 万元。由于公司只有 400 万元预算，因而，从公司投资决策来看，必须从这 3 个方案中放弃一个。由于 $NFV_{C_2}=20$ 万元，因而总公司决策放弃方案 C_2，最优项目组合为 A_2、B_2，净终值总计为 65 万元。

方法二，如果不是由各子公司先选择其最优方案，而直接由总公司对全部方案加以选择，则最优项目组合选择计算如下所述。

利用混合型方案的追加投资内部收益率指标排序法，先淘汰无资格方案，分别计算各独立项目中互斥型方案的追加投资内部收益率，然后将各方案 ΔIRR 由大到小排序绘制成图 4-5，标出资金成本线和资金约束线。从图 4-5 中可知，最优方案组合应该是 A_1、B_1、C_2，其净终值总计最大为 78 万元，优于原组合 A_2、B_2。

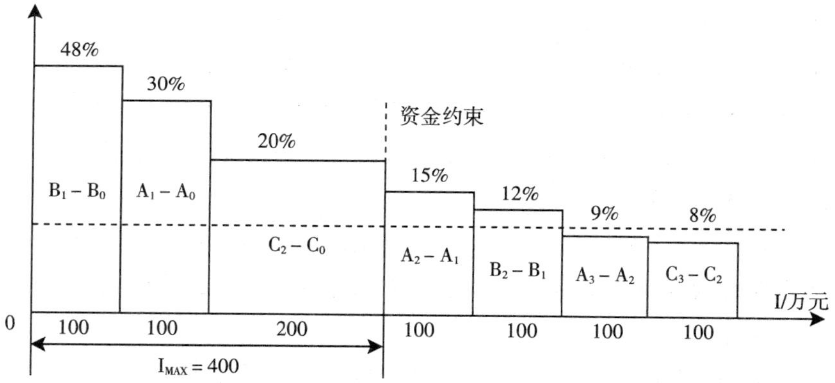

图 4-5　IRR 排序图

☞ 本章小结

本章讨论了建设项目方案的相关性，具体介绍了独立型方案、互斥型方案和混合型方案各自的特点，并对其方案比较和选优进行了深入的探究。当然，不同的建设项目方案有其各自的特点，其比较和选优的方法也不尽相同，需要各位学习者因地制宜，才能达到有的放矢。

☞ 概念回顾

独立型方案（Independent Alternative）。在没有资源约束的条件下，在一组方案中，选择其中的一个方案并不排斥接受其他的方案，即一个方案是否采用与其他方案是否采用无关，则称这一组方案为独立型多方案，简称独立多方案或独立方案。

互斥型方案（Mutexes Type Scheme）。互斥型方案是指在没有资源约束的条件下，在一组方案中，选择其中的一个方案就排除了接受其他任何一个方案的可能性，则将这一组方案称为互斥型多方案，简称互斥多方案或互斥方案。

混合型方案（Hybrid Plan）。混合型方案是指项目方案群有两个层次——高层次是若干个相互独立的方案，其中每个独立方案中又存在若干个互斥的方案；或者高层次是若干个互斥的方案，其中每个互斥方案中又存在若干个独立的方案。

净年值法（Net Years Value Method）。净年值法是对寿命期不相等的互斥方案进行比较时用到的一种简明方法。

正相关性（Positive Correlation）。正相关性是指一个项目的采纳将提高另一个项目的经济利益或价值。

不相关性（Irrelevance）。不相关性是指一个项目的采纳或放弃对另一个项目的经济收益或价值没有影响。

互不相容性（Mutual Exclusive）。互不相容性是指如果采纳某一项目就自动（在技术上或经济上）排斥其他项目，那么这两个项目就存在互不相容性。

方案类型（Solution Type）。方案类型是指备选方案之间的相互关系。

内部收益率法（Internal Rate of Return Method）。内部收益率法是以内部收益率为比较基准，来进行项目评价的方法。

增量投资分析法（Incremental Investment Analysis Method）。增量投资分析法是通过计算互斥型方案的增量投资收益率和增量投资收回期来判断互斥方案的相对经济效果，并据此进行方案选优。

最小公倍数法（Lowest Common Multiple Method）。最小公倍数法就是将各项目的计算期的最小公倍数作为进行方案比选的共同计算期，并假设各个方案在这样一个共同的计算期内投资、收入支出重复进行，对各方案计算期内各年的净现金流量进行重复计算，直至最小公倍数的寿命期末为止。

练习题

1. 建设项目方案之间的相关性包括哪些种类？
2. 建设项目的方案类型包括哪些？其各自的特征如何？
3. 独立型项目方案的选优方法有哪些？
4. 互斥型方案的类型与选优的比较原则各是什么？
5. 各寿命期相等的互斥型方案选优方法有哪些？
6. 各寿命期不相等的互斥型方案选优方法有哪些？
7. 某厂计划改建车间，现有甲、乙两方案。甲方案用流水线，总投资为 40 万元，

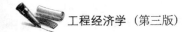

年经营成本为 20 万元；乙方案采用自动线，总投资为 60 万元，年经营成本为 12 万元。两方案年产量相同，计算期为 5 年。哪个方案的经济效益更好？

8. 有三个独立方案 A、B、C，各方案寿命均为 5 年。方案 A 投资 100 万元，年净收入 60 万元；方案 B 投资 220 万元，年净收入 100 万元；方案 C 投资 450 万元，年净收入 230 万元，基准收益率为 10%，若资金额为 500 万元，试用互斥组合法求最优方案组合。

9. 某冶炼厂欲投资建一个储水设施，有两个方案。A 方案是在厂内建一个水塔，造价为 102 万元，年运营费用为 2 万元，每隔 10 年大修 1 次的费用为 10 万元；B 方案是在厂外不远处的小山上建一储水池，造价 83 万元，年运营费用 2 万元，每隔 8 年大修 1 次的费用为 10 万元。另外，方案 B 需购置一套附加设备，购置费为 9.5 万元，寿命为 20 年，20 年末的残值为 0.5 万元，年运行费用为 1 万元。该厂基准收益率为 7%。

若储水设施计划使用 40 年，任何一个方案在寿命期末均无残值，哪个方案最优？

10. 某施工机械有 A、B 两种不同的型号，其有关经济参数如表 4–14 所示，利率为 10%，试问购买哪种型号的机械在经济上更为有利（分别用净年值和净现值法比较）？

表 4–14　A、B 两种不同型号机械的经济参数

单位：万元

方案	初始投资	年收入	年支出	残值	寿命期/年
A	12	7	0.6	2	10
B	9	7	0.85	1	8

11. 有 A、B、C、D 四个投资方案，现金流量情况如表 4–15 所示，完成以下问题。

（1）当基准贴现率为 10%时，分别用净现值、净现值率的大小对项目排序。

（2）如果 A、B、C、D 为互斥方案，则选择哪个方案？

（3）如果 A、B、C、D 为独立方案，在下列情况下应选择哪个方案？

1）无资金限制时。

2）总投资为 3000 万元。

表 4–15　四种方案的现金流量表

单位：万元

方案	0	1	2、3、4、5、6
A	–1000	1400	0
B	–2000	1940	720
C	–1000	490	1050
D	–2000	300	1600

案例分析

某石油化工联合企业的投资决策

某石油化工联合企业下属的三个工厂 A、B、C 分别提出各自的技术改造方案。A、B、C 三个工厂是相互独立的，但各厂投资项目均由若干互斥方案构成（见表 4–16）。假定每个方案的寿命均为 8 年，设资金限制：①600 万元；②800 万元；③400 万元。

表 4–16　混合型项目方案的数据

单位：万元

项目	方案组合	初始投资	年末净收益
A	A_1	100	38
	A_2	200	69
	A_3	300	88
B	B_1	100	19
	B_2	200	55
	B_3	300	75
	B_4	400	92
C	C_1	200	86
	C_2	300	109
	C_3	400	154

资料来源：刘玉明. 工程经济学［M］. 北京：清华大学出版社，2006.

思考题

试问在上述资金限制情况下，如何从整个企业角度做出最优投资决策。

第五章　工程项目资金来源

学习目标

1. 解释项目融资及其特征。
2. 了解项目融资资金来源与融资渠道。
3. 了解融资的框架结构。
4. 了解项目融资的参与者。
5. 了解实施项目融资的步骤。
6. 了解项目融资方式。
7. 学会对项目融资进行评价。

章前引例

得与失的平衡

2004 年 6 月 16 日，腾讯 QQ 正式在香港挂牌上市，上市公司简称腾讯控股，股票代码为 0700.HK. 在此次上市中，其超额认购的首次公开募股（IPO）将带来总计 14.4 亿港元的净收入。

同时，公司预计当年盈利 4.44 亿元，据悉，香港零售发行部分获得 67 亿股的认购申请，超额认购达 158 倍。由此，腾讯顺利完成了自己的资本跳跃。

腾讯以每股 3.70 港元的价格发售了 4.202 亿股，募集资金达 15.5 亿港元。同时，这一定价位于在初始价格区间的顶部。高盛（亚洲）是腾讯此次上市的全球协调人及保荐人。

腾讯启动回补机制，散户获分配 2.1 亿股，使零售部分占总发行的比例增大至 50%。南非媒体集团（Naspers Ltd.，NPSN）是腾讯的主要股东，首次公开募股后其持股比例为 37.5%。

截至 2004 年 3 月底，腾讯 QQ 注册用户已达 2.91 亿，最高同时在线用户达 600 万。

公开资料显示，2004 年，腾讯第一季度盈利 1.073 亿元，比 2003 年同期增长 87%。腾讯预计 2004 年纯利润达 4.44 亿元。

资料来源：黄利明. 腾讯今日香港上市，马化腾身家将达 9 亿港元［EB/OL］. http：//news.ccidnet.com/pub/html/news/zhuanti/tencent/index.htm，2014-06-16.

第一节　工程项目融资概述

项目融资是指贷款人向特定的工程项目提供贷款协议融资，对于该项目所产生的现金流量享有偿债请求权，并以该项目资产作为附属担保的融资类型。它是一种以项目的未来收益和资产作为偿还贷款的资金来源和安全保障的融资方式。项目融资的根本特征就是融资不仅依靠项目发起人的信用保障或资产价值，贷款银行还主要依靠项目本身的资产和未来的现金流量来考虑贷款偿还保证。因此，项目融资风险分担以及对项目融资采取周密的金融安排，并将与此项目有利益关系的各方承诺和各种形式的保证书结合起来，达到不使任何一方承担项目全部风险的目的，这是项目融资活动的重要内容。

一、含义

项目融资（Project Financing）是指以项目的资产、收益作抵押来融资。项目融资本质上是资金提供方对项目的发起人无追索权或有限追索权（无担保或有限担保）的融资贷款。它的一个重要特点是贷款方在决定是否发放贷款时，通常不把项目发起方现在的信用能力作为重要因素来考虑。如果项目本身有潜力，即使项目发起方现在的资产少，收益状况不理想，项目融资也完全可以成功；相反，如果项目本身发展前景不好，即使项目发起方现在的规模再大，资产再多，项目融资也不一定成功。

二、适用范围

1. 资源开发类项目

资源开发类项目一般投入资本较高，涉及人员和相关部门的面较广，其主要特点是资金量大，不能简单地由单独部门来承担，在此情况下，应用项目融资能很好地降低资金成本和运营风险。项目融资可以使整个项目的资源达到较大的利用率，并且此类大型综合性的项目应用的全方位、多部门的合作方式也能更好地对项目进行综合评估和风险控制。同时，能更好地保障项目的顺利进行。

资源开发项目包括石油、天然气、煤炭、铁、铜等开采业。项目融资早期的出现源于资源开发项目。

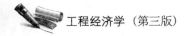

2. 基础设施

基础设施建设项目一般都是由政府负责，此类项目也同样具有综合性和高资金的特点。由于资金量大和项目的复杂性，政府独自承担的困难比较大，并且政府部门的商业运作水平有限，不能广泛地参与运营项目的前期和后期，因此，对项目进行融资能很好地解决此问题。由政府主导和监督，利用一切可以利用的社会资源来达到使项目顺利进行和后期运营的目标。

基础设施建设包括公路、铁路、港口和能源等项目，基础设施建设应用项目融资比较多，究其原因主要有两方面：一是项目资金需求规模很大，政府独自承担困难大；二是通过商业化运营能创造更多的收益。

3. 制造业

在制造业中，项目融资多用于工程上比较单纯或某个工程阶段中已使用特定技术的制造业项目，此外，也适用于委托加工生产的制造业项目。

综上所述，项目融资一般适用于竞争性不强的行业，一般而言，能收费产生效益的项目比较适合项目融资方式。这类项目尽管建设周期长、投资量大，但收益稳定，受市场变化影响小，对投资者有一定吸引力。

三、限制与约束

1. 程序复杂，参加者众多，合作谈判成本高

项目融资一般要经历融资结构分析、融资谈判和融资执行三个阶段。在融资结构分析阶段，通过对项目深入而广泛的研究，项目融资顾问协助投资者制定融资方案，签订相关谅解备忘录、保密协议等，并成立项目公司。

项目融资的应用一般都是大型综合性项目，为确保项目的顺利进行，整个项目融资的过程和手续以及需要参加的人员众多，与此相伴的就是随之而来的人力和时间成本的增加，在此过程中需要各方面的协调统一，因此增加了谈判成本。

2. 政府的控制较严格

由于项目融资的应用领域普遍都是大型综合项目，涉及的资金和人员众多，因此政府对其的重视程度也很高，政府会从多个方面严格监督和考核项目的进程和质量，只有这样才能保证项目的顺利进行，但同时也会对项目的进度有一定的影响。

3. 增加项目最终用户的负担

由于项目融资的收益来自用户，而前期的谈判成本和融资成本都会相应地转嫁到最终用户身上，项目融资的高成本决定了用户的高负担。这也从另一方面制约了项目的盈利性。

4. 项目风险增加融资成本

项目融资风险表现主要有以下几种类型，这些风险都增加了项目融资的成本。信用风险，项目融资所面临的信用风险是指项目有关参与方不能履行协定责任和义务而出现的风险。完工风险，完工风险是指项目无法完工、延期完工或者完工后无法达到预期运行标准而带来的风险。生产风险，生产风险是指在项目试生产阶段和生产运营阶段中存在的技术、资源储量、能源和原材料供应、生产经营、劳动力状况等风险因素的总称。市场风险，市场风险是指在一定的成本水平下能否按计划维持产品质量与

产量以及产品市场需求量与市场价格波动所带来的风险。金融风险，项目的金融风险主要表现在项目融资中利率风险和汇率风险两个方面，项目发起人与贷款人必须对自身难以控制的金融市场上可能出现的变化加以认真分析和预测，如汇率波动、利率上涨、通货膨胀、国际贸易政策的趋向等，这些因素会引发项目的金融风险。政治风险，项目的政治风险可以分为两大类：一类是国家风险，如借款人所在国现存政治体制的崩溃，对项目产品实行禁运、联合抵制、终止债务的偿还等；另一类是国家政治、经济政策稳定性风险，如税收制度的变更，关税及非关税贸易壁垒的调整，外汇管理法规的变化等。

第二节　工程项目资金来源与融资渠道

对于任何一个处于生存与发展状态的企业来讲，再筹资是其进行一系列经营活动的先决条件。不能筹集到一定数量的资金，也就无法取得预期的经济效益。筹资作为一个相对独立的行为，其对企业经营理财业绩的影响，主要是借助资本结构的变动而发生作用的。在筹资活动开展以前，必须明确资金来源与融资渠道。

一、资金来源

融资（Financing）又称资金筹措，是以一定的渠道为某种特定需要筹集所需资金的各种活动的总称。在工程项目经济分析中，融资是为项目投资而进行的资金筹措行为或资金来源方式。

在资金筹措阶段，建设项目所需的资金由自有资金、赠款和借入资金组成，如图5-1所示。

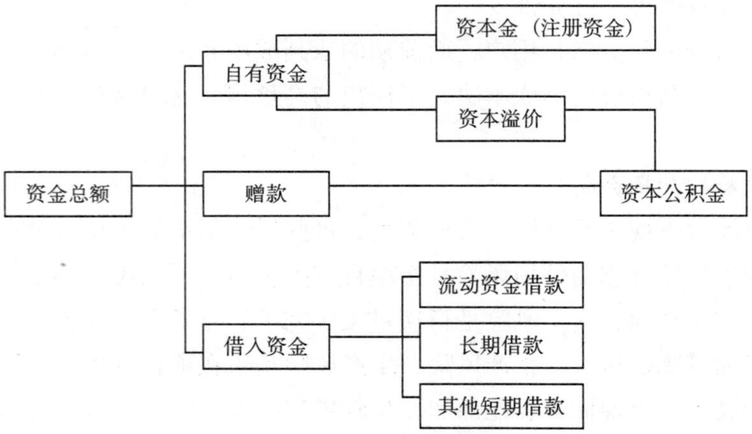

图 5-1　建设项目所需的资金

1. 自有资金

企业自有资金是指企业有权支配、按规定可用于对固定资产投资和作为流动资金使用的资金。具体指在项目资金总额中投资者缴付的出资额，主要包括资本金和资本溢价。

(1) 资本金。资本金也就是项目的注册资金。根据投资主体的不同，国家资本金、法人资本金、个人资本金及外商资本金等是其主要形式。资本公积金是指资本折算差额的资本溢价、财产重估差价、企业接受捐赠等形成的公积金。企业接受捐赠的资产是指社会团体、地方政府或个人以及外商赠予企业的货币或实物等财产而增加的企业资产；财产重估差价是指按国家规定对企业固定资产重新估价时，固定资产的重估价值与其账面价值之间发生的差额。

(2) 资本溢价。资本溢价是指在资金筹集过程中，投资者缴付的出资额超出资本合同的差额。最典型的是发行股票的溢价净收入，即股票溢价收入扣除发行费用后的净额。

2. 借入资金

借入资金亦即企业吸收外部资金，是指企业从金融机构和资金市场借入，需要偿还的用于固定资产投资的资金，包括国际金融机构贷款、国内银行贷款、外国政府贷款、补偿贸易、出口信贷、发行债券等方式。

二、融资渠道

目前，企业的筹资渠道主要有几种，即企业自我积累、向金融机构借款、向非金融机构及企业借款、企业内部集资、向社会发行债券和股票、租赁等。不同的筹资渠道，其所承担的税负也不一样。

1. 按融资的地理位置，可分为国内融资和国外融资

(1) 国内融资。国内融资指资金筹措主要集中在国内，具体有以下几种方式：

1) 政府投资。政府投资是指各级地方政府成立的以融资为主要经营目的的公司，包括不同类型的城市建设投资、城建开发、城建资产公司等企（事）业法人机构，主要以经营收入、公共设施收费和财政资金等作为还款来源。

2) 股东直接投资。直接投资是指投资者将货币直接投入项目，形成实物资产或者购买现有企业的资产，通过直接投资，投资者可以拥有全部或一定数量的企业资产及经营所有权，直接进行或参与企业的经营管理。直接投资包括对现金、厂房、机械设备、交通工具、通信、土地或土地所有权等各种有形资产的投资和对专利、商标、咨询服务等无形资产的投资。

3) 发行股票。股票在上市发行前，上市公司要与股票的代理发行证券商签订代理发行合同，确定股票发行的方式，明确各方责任。股票代理发行的方式按发行承担的风险不同，一般分为包销发行方式和代理发行方式两种。

4) 发行债券。债券发行是发行人以借贷资金为目的，依照法律规定的程序向投资

人要约发行代表一定债权和兑付条件的债券的法律行为，债券发行是证券发行的重要形式之一，是以债券形式筹措资金的行为过程，通过这一过程，发行者以最终债务人的身份将债券转移到它的最初投资者手中。

5）商业贷款。商业贷款是用于补充工业企业和商业企业流动资金的贷款，一般为短期贷款，通常为 9 个月，最多不超过一年，但也有少量中长期贷款。这类贷款是商业银行贷款的主要组成部分，一般占贷款总额的 1/3 以上。

6）融资租赁（Financial Leasing）。融资租赁又称设备租赁（Equipment Leasing）或现代租赁（Modern Leasing），是指实质上转移与资产所有权有关的全部或绝大部分风险和报酬的租赁。资产的所有权最终可以转移，也可以不转移。

（2）国外融资。国外融资指资金筹措主要集中在国外，具体有以下几种方式：

1）国外政府贷款。国外政府贷款是指一国政府向另一国政府提供的，具有一定赠予性质的优惠贷款。它具有政府间开发援助或部分赠予的性质，在国际统计上又叫双边贷款，其与多边贷款共同组成官方信贷。资金来源一般分两部分：软贷款和出口信贷。软贷款部分多为政府财政预算内资金；出口信贷部分为信贷金融资金。双边政府贷款是政府之间的信贷关系，由两国政府机构或政府代理机构出面谈判，签署贷款协议，确定具有契约性偿还义务的外币债务。

2）国际金融组织贷款。国际金融组织贷款是指国际货币基金组织、世界银行/国际复兴开发银行（IBRD）、国际开发协会（IDA）、国际金融公司（IFC）、亚洲开发银行（ADB）、联合国农业发展基金会和其他国际性、地区性金融组织提供的贷款。这些贷款发放的对象主要有以下几个方面：对发展中国家提供以发展基础产业为主的中长期贷款，对低收入的贫困国家提供开发项目以及文教建设方面的长期贷款，对发展中国家的私人企业提供小额中长期贷款。

3）出口信贷。出口信贷是一种国际信贷方式，它是一国政府为支持和扩大本国大型设备等产品的出口，增强其国际竞争力，对出口产品给予利息补贴、提供出口信用保险及信贷担保，鼓励本国的银行或非银行金融机构对本国的出口商或外国的进口商（或其银行）提供利率较低的贷款，以解决本国出口商资金周转的困难，或满足国外进口商对本国出口商支付货款需要的一种国际信贷方式。出口信贷名称的由来就是因为这种贷款由出口方提供，并且以推动出口为目的。

4）发行股票。公开发行股票是指发行人通过中介机构向不特定的社会公众广泛地发售证券。在公募发行情况下，所有合法的社会投资者都可以参加认购。公开发行的股票不一定要求上市，但是上市必须要求公开发行股票。

5）发行国际债券。国际债券（International bonds）是一国政府、金融机构、工商企业或国家组织为筹措和融通资金，在国外金融市场上发行的，以外国货币为面值的债券。国际债券的重要特征是发行者和投资者属于不同的国家，筹集的资金来源于国外的金融市场。国际债券的发行和交易，既可用来平衡发行国的国际收支，也可用来为发行国政府或企业引入资金从事开发和生产。依照发行债券所用货币与发行地点的不同，国际债券又可分为外国债券和欧洲债券。

6）中外合资。中华人民共和国为了扩大国际经济合作和技术交流，允许外国公司、企业和其他经济组织或个人（以下简称外国合营者），按照平等互利的原则，经中国政府批准，在中华人民共和国境内，同中国的公司、企业或其他经济组织（以下简称中国合营者）共同举办合营企业。

2. 按照融资主体，可分为既有法人融资和新设法人融资

（1）既有法人融资（Both corporate finance）。既有法人融资是指以既有法人为融资主体的融资方式。建设项目所需的资金主要来源既有法人的内部融资、新增资本金和新增债务资金。新增资本金依靠既有法人整体的盈利能力来偿还，并以既有法人整体的资产信用承担债务担保。既有法人项目总投资构成及资金来源如图 5–2 所示。

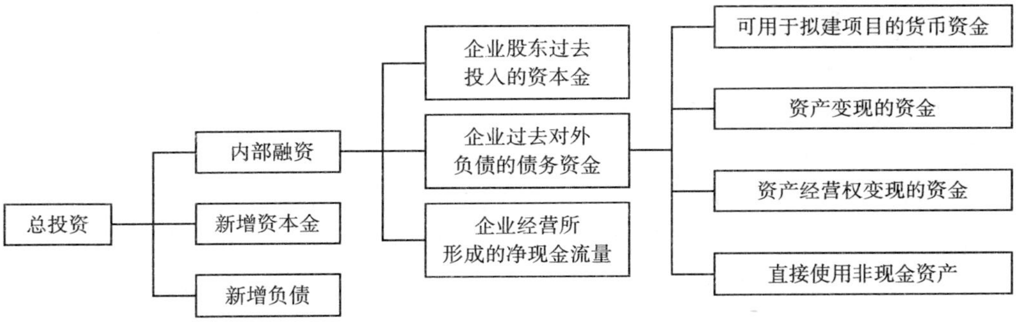

图 5–2　既有法人融资结构

1）可用于拟建项目的货币资金。可用于项目建设的货币资金包括既有法人现有的货币资金和未来经营活动中可能获得的盈余现金。现有的货币资金是指现有的库存现金和银行存款，这些资金扣除必要的日常经营所需的货币资金额后，可用于拟建项目。未来经营活动中可能获得的盈余现金是指在拟建项目的建设期内，企业在经营活动中获得的净现金节余，这些资金可抽出一部分用于项目建设。

2）资产变现的资金。资产变现的资金包括转让长期投资、提高流动资产使用效率、出售固定资产而获得的资金。企业的长期投资包括长期股权投资和长期债权投资，一般都可以通过转让而变现。存货和应收账款对流动资金需要量影响较大，企业可以通过加强财务管理，提高流动资产周转率，减少存货、应收账款等流动资产占用而取得现金，也可以出让有价证券取得现金。企业的固定资产中，有些由于产品方案改变而被闲置，有些由于技术更新而被替换，都可以出售变现。

3）资产经营权变现的资金。资产经营权变现的资金是指既有法人可以将其所属资产经营权的一部分或全部转让，将取得的现金用于项目建设。例如，某公司将已建成的一条高速公路的 30%的经营权转让给另一家公司，转让价格为未来 30 年这条高速公

路收益的30%，并将取得的资金用于建设另一条高速公路。

4）直接使用非现金资产。非现金资产包括实物、工业产权、非专利技术、土地使用权等，当这些资产适用于拟建项目时，经资产评估可直接用于项目建设。

（2）新设法人融资（The new corporate financing）。新设法人融资方式的融资主体是新组建的具有独立法人资格的项目公司。在这种融资方式下，项目发起人（企业或政府）会组建新的项目公司，这些项目公司具有独立法人资格，并承担融资责任和风险。

3. 按照融资的性质，可分为权益融资和负债融资

（1）权益融资。权益融资是指以所有者身份投入非负债性资金的方式进行的融资。权益融资形成企业的“所有者权益”和项目的“资本金”。权益融资在我国项目资金筹措中具有强制性，其具有以下特点：①权益融资筹措的资金具有永久性，无到期日，无须归还。②没有固定的按期还本付息压力。③权益融资是负债融资的基础，是项目法人最基本的资金来源。

（2）负债融资。负债融资是市场经济条件下企业筹集资金的必然选择，但是这种筹资方式在给企业带来巨大效用的同时，也会带来一些潜在的风险。一般认为，企业只有在最佳的资本结构下，才会实现其价值的最大化。负债融资的特点：①负债融资筹措的资金的使用具有时间限制，必须按期偿还。②无论项目法人今后效益如何，均需要固定支付债务利息，从而形成项目法人今后固定的财务负担。③负债融资的资金成本一般比权益融资低，而且不会分散对项目未来权益的控制权。

4. 按照不同的融资结构安排，可分为传统融资方式和项目融资方式

（1）传统融资方式（The traditional mode of financing）。传统融资方式是指一个公司或企业利用本身的资信能力为项目所安排的融资。在这种融资方式下，投资者将该项目与项目业主作为一个整体看待，以资产负债情况、盈利水平、现金流量状况等作为依据决定是否投资。

（2）项目融资方式（Project financing）。项目融资方式是投资项目资金筹措方式的一种，特指某种资金需求量巨大的投资项目的筹资活动，而且以负债作为资金主要来源。项目融资主要不是以项目业主的信用或者项目有形资产的价值作为担保来获得贷款，而是依赖项目本身良好的经营状况和项目建成、投入使用后的现金流量作为偿还债务的资金来源；同时，将项目的资产，而不是项目业主的其他资产作为借入资产的抵押。

第三节　工程项目融资的框架结构

工程项目融资过程中，从项目的投资决算起到选择项目的融资方式为项目筹集资

金，一直到最后完成该项目融资，大致上可分为5个阶段：①投资决策分析阶段。②融资决策分析阶段。③融资结构分析阶段。④融资谈判阶段。⑤项目融资的执行阶段。

这5个阶段都是在正式签署工程项目融资的法律文件之前，至此融资的组织安排工作就完成了，工程项目融资进入了执行阶段。在工程项目融资中，贷款银行会经常性地直接或者间接监督工程项目的进展。

项目融资是指贷款人向特定的工程项目提供贷款协议融资，对该项目所产生的现金流量享有偿债请求权，并以该项目资产作为附属担保的融资类型。它是一种以项目的未来收益和资产作为偿还贷款的资金来源和安全保障的融资方式。项目融资一般由四个基本模块组成。

一、投资结构

投资结构即项目的资产所有权结构，是指项目的投资者与项目资产者之间的法律合作关系。在一定时期内项目的投资总量中，各要素的构成及其数量比例关系是项目经济结构中的一个重要方面。在投资项目的过程中，投资结构的选择也是至关重要的。一个设计合理的投资结构，在一定程度上对于投资的成败以及收益率起着决定性的关键作用。良好的项目投资结构，不仅可以使项目资金得到较高程度的循环和使用，而且能够有效促进项目收益的最大化。下面以迪士尼乐园项目的投资结构设计来说明投资机构的重要性。

扩展阅读

迪士尼乐园项目的投资结构设计

按照美国沃尔特·迪士尼公司组建迪士尼乐园的惯例，通常是由两家公司出资组建，且在与其他投资主体合资时，往往投资比例较小，但权益比例却很大。美国沃尔特·迪士尼公司对投资结构设计往往会提出三个目标要求：第一，投资结构能够保证其在筹集资金时筹措到项目所需的资金；第二，项目的资金成本必须低于“市场平均成本”；第三，项目发起人，即沃尔特·迪士尼公司必须获得高于“市场平均水平”的经营自主权。另外，一个国家的税法一般有关于税务亏损结转的相关规定，如果其投资结构和融资结构设计相当，可在一定程度上为投资各方降低财务成本。

基于对上述各因素的考虑，迪士尼乐园一般设计投资结构时包括两部分：沃尔特·迪士尼开发公司（A投资结构）；沃尔特·迪士尼经营公司（B投资结构）。

设计成立沃尔特·迪士尼开发公司的目的是为了有效地利用项目的税务优势。由于迪士尼乐园在项目初期所需求的巨额投资带来的高额利息成本以及由于资产折旧、投资优惠等形成的税务亏损无法在短期内由项目内部有效消化，更进一步，由于这些高额折旧和利息成本的存在，项目无法在早期形成会计利润，从而无法对外部投资者产生吸引力。为充分利用税务亏损，降低项目的综合资金成本，在迪士尼乐园的 PPP 投资结构中，使用了类似杠杆租赁融资结构的税务模式。沃尔特·迪士尼开发公司所使用的是一种普通合伙制结构，在这种结构中，投资者能够直接分享其投资比例项目税务亏损（或者利润）与其他来源收入合并纳税的好处。

沃尔特·迪士尼开发公司将拥有迪士尼乐园的资产，并以一个 10 年期杠杆租赁协议将其资产租赁给沃尔特·迪士尼经营公司。根据预测，在项目前 5 年中，由于利息成本和资产折旧等原因，项目将产生高额税务亏损，而这些税务亏损将由各投资者分担。在 10 年财务租赁协议终止时，沃尔特·迪士尼经营公司将以其账面价值（完全折旧后的价值）把项目购买回来，沃尔特·迪士尼开发公司则被解散。这只是一个企业的投资结构设计，其目的是享受税收的利益。

设计成立沃尔特·迪士尼经营公司的目的是为了解决沃尔特·迪士尼公司对项目的绝对控制权问题。由于各种原因，在迪士尼乐园的建设中，政府一般要求美国沃尔特·迪士尼公司所占项目股权为 40%，同时，项目的融资结构又往往对项目的投资者和经营者存在各种限制和制约，因此选择 B 投资结构。B 投资结构是一种有限合伙制结构，其投资者被分为两种类型：一类是具有有限合伙制结构中的普通合伙人性质的投资者，这类投资者负责任命项目管理班子，承担项目管理责任，同时在项目中承担无限责任；另一类是具有有限合伙人性质的投资者，这类投资者在项目中只承担与其投资金额相等的有限责任，但是不能直接参与项目管理，即在没有普通合伙人同意的前提下无权罢免项目管理班子。由于沃尔特·迪士尼公司是 B 投资结构中的唯一普通合伙人，因而，尽管在沃尔特·迪士尼经营公司中只占少数股权，但可完全控制项目的管理权。

迪士尼乐园融资结构通过以上三部分资金的安排和组合，实现了两个主要目的：第一，提高了项目的经济强度和股本资金比例（可达 60%），从而降低了项目的债务负担；第二，项目经济强度的增强，实现了资金成本的正循环，股本资金及政策性银行的低成本，增强了项目的债务承受能力，有利于项目获得优惠低成本银团贷款和在资本市场筹集大量股本资金，股本资金的增加又进一步降低了项目债务资金的比例。

资料来源：欧洲迪士尼乐园项目融资 [EB/OL]. http：//www.jcchina-cpda.org/S_news_list.asp？id=345，2014-04-06.

二、融资结构

融资结构是项目融资的核心部分。一旦项目的投资者在确定投资结构问题上达成一致意见，接下来的重要工作就是要设计和选择合适的融资结构以实现投资者在融资方面的目标要求。项目融资结构主要是指在筹集项目资金时，由不同渠道取得的资金之间的有机构成及其比重关系。融资结构对工程项目投资实施有着重要的影响已成为共识，它能够使项目的各参与者之间形成有效的激励约束机制，为解决相关参与人的利益冲突提供基础依据，保障工程项目投资的顺利实施。

项目融资结构是由项目采用各种筹资方式形成的，典型的融资方式分别为权益融资和债务融资。采用不同的融资方式就有不同的融资结构，不同的资本来源也导致其风险与成本不同，从而对项目本身产生的影响和约束也不同。通常情况下，项目融资结构采用债务筹资和权益筹资组合的方式，由此形成的资本结构称为“搭配资本结构”或“杠杆资本结构”。

目前融资项目多为由几个投资者共同参与的，出现这种趋势有以下几点原因：

其一，大型项目的开发有可能超出了一个公司的财务、管理或者运营的承受能力，采取合资结构，项目的风险可以由所有的项目参加者共同承担。

其二，不同背景的投资者之间的结合有可能发挥各自优势，在共同愿景下实现资源有效综合利用，从而为项目带来相补性效益。

其三，投资者不同的优势结合，有可能在安排项目融资时获得较为有利的贷款条件。

三、资金结构

资金结构设计用于决定在项目中股本资金、准股本资金和债务资金的形式、相互之间的比例关系以及相应的来源。资金结构有广义和狭义之分。狭义的资金结构是指长期资金结构；广义的资金结构是指全部资金（包括长期资金、短期资金）的结构。资金结构是由投资结构和融资结构决定的，但反过来又会影响整体项目融资结构的设计。在投资过程中，应考虑短期资产与短期负债、长期投资与长期负债等的匹配。如果缺乏统一规划，就会导致资金长短期结构配置不合理。在筹资时如果较少考虑资本结构和财务风险等，不仅会造成较高的财务费用，同时也会增大偿付风险。

合理的资金结构有利于较大限度地增加投资者财富，提升项目实施的价值。资金结构合理与否的判定标准包括较低的加权平均资金成本以及保持适当的流动性资产。资金结构进行调整时，主要的方法有以下几种：

其一，存量调整。存量调整，即在不改变现有资产规模的基础上，根据目标资本结构要求进行调整。

其二，增量调整。增量调整，即通过追加筹资量，以增加总资产的方式来调整资本结构。

其三，减量调整。减量调整，即通过减少资产总额的方式来调整资本结构。

四、信用保证结构

对于银行和其他债权人而言，项目融资的安全性来自两个方面：一方面来自项目本身的经济强度；另一方面来自项目之外的各种直接或间接的担保。信用保证结构的设计在一定程度上可以说是项目融资的生命线。项目融资的根本特征体现在项目风险的分担上，而信用保证结构正是实现这种风险分担的关键。信用保证结构的核心是融资的债权担保，用于支持贷款的信用结构的安排是灵活和多样化的。一个成功的项目融资可以将贷款的信用分配到与项目有关的各个参与方。典型的方法是在市场方面，可以要求对项目产品感兴趣的购买者提供一种长期购买合同作为融资的信用支持；在工程建设方面，为了减少风险可以要求工程承包公司提供固定价格、固定工期的合同或“交钥匙”工程合同，可以要求项目设计者提供工程技术保证等；在原材料和能源供应方面，可以要求供应方在保证供应的同时，在定价上根据项目产品的价格变化设计一定的浮动价格公式。这些措施能够成为项目融资强有力的信用支持，提高项目的债务承受能力以及分散项目的风险。

第四节　工程项目融资的参与者

工程项目融资有多方面的参与人，参与人的有关担保对贷款的取得和工程项目的完工起着关键的作用。在工程项目融资中基本的参与人有工程项目发起人，项目公司，借款人、项目的贷款人，工程项目建设公司，工程项目原材料、能源和设备等的供应人，工程项目产品的购买人或工程项目设施的使用人（承购人），项目管理公司，工程监理人，保险人，所在地政府等。

一、工程项目发起人

工程项目发起人又称工程项目主办人，是项目公司的投资者。项目的发起人可以是一个或者多个公司、实体或个人，这些投资者可以是工程项目的承包人、供应人、项目产品的购买人或项目服务使用人，当然，这必须符合当地的法律规定。尽管工程项目融资不是主要根据工程项目主办人的担保而发放，但是，如果发生意外情况，工程项目主办人往往会被要求履行其所承诺担保部分的偿债责任，因此，贷款人发放贷款时，对工程项目主办人的资信情况也十分关注。而工程项目主办人往往负有督导工程项目计划落实的责任。

二、项目公司

项目公司一般是一个确定的法律实体。工程项目主办人是项目公司的发起人和出资者，项目公司是为了工程项目的建设和满足市场需求而建立的经营实体，它具体负责工程项目开发、建设和融资。

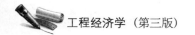

三、借款人

在一般情况下，借款人就是项目公司。但在有些时候，借款人也可能是工程项目的参与人，这些借款人独立借款而参与到工程项目中来。此外，国际上的一些银行等金融机构不得向国有单位贷款和接受国有单位提供担保，为了绕开这一融资障碍，可设立专门的机构，如“受托借款公司”（Trustee Borrowing Vehicle，TBV）来进行工程项目融资。受托借款公司为国有项目公司向银行借入贷款，用于工程项目建设，工程项目建成后，受托借款公司直接保管从项目产品的购买人或使用人处收取的款项，然后归还银行的贷款本息，在贷款债务未清偿前，项目公司不得动用这些款项。这种做法可以帮助项目公司克服在借款方面受到的限制。

四、贷款人（贷款银行）

贷款人是指为工程项目提供金融支持的当事人，主要是银行，包括国内和国外银行。根据工程项目的具体情况，也可以是各国政府（机构）、国际金融组织等。

五、工程项目建设公司

工程项目建设公司负责工程项目的建设，通常其与项目公司签订固定价格的总价承包合同。一般情况下，工程项目建设公司要承担延期误工和工程质量不合格的风险。对于大型工程项目，工程项目建设公司可以另签合同，把自己的工作分包给合格的工程项目建设分包公司。工程项目建设公司是工程技术成败的关键，其技术水平和声誉是能否取得贷款的重要因素之一。

六、供应人

供应人包括对原材料、能源和设备的供应。工程项目的原材料、能源和设备的供应人在保证工程项目按期竣工中起着重要的作用。贷款人关心原材料、能源和设备供应人的资信与经营作风，是其考虑是否发放贷款以及发放贷款条件的因素之一。

七、承购人

为了保证工程项目的成功，使工程项目建成后有足够的现金流入用于还本付息，在项目谈判阶段，都要确定工程项目产品的购买人或工程项目设施的使用人（承购人），并签订协议，以减少或分散工程项目的市场风险。

八、项目管理公司

目前，在许多工程项目中，项目公司并不负责项目的直接经营与管理，而是委托一家独立的公司负责项目完工后的经营管理工作，该公司应具备相应的项目管理知识与经验，这种公司一般被称为项目管理公司。它代表项目公司负责项目的日常经营管理事务。与对待项目工程公司一样，贷款人也很关心项目管理公司的实力背景，注重项目管理公司的管理经验。由此，项目管理公司对项目的成功也起着十分关键的作用。

九、工程监理人

工程监理人一般受雇于工程项目发起人或项目公司，为其代为管理工程建设，行使工程项目发起人或项目公司赋予的权力。工程监理工作是一项高难度的技术工作，要求负责这项工作的技术人员掌握相应的工程监理知识，并且具有比较丰富的阅历和经验，会处理各种繁杂的事务纠纷，还要有高度的应变能力，熟悉施工规范，掌握设备、材料等方面的知识。工程监理人正确履行职责是工程项目能够竣工的重要保证。

十、保险人

工程项目融资涉及巨大资金规模以及未来许多难以预料的不利因素，为了减少或者避免工程项目相关风险产生的负面影响，需要保险的介入。保险是工程项目融资中风险管理的重要内容，也往往是工程项目融资赖以存在的基础。因此，保险人也是工程项目融资的主要参与者，在工程项目融资实务中，保险人包括国内外商业保险公司、国内外政府保险机构等。

十一、所在地政府

在具体的工程项目融资中，所在地政府的作用是各种各样的。在许多发展中国家，政府会提供支持项目的协议；提供工程项目经营的许可协议；充当项目产品的最大买主；通过政府部门或受政府控制的部门对工程项目注入间接的股本资金等。而且，发展中国家或欠发达国家的政府往往比发达国家政府希望发挥更大的作用。所在地政府的适当参与，往往有助于吸引外国投资，减少政府债务，增加当地就业岗位。

十二、工程项目其他参与人

在工程项目融资实务中，还有其他参与人，他们同样发挥着独特的作用。如金融顾问、税务顾问、资产评估机构、律师和其他专业人士等。

第五节　主要融资方式

所谓融资方式，即取得资金的具体形式。下面将对负债融资和权益融资这两种不同的融资渠道下的融资方式给予具体介绍。

一、负债融资

负债融资是市场经济条件下企业筹集资金的必然选择，但是这种筹资方式，在给企业带来巨大效用的同时，也会带来一些潜在的风险。一般认为，企业只有在最佳的资本结构下，才会实现其价值的最大化。本书从财务角度出发，对负债融资的正负效应进行分析，以期对企业最佳资本结构的确定有所启示。

1. 商业银行贷款

商业银行制定贷款政策的目的，首先是为了保证其业务经营活动的协调一致。贷款政策是指导每一项贷款决策的总原则。理想的贷款政策可以支持银行作出正确的贷款决策，对银行的经营作出贡献。其次是为了保证银行贷款的质量。正确的信贷政策能够使银行的信贷管理保持在理想的水平，避免风险过大，并能够恰当地选择业务机会。

（1）国内商业银行贷款。我国有关银行管理的制度规定，根据承担风险主体的不同，贷款可分为自营贷款、委托贷款和特定贷款；根据贷款期限不同，可分为短期贷款、中期贷款和长期贷款；根据贷款的担保情况，可分为信用贷款、担保贷款、保证贷款、抵押贷款和票据贴现贷款。

（2）国际商业银行贷款。国际商业银行贷款的提供方式有两种：第一种是小额贷款，由一家商业银行独自提供贷款；另一种贷款金额较大，由数家商业银行组成银团联合提供贷款，又称“辛迪加贷款”。为了分散贷款风险，对数额较大的贷款，大多采用后一种做法。

（3）国际出口信贷。出口信贷以出口国政府为后盾，通过银行对出口贸易提供信贷。出口国政府对本国出口信贷给予利息补贴并提供担保，促使本国商业银行对本国出口商或外国进口商（或银行）提供较低利率的贷款，以满足买方支付的需求，鼓励和扩大本国的出口。

2. 政策性贷款

政策性银行贷款由各政策性银行在中国人民银行确定的年度贷款总规模内，根据申请贷款的项目或企业情况按照相关规定自主审核，确定贷款发放方式。效益也是政策性银行贷款需要考虑的要素之一。政策性贷款是目前中国政策性银行的主要资产业务。一方面，它具有指导性、非营利性和优惠性等特殊性，在贷款规模、期限、利率等方面提供优惠；另一方面，它明显有别于可以无偿占用的财政拨款，而是以偿还为条件，与其他银行贷款一样具有相同的金融属性——偿还性。

（1）国家政策性银行贷款。国家政策性银行贷款指我国政策性银行，如国家开发银行、中国农业发展银行、中国进出口银行提供的贷款。一般这种贷款期限较长、利率较低。

（2）外国政府贷款。外国政府贷款是指外国政府向发展中国家提供的长期优惠性贷款。这种贷款具有政府间开发援助的性质，赠予成分一般达到35%以上。

（3）国际金融组织贷款。国际金融组织贷款主要指国际货币基金组织、世界银行、国际开发协会、亚洲开发银行等组织提供的贷款。这些国际金融组织由多个国家组成，向特定的国家提供优惠性的贷款，是另一种官方资本来源。

3. 发行债券

（1）发行债券的主要方式。债券是一种在发行公司全部偿付之前，必须逐期向持有者支付定额利息的有价证券。债券有多种发行方式：

1）国内公司（企业）债券。债券融资是建设项目筹集资金的主要形式之一。《中华人民共和国公司法》规定，利用公司债券融资的公司必须是股份有限公司、国有独资公司和两个以上的国有企业或者其他两个以上的国有投资主体投资设立的有限责任公司。

2）可转换债券。可转换债券是债券的一种，它可以转换为债券发行公司的股票，通常具有较低的票面利率。从本质上讲，可转换债券是在发行公司债券的基础上，附加了一份期权，并允许购买人在规定的时间内将其购买的债券转换成指定公司的股票。

3）海外债券融资。海外债券是由一国政府、金融机构、企业或国际组织，为筹措资金而在国外证券市场上发行的、以某种货币为面值的债券。海外债券也称国际债券，包括外国债券和欧洲债券。海外债券的主要形式有一般利率债券、浮动利率债券、固定利率债券、授权债券以及复合利率债券。

4）海外可转换债券。海外可转换债券是指向国外发行的可转换债券。同国内可转换债券一样，海外可转换债券也是一种允许债券持有人在规定的时间内，按规定的价格把债券转换成企业股票的债券，它同时具有股票和债券的双重性质。

（2）发行债券的优缺点。发行债券既有优点，也有其风险。

1）发行债券的优点。发行债券的优点：①资金成本较低。因为债券利息在税前支付，有一部分利息由政府承担，且债券的发行费用比较低。②可以保证控制权。债券持有人无权干涉企业的管理事务，股东仍具有对企业的控制权。③可以发挥财务杠杆作用。债券持有人只收取固定的、有限的利息，如果企业盈利增加，则增加的收益可分配给股东，或留归企业以扩大经营之用。

2）发行债券的缺点。发行债券的缺点：①融资风险较高。由于在债券到期日必须向债券持有人还本付息，因而，若公司业绩不佳，会给公司带来较大的财务负担。②限制条件较多。在发行债券的契约中往往有一些很严格的限制条款，这些条款可能会影响公司以后的融资能力。③融资能力比较有限。当公司的负债比率超过一定水平后，债券筹资的成本会迅速增加，有时甚至会发行不出去。

4. 设备租赁

设备租赁是指出租人与承租人签订契约，出租人购买承租人所需的设备，在合同规定的期限内供其使用，并收取租金。租赁行为属于借贷性质，涉及实物而非资金。在租赁期内，设备的产权属于出租人，承租人只有使用权，且中途不能解约。

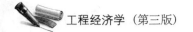

（1）融资租赁。融资租赁又称财务租赁，它是一种以金融、贸易与租赁相结合，以租赁物品的所有权与使用权相分离为特征的新型的信贷方式。这种融资方式既不是直接放贷，也区别于传统的财产租赁，它是集融资和融物于一体，兼有金融与贸易双重职能的融资方式。

1）融资租赁的优缺点。融资租赁的筹资速度比较快，限制条款少，而且设备淘汰风险和财务风险比较小，税收负担也较轻，但是资金成本比较高。一般说来，其租金要比银行借款或发行债券所负担的利息高得多。

2）融资租赁的特征。融资租赁的特征一般归纳为五个方面。①租赁物件由承租人决定，出租人出资购买并租赁给承租人使用，并且在租赁期内只能租给一个企业使用。②承租人负责检查验收制造商所提供的设备，对该设备的质量与技术条件出租人不向承租人做出担保。③出租人保留设备的所有权，承租人在租赁期间支付租金而享有使用权，并负责租赁期间设备的管理、维修和保养。④租赁合同一经签订，在租赁期间任何一方均无权单方面撤销合同。只有设备毁坏或被证明已丧失使用价值的情况下方能中止执行合同，无故毁约则要支付相当重的罚金。⑤租期结束后，承租人一般对设备有留购、续租和退租三种选择，若要留购，购买价格可由租赁双方协商确定。

（2）经营租赁。经营租赁又称为业务租赁，是承租人为了满足经营使用上的临时或季节性需求而发生的资产租赁。经营租赁是一种短期租赁形式，是出租人不仅要向承租人提供设备的使用权，还要向承租人提供设备的保养、保险、维修和其他专门性技术服务的一种租赁形式。经营租赁是一项可撤销的、不完全支付的短期租赁业务。经营租赁的业务特征表现：①租赁物件的选择由出租人决定。②租赁物件一般是通用设备或技术含量高、更新速度较快的设备。③租赁目的主要是短期使用设备。④出租人既提供租赁物件，又同时提供必要的服务。⑤出租人始终拥有租赁物的所有权并承担有关的一切利益与风险。⑥租赁期限短，中途可解除合同。⑦租赁物件的使用有一定的限制条件。

二、权益融资

权益融资（Equity Finance）是通过扩大企业的所有权益，如吸引新的投资者、发行新股、追加投资等来实现融资，而不是出让所有权益或出卖股票，权益融资的后果是稀释了原有投资者对企业的控制权。权益融资的主要渠道有自有资本、朋友和亲人或风险投资公司。为了改善经营或进行扩张，特许人可以利用多种权益融资方式获得所需的资本。

1. 吸收直接投资

吸收直接投资是指企业按照“共同投资、共同经营、共担风险、共享利润”的原则直接吸收国家、法人、个人投入资金的一种筹资方式。吸收直接投资无须公开发行证券，出资者都是企业的所有者，他们对企业具有经营管理权，各方按出资的比例分享利润或者承担损失。

（1）吸收投资的种类。吸收投资的种类包括以下几种：

1）吸收国家投资。吸收国家投资是国有企业筹集资金的主要方式，是指有权代表国家投资的政府部门或者机构以国有资产投入企业，这种情况下形成的资本叫做国有资本。吸收国家投资的特点是产权归属国家；资产的运用和配置受国家约束较大；在国有企业中采用比较广泛。

2）吸收法人投资。法人投资下形成的资本叫做法人资本，是指法人单位以其依法可以支配的资产投入企业。其特点是发生在法人单位之间；以参与企业利润分配为目的；出资方式灵活多样。

3）吸收个人投资。个人投资下形成的资本叫做个人资本，是指社会个人或者企业内部职工以个人合法资产投入企业。其特点是参加投资的人员较多；每个人投资的数额较少；以参与企业利润分配为目的。

（2）吸收投资过程中的出资方式。吸收投资的出资方式有以下几种：

1）以现金出资。以现金出资是吸收投资中最重要的一种筹资方式。投资现金的数额取决于投入的实物、工业产权之外尚需多少资金来满足建厂的开支和日常周转的需要。至于现金投资占资本总额的多少，需要在投资过程中由双方协商确定。

2）以实物出资。以实物出资就是投资者投入厂房、建筑物、设备等固定资产和原材料、商品等流动资产进行的投资。这些投入的实物必须确实为企业科研、生产、经营所需，而且技术性能较好、作价公平合理。

3）以工业产权出资。以工业产权出资就是投资者以专利技术、商标权、专利权等无形资产进行的出资。可行性研究在这种投资方式中非常重要，因为在这种投资方式中技术被资本化了，且技术具有时效性，因其不断老化而导致价值不断减少甚至完全丧失，风险较大。

2. 发行普通股票

股票属于股份公司为筹集自有资金而发行的有价证券，是公司签发的证明股东所持股份的凭证，它代表了股东对股份制公司的所有权。

发行普通股是股份有限公司筹集权益资金最常见的方式。普通股是股份公司依法发行的具有管理权、股利不固定的股票。它具备股票的一般特征，是股份公司资本的基本部分。普通股股票的持有人叫普通股股东，具有公司管理权、分享盈余权、出让股份权、优先认股权和剩余财产要求权。

（1）优点。发行普通股筹资具有的优点：筹措的资金具有永久性，没有到期日，不需要归还，有利于公司的长期稳定发展；发行普通股筹资没有固定的利息负担，股利支付视公司的盈利状况而定，因此公司的财务负担比较轻；筹资风险小，这种筹资实际上不存在不能偿付的风险；能增加公司的信誉，发行普通股筹集的资本是公司最基本的资金来源，这笔资金反映了一个公司的实力，可以为债权人提供保障，也是其他

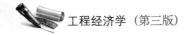

方式融资的基础；与优先股和债券相比，筹资限制相对较少。

（2）缺点。发行普通股具有的缺点：容易分散控制权，利用普通股筹资，引进了新的股东，容易导致公司控制权的分散；资金成本较高，普通股票的发行费用较高，而且股利要从净利润中支付，而债券资金的利息可在税前支付。

3. 发行优先股

优先股是股份公司依法发行的具有一定优先权的股票。它是一种特别股票，与普通股有许多相似之处，但又具有债券的某些特征。

优先股的“优先”是相对普通股而言的，这些优先权主要表现在优先分配股利、优先分配剩余资产权和部分管理权几个方面。

从法律上讲，优先股属于企业自有资金，不承担法定的还本付息义务。优先股股东所拥有的权利和普通股股东近似。优先股的股利不能像债务利息那样从税前扣除，而必须从净利润中支付。但优先股有固定的股利，而且对于盈余的分配和剩余资产的求偿具有优先权，这两点与债券类似。所以，优先股具有双重性质。

（1）优点。发行优先股具有的优点：①没有固定到期日，不需要归还本金。②股利支付既固定，又有一定弹性。一般地，优先股都采用固定股利，但是如果财务状况不佳，可暂时不支付优先股股利。③能增加公司的信誉。从法律上讲，优先股属于企业自有资金，因此，可以扩大企业的权益基础。

（2）缺点。发行优先股具有的缺点：①筹资限制多。发行优先股的限制条款比较多，比如，对公司借款的限制等。②筹资成本高。优先股支付的股利要从税后净利润中支付，而债券资金的利息可在税前支付。③财务负担重。优先股需要支付固定股利，又不能在税前扣除，当利润下降时，它会成为财务负担。

第六节　工程项目的融资方式

工程项目的融资模式结构是工程项目融资的核心。在工程项目融资中应该尽量设计和选择合适的融资模式结构，以实现投资者在工程项目融资方面的目标和要求。在通常情况下，需要根据工程项目债务责任的分担要求、贷款资金数量上的要求、期限上的要求、相关融资费用等来决定采取什么样的工程项目融资方式，这可借助投资银行等工程项目融资顾问来确定其模式结构。一般采用的工程项目融资模式有工程项目产品或服务支付融资、杠杆租赁融资、建设营运移交融资（Build Operat Transfer，BOT）、资产证券化融资（Asset-Backed Secaritization，ABS）等多种工程项目融资模式。

一、以“设施使用协议”为基础的项目融资模式

国际上，一些项目融资是围绕着一个服务性设施或工业设施的使用协议作为主体安排的。这种设施使用协议是指在某种服务性设施或工业设施的提供者和使用者之间达成的一种具有“无论提货与否均需付款”性质的协议。项目公司以“设施使用协议”为基础安排项目融资，主要应用于一些带有服务性质的项目，例如，石油、天然气管道、发电设施、某种专门产品的运输系统以及港口、铁路设施等。20 世纪 80 年代以来，这种融资模式被引入到工业项目中。

利用“设施使用协议”安排项目融资，其成败的关键是项目设施的使用者能否提供一个强有力的具有“无论提货与否均需付款”性质的承诺。这个承诺要求项目设施的使用者在融资期间无条件地定期向设施的提供者支付一定数量的预先确定下来的使用费，而无论使用者是否真正利用了项目设施所提供的服务。这种无条件承诺的合法权益将被转让给提供资金方，再加上项目投资者的完全担保，就构成了项目信用保证的主要部分。一般来说，项目设施的使用费在融资期间应足以支付项目的生产经营成本和项目的还本付息费。

在生产型工业项目中，“设施使用协议”被称为“委托加工协议”，项目产品的购买者提供或组织生产所需要的原材料，通过项目的生产设施将其加工成最终产品，然后由购买者在支付加工费后取走产品。

以“设施使用协议”为基础安排的项目融资具有以下特点：

（1）投资结构的选择比较灵活。以“设施使用协议”为基础的项目融资既可以根据项目的性质、项目投资和设施使用者的类型等采用公司型合资结构，也可以采用非公司型合资结构、合伙制结构或者信托基金结构。

（2）具有“无论提货与否均需付款”性质的“设施使用协议”是项目融资不可缺少的组成部分。这种项目“设施使用协议”在使用费的确定上至少需要考虑项目投资在三方面的回收，即生产经营成本、融资成本和投资者收益。

二、以“产品支付”为基础的项目融资模式

“产品支付”（Production Payment）是在石油、天然气和矿产品项目中常使用的无追索权或有限追索权的融资方式，是项目融资的早期形式，起源于 20 世纪 50 年代美国的石油、天然气项目开发的融资安排。项目公司以收益作为融资的主要偿债资金来源，即贷款得到偿还之前，贷款银行拥有项目的部分或全部产品。当然，这并不是说，贷款银行真的要储存几亿桶石油或足以满足一座城市需要的电力，在绝大多数情况下，产品支付只是产权的转移，而非产品本身的转移。通常贷款银行要求项目公司重新购回他们的产品或充当他们的代理人来销售这些产品。

以“产品支付”为基础的融资模式适用于资源贮藏量已经探明并且项目的现金流

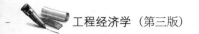

量能够比较准确地计算出来的项目。这种模式能安排的资金数量取决于所购买的那一部分产品的预期未来收益按照一定贴现率计算出来的净现值。对于那些资源属于国家所有、项目公司只能获得资源开采权的项目，"产品支付"的信用保证是通过购买项目未来生产的现金流量，加上资源开采权和项目资产的抵押来实现的。

以"产品支付"为基础的项目融资模式，在具体操作上有以下基本特征：

（1）融资信用保障特殊。融资模式是建立在由贷款银行购买某一特定资源产品的全部或部分营业收入权益的基础上的，它是通过让贷款银行直接拥有项目产品的所有权来融资，而不是通过抵押或权益转让的方式来实现融资的信用保证。

（2）融资期限一般应小于项目预期的经济寿命期。如果一个资源性项目具有 20 年的开采期，那么，产品支付融资的贷款期限应该大大短于 20 年，以保证项目在还本付息之外还能实现一定的收益。

（3）银行只为项目建设期融资。贷款银行一般只为项目建设投资提供融资，而不承担项目生产费用的融资。并且，贷款银行还要求项目发起人提供项目最低产量、最低产品质量等的担保。

（4）需要中介机构。一般要成立一个"融资中介机构"，即所谓的专设公司，专门负责从项目公司中购买一定比例的产品，在市场上直接销售或委托项目公司作为代理人销售，并负责归集产品的销售收入和偿还贷款。

三、BOT 项目融资方式

BOT 融资方式是从项目本身的收益中回收投资，而无须项目发起人予以额外担保，也即项目融资。承接 BOT 的机构有的是已有机构，有的是由承建商、经营商、用户等专为此项目而新设立的股份公司。BOT 项目通常采取招标方式选择承接机构，有时也采取议标方式。承接机构自行负责设计、建设，建成后在特许的经营期内自负盈亏、自行经营、回收投资、获取收益。特许期满后，将项目无偿交回所在国政府，由政府指定部门经营管理。

1. BOT 项目融资的基本思路

BOT（Build Operate Transfer，BOT）即建设—经营—移交，它是指政府将一个工程项目的特许经营权授予承包商（一般为国际财团），承包商在特许期内负责项目设计、融资、建设和运营，并回收成本、偿还债务、赚取利润，特许经营期结束后将项目所有权再移交给政府的一种项目融资模式。实质上，BOT 融资模式是政府与承包商合作经营项目的一种特殊运作模式，从 20 世纪 80 年代产生以来，越来越受到各国政府的重视，成为各国基础设施建设及资源开发等大型项目融资中较受欢迎的一种融资模式。BOT 融资在我国也称为"特许经营权融资方式"，主要以外资为融资对象，其含义是指国家或者地方政府部门通过特许经营权协议，授予作为签约方的外商投资企业（包括中外合资、中外合作、外商独资）承担公共性基础设施项目的融资、建造、经营和维护；在协议规定的特许期限内，项目公司拥有投资建造设施的所有权，允许向设施使用者收取适当的费用，由此回收项目投资、经营和维护成本并获得合理的回报；特许期满后，项目公司将设施无偿地移交给作为签约方的政府部门。

2. TOT 项目融资方式

TOT（Transfer Operate Transfer，TOT）即移交—经营—移交，它是 BOT 项目融资方式的新发展，指用私人资本或资金购买某项目资产（一般是公益性资产）的产权和经营权，购买者在一个约定的时间内通过经营收回全部投资和得到合理的回报后，再将项目产权和经营权无偿移交给原产权所有人。这种模式已逐渐应用到我国的项目融资领域中。

TOT 项目融资方式存在着 BOT 项目融资方式所不具备的一些优势：

第一，积极盘活国有资产，推进国有企业转机建制。

第二，为拟建项目引进资金，为建成项目引进新的更有效的管理模式。

第三，只涉及经营权让渡，不存在产权、股权问题，可以避免许多争议。

第四，投资者可以尽快从高速发展的经济中获得利益。

另外，由于 TOT 的风险比 BOT 小很多，因而金融机构、基金组织等都有机会参与投资，这也增加了项目的资金来源。

四、ABS 项目融资模式

ABS（Asset Backed Securitization，ABS）即资产支持型资产证券化，简称资产证券化。资产证券化是指将缺乏流动性，但能够产生可预见的、稳定的现金流量的资产归集起来，通过一定的结构安排，对资产中风险与收益要素进行分离与重组，进而转换为在金融市场上可以出售和流通的证券的过程。

ABS 起源于 20 世纪 80 年代，由于具有创新的融资结构和高效的载体，满足了各类资产和项目发起人的需要，因而成为当今国际资本市场中发展最快、最具活力的金融产品。具体而言，ABS 融资有两种方式：

（1）通过项目收益资产证券化融资。项目收益资产证券化融资即以项目所拥有的资产为基础，以项目资产可以带来的预期收益为保证，通过在资本市场发行债券来募集资金的一种证券化融资方式。具体来讲，是项目发起人将项目资产出售给特设机构（Special Purpose Vehicle，SPV），SPV 凭借项目未来可预见的、稳定的现金流，并通过寻求担保等信用增级（Credit Enhancement）手段，将不可流动的项目收益资产转变为流动性较高、具有投资价值的高等级债券，通过在国际资本市场上发行，一次性地为项目建设融得资金，并依靠项目未来收益还本付息。

（2）通过与项目有关的信贷资产证券化融资。项目信贷资产证券化融资即贷款银行将项目贷款资产作为基础资产，或是与其他具有共同特征的、流动性较差但能产生可预见的稳定现金流的贷款资产组合成资产池（Asset Pool），通过信用增级等手段使其转变为具有投资价值的高等级证券，通过在国际市场发行债券来进行融资，降低银行的不良贷款比率，从而提高银行为项目提供贷款的积极性，间接地为项目融资服务。

ABS 项目融资方式适用于房地产、水、电、道路、桥梁、铁路等收入安全、持续、稳定的项目。一些出于某些原因不宜采用 BOT 方式融资的关系国计民生的重大项目也可以考虑采用 ABS 方式进行融资。

五、以“杠杆租赁”为基础的项目融资

以“杠杆租赁”为基础的项目融资结构，从资产出租人的角度来看，税务收益的风险是比较低的，因为这部分收益不依赖资产承租人的经营情况。

1. 以“杠杆租赁”为基础项目融资的基本思路

以“杠杆租赁”为基础的项目融资模式是指在项目投资者的要求和安排下，由两个或两个以上的专业租赁公司、银行以及其他金融机构等以合伙制形式组成的金融租赁公司作为出租人融资购买项目的资产，然后租赁给作为承租人的项目公司的一种融资模式。合伙制金融租赁公司和贷款银行的收入及信用保证来自税务好处、租赁费用、项目的资产以及对项目现金流量的控制。当租赁公司的成本全部收回并且获得了相应的回报后，项目公司只需交纳很少的租金，在租赁期满后，项目发起人的一个相关公司可以将项目资产以事先商定的价格购买回去，或者由项目公司以代理人的身份代理租赁公司把资产以其可以接受的价格卖掉，售价大部分会当做代销手续费由租赁公司返还给项目公司。

2. 以“杠杆租赁”为基础项目融资的主要特点

（1）融资方式较复杂。由于“杠杆租赁”融资结构中涉及的参与者数目较多，资产抵押以及其他形式的信用保证在股本参加者与债务参加者之间的分配和优先顺序问题也比一般项目融资模式复杂，再加上税务、资产管理与转让等问题，造成组织这种项目融资所花费的时间要相对长一些，法律结构以及文件也相对复杂一些，因而比较适合大型工程项目的融资安排。

（2）融资成本较低。“杠杆租赁”由于充分利用了项目的税务好处，因而降低了投资者的融资成本和投资成本，同时也增加了融资结构中税务偿还的灵活性。利用税务扣减一般可以偿还项目全部融资总额的 30%~50%。

（3）可实现百分之百的融资。在这种模式中，由金融租赁公司的部分股本资金加上银行贷款就可解决项目所需资金或设备，项目发起人可以不需要再进行任何股本投资。

（4）应用范围比较广泛。“杠杆租赁”既可以作为一项大型工程项目的融资安排，也可以作为项目的一部分建设工程安排融资，例如，用于购置项目的某一专项大型设备等。

第七节 融资方案分析

在初步确定工程项目的资金筹措方式和资金来源后，应进一步对融资方案进行分析，以降低融资成本和融资风险。

一、资金成本的概念和作用

资金成本是指企业为筹集和使用资金而付出的代价，其包括资金筹资费和资金占用费两部分。资金筹资费是指在资金筹资过程中支付的各项费用，如发行股票、债券支付的印刷费、发行手续费、律师费、资信评估费、公证费、担保费、广告费等；资金占用费是指占用资金支付的费用，如股票的股息、借款和债券的利息，等等。

资金成本是企业财务管理中的重要概念。对于企业筹资来讲，资金成本是选择资金来源、确定筹资方案的重要依据，企业要选择资金成本最低的筹资方式；对于企业投资来讲，资金成本是评价投资项目、决定投资取舍的重要标准，投资项目只有在其投资收益率高于资金成本时才是可接受的，否则将无利可图。资金成本还可作为衡量企业经营成果的尺度，即经营利润率应高于资金成本，否则表明经营不利，业绩欠佳。

资金成本有多种计量形式，主要包括个别资金成本、综合资金成本和边际资金成本。不同计量形式所得出的资金成本有不同的用途。个别资金成本是各种筹资方式的资金成本，包括长期债券成本、长期借款成本、优先股成本、普通股成本和留存收益成本，其中前两种统称为债务资金成本，后三种统称为权益资金成本。个别资金成本主要用于评价各种筹资方式。综合资金成本是对各种个别资金成本进行加权平均所得到的平均资金成本，一般用于企业资本结构决策。边际资金成本是追加筹资部分的成本，也要采用加权平均的方法计算，一般用于追加筹资决策。

1. 资金成本的概念

资金成本是指企业为筹集和使用资金而付出的代价。广义地讲，企业筹集和使用任何资金，不论是短期的还是长期的，都要付出代价；狭义的资金成本仅指筹集和使用长期资金（包括自有资金和借入的长期资金）的成本。由于长期资金也被称为资本，因而，长期资金的成本也可称为资本成本。在这里所说的资金成本主要是指资本成本。资金成本一般包括资金筹集成本和资金使用成本两部分。

（1）资金筹集成本。资金筹集成本是指在资金筹集过程中所支付的各项费用，如发行股票或债券支付的印刷费、发行手续费、律师费、资信评估费、公证费、担保费、广告费等。资金筹集成本一般属于一次性费用，筹资次数越多，资金筹集成本也就越大。

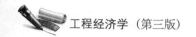

（2）资金使用成本。资金使用成本又称为资金占用费，是指占用资金而支付的费用，它主要包括支付给股东的各种股息和红利、向债权人支付的贷款利息以及支付给其他债权人的各种利息费用等。资金使用成本一般与所筹集的资金多少以及使用时间的长短有关，具有经常性、定期性的特征，是资金成本的主要内容。

资金筹集成本与资金使用成本是有区别的，前者是在筹借资金时一次支付的，在使用资金过程中不再发生，因此可作筹资费用的一项扣除，而后者是在资金使用过程中多次、定期发生的。

2. 资金成本的性质

资金成本是一个重要的经济范畴，它是在商品经济社会中由于资金所有权与资金使用权相分离而产生的。

（1）资金成本是资金使用者向资金所有者和中介机构支付的占用费和筹资费。作为资金的所有者，不会将资金无偿让渡给资金使用者去使用；而作为资金的使用者，也不能无偿地占用他人的资金。因此，企业筹集资金以后，暂时获得了这些资金的使用价值，就要为资金所有者暂时丧失其使用价值而付出代价，即承担资金成本。

（2）资金成本与资金的时间价值既有联系，又有区别。资金的时间价值反映了资金随着其运动时间的不断延续而不断增值，是一种时间函数，而资金成本除可以看作是时间函数外，还表现为资金占用额的函数。

（3）资金成本具有一般产品成本的基本属性。资金成本是企业的耗费，企业要为占用资金而付出代价、支付费用，而且这些代价或费用最终也要作为收益的扣除额来得到补偿。但是资金成本只有一部分具有产品成本的性质，即这一部分耗费计入产品成本，而另一部分则作为利润的分配，不能列入产品成本。

3. 资金成本的作用

（1）资金成本是选择资金来源和筹资方式的重要依据。企业筹集资金的方式多种多样，如发行股票、债券、银行借款等，不同的筹资方式，其个别的资金成本也不尽相同。资金成本的高低可以作为比较各种筹资方式优缺点的一项依据。

（2）资金成本是投资者进行资金结构决策的基本依据。一个工程项目的资金结构一般是由借入资金与自有资金组合而成，这种组合有多种方案，如何寻求两者间的最佳组合，一般可通过计算综合资金成本作为项目筹资决策的依据。

（3）资金成本是评价各种工程项目是否可行的一个重要尺度。国际上通常将资金成本视为工程项目的“最低收益率”和是否接受工程项目的“取舍率”，在评价投资方案是否可行的标准上，一般要以项目本身的投资收益率与其资金成本进行比较。如果项目的预期投资收益率小于其资金成本，则项目不可行。

二、资金成本的计算

1. 资金成本计算的一般形式

资金成本是选择资金来源、拟定筹资方案的主要依据，也是评价投资项目可行性的重要经济指标。资金成本可以用绝对数和相对数表示。一般为便于比较和分析用相对数表示，称为资金成本率，其一般计算公式：

$$K=\frac{D}{P-F}\text{ 或 }K=\frac{D}{P\times(1-f)} \tag{5-1}$$

其中，K 表示资金成本（率）；P 表示筹集资金总额；D 表示使用费：F 表示筹资费；f 表示筹资费费率（即筹资费占筹资资金总额的比率）。

2. 多种资金来源及其资金成本

（1）银行借款的融资成本。银行借款的融资成本有以下两种方式：

1）不考虑资金筹集成本时的资金成本。不考虑资金筹集成本时的资金成本计算公式：

$$K_d=(1-T)R \tag{5-2}$$

其中，K_d 表示银行借款的资金成本；T 表示所得税税率；R 表示银行借款利率。

对项目贷款实行担保时，应将如下担保费率计入贷款成本中：

$$V_d=\frac{V}{P\times n} \tag{5-3}$$

其中，V_d 表示担保费率；V 表示担保费总额；P 表示企业借款总额；n 表示担保年限。

银行借款利率加上担保费率后的借款成本计算：

$$K_d=(1-T)\times(r_d+V_d) \tag{5-4}$$

其中，V_d 表示担保费率；r_d 表示银行借款利率。

2）考虑资金筹集成本时的资金成本。考虑资金筹集成本时的资金成本计算公式：

$$K_d=\frac{(1-T)(R+V_d)}{1-f} \tag{5-5}$$

式中字母意义同前。

【例 5-1】 某企业为某建设项目申请银行长期贷款 1000 万元，年利率为 10%，每年付息一次，到期一次还本，贷款管理费及手续费率为 0.5%。企业所得税税率为 25%，试计算该项目长期借款的资金成本。

解：根据式（5-5），该项目长期借款的资金成本：

$$K_d=\frac{(1-T)\times R}{1-f}=\frac{(1-25\%)\times 10\%}{1-0.5\%}=7.54\%$$

（2）债券资金成本。发行债券的成本主要由债券利息与筹资费用构成。债券利息与长期借款利息的处理以税后债务成本为依据。债券资金成本的计算公式：

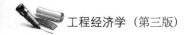

$$K_b=\frac{I_b(1-T)}{B(1-f_b)} \tag{5-6}$$

或 $$K_b=\frac{R_b(1-T)}{1-f_b} \tag{5-7}$$

其中，K_b 表示债券资金成本；B 表示债券筹资额；f_b 表示债券筹资费率；I_b 表示债券年利率；R_b 表示债券利息。

若债券溢价或折价发行，则以实际发行价格作为债券筹资额。

【例 5-2】 假定国内某公司发行面值为 500 万元的 10 年期债券，票面的利率为 8%，发行费率为 5%，发行价格为 550 万元，公司所得税税率为 25%，试计算该公司债券的资金成本。如果公司以 350 万元发行面额为 500 万元的债券，则资金成本又为多少？

解：根据式（5-6），以 550 万元价格发行时的资金成本：

$$K_b=\frac{I_b(1-T)}{B(1-f_b)}=\frac{500\times8\%\times(1-25\%)}{500(1-5\%)}=5.74\%$$

以 350 万元价格发行时的资金成本为：

$$K_b=\frac{I_b(1-T)}{B(1-f_b)}=\frac{500\times8\%\times(1-25\%)}{350(1-5\%)}=9.02\%$$

（3）优先股资金成本。不同于负债利息的支付，优先股的股利不能在税前扣除，因而在计算有限股成本时无须经过赋税的调整。优先股成本的计算公式：

$$K_p=\frac{D_p}{P_p(1-f_p)} \tag{5-8}$$

或 $$K_p=\frac{P_p\times i}{P_p(1-f_p)}=\frac{i}{1-f_p} \tag{5-9}$$

其中，K_p 表示优先股资金成本；D_p 表示优先股每年股息；P_p 表示优先股票面值；f_p 表示优先股筹资费率；i 表示股息率。

【例 5-3】 某公司为某项目发行优先股股票，票面按正常市价计算为 200 万元，筹资费率为 4%，股息年利率为 14%，试求其资金成本。

解：根据式（5-9）得：

$$K_p=\frac{i}{1-f_p}=\frac{14\%}{1-4\%}=14.58\%$$

（4）普通股资金成本。普通股资金成本是权益融资成本的一种。由于股利是利润扣除所得税后分派的，所以不能抵减所得税。计算普通股资金成本，常用的方法有“评价法”和“资本资产定价模型法”。

1）评价法。评价法计算普通股资金成本公式：

$$K_c=\frac{D_c}{P_c(1-f_c)}+G \tag{5-10}$$

其中，K_c 表示普通股资金成本；D_c 表示预期年股利额；P_c 表示普通股筹资额；f_c

表示普通股筹资费率；G 表示普通股利年增长率。

【例 5–4】 某公司发行的普通股正常市价为 800 万元，筹资费率为 4%，第一年的股利增长率为 10%，以后每年增长 5%，试求其资金成本。

解：根据式（5–10）得：

$$K_c = \frac{D_c}{P_c(1-f_c)} + G = \frac{800 \times 10\%}{800 \times (1-4\%)} + 5\% = 15.4\%$$

2）资本资产定价模型法。资本资产定价模型法计算普通股资金成本公式：

$$K_c = R_f + \beta(R_m - R_f) \tag{5–11}$$

其中，R_f 表示无风险报酬率；R_m 表示平均风险股票必要报酬率；β 表示股票的风险校正系数。

【例 5–5】 某证券市场无风险报酬率为 10%，平均风险股票必要报酬率为 15%，某一股份公司普通股 β 值为 1.15，试计算该普通股的资金成本。

解：根据式（5–11）得：

$$K_c = R_f + \beta(R_m - R_f) = 10\% + 1.15 \times (15\% - 10\%) = 15.75\%$$

（5）融资租赁资金成本。企业租入某项资产，获得其使用权，要定期支付租金，并且租金列入企业成本，可以减少应付所得税。其资金成本计算公式：

$$K_L = \frac{E}{P_L} \times (1 - T) \tag{5–12}$$

其中，K_L 表示融资租赁资金成本；E 表示年租金额；P_L 表示租赁资产价值。

（6）留存盈余资金成本。留存盈余是指企业未以股利等形式发放给投资者而保留在企业的那部分盈利，即经营所得净收益的积累，包括盈余公积和未分配利润。留存盈余是所得税后形成的，其所有权属于股东，实质上相当于股东对公司的追加投资。股东将留存盈余留用于公司，是想从中获取投资报酬，所以留存盈余也有资金成本，即股东失去的向外投资的机会成本。它与普通股成本的计算基本相同，只是不考虑筹资费用。如按评价法，计算公式：

$$K_r = \frac{D_c}{P_c} + G \tag{5–13}$$

其中，K_r 表示留存盈余资金成本。

（7）加权平均资金成本（综合资金成本）。项目的资金筹措一般采用多种融资方式。不同的资金来源，成本也不相同。在计算个别资金成本的基础上，同时计算融资方案的综合融资成本（总资金成本），以更好地反映整个融资方案的融资成本状况。综合资金成本一般是以各种资金占全部资金的比重为权数，对个别资金成本进行加权平均确定的，故又称为加权平均资金成本。其计算公式：

$$K_w = \sum_{j=1}^{n} K_j \times W_j \tag{5–14}$$

其中，K_w 表示综合资金成本；K_j 表示第 j 种个别融资成本；W_j 表示第 j 种个别资金占全部资金的比重（权数）。

在实际计算综合资金成本时，可分为三个步骤进行：①先计算个别资金成本。②计算各资金来源在全部资金中的比重。③利用式（5-14）计算出综合资金成本。

【例 5-6】 某公司资本结构中债务资本和权益资本的比例为 4∶6，企业拟从内部筹资 1000 万元，成本占 14%，另向银行借款筹资 600 万元，利率为 6%。试计算该企业加权平均的资金成本。

解：计算加权平均的资金成本：

$K_w = 14\% \times 0.6 + 6\% \times (1 - 33\%) \times 0.4 = 10.008\%$

本章小结

这一章主要讨论了项目融资的种类特点及各种具体方法，其中涉及融资渠道、融资的框架结构、参与者和融资的阶段与步骤，同时还给出了具体的量化评价体系。

其中着重介绍了三种融资方式：资产支持型资产证券化（ABS），移交—经营—移交（TOT），建设营运移交融资（BOT），并结合具体事例介绍了各种融资方式的优缺点以及注意事项。

概念回顾

项目融资（Project Financing）。项目融资是指以项目的资产、收益作抵押的融资。

融资又称资金筹措。融资是以一定的渠道为某种特定活动筹集所需资金的各种活动的总称。

既有法人融资（Both Corporate Finance）。既有法人融资是指以既有法人为融资主体的融资方式。

新设法人融资（The New Corporate Financing）。新设法人融资方式的融资主体是新组建的具有独立法人资格的项目公司。

权益融资（Equity Financing）。权益融资是指以所有者身份投入非负债性资金的方式进行的融资。

负债融资（Debt Financing）。负债融资是通过负债的方式筹集各种债务资金的融资方式。

传统融资方式（The Traditional Mode of Financing）。传统融资方式是指一个公司或企业利用本身的资信能力为项目安排的融资。

项目融资方式（Project Financing）。项目融资方式是投资项目资金筹措方式的一种，特指某种资金需求量巨大的投资项目的筹资活动。

工程项目发起人（Project Sponsor）。工程项目发起人又称工程项目主办人，是项目公司的投资者。

贷款人（Lender）。贷款人是指为工程项目提供金融支持的当事人，主要是银行，包括国内外银行，根据工程项目的具体情况，也可以是各国政府（机构）、国际金融组织等。

承购人（The Successful Bidder）。为了保证工程项目的成功，使工程项目建成后有足够的现金流入用于还本付息，在项目谈判阶段，要确定工程项目产品的购买人或工程项目设施的使用人（承购人），并签订协议，以减少或分散工程项目的市场风险。

吸收直接投资（Absorbing Direct Investment）。吸收直接投资是指企业按照“共同投资、共同经营、共担风险、共享利润”的原则直接吸收国家、法人、个人投入资金的一种筹资方式。

资金成本（Cost of Capital）。资金成本是指企业为筹集和使用资金而付出的代价。

公式回顾

资金成本率：

$$K = \frac{D}{P - F} \text{或} K = \frac{D}{P \times (1 - f)} \quad (5\text{-}1)$$

不考虑资金筹集成本时的资金成本：

$$K_d = (1 - T)R \quad (5\text{-}2)$$

对项目贷款实行担保时，应将如下担保费率计入贷款成本中：

$$V_d = \frac{V}{P \times n} \quad (5\text{-}3)$$

银行借款利率加上担保费率后的借款成本：

$$K_d = (1 - T) \times (r_d + V_d) \quad (5\text{-}4)$$

考虑资金筹集成本时的资金成本：

$$K_d = \frac{(1 - T)(R + V_d)}{1 - f} \quad (5\text{-}5)$$

债券资金成本的计算公式：

$$K_b = \frac{I_b(1 - T)}{B(1 - f_b)} \quad (5\text{-}6)$$

$$\text{或} K_b = \frac{R_b(1 - T)}{1 - f_b} \quad (5\text{-}7)$$

优先股成本的计算公式：

$$K_p = \frac{D_p}{P_p(1 - f_p)} \quad (5\text{-}8)$$

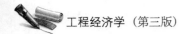

$$或K_p = \frac{P_p \times i}{P_p(1 - f_p)} = \frac{i}{1 - f_p} \tag{5-9}$$

评价法计算资金成本公式：

$$K_c = \frac{D_c}{P_c(1 - f_c)} + G \tag{5-10}$$

资本资产定价模型法计算资金成本公式：

$$K_c = R_f + \beta(R_m - R_f) \tag{5-11}$$

融资租赁资金成本：

$$K_L = \frac{E}{P_L} \times (1 - T) \tag{5-12}$$

留存盈余资金成本：

$$K_r = \frac{D_c}{P_c} + G \tag{5-13}$$

加权平均资金成本（综合资金成本）：

$$K_w = \sum_{j=1}^{n} K_j \times W_j \tag{5-14}$$

练习题

1. 解释项目融资的含义及其特征。
2. 工程项目资金来源有哪些？
3. 什么是融资主体？
4. 工程项目融资过程分为哪几个阶段？
5. 简述工程项目融资的框架结构。
6. 工程项目融资的参与者有哪些？
7. 负债融资渠道下主要的融资方式有哪些？
8. 简述发行优先股的优缺点。
9. 解释 BOT 项目融资方式。
10. 解释 ABS 项目融资方式。
11. 简述资金筹集成本和资金使用成本的区别。
12. 某公司发行面额为 1000 元、5 年期的每年付息债券 20000 张，票面利率为 8%，发行费用共计 40 万元，公司所得税税率为 40%。试计算：

（1）债券成本。

（2）考虑时间价值因素后债券的所得税后成本。

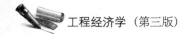

案例分析

1997 年 5 月 21 日，恒源电厂有限公司（以下简称恒源电厂）通过招标竞争的方式向美国所罗门兄弟投资银行、摩根士丹利控股公司、雷曼兄弟投资银行控股公司、JP 摩根银行、香港汇丰投资银行及美国 BZW 银行等 6 家世界知名投资银行和商业银行发出邀请，为项目提供融资方案提议书。公司经过慎重考虑，鉴于以下原因决定选择以 ABS 特设工具机构发债的方式融资，并由雷曼兄弟公司作为恒源电厂的融资顾问。

其一，在国外资本市场发行债券主要是指在美国、日本和欧洲等国际大型资本市场发债，其中美国资本市场是世界上最大的资本市场，发行期限是最长的，同时市场的交易流动量为世界第一。由于资本市场有大量的投资者，在资本市场发债具有较大的灵活性，发债规模和利率比较有竞争性，融资能在较低时间内完成，融资期限也较一般银团贷款长得多。近年来世界各地有许多大型基建项目以及美国较大的企业，都采用在资本市场发债方式达到融资的目的。

其二，银团贷款是指由数家商业银行形成一个贷款集团向项目或企业放贷。目前贷款给中国项目的商业银行主要为一些欲扩大其在世界银行市场占有率的中小型银行，项目能取得的融资额一般较小。由于东南亚及东亚金融危机，愿意借贷给亚洲国家的商业银行已经减少了。目前，国家还没有既能成功取得银团融资，又采用国产设备、国产总承包商、有限追索权且没有某种国家风险保险的项目。另外，银团贷款一般由出口信贷牵头，在没有出口信贷的情况下银团贷款非常不容易。与发行债券相比，银团对项目的要求较多，介入项目的操作较多，取得融资所需时间一般也较长。

其三，由于恒源电厂采用国产设备及国内总承包商，出口信贷不包括在本项目的融资考虑范围内。要取得世界银行、亚洲银行贷款需要较长的时间，而且恒源电厂也不是世界银行、亚洲银行的贷款项目。

其四，恒源电厂各投资方的安全融资顾问设计了一个低成本、融资成功可能性较高、能在较短时间内（6 个月左右）有效取得融资的方案。雷曼兄弟公司有丰富的发债经验及对恒源项目的深入了解，提出了切合实际的融资考虑；同时，雷曼兄弟公司的费用是各家中最低的。

基于以上所述的项目特点以及各种融资渠道和融资顾问提出的融资方案的优劣势比较，恒源电厂决定选择雷曼兄弟公司作为融资顾问，通过在美国资本市场发行债券形式进行融资。

资料来源：海上的夕阳美，恒源电厂电费收入支持证券化融资［EB/OL］. https：//wenku.baidu.com/view/0735e-4bbd0d233d4b14e69d1.html，2013-12-07.

思考题

（1）该项目能否采用 BOT 方式融资，试分析原因。

（2）项目中还应该有哪些 ABS 融资主体。

（3）您认为本案例中的项目采用 ABS 模式存在哪些制约因素？

第六章　投资方案的财务评价

学习目标

1. 了解财务评价的含义和基本内容。
2. 熟悉财务基本数据和基本财务报表的运用和编制。
3. 掌握各种财务评价指标的计算方法。
4. 了解资金的财务杠杆效应与资金风险。

章前引例

力壳容器制造有限公司的难题

力壳容器制造有限公司是个老牌容器制造企业，2005 年考虑对其附属加工厂进行改造和扩展，此项目需融资 4200 万元。其中，需追加固定资产投资 2520 万元、流动资金 1680 万元。该投资项目增加税前利润 1200 万元。该项资金原来准备用留存利润补充，但考虑营运资本及当时的通货膨胀等问题，认为此方法不妥，故计划从外部寻找来源。

该公司管理政策历来是避免长期债务，至 2005 年底公司资产负债表没有任何长期负债，股本账面价值为 29040 万元。

多年来，公司董事们一直为公司发行在外的 1200 万普通股的币价感到失望。他们认为改变公司不采用长期债务的管理方式可能会使未来收益更为稳定。过去 5 年中平均每年的每股股利增长率为 8%。

董事长李克认为，发行认购股权每股可能以 22.2 元出售，扣除承销商和其他费用后公司每股净收入为 21 元，这样筹资 4200 万元需再发行 200 万普通股。

另一种方法是公司向机构投资者发行年息为 18%、15 年期的公司债券 4200 万元。平均每年偿还 280 万元，董事王进认为，18%的利率相当于税后利率 11.7%（所得税税率 35%）。相反，他认为发行每股 21 元，净股利为每股 0.9 的普通股相当于支付公司毛利润的 5.7%。那么考虑了预期的通货膨胀后，发行债券是不是划算（目前通货膨胀率为每年 5%~10%）。

董事会讨论融资计划引发了如下的争论：

张某计算，15 年中偿债基金每年支付债券平均数额的 10%。他认为，发行股票的成本比发行债券更低，他强调发行债券每年要流出现金，且发行债券带来的额外风险将使普通股更具投机性，并致使未来市价偏差更大。

王某认为，普通股跌到每股 21 元，以这个价格将不能更新资产负债表上的固定资产（账面净值以每股 24 元计量），出售普通股将会把属于公司现有股东的一部分实际价值让给新的购买者。

钱某与孙某按每股收益对举债与发行普通股进行了比较，在预计的利润水平上（包括扩展后附属加工厂的 1200 万元利润在内，年息税前利润为 6000 万元，所得税税率为 35%）发行认股权，每股净收入为 21 元，现有股每股收益为 2.795 元，而发行债券每股收益为 2.84 元，发行债券每年偿还相当于每股 0.20 元的债务将不成问题。

唐某通过计算认为，发行普通股，公司能从新股投资中获得年税后净利润 780 万元，如果 200 万普通股被出售，按现行每股 0.9 元支付股利，仅相当于年支出 180 万元。因此他认为发行普通股不会伤害现有股东利益。

林某表示，不愿意改变公司的惯例，他的原则是宁要安全稳健不要冒险而导致遗憾。

（1）评审每一位董事提出的意见。

（2）作为董事长李克，对于附属加工厂改进和扩建的融资计划准备提出怎样的建议？为什么？

资料来源：财务管理案例［EB/OL］. http：//www.doc88.com/p-675124301381.html，2012-10-28.

项目投资的财务评价是经济评价的基础，也是核心。通过对盈利能力、偿债能力的分析，考察项目的可行性，为投资决策提供依据。本章的主要目的是运用所学相关理论知识解决实际投资方案中的财务评价问题。

第一节　财务评价概述

财务评价是从分析企业的财务风险入手，评价企业面临的资金风险、经营风险、市场风险、投资风险等因素，从而对企业风险进行信号监测、评价，根据其形成原因及过程，制定切实可行的长短期风险控制策略，降低甚至解除风险，使企业健康、永恒地发展。

一、财务评价的概念

财务评价（Financial Evaluation）是指在国家现行的财税制度、价格体系前提下，从项目的财务角度出发，估算其财务效益和费用，编制财务报表，计算财务评价指标，依此来分析、考察项目的盈利能力和偿债能力，判别项目在财务上的可行性。

二、财务评价的内容

财务评价的基本内容是对评价项目未来现金流量的现值和现在投入成本的比较，如果未来现金流量现值高于现在要投入的成本总额，则项目是可行的。

1. 考察投资项目的盈利能力

一个投资项目是否可行，首先要考察其是否“有利可图”，财务评价的目的就是考察其生存发展能力、自负盈亏能力和回收投资能力。因此，项目的盈利能力分析是财务评价的关键，也是项目投资的前提。

2. 考察投资项目的还贷能力

产出必须大于投入，投资才能收回，这也是对贷款的基本要求。项目的债务清偿能力决定了银行的贷款是否能按时收回以及信贷资金能否正常周转。有效评价项目的贷款偿还能力，可以科学地使用贷款，合理规划资金的使用。

3. 外汇效果评估

利用外资的项目、产品出口创汇等涉及外汇收支的项目，通过计算外汇现值、换汇成本等指标，可以考察项目计算期间的外汇短缺情况、外汇使用效果以及国家政策对外汇的影响。

4. 不确定性分析

在投资项目的整个经济周期内存在很多不确定性因素。财务的基础数据多为预测性、估算性数据，所得出的指标可能与实际情况有较大的差距，不确定分析的目的是减少数据误差，使指标更准确、客观。

三、财务评价的基本步骤

财务评价需要在基础数据的选取和估算的基础上编制财务评价基础报表和辅助报表，通过计算财务评价指标进行盈利能力和偿债能力分析，最后编写财务评价报告。下面是一种财务估算方法的步骤：

第一步，估算未来各期的收入情况。

第二步，估计未来各种成本，这个成本包括付现成本和非付现成本。付现成本包括一些日常的费用；非付现成本包括一些大型设备的折旧。

第三步，根据收入和成本确定各期的利润。

第四步，用第三步算出的净利润再加上折旧可以得出各期的现金流量。

第五步，估算折现率。这个折现率是要根据宏观经济环境和国家一些政策的影响来确定的，很复杂。

第六步，根据第五步估算的折现率，查表得出每一期的折现系数。

第七步，再用第六步算出的每一期的折现系数乘以第四步的各期现金流量算出每期现金流量的现值。

第八步，把各期的现值相加，再和成本做比较，如果高于成本则项目可行。

四、财务评价的基本原则

1. 动态分析与静态分析相结合，以动态分析为主

项目财务评价的静态分析，对资金的时间因素往往不做定量考虑，因而，采用的测算方法和算得的指标难以反映未来时期的变化，会增大投资决策的失误。动态分析可以弥补静态分析的不足，考虑了时间价值因素对投资效益的影响，让投资人和决策人重视资金的周转、利息、投入产出比率。如此一来，投资决策会更加科学、合理。

2. 定量分析与定性分析相结合，以定量分析为主

需要对投资项目的数据、财务评价的指标以及其他的经济因素有明确的数值才能进行财务分析与评价。指标的量化处理和定量分析是客观财务评价的基础。对于复杂项目中难以量化的经济因素，无法进行定量分析的，则可进行定性分析。定性分析以准确、实事求是为原则。

3. 基础数据确定的稳妥性

基础数据的准确性决定了财务评价结果的可靠性。财务评价的基础数据大都来自预测和估计，是非确定性数据，因此，在数据的选择和确定时要遵循谨慎性、稳妥性原则，不能高估效益、低估费用，以使财务评价的结果能反映可靠的信息，避免悲观估计了收益、乐观估计了风险。

4. 阶段性和全局性相结合，以全局性为主

财务评价是分析、评价整个经济过程的效益，其目的是结合建设阶段和生产经营阶段的投资、成本、效益等经济因素，采用能反映项目寿命期内经济效益的动态分析法和评价指标，判断项目在财务上的可行性。

五、财务评价方法

企业财务评价中强调保值增值，但企业在什么情况下能保值增值，目前还没有一个较为科学的财务评价公式。但在众多的评价方法中常用的主要分为静态分析和动态分析两种方法。

1. 静态分析

静态分析（Static Analysis）是指在财务分析中不考虑资金的时间因素影响，投资、收益等资金流量按照当年数值计算，无须折现。此种方法计算简便，容易理解，但计算出的指标不能反映未来时期内的变化情况，因为不够准确。

2. 动态分析

动态分析（Dynamic Analysis）是指在财务分析中考虑资金的时间因素影响，即随着时间的推移，货币价值因为利息的影响发生变动，计算分析时，将变动的货币价值

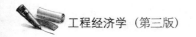

折算为现值。虽然这种计算更为复杂，但结果更准确，能反映出未来时期的变化情况，更能如实反映资金运行的实际情况。

第二节 财务基础数据的估算

财务数据估算是指经过项目建设必要性审查、生产建设条件评估和技术可行性评估之后，在市场需求调查、销售规划、技术方案和规模经济分析论证的基础上，从项目（企业）的角度出发，依据现行的经济法规和价格政策，对财务数据进行调查、搜集、整理和测算，并编制有关的财务评价辅助报表的工作。

对财务基础数据的估算包括项目计算期内各年经济活动情况及全部财务收支结果的估算。具体应包括五个方面的内容：①项目总投资及其资金来源。②生产成本费用。③销售收入与税金。④销售利润的形成与分配。⑤借款还本付息估算。

一、项目总投资成本费用的估算

项目总投资是指一次性投入项目的固定资产投资和流动资金投资的总和。

项目的总投资包括建设投资和流动资金投资。其中，建设投资包括固定资产投资和建设期贷款利息。固定资产投资又分为工程费用、预备费用和其他费用三部分。项目总投资的具体构成如图 6–1 所示。

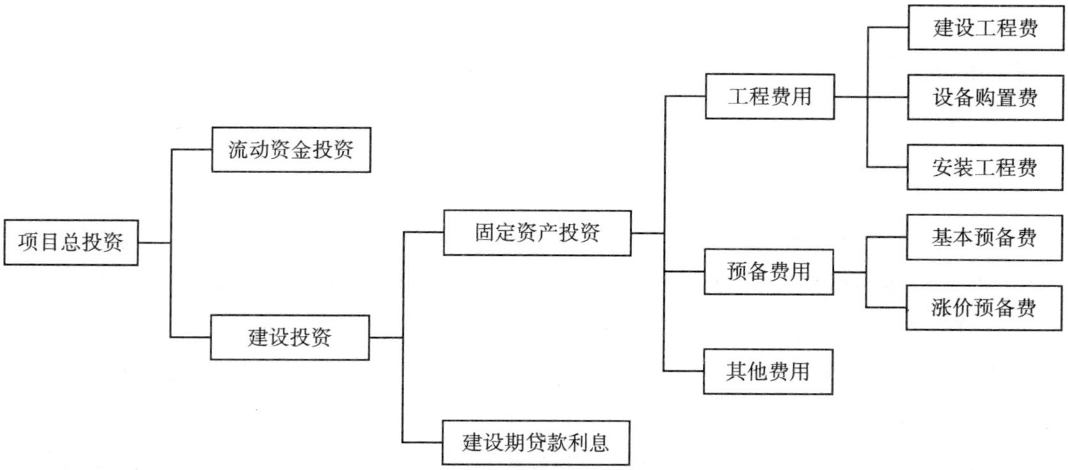

图 6–1 项目总投资的构成

1. 建设投资的估算

（1）固定资产投资的估算。固定资产投资是为形成固定资产所花费的全部费用，其估算方法有很多种，总体上可分为三大类。

1）扩大指标估算法。扩大指标估算法是一种比较粗略的计算方法，不需要计算设备的各单项费用，可套用已有的、类似企业的实际投资指标进行估算。这需要积累大量的投资数据，并经过科学、系统的整理分析后使用，包括单位生产能力投资估算法、生产能力指数估算法、比例估算法。

A. 单位生产能力投资估算法。生产能力是指项目建成投产后，以单位时间的产量为标准的一种设计指标。单位生产能力投资估算法是根据生产能力与建设投资之间的数量关系，用类似企业的单位生产能力耗费的固定资产投资额，估算拟建项目的固定资产投资额的方法。

单位生产能力投资可由类似企业的固定资产除以生产能力求出，例如，每公里公路的投资、每千瓦发电能力的电厂投资、每吨钢产量的钢铁厂投资等。

计算公式：

$$I_2 = X_2\left(\frac{I_1}{X_1}\right) \tag{6-1}$$

其中，X_1 表示类似企业的生产能力；X_2 表示拟建项目的生产能力；I_1 表示类似企业的固定资产投资总额；I_2 表示拟建项目的固定资产投资额。

此种方法将固定资产投资和生产能力的关系视为简单线性关系，与实际情况差距较大。使用该方法时，应注意拟建项目与类似企业的生产能力有无可比性，尽量减少误差。

B. 生产能力指数估算法。生产能力指数估算法是根据实际的统计资料，将生产能力不同的两个同类企业的投资额与生产能力之比的指数幂成正比。

计算公式：

$$I_2 = I_1\left(\frac{X_2}{X_1}\right)^n \tag{6-2}$$

其中，X_1 表示类似企业的生产能力；X_2 表示拟建项目的生产能力；I_1 表示类似企业的固定资产投资总额；I_2 表示拟建项目的固定资产投资额；n 表示生产能力指数。

运用这种方法估算投资的重要条件是要有合理的生产能力指数。

若已建类似项目的规模和拟建项目的规模相差不大，生产规模比值在 0.5~2 之间，则指数 n 的取值近似为 1。

若已建类似项目的规模和拟建项目的规模相差不大于 50 倍，且拟建项目规模的扩大仅靠增大设备规模达到时，则 n 取值在 0.6~0.7。

若已建类似项目的规模和拟建项目的规模相差不大于 50 倍，且拟建项目规模的扩大靠增加相同规格设备的数量达到时，则 n 取值为 0.8~0.9。

此种方法并非简单的线性关系，而是根据实际资料求得的指数关系来估算投资，比单位生产能力投资估算更精确。一般适用于成套生产设备的项目投资估算。运用这种方法的条件是要有合理的生产能力指数，类似企业的统计资料可靠，条件基本相同。

C. 比例估算法。比例估算法的依据是一项工程的建设有主次之分，主要部分和次要部分之间有一定的比例关系。根据统计数据，先求出同类企业的主要设备投资占全部固定投资的比例，再估算拟建项目的主要设备投资，最后可以按照比例求出项目的固定资产投资。此种方法估算的准确度较低，一般可用作初步分析时的方法。

2）工程系数估算法。工程系数估算法需要进行工艺计算和材料选型，先确定设备尺寸的大小，再计算设备费用，进而以设备费用乘以一定的系数估算装置投资，如朗格因子法和设备成本百分率法等。

3）概算指标法。概算指标法是以国家或地方编制的概算定额为基础，进行扩大归并来估算工程投资的方法。我国目前的项目评价中的投资估算，多参照概算指标法进行。

（2）固定资产投资的分类估算。固定资产投资由工程费用、其他费用和预备费用三部分组成。

1）工程费用。工程费用直接构成固定资产的项目费用，包括建设工程费、设备购置费和安装工程费。

A. 建设工程费估算。建设工程费一般包括地基工程、土建工程、管道工程等。计算步骤如下：

首先，根据项目的规模估算出建设工程量，将各类工程费用按照概算指标规定的计算单位和当地单位估价表估算出工程直接费用。

其次，以直接费用为基数，根据间接费率估算出间接费。

再次，以直接费用和间接费用之和为基数，按照规定的计划利润率计算出计划利润。

最后，根据规定的相关税率和费率，计算出营业税、城市维护建设费和教育附加费。

B. 设备购置费估算。设备包括各类机械，可分为生产设备、辅助设备和服务设备。设备购置费用一般根据设备原价和运杂费进行计算。计算公式：

$$设备购置费 = 设备原价 \times (1 + 运杂费率) \tag{6-3}$$

其中，设备购置费中的工、器、具以及生产家具购置费可以按照前项设备购置费乘以一定的费率求出，也可以按照预计的金额估算。运杂费可以依据各部门的费率标准确定，具体查阅各相关行业的数据手册和规定。

C. 安装工程费估算。安装工程费是指对购置设备的就位、装配和各种辅助设施的铺设费用。计算公式：

$$安装工程费 = \sum 设备原价 \times 设备安装费率 \tag{6-4}$$

此项费用由直接费用、间接费用、计划利润和税金等部分组成。直接费用按照设备原价的百分比估算，间接费用按照间接费率进行估算，计划利润以概算成本的百分比进行估算，同时按照规定的税率和费率估算出营业税、城市维护建设费以及教育附加费。

2）其他费用。其他费用包括土地征用费、居民安置费、供水供电费、拆迁费、专利费和职工培训费等，涉及各方面的费用。有规定收费标准的，按照有关规定估算收费，没有规定收费标准的，可以按照实际发生的费用估算。

3）预备费用。预备费用又称不可预见费用，它包括基本预备费和涨价预备费两种。

A. 基本预备费。在投资估算时无法预见随后可能出现的设计变更、自然灾害或工程内容增加等情况而需要增加的投资额。基本预备费以工程费用和其他费用之和为基数，按照一定的比例估算。计算公式：

$$\text{基本预备费}=(\text{工程费用}+\text{其他费用})\times\text{基本预备费率} \tag{6-5}$$

一般情况下，基本预备费率在 8%~15%。

B. 涨价预备费。涨价预备费是指一个项目在建设期间内（从总概算编制到项目竣工投产），由于物价上涨而预计增加的投资额。

对于大中型新建项目，从总概算编制到项目竣工投产往往要历时几年。所以，此类项目的涨价预备费用分成建设前期和建设期两部分。建设前期指的是总概算编制年到开工年的年份，建设期指的是从项目开工到竣工投产的年份。涨价预备费可以根据部门和行业的具体规定按照复利计算。

建设前期涨价预备费公式：

$$R_0 = S[(1+r_0)^n - 1] \tag{6-6}$$

其中，R_0 表示建设前期涨价预备费；S 表示总概算编制年的固定资产投资；r_0 表示年涨价率（%，物价上涨指数）；n 表示开工年与编制年的时间差（年）。

建设期涨价预备费公式：

$$R = \sum S_t[(1+r)^t - 1] \tag{6-7}$$

其中，R 表示建设期涨价预备费；S_t 表示第 t 年度的投资计划额；r 表示年涨价率（%，物价上涨指数）；n 表示建设期（年）。

总结：建设前期的涨价预备费是将概算编制年的固定资产投资额按照涨价率全部调整到开工年所需要增加的投资。

建设期的涨价预备费是把不同年份的计划投资额按照物价上涨率从开工年份调整到用款年份来计算涨价预备费，考虑投资的分年用款计划。

（3）建设期贷款利息。建设期贷款利息包括向国内银行和其他非银行金融机构贷款、出口信贷、外国政府贷款、国际商业银行贷款以及在境外发行的债券等在建设期间内应偿还的贷款利息等。对于在建设期内应该偿还的贷款利息，在考虑资金时间价值的前提下，建设期利息实行复利计息。为了简化计算过程，通常假定当年的贷款按半年计息，之前年度贷款按全年计息。计算公式：

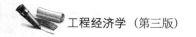

$$各年应计利息=(年初贷款本息和+\frac{当年贷款额}{2})\times 年利率 \tag{6-8}$$

$$年初贷款本息和=上年年初贷款本息和+上年贷款+上年应计利息 \tag{6-9}$$

$$本年贷款=本年固定资产投资-本年自有资金 \tag{6-10}$$

【例 6-1】 某项目建设期为 3 年，3 年内的贷款分别为 200 万元、100 万元、80 万元，年利率为 10%，求该项目建设期利息。

解：根据建设期利息的计算公式，得到建设期利息估算表，如表 6-1 所示。

表 6-1　建设期贷款利息估算表

单位：万元

贷款年份	年初贷款额	年末贷款利息	本息合计
1	200	10	210
2	100	26	336
3	80	37.6	453.6

2. 流动资金的估算

流动资金（Circulating Fund）是指项目投产后，为了维持正常的生产经营活动，用于购买原材料、支付工资及其他运营费用所需的周转资金。

按照行业或者研究阶段的不同，流动资金估算可以采用分项详细估算法和扩大指标估算法。

（1）分项详细估算法。对构成流动资金的各项流动资产和负债分别进行估算，得出本年需要的流动资金，减去上一年注入的流动资金，即可得到本年流动资金的增加额。项目达到正常的生产运行水平后，就可不再投入流动资金。

为简化计算，仅对现金、存货、应收账款（流动资产）和应付账款（流动负债）进行估算。公式：

$$流动资金=流动资产-流动负债 \tag{6-11}$$

$$流动资产=现金+存货+应收账款 \tag{6-12}$$

$$流动负债=应收账款 \tag{6-13}$$

$$流动资金本年增加额=本年流动资金-上年流动资金 \tag{6-14}$$

估算的具体步骤：

1）确定某项流动资产的年成本费用和其最低周转天数，计算各类流动资产和流动负债的年周转次数。

2）分别估算各项流动资金的资金占用额。其中，年周转次数指流动资金的各项目一年内完成的生产过程的个数。年周转次数 = 360 ÷ 最低周转天数。存货、现金、应收账款、应付账款的最低周转天数可参照同类企业的平均周转天数确定。

$$各项流动资金的资金占用额 = \frac{对应的年成本费用}{年周转次数} \tag{6-15}$$

以下依此计算：

$$现金需要量 = \frac{（年工资及福利 - 年其他费用）}{现金周转次数} \tag{6-16}$$

$$应收账款 = \frac{年销售收入}{应收账款周转次数} \tag{6-17}$$

$$应收账款 = \frac{（外购原材料 + 外购燃料 + 其他材料费）}{应付账款周转次数} \tag{6-18}$$

$$存货 = 外购原材料 + 外购燃料 + 在产品 + 产成品 \tag{6-19}$$

$$外购原材料 = \frac{年外购原材料成本}{原材料周转次数} \tag{6-20}$$

$$外购燃料 = \frac{年外购燃料成本}{燃料周转次数} \tag{6-21}$$

$$在产品 = \frac{（年外购原材料 + 年外购燃料 + 年工资及福利 + 年修理费 + 年其他制造费）}{在产品周转次数} \tag{6-22}$$

$$产成品 = \frac{年经营成本}{产成品周转次数} \tag{6-23}$$

（2）扩大指标估算法。扩大指标估算法是一种粗略的估算方法，它根据流动资金和某项经济指标的比例关系来估算流动资金。

1）按照建设投资的一定比例估算流动资金，即固定资产价值资金率法。

$$流动资金需要量 = 固定资产 \times 固定资产价值资金率 \tag{6-24}$$

例如，化工类企业的流动资金一般按其建设投资的 15%~20%计算。

2）按经营成本的一定比例估算流动资金，即总成本（经营成本）资金率法。

$$流动资金需要量 = 项目总成本 \times 总成本资金率 \tag{6-25}$$

3）按年销售收入的一定比例估算流动资金，即销售收入资金率估算法。

$$流动资金需要量 = 项目年销售收入 \times 销售收入资金率 \tag{6-26}$$

4）按单位产量所占流动资金的比例估算流动资金，即单位产量资金率法。

$$流动资金需要量 = 年产量 \times 单位产量资金率 \tag{6-27}$$

以各项流动资产和流动负债的估算数据为基础，可以编制“流动资金估算表”，如表 6–2 所示。

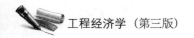

表 6–2　流动资金估算表

单位：万元

序号	年份项目	最低天数	周转次数	生产期					
1	流动资产								……
1.1	应收账款								
1.2	存货								
1.2.1	原材料								
1.2.2	燃料								
1.2.3	在产品								
1.2.4	产成品								
1.2.5	其他								
1.3	现金								

二、生产成本费用的估算

生产成本费用的估算通常有两种方法，总成本费用法和单位产品成本费用法。

1. 总成本费用法（要素成本法）

总成本费用可以按照各生产要素成本相加估算。总成本的构成可见“总成本费用表”（见表 6–3）。

表 6–3　总成本费用表

单位：万元

序号	项目	合计	计算期					
1	外购原材料							
	……							
2	外购燃料及动力							
	……							
3	工资及福利费							
4	修理费用							
5	其他费用							
6	经营成本（1 + 2 + 3 + 4 + 5）							
7	折旧费							
8	摊销费							
9	利息支出							
10	总成本费用（6 + 7 + 8 + 9）							
	固定成本							
	可变成本							

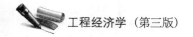

计算公式：

总成本费用 = 外购原材料 + 外购燃料及动力 + 工资及福利费 + 修理费 + 折扣费 + 摊销费 + 利息支出 + 其他费用 (6–28)

（1）外购原材料。外购原材料是指企业在生产产品和提供劳务过程中实际消耗的，直接用于生产、构成产品的原材料、辅助材料、备品原件、半成品等，是构成总成本的主要部分。计算公式：

外购原材料 = $\sum$ 产品总产量 × 单位原材料消耗 × 原材料单价 (6–29)

（2）外购燃料及动力。外购燃料及动力包括油、煤、电、水、气等。计算公式：

外购燃料及动力 = $\sum$ 产品总产量 × 单位消耗 × 燃料及动力单价 (6–30)

（3）工资及福利费。工资包括直接从事生产的人员、管理人员、销售人员的工资、奖金、补贴等。按照企业的人数乘以人员的年工资标准计算。

职工福利费包括医药费、医疗保险费、职工困难补助以及国家规定的其他福利性支出，一般按照工资的 14%计提。

计算公式：

工资 = $\sum$ 不同工资标准 × 职工人数 (6–31)

福利 = $\sum$ 各项福利开支 (6–32)

（4）修理费。修理费要将生产单位、管理部门、销售部门发生的各项修理费用均计算在内，计算时可以按照折旧费的一定比例估算。计算公式：

修理费 = 固定资产原值 × 计提比例 (6–33)

修理费 = 折旧额 × 计提比例 (6–34)

（5）折旧费。固定资产折旧是指一定时期内为弥补固定资产损耗，按照规定的固定资产折旧率提取的固定资产折旧额，或按国民经济核算统一规定的折旧率虚拟计算的固定资产折旧额。

折旧费反映了固定资产在当期生产中的转移价值。各类企业和企业化管理的事业单位的固定资产折旧是指实际计提的折旧费；不计提折旧的政府机关、非企业化管理的事业单位和居民住房的固定资产折旧是按照统一规定的折旧率和固定资产原值计算的虚拟折旧费。

计提折旧的固定资产：①房屋建筑物。②在用的机器设备、食品仪表、运输车辆、工具器具。③季节性停用及修理停用的设备。④经营租赁方式租出的固定资产和融资租赁方式租入的固定资产。

不计提折旧的固定资产：①已提足折旧仍继续使用的固定资产。②以前年度已经估价单独入账的土地。③提前报废的固定资产。④融资租出的固定资产。

对固定资产折旧的估算可以编制“固定资产折旧费估算表”，如表 6–4 所示。

表 6–4 固定资产折旧费估算表

单位：万元

序号	项目	合计	计算期					
1	房屋及建筑物							
1.1	原值							
1.2	折旧费							
1.3	净值							
2	机器设备							
2.1	原值							
2.2	折旧费							
2.3	净值							
3	运输工具							
3.1	原值							
3.2	折旧费							
3.3	净值							
4	固定资产合计							
4.1	原值							
4.2	折旧费							
4.3	净值							

折旧费的计算方法和折旧年限按财政部制定的分行业财务制度的规定执行。一般可分为三种：

1）平均年限法。平均年限法计算公式：

$$年折旧额=\frac{固定资产原值\times(1-预计净残值率)}{折旧年限} \tag{6–35}$$

其中，固定资产原值 = 固定资产投资额 + 建设期利息。

预计净残值率 = 预计净残值/固定资产原值，一般为 3%~5%。

折旧年限（最短）：房屋、建筑物 20 年；火车、轮船、机器、机械等 10 年；电子设备、其他运输工具与生产经营业务有关的工具等 5 年。

2）工作量法。工作量法的折旧费，又分为以下两种情况：

A. 客货运汽车，按行驶单程计算折旧费。计算公式：

$$里程折旧额=\frac{原值\times(1-预计净残值率)}{总行驶里程} \tag{6–36}$$

$$年折旧额=里程折旧额\times年行驶里程 \tag{6–37}$$

B. 大型专用设备，根据工作小时计算折旧费。计算公式：

$$每小时工作折旧额=\frac{原值\times(1-预计净残值率)}{总工作小时} \tag{6-38}$$

$$年折旧额=每小时工作折旧额\times年工作小时 \tag{6-39}$$

3）加速折旧法。加速折旧法分为以下两种：

A. 双倍余额递减法。双倍余额递减法计算公式：

$$年折旧率=\frac{2}{折旧年限}\times 100\% \tag{6-40}$$

$$年折旧额=年初固定资产账面余额\times年折旧率 \tag{6-41}$$

B. 年数总和法。年数总和法计算公式：

$$年折旧率=\frac{(折旧年限-已使用年限)}{[折旧年限\times(折旧年限+1)/2]}\times 100\% \tag{6-42}$$

$$年折旧额=(固定资产原值-预计净产值)\times年折旧率 \tag{6-43}$$

（6）摊销费。摊销费是指无形资产和递延资产等一次性投入的费用在收益期间内的平均分摊。其性质类似固定资产折旧费。

无形资产是指企业拥有或者控制的没有实物形态的可辨认非货币性资产。无形资产具有广义和狭义之分。广义的无形资产包括货币资金、应收账款、金融资产、长期股权资产、专利权、商标权等，它们没有物质实体，表现为某种法定权利或技术，一般情况下，将无形资产作狭义的理解，即将专利权、商标权等称为无形资产。

无形资产从开始使用之日起，在规定的有效使用期间内，平均计算摊销费用。有效使用期限的设定：若法律、合同或者企业申请书分别规定了有效期限和受益年限，取其中最短的时限为有效使用年限；若法律未规定有效使用年限，则将合同或者企业申请书规定的受益年限定为有效使用年限；若法律、合同或者企业申请书都没有明确规定有效期限或者受益年限，可按不少于 10 年的期限平均摊销。

递延资产包括开办费用、对（经营租赁方式租入的）固定资产改良的支出以及摊销期在一年以上的长期待摊费用等。开办费用从企业开始经营起，按不少于 5 年的期限平均摊销；固定资产改良支出在租赁期限内平均摊销。具体可参考“无形及递延资产摊销表”（见表 6-5）。

表 6-5　无形及递延资产摊销表

单位：万元

序号	项目	合计	计算期					
1	无形资产							
1.1	土地使用权							
	原值							

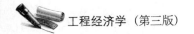

续表

序号	项目	合计	计算期					
	当期摊销							
	净值							
1.2	专有技术和专利权							
	原值							
	当期摊销							
	净值							
1.3	其他无形资产							
	原值							
	当期摊销							
	净值							
2	递延资产（开办费）							
	原值							
	当期摊销							
	净值							
3	合计（1+2）							
	当期摊销							
	净值							

（7）利息支出。利息支出包括投资借款利息和流动资金借款利息。

（8）其他费用。其他费用包括制造费用、管理费用、销售费用、财务费用中的办公费、差旅费、保险费、职工教育费、土地使用费、技术转让费、咨询费、招待费、坏账损失、租赁费、广告费等。

一般按照前 7 项之和的一定比例估算，比例按同行业经验数据确定。

2. 单位产品成本费用法（制造成本加期间费用估算法）

（1）分别按照各最终产品的各项相关成本费用计算单位产品制造成本。

（2）最终产品的年产量乘以单位产品的制造成本可得到全年产品的总制造成本。

（3）总制造成本加管理费用、财务费用、销售费用可得到总成本费用。

单位产品的成本构成可参照“单位产品成本估算表”，如表 6–6 所示。

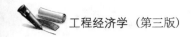

表 6–6　单位产品成本估算表

单位：万元

序号	项目	规格	单位	消费定额	单价	金额
1	原材料					
	……					
2	燃料和动力					
	……					
3	工资和福利费					
4	制造费用					
5	副产品回收费用					
6	生产成本（1＋2＋3＋4＋5）					

扩展阅读

营业税改为增值税

“营改增”，即将国家以往征收的营业税改为征收增值税。通俗来讲，就是把产品和服务一并纳入增值税的征收范围，不再对服务征收营业税，并且降低增值税税率。传统营业税是对在我国境内提供应税劳务、转让无形资产或销售不动产的单位和个人，就其取得的营业额为课税依据征收的一种流转税。由于营业税是对营收总额进行征税，因此会有重复征税的现象发生。例如，此前我国对货物和劳务分别征收增值税和营业税，在这种税制结构下，增值税纳税人外购劳务所负担的营业税以及营业税纳税人外购货物所负担的增值税均不能抵扣，这样就造成了重复征税问题。而增值税是针对生产经营者在生产经营活动中取得的增加值征收的一种间接税，其特点是“道道征收，环环抵扣”，前道环节征收的增值税可在下一环节的增长额当中进行抵扣，这样就有效地消除了重复征税的问题。

因此，为了解决营业税、增值税两税造成的重复征税问题，2011 年，经国务院批准，财政部、国家税务总局联合下发《营业税改征增值税试点方案》，2016 年 5 月 1 日开始，国家下发财税［2016］36 号文件，将试点在全国全面推开。全面推行营改增试点，实行了向更为彻底的消费型的增值税的转变，进一步地减轻了企业的税负，激发企业创新活力，是国家释放改革红利的一项重要举措。改动细节如下：

第一，转型后纳税人分为一般纳税人和小规模纳税人。

应税行为的年应征增值税销售额（以下称应税销售额）超过财政部和国家税务总局规定标准的纳税人为一般纳税人，未超过规定标准的纳税人为小规模纳税人。

年应税销售额超过规定标准的其他个人不属于一般纳税人。年应税销售额超过规定标准但不经常发生应税行为的单位和个体工商户可选择按照小规模纳税人纳税。

第二，税率和征收率（新增四大行业"营改增"的实施）。

金融业、生活服务业：6%。

免税项目：幼儿园提供的保育和教育服务，养老机构提供的养老服务等。金融机构农户小额贷款、国家助学贷款、国债和地方政府债、人民银行对金融机构的贷款等的利息收入等。

房地产业：房地产开发企业征收11%的增值税；个人将购买不足2年住房对外销售的，按照5%的征收率全额缴纳增值税；个人将购买2年以上（含2年）的住房对外销售的，免征增值税。

建筑业：一般纳税人征收11%的增值税；小规模纳税人可选择简易计税方法征收3%的增值税。

资料来源：财政部，国家税务总局. 关于全面推开营业税改征增值税试点的通知［EB/OL］. http：//baike.baidu.com/link？url=kc36NqJ，2016-03-25.

三、销售收入与税金的估算

销售收入是销售商品产品、自制半成品或提供劳务等而收到的货款、劳务价款或取得索取价款凭证确认的收入。销售收入也称作营业收入。营业收入按比重和业务的主次及经常性情况，一般可分为主营业务收入和其他业务收入。销售税金是根据商品买卖或劳动服务的流转额征收的税金，是属于流转税的范畴。销售税金及附加包括消费税、营业税、城市维护建设税、教育费附加、资源税等。

1. 销售收入的估算

（1）销售收入。销售收入是指项目建成投产后，出售各种产品和副产品所获得的收入，一般以年为单位。计算公式：

$$年销售收入=\sum 年销售量\times 销售单价 \tag{6-44}$$

（2）销售收入估算应注意的问题。估算销售收入需注意以下问题：

1）项目投产后能够达到的生产能力。项目的设计生产能力即为产品年销售量的上限，有的项目刚竣工就可达到设计生产能力，有些项目要逐步达到。因此，在估算销售收入时，要清楚各年能达到的生产能力。

2）产品的市场需求量。一般情况下，估算产品销售收入时，假定产量等于销量，产品无积压。产量按照达到的生产能力确定。一般正常生产年份的产品销量按照设计生产能力计算；试生产年份的销量按照设计生产能力的50%计算；如果市场预测的销量小于假定的销量时，则按照实际销售量计算销售收入。

3）产品的种类和结构。同时生产多种产品时，要将各种产品的销售收入相加。若有出口产品或是替代进口商品，则应按照国际市场的价格情况估算销售收入。

4）销售价格的合理性。估算销售收入时，不能高估价格。对于内销的产品，按照预测的市场价格计算，批发销售则按批发价计算，零售按零售价计算。对于外销产品，售价应参照国际市场价格确定。

2. 增值税和销售税金及附加的估算

销售税金及附加可依据销售收入算得，增值税是价外税。

（1）增值税。增值税是以商品或劳务在流转过程中产生的增值额作为计税依据征收的一种税。基本特点：以应税产品的销售额为计税依据，同时又准许从税额中扣除（上一个环节）已纳税部分的税额，以余额为应纳税额。计算公式：

$$应纳增值税税额=当期销项税额-当期进项税额 \tag{6-45}$$

1）以不含增值税税额的价格为计税依据。不含增值税税额价格的计算公式：

$$销项税额=销售额\times税率 \tag{6-46}$$

$$进项税额=购进商品或应税劳务已缴纳的增值税 \tag{6-47}$$

2）当销售收入为含税销售额，或购入货物的费用为含税费用时的计算公式：

$$销项税额=\frac{销售额}{(1+税率)}\times税率 \tag{6-48}$$

$$进项税额=\frac{外购原材料、燃料、动力等}{(1+税率)}\times税率 \tag{6-49}$$

增值税税率：①纳税人出口税率为零。②纳税人销售或进口粮食、自来水、煤气等货物，税率为13%。③纳税人进口其他货物或者应税劳务的税率为17%。④增值税小规模纳税人销售货物或提供劳务的税率为6%。

（2）销售税金及附加。销售税金及附加含有以下几项：

1）营业税。营业税是针对出售商品（有形或无形）或提供应税劳务而征收的一种税，其计税依据是销售收入。计算公式：

$$应纳税额=销售收入\times税率 \tag{6-50}$$

2）消费税。消费税是政府对生产、委托加工及进口应税消费品征收的税项，主要是指烟、酒、化妆品及高能耗的消费品。计算公式：

从价计税时，

$$应纳税额=应税消费品销售额\times适用税率 \tag{6-51}$$

从量计税时，

$$应纳税额=应税消费品销售数量\times适用税额标准 \tag{6-52}$$

3）城市维护建设税。城市维护建设税是对从事生产经营活动的单位或个人，以其实际缴纳的增值税、消费税、营业税为依据，按照所在地适用的不同税率计算征收的一种税。计算公式：

$$应纳税额=(消费税+营业税+增值税)\times税率 \tag{6-53}$$

其中，城市维护建设税的税率有三种：①纳税人所在地在市区，税率为7%。②纳税人所在地在县城或镇，税率为5%。③纳税人所在地不在市区、县或镇，税率为1%。

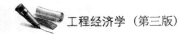

4）教育费附加。凡是缴纳消费税、营业税、增值税的单位或个人都应按照规定缴纳教育费附加，该项费用在销售收入中支付，计算公式：

应纳税额 =（消费税 + 营业税 + 增值税）× 教育费附加税率（3%） (6–54)

5）资源税。资源税是对在我国境内开采国家规定的矿产资源和生产用盐单位或个人征收的一种税，按照应税数量和规定的单位税额计算。例如，开采石油、煤炭企业要按开采的数量计算缴纳资源税额。计算公式：

应纳税额 = 开采数量 × 单位税额 (6–55)

对销售收入和销售税金及附加中各项目的估算可以编“销售收入、税金及附加估算表”，如表 6–7 所示。

表 6–7 销售收入、税金及附加估算表

单位：万元

序号	项目	合计	计算期					
1	销售收入							
1.1	产品 A 销售收入							
	单价							
	数量							
	销项税							
1.2	产品 B 销售收入							
	单价							
	数量							
	销项税							
	……							
2	营业税及附加							
2.1	营业税							
2.2	消费税							
2.3	城市维护建设税							
2.4	教育费附加							
2.5	资源税							
3	增值税							
	销项税							
	进项税							

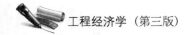

四、利润及其分配的估算

利润有其重要的经济意义：①利润是反映企业经营绩效的核心指标。②利润是企业利益相关者进行利益分配的基础。③利润是企业可持续发展的基本前提。

1. 利润（利润总额）

利润（Profit）是指项目建成投产后，在一定的生产经营期间内，获得的财务收入与费用的差额。计算公式：

利润总额 = 产品销售收入 – 营业税金及附加 – 总成本费用 (6–56)

利润总额是计算投资利润率、投资利税率的重要参数。由利润总额可以计算出所得税，在依法缴纳所得税后，利润会按照一定的顺序分配。

2. 利润分配

依据税法的规定，企业的利润总额需要先按照一定的税率缴纳企业所得税，剩余利润再在企业、投资人和职工间分配。

（1）企业所得税的计算。企业所得税是指企业按照税法的规定计算出的，针对当期发生的交易和事项，应当交纳给税务部门的所得税金额。应交所得税是以企业税前利润（利润总额）为基础，调整部分数据得到的应纳税所得额，再乘以所得税税率计算出结果。计算公式：

应纳税额 = 应纳税所得额 × 所得税税率（33%） (6–57)

应纳税所得额 = 利润总额 + 纳税调整增加额 – 纳税调整减少额 (6–58)

1）纳税调整增加额。纳税调整增加额包括税法规定允许扣除的项目中，企业虽已经计入当期费用，但超出了规定的扣除标准的金额。例如，超出税法规定标准的职工福利费用、教育经费、业务招待费、公益性捐赠、广告费和宣传费等。企业虽计入当期损益，但税法不允许扣除的金额。例如，滞纳金、罚金、罚款等。

2）纳税调整减少额。纳税调整减少额包括税法规定的允许企业弥补的亏损和免税的科目。例如，前五年内未弥补的亏损、国债的利息收入。

（2）利润的分配。根据企业财务通则和其他相关法律法规的规定，企业缴纳所得税后的利润，除国家另有规定外，按照下列顺序分配：①承担被没收的财物损失，支付各项税收的滞纳金和罚款。②弥补企业以前年度亏损，未弥补完以前的亏损则不能提取盈余公积金、公益金。③提取法定盈余公积金，企业税后利润扣除①、②两项后，提取 10%的法定盈余公积金。盈余公积金累计余额达到注册资本 50%以后，可以不再提取。外商投资企业提取的储备基金按此执行。④提取公益金。⑤向投资者分配利润。对企业以前年度未分配利润，可以并入本年度向投资者分配。

五、借款还本付息的估算

借款还本付息是指项目投产后，按国家规定的资金来源和贷款机构的要求偿还固定资产投资借款本金，而利息支出计入当年的生产总成本费。估算的内容包括本金和利息的数量、清偿贷款本息所需的时间等。

1. 借款偿还期

借款偿还期（Loan Repayment Period）是指在有关财税规定及企业具体财务条件下，项目投产后可以用作还款的利润、折旧、摊销及其他收益偿还建设投资借款本金（含未付建设期利息）所需要的时间，一般以年为单位表示。该指标可由借款偿还计划表推算。

2. 还款方式

国外借款的还款方式可采用等额还本付息或者等额还本和利息照付两种。国内借款的还款一般先偿还当年的外汇借款本金，然后按照先贷先还、后贷后还，先利息高的、再利息低的顺序偿还借款本息。

根据固定资产投资贷款还本付息的估算结果，可编制借款还本付息表，如表 6-8 所示。

表 6-8　借款还本付息表

单位：万元

序号	项目	合计	计算期					
								N
1	借款 1							
1.1	期初借款余额							
1.2	当期还本付息							
	还本							
	付息							
1.3	期末借款余额							
2	借款 2							
2.1	期初借款余额							
2.2	当期还本付息							
	还本							
	付息							
2.3	期末借款余额							
3	债券							
3.1	期初债务余额							
3.2	当期还本付息							
	还本							
	付息							
3.3	期末债务余额							

续表

序号	项目	合计	计算期				
							N
4	借款和债券合计						
4.1	期初余额						
4.2	当期还本付息						
	还本						
	付息						
4.3	期末余额						

第三节　财务评价报表的编制与评价指标的计算

在明确财务评价概念和原则的基础上，选择财务评价的基础数据和参数，为财务评价报表的编制奠定良好的基础。

一、财务评价报表的编制

财务评价报表的编制包括辅助报表和主报表。

1. 财务评价辅助报表

按照财务基础数据估算五方面的内容，可以编制出财务评价辅助报表。财务评价辅助报表共计 9 种，按照功能可分为三大类。

（1）预测项目建设期间的资金流动状况的报表。项目建设期间的资金流动状况的报表有以下几种：

1）投资计划与资金筹措表。投资计划与资金筹措表用以对各年投资进行规划，进而制定资金筹措的方案，确定资金来源（见表 6–9）。

表 6–9　投资计划与资金筹措表

单位：万元

序号	项目	合计	计算期				
							N
1	投资总额						
1.1	建设投资						
1.2	流动资金						
2	资金筹措						
2.1	自有资金						

续表

序号	项目	合计	计算期					
								N
2.1.1	A 方投资							
2.1.2	B 方投资							
	……							
2.2	长期借款							
2.3	流动资金借款							
2.4	上年折旧与摊销费							

2）固定资产投资估算表。固定资产投资估算表反映了各类固定资产的构成和固定资产的估算值（见表 6–10）。

表 6–10　固定资产投资估算表

单位：万元

序号	工程或费用名称	估算价值					占固定资产投资的比例
		建筑工程	设备购置	安装工程	其他费用	合计	
1	固定资产投资						
1.1	工程费用						
1.1.1	土建工程						
1.1.2	水电设施						
1.1.3	加工、检测、运输设备						
	……						
1.2	其他费用						
1.2.1	无形资产						
1.2.2	开办费						
1.3	预备费用						
1.3.1	基本预备费						
1.3.2	涨价预备费						
2	投资方向调节税						
3	建设期利息						
4	固定资产投资总额（=1 + 2 + 3）						

3）建设投资估算表。建设投资估算表反映了引进和非引进工程的建设投资组成以及建设投资的各项估算值（见表 6–11）。

表 6-11　建设投资估算表

单位：万元

序号	项目	建筑工程	设备购置	安装工程	其他费用	合计
1	固定资产					
1.1	生产车间					
1.2	动力车间					
1.3	辅助生产设施					
1.4	办公及生活设施					
1.5	运输工具					
2	无形资产					
2.1	场地使用权					
2.2	专有技术					
3	开办费					
3.1	资讯调查费					
3.2	筹建费					
3.3	人员培训费					
4	预备费					
4.1	基本预备费					
4.2	涨价预备费					
5	合计（1+2+3+4）					

（2）预测项目投产后的资金流动状况的报表。项目投产后的资金流动状况的报表有以下几种：

1）总成本费用估算表。总成本费用估算表反映了各大类要素成本的构成，可采用要素成本法计算总成本费用（见表 6-3）。

2）单位产品成本估算表。单位产品成本估算表反映了单位产品成本的构成以及物质资料的消耗和劳动力的消耗，是预测获利能力的重要依据（见表 6-6）。

3）固定资产折旧费估算表。固定资产折旧费估算表反映了各类固定资产的原值和不同折旧年限下，各年份的折旧费和固定资产的净值（见表 6-4）。

4）销售收入、税金及附加估算表。销售收入、税金及附加估算表反映了项目投产后，产品的销售收入、销售税金及附加的情况，是衡量财务效益和经济效益的决定因素（见表 6-7）。

5）流动资金估算表。流动资金估算表反映了流动资产和流动负债的构成和金额，为生产资金的筹措提供了依据（见表 6-2）。

（3）预测项目投产后用规定的资金来源归还固定资产还本付息的情况。借款还本付息表反映项目计算期内各年借款本金偿还和利息支付的情况，用于计算偿债备付率和

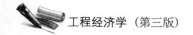

利息备付率指标（见表 6–8）。

2. 财务评价基本报表

在选定财务评价基础数据和参数以及编制好辅助报表以后，进入工程项目财务效益分析阶段，即编制财务评价主要报表和计算财务评价参考指标阶段。财务评价主要报表包括五大类：现金流量表、损益与利润分配表、资金来源和运用表、资产负债表和外汇平衡表。

（1）现金流量表。现金流量表是反映项目计算期内，各年的现金流入和现金流出的表格，可用以计算各项动态和静态评价指标，进而分析项目的盈利能力。按照投资计算基础的不同，现金流量表可以分为全部投资现金流量表和自有资金现金流量表。

1）全部投资现金流量表。全部投资现金流量表不分投资的资金来源，是设定项目全部投资均为自有资金条件下的项目现金流量系统的表格式反映。该表以全部投资作为计算基础，用以计算全部投资所得税前及所得税后财务内部收益率、财务净现值及投资回收期等评价指标，考察项目全部投资的盈利能力，并为各个方案（不论其资金来源及利息的多少）进行比较建立共同基础（见表 6–12）。

表 6–12　全部投资现金流量表

单位：万元

序号	项目	合计	计算期					
1	现金流入							
1.1	产品销售（营业）收入							
1.2	固定资产余值回收							
1.3	流动资金回收							
1.4	其他现金流入							
2	现金流出							
2.1	建设投资							
2.2	流动投资							
2.3	经营成本							
2.4	销售税金及附加							
2.5	所得税							
2.6	其他现金流出							
3	净现金流量							
4	累计净现金流量							

表格中，计算期的年序为 1，2，…，N，建设开始年作为计算期的第一年，年序为 1。当项目建设期以前发生的费用占总费用的比例不大时，为了简化计算，此部分费

用可以列入年序 1，若需单独列出，可在年序 1 以前另加一栏“建设起点”，年序为 0，将建设期以前发生的现金流出填入该栏。

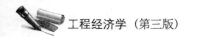

2）自有资金现金流量表。自有资金现金流量表从投资者角度出发，以投资者的出资额作为计算基础，把贷款时得到的资金作为现金流入，把还本付息作为现金流出，用以计算自有资金财务内部收益率、财务净现值等评价指标，考察项目自有资金的盈利能力（见表 6–13）。

表 6–13　自有资金现金流量表

单位：万元

序号	项目	合计	计算期					
1	现金流入							
1.1	产品销售收入							
1.2	固定资产余值回收							
1.3	流动资金回收							
1.4	其他现金流入							
2	现金流出							
2.1	建设投资							
2.2	流动投资							
2.3	经营成本							
2.4	销售税金及附加							
2.5	所得税							
2.6	其他现金流出							
3	净现金流量							
4	累计净现金流量							

从项目投资主体的角度看，建设项目投资借款是现金流入，但又同时将借款用于项目投资则构成同一时点、相同数额的现金流出，二者相抵，对净现金流量的计算无影响。因此，表中投资只计自有资金。另外，现金流入又是因为项目全部投资所获得，故应将借款本金的偿还及利息支付计入现金流出。

（2）损益与利润分配表。损益与利润分配表反映项目计算期内各年的利润总额、所得税及税后利润的分配情况，用以计算投资利润、投资利润率、投资利税率和资本金利率等指标（见表 6–14）。

表 6–14　损益与利润分配表

单位：万元

序号	项目	合计	计算期					
1	产品销售收入							
2	销售税金及附加							
3	总成本费用							
4	利润总额							
5	所得税（33%）							
6	税后利润							
7	盈余公积金（10%）							
8	应付利润							
9	未分配利润							
10	累计未分配利润							

损益表的编制以利润总额的计算为基础。利润总额的计算公式：

利润总额 = 营业利润 + 投资净收益 + 营业外收支净额

= 销售收入 – 营业税金及附加 – 总成本费用　(6–59)

所得税 = 利润总额 × 所得税税率　(6–60)

税后利润 = 利润总额 – 所得税　(6–61)

在测算项目利润时，投资净收益一般属于项目投产后的对外再投资收益，这类活动在项目评价时难以估算，因此可以暂不计入。营业外收支净额，除非已有明确的来源和开支项目单独列出，否则也暂不计入。

（3）资金来源和运用表。资金来源和运用表反映了项目计算期内各年的资金盈余或短缺的情况，用于确定资金筹措方案，制订适宜的借款及偿还计划，并为编制资产负债表提供依据（见表 6–15）。

表 6–15　资金来源和运用表

单位：万元

序号	项目	合计	计算期					
1	资金来源							
1.1	销售（营业）收入							
1.2	长期借款							
1.3	短期借款							
1.4	发行债券							

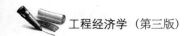

续表

序号	项目	合计	计算期					
1.5	项目资本金							
1.6	其他							
2	资金运用							
2.1	经营成本							
2.2	销售税金及附加							
2.3	增值税							
2.4	所得税							
2.5	建设投资（不含建设期利息）							
2.6	流动资金							
2.7	各种利息支出							
2.8	偿还债务本金							
2.9	分配股利或利润							
2.10	其他							
3	资金盈余							
4	累计资金盈余							

编制资金来源与运用表，首先要计算项目计算期内各年的资金来源和资金运用，然后通过资金来源和资金运用的差额反映项目各年的资金盈余或短缺情况。

项目资金来源包括利润、折旧、摊销、长期借款、短期借款、自有资金、其他资金、回收固定资产余额、回收流动资金等。

项目资金运用包括固定资产投资、建设期利息、流动资金投资、所得税、应付利润、长期借款还本、短期借款还本等。

项目资金的筹措方案和借款及偿还计划应能使表中各年度的累计盈余资金额始终大于或等于零，否则，项目将因为资金短缺而不能按计划顺利运行。

（4）资产负债表。资产负债表反映企业在某一特定日期财务状况的会计报表，它表明权益在某一特定日期所拥有或控制的经济资源、所承担的现有义务和所有者对净资产的要求权，用以考察项目资产、负债、所有者权益的结构是否合理（见表 6–16）。

表 6–16　资产负债表

单位：万元

序号	项目	合计	计算期					
1	资产							
1.1	流动资产总额							
1.1.1	应收账款							
1.1.2	存货							
1.1.3	现金							
1.1.4	累计盈余资金							
1.2	在建工程							
1.3	固定资产净值							
1.4	无形及其他资产净值							
2	负债及所有者权益							
2.1	流动负债总额							
2.1.1	短期借款							
2.1.2	应付账款							
2.1.3	预收账款							
2.1.4	其他							
2.2	长期负债							
2.3	累计负债							
2.4	所有者权益							
2.4.1	资本金							
2.4.2	资本公积金							
2.4.3	累计盈余公积金							
2.4.4	累计未分配利润							

资产负债表的编制依据是“资产 = 负债 + 所有者权益”。

资产包括流动资产、在建工程、固定资产净值、无形及递延资产净值。

负债包括流动负债和长期负债。

所有者权益包括资本金、资本公积金、累计盈余公积金和累计未分配利润。

(5) 外汇平衡表。外汇平衡表适用于有外汇收支的项目，用以反映项目计算期内隔年外汇余额程度，进行外汇平衡分析（见表 6–17）。

表 6–17　外汇平衡表

单位：万元

序号	项目	合计	计算期					
								N
	生产负荷（%）							
1	外汇来源							
1.1	产品销售外汇收入							
1.2	外汇借款							
1.3	其他外汇收入							
2	外汇运用							
2.1	固定资产投资中外汇支出							
2.2	进口原材料							
2.3	进口零部件							
2.4	技术转让费							
2.5	偿付外汇借款本息							
2.6	其他外汇支出							
2.7	外汇余缺							

其他外汇收入包括自筹外汇等。

技术转让费是指生产期内的技术转让费。

二、财务评价指标的计算

财务评价属于经济评价的一个组成部分，财务评价的指标也来自经济效果评价指标体系，但在具体计算方法和构成上有所调整。在此，主要介绍营利性项目财务评价指标体系中的盈利能力分析指标和偿债能力分析指标以及一些非营利性项目的财务评价指标。

1. 营利性项目的财务评价指标分析

各种评价指标可由不同的财务分析报表得出。资产负债表得出的指标有流动比率、速动比率、资产负债率、产权比率。损益与利润分配表得出的指标有投资利润率、投资利税率。二者共同得出的指标有总资产收益率、资本金净利润率。现金流量表得出的指标有投资回收期、财务净现值、财务净现值率、财务内部收益率。资金来源与运用表和借款还本付息表得出的指标有借款偿还期。

（1）盈利能力分析。盈利能力分析是项目财务评价的主要内容之一，是分析项目的投资能否从项目的收益中回收并获得一定的利润。它在编制现金流量表的基础上，计算财务内部收益率、财务净现值、投资回收期等指标，以得出盈利能力水平的结论。盈利能力分析采用的主要评价指标体系如图 6–2 所示。

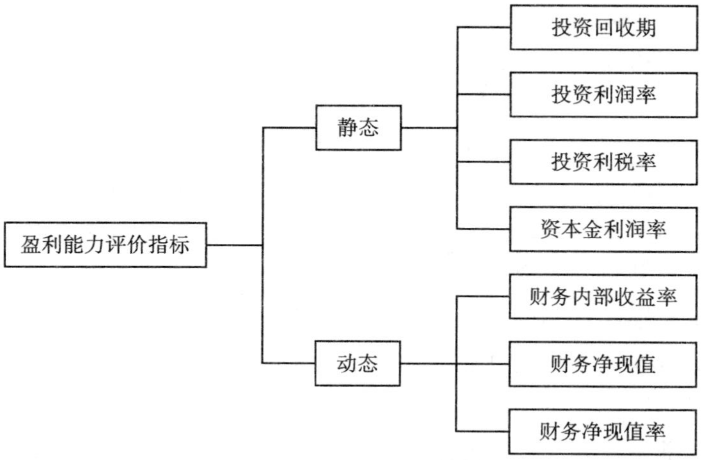

图 6-2 盈利能力评价指标

1）盈利能力评价的静态指标。盈利能力评价的静态指标有以下几种：

A. 投资回收期（Payback Period）。投资回收期是指项目的净收益抵偿全部投资需要的时间。它反映了项目在财务上的偿还能力。投资回收期可分为静态投资回收期和动态投资回收期。

静态投资回收期是在不考虑资金的时间价值时，考察项目的投资回收能力，从投资回收的速度反映项目的经济效益。

动态投资回收期弥补了静态投资回收期不考虑资金时间价值的缺点，按照设定的行业基准收益率计算收回投资所需要的时间，因此，更符合实际情况。

B. 投资利润率（Return On Investment，ROI）。投资利润率是指项目达到设计生产能力后，一个正常生产年份的年利润总额与总投资的比率。它考察了项目单位投资的盈利能力，即单位投资能创造的利润总额，也称投资收益率或投资回报率，计算公式：

$$投资利润率 = \frac{年利润总额}{项目总投资} \times 100\% \tag{6-62}$$

其中，对于生产期内各年的利润总额变化幅度较大的项目，年利润总额亦可用年平均利润总额代替。

【例 6-2】 新建项目的总投资为 4000 万元，两年的建设期，投产后运行 15 年，年销售收入为 1800 万元，年运营成本为 950 万元，年销售税金为销售收入的 6%，计算该项目的投资利润率（忽略折旧）。

$$ROI = \frac{1800 - 950 - 1800 \times 6\%}{4000} \times 100\% = 18.55\%$$

将投资利润率与同行业的平均利润率对比，若投资利润率高于行业的平均值，表明项目的盈利能力满足财务的要求；反之，则不能满足财务的要求。

投资利润率越高，从项目获得的利润越多。若投资利润率高于同期银行的利息率，资金不足时适度举债是有益的；反之，过高的负债比率会损害企业及投资人的利益。因此，投资利润率指标不仅可以衡量项目单位投资的获利能力，还可以作为项目筹资决策的参考指标。

C. 投资利税率（Profit and Tax Investment Ratio）。投资利税率是指项目达到设计生产能力后，在正常的生产年份中，年利税总额与项目总投资的比率，计算公式：

$$投资利税率 = \frac{年利税总额}{项目总投资} \times 100\% \tag{6-63}$$

其中，年利税总额 = 年利润总额 + 营业税金及附加 = 年销售收入 − 年总成本费用。

对于生产期内各年的利税总额变化幅度较大的项目，年利税总额亦可用年平均利税总额代替。

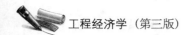

将投资利税率与同行业的平均水平对比，可以判别项目的单位投资对国家累计的贡献水平。

D. 资本金利润率（Capital Profit Margin）。资本金利润率是利润总额占资本金（即实收资本、注册资金）总额的百分比，是反映投资者投入企业资本金的获利能力的指标。企业资本金是所有者投入的主权资金，资本金利润率的高低直接关系投资者的权益，是投资者最关心的问题，计算公式：

$$资本金利润率 = \frac{年利润总额}{资本金总额} \times 100\% \tag{6-64}$$

这一比率越高，说明企业资本金的利用效果越好，企业资本金盈利能力越强；反之，则说明资本金的利用效果不佳，企业资本金盈利能力弱。

盈利能力分析的静态指标的意义在于比较效应。在项目的财务评价中，如果这些效益指标高于同行业的平均指标或预期指标，则有利于做出选择这一项目的决策，即认为该项目在静态角度来看是可行的；否则，就是不可行的。

2）盈利能力评价的动态指标。

A. 财务内部收益率（Financial Internal Rate of Return，FIRR）。财务内部收益率包括全部投资内部收益率和自有资金内部收益率。该指标是指项目在整个计算周期内，各年净现金流量的现值累计等于零时的折现率。可以根据现金流量表（全部投资和自有资金）中的净现金流量数据，用线性插值法计算。

财务内部收益率反映了项目以每年的净收益归还投资（或贷款）所能获得的最大投资利润率（或利息率），表明项目整个寿命期间内的总投资能获得的实际最大利润率，即项目在不考虑本身的资金增值前提下，使企业收支能平衡时可接受的最大利息率，也是项目接受贷款利率的最高临界点，计算公式：

$$\sum_{t=1}^{n}(CI - CO)_t(1 + FIRR)^{-t} = 0 \tag{6-65}$$

其中，CI 表示现金流入量；CO 表示现金流出量；$(CI - CO)_t$ 表示第 t 年的净现金流量；n 表示计算期。

财务内部收益率应该高于贷款利率（i），否则项目投资就要造成亏损；同时，财务内部收益率应该大于或等于行业规定的基准收益率（i_o）。达到以上两项条件时，项目在财务上便可行。实际中，在比较若干项目方案时，除了以上两个条件，应选择内部收益率高的投资方案。

B. 财务净现值（Financial Net Present Value，FNPV）。财务净现值是指按设定的折现率计算的项目计算期内各年净现金流量的现金之和，计算公式：

$$FNPV = \sum_{t=1}^{n}(CI - CO)_t(1 + i_0)^{-t} \tag{6-66}$$

其中，CI 表示现金流入量；CO 表示现金流出量；$(CI - CO)_t$ 表示第 t 年的净现金流量；i_0 表示基准收益率（或设定的折现率）。

按照计算结果对项目进行判别的原则：当财务净现值为正（FNPV≥0）时，说明项目盈利能力等于甚至超过了按设定的基准折现率计算的盈利能力，从财务角度考虑，项目可以被接受；当财务净现值为负（FNPV<0）时，说明项目盈利能力达不到按设定的基准折现率计算的盈利能力，从财务角度考虑，项目不可行。

C. 财务净现值率（Financial Net Present Value Rate，FNPVR）。财务净现值率是指财务净现值与全部投资现值之比，即单位投资现值的净现值。反映了财务净现值与投资现值的关系，计算公式：

$$FNPVR = \frac{FNPV}{I_p} \tag{6-67}$$

其中，FNPV 表示财务净现值；I_p 表示投资的现值（固定资产投资＋流动资金）。

当 FNPVR≥0 时，项目在财务上可行；当 FNPVR<0 时，项目在财务上不可行。

财务净现值率是在净现值基础上发展起来的，可作为其补充。净现值率的最大化，有利于使有限的投资贡献最大化，在多方案选择中能起到重要作用。

【例 6–3】某项目的建设方案现金流量如表 6–18 所示，已知第 n 年的净现金流量和现值系数（设折现率为 10%），试计算其财务净现值（FNPV）和财务净现值率（FNPVR）。

表 6–18　某方案现金流量表

单位：万元

年末	某方案 X	现值系数
0	–560	1.0000
1	–480	0.9091
2	350	0.8264
3	420	0.7513
4	400	0.683
5	480	0.6209

解：根据财务净现值的计算公式：

$$\begin{aligned}FNPV &= -560\times1-480\times0.9091+350\times0.8264+420\times0.7513+400\times0.683\\&\quad+480\times0.6209\\&=-560-436.37+289.24+315.546+273.2+298.032\\&=179.648\end{aligned}$$

$$I_p=560\times1+480\times0.9091=996.368$$

根据财务净现值率的计算公式得：

$$FNPVR=\frac{FNPV}{I_p}=\frac{179.648}{996.368}=0.180$$

（2）偿债能力分析。偿债能力分析主要考察计算期内各年的财务状况及清偿能力。在项目投资中，只考虑项目的盈利性是不够的，必须对资金在时间上进行安排，以满足项目对资金的需要。虽然有些项目的投资盈利水平很高，但由于资金筹措不足、到位迟缓、应收账款收不上来以及汇率和比率的变化，影响了项目的正常运行，会产生不必要的损失。为了使项目顺利得以实施，资金筹措方案应保证资金的平衡，并保证有足够的资金偿还债务。偿债能力分析采用的主要评价指标体系如图 6–3 所示。

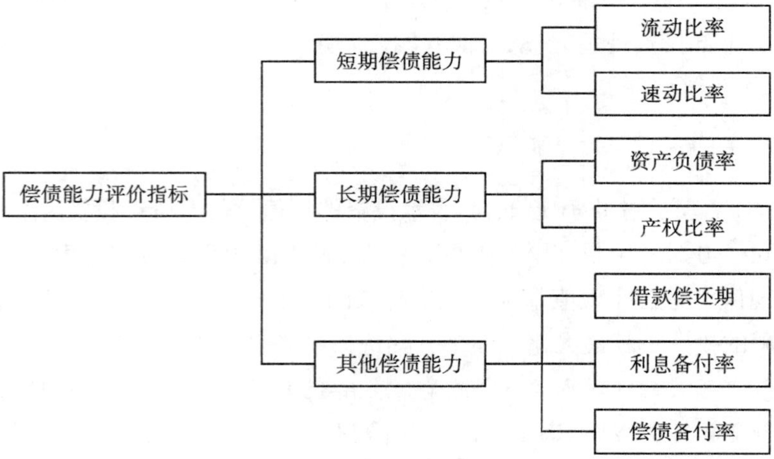

图 6–3　偿债能力评价指标

1）短期偿债能力的评价指标。短期偿债能力是指企业流动资产对流动负债的足额偿还保障程度，可以有效衡量企业当期的财务能力以及流动资产的变现能力。

A. 流动比率（Current Ratio）。流动比率是反映项目偿还流动负债能力的指标，它表明每一元的流动负债有多少流动资产作为偿还的保障，即项目的流动资产在短期债务到期之前可以变现的用于偿还流动负债的能力，计算公式：

$$流动比率=\frac{流动资产总额}{流动负债总额}\times100\% \tag{6–68}$$

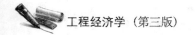

流动比率越高，债权人的安全率越高。流动比率太低，企业缺乏短期偿债能力；流动比率太高，短期偿债能力过强，负债利用不足，流动资产会闲置。一般流动比率的下限为 1，取值在 1.2~2.0 比较合适，具体情况视行业的特点、项目流动资产的构成、流动负债的性质而定。

需要注意的是流动比率高并不能保证企业有足够的现金或存款用于偿债，也可能是存货积压、应收账款增多或待摊费用增加所致，应进一步考察现金流量；债权人希望流动比率高，但从企业经营角度看，闲置资金过多会增加企业的机会成本，降低获利能力；流动比率应维持在不使资金闲置的偿债安全范围内，即可评价流动比率是否合理；不同企业或同一企业在不同时期的标准也不同，因此，无统一标准评价哪个企业的流动比率更合理。

B. 速动比率（Quick Ratio）。速动比率是企业各个时期用可以立即变现的货币资金偿付流动负债能力的指标，该指标反映了项目各年偿付流动负债的能力，计算公式：

$$速动比率 = \frac{速动资产总额}{流动负债总额} \times 100\% \tag{6-69}$$

其中，速动资产指流动资产中变现最快的部分，如现金、有价证券、应收账款等，是流动资产去除变现能力较差且不稳定的存货、预付账款、一年内到期的非流动资产和其他流动资产后的余额。

速动比率扣除了变现能力较差因素的影响，较之流动比率更能准确地反映企业的短期偿债能力。速动比率越高，偿还短期负债的能力越强。速动比率不应小于 1.0~1.2。

当流动比率和速动比率过小时，应减少流动负债，通过减少利润分配、库存等方法增加盈余资金，如增加长期借款（负债）。

2）长期偿债能力的评价指标。长期偿债能力的评价指标有以下两项：

A. 资产负债率（Asset-Liability Ratio）。资产负债率是负债与资产之比，它表示公司总资产中有多少是通过负债筹集的。该指标是评价公司负债水平的综合指标，同时也是一项衡量公司利用债权人资金进行经营活动能力的指标，反映债权人发放贷款的安全程度，计算公式：

$$资产负债率 = \frac{负债总额}{资产总额} \times 100\% \tag{6-70}$$

一般认为，资产负债率的适宜水平是 40%~60%。权益的所有者从盈利角度出发，希望保持较高的资产债务比，这样可以利用较少的资本来控制整个项目。但是，资产负债比越高，项目风险越大，在一定程度上损害了债权人的利益。因此在分析资产负债率的时候，要结合特定环境及立场，一分为二地来看。

B. 产权比率（Equity Ratio）。产权比率是企业负债总额与所有者权益总额之比，它反映了企业自有资金对债权人权益的保障程度，计算公式：

$$产权比率 = \frac{负债总额}{所有者权益总额} \times 100\% \tag{6-71}$$

产权比率越低，企业长期偿债能力越强，债权人权益保障程度越高，但企业不能充分发挥负债的财务杠杆效应。企业的产权比率是否合理应该以综合获利能力和偿债能力来评价，在偿债安全前提下，尽量提高产权比率。

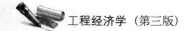

【例 6–4】 某生产项目，2010 年度财务报表显示其总资产为 8000 万元，短期借款为 600 万元，长期借款为 2500 万元，应收账款为 1000 万元，存货为 800 万元，现金为 200 万元，累计盈余资金 300 万元，应付账款 700 万元，所有者权益为 4500 万元。试计算该项目的偿债能力指标。

$$解：流动比率 = \frac{流动资产总额}{流动负债总额} \times 100\%$$

$$= \frac{应收账款 + 存货 + 现金 + 累计盈余资金}{短期借款 + 应付账款} \times 100\%$$

$$= \frac{1000 + 800 + 200 + 300}{600 + 700} \times 100\%$$

$$= 176.9\%$$

$$速动比率 = \frac{速动资产总额}{流动负债总额} \times 100\%$$

$$= \frac{应收账款 + 现金 + 累计盈余资金}{短期借款 + 应付账款} \times 100\%$$

$$= \frac{1000 + 200 + 300}{600 + 700} \times 100\%$$

$$= 115.4\%$$

$$资产负债率 = \frac{负债总额}{资产总额} \times 100\%$$

$$= \frac{短期借款 + 长期借款 + 应付账款}{资产总额} \times 100\%$$

$$= \frac{600 + 2500 + 700}{8000} \times 100\%$$

$$= 47.5\%$$

$$产权比率 = \frac{负债总额}{所有者权益总额} \times 100\%$$

$$= \frac{短期借款 + 长期借款 + 应付账款}{所有者权益} \times 100\%$$

$$= \frac{600 + 2500 + 700}{4500} \times 100\%$$

$$= 84\%$$

3）其他偿债能力评价指标。其他偿债能力评价指标有以下几项：

A. 借款偿还期（Repayment Period of Loan）。有些项目的资金筹措方案并没有具体规定偿还贷款的时间和方式，贷款部门希望知道项目能偿还贷款的最短时间，因此必须计算投资借款的偿还期。最常见的是计算建设投资借款的偿还期。

借款偿还期是指在国内财政规定和项目具体财务条件下，以项目投产后获得的可用于还本付息的资金还清借款本息所需的时间，计算公式：

$$P_d = T - t + \frac{R_t^*}{R_t} \tag{6-72}$$

其中，P_d 表示借款偿还期；T 表示借款偿还后开始出现盈余的年份；t 表示开始借款年份（P_d 从投产年份算起始，t 为投产年年份数）；R_t^* 表示第 t 年偿还的借款额；R_t 表示第 t 年可用于还贷的资金额。

【例 6–5】 某项目第 10 年有了盈余资金，第 10 年的未分配利润为 7000 万元，可作为归还借款的折旧和摊销为 1940 万元，还款期间的企业留利为 98 万元。当年归还的借款本金为 2000 万元，归还的借款利息为 34 万元。项目开始借款年份为第 2 年，求借款偿还期。

解：借款偿还期 $= 10 - 2 + \frac{2000}{(7000 + 1940 - 98)} = 8.23$（即 8 年零 3 个月）

借款偿还期由“借款偿还计划表”推算，不足整年的部分可用内插法计算。从开始借款的年份算起。

计算出的借款偿还期若小于贷款机构规定的期限，表明企业有足够的偿还能力；若大于规定的期限，表明企业还款能力不足。出现还款能力不足时，要进行分析，并在财务和技术方案、投资计划上进行修改，直到二者的限定期一致。

借款偿还期指标旨在计算出最大偿还能力，适用于尽快还款的项目，不适用已经约定借款偿还期限的项目。对不适用该方法的项目，可采用利息备付率和偿债备付率指标分析项目偿债能力。

B. 利息备付率（Interest Coverage Ratio，ICR）。利息备付率也称已获利息倍数，是指项目在借款偿还期内各年可用于支付利息的息税前利润与当期应付利息费用的比值，它主要从付息资金充裕性角度反映项目偿还债务利息的能力，计算公式：

$$利息备付率 = \frac{息税前利润}{当期应付利息} \tag{6-73}$$

正常情况下，利息备付率 >1 时，表示企业有偿还利息的能力；利息备付率 <1 时，表示企业没有足够的资金支付利息，偿债风险很大。

C. 偿债备付率（Debt Service Coverage Ratio，DSCR）。偿债备付率又称偿债覆盖率，是指项目在借款偿还期内，各年可用于还本付息的资金与当期应还本付息金额的比值，计算公式：

$$偿债备付率 = \frac{可用于还本付息资金}{当期应还本付息金额} \tag{6-74}$$

可用于还本付息资金包括可用于还款的折旧和摊销、成本中列支的利息费用、可用于还款的利润等。

当期应还本付息金额包括当期应还贷款本金额及计入成本费用的利息。

偿债备付率正常情况应当大于 1，且越高越好。当指标小于 1 时，表示当年资金来源不足以偿付当期债务，需要通过短期借款偿付已到期债务。

2. 非营利性项目的财务评价指标分析

非营利性项目是指不以获取利润为目的，为社会公众提供产品或服务的公益事业项目、行政事业项目或某些基础设施建设项目等。非营利性项目为社会提供的服务和使用功能不收取费用或只收取少量费用。由于建设此类项目的目的是服务于社会，发挥其使用功能，因而对其进行财务评价分析的主要目的不在于据此作出投资决策，而是为了考察项目的财务状况，了解盈利亏损情况，以便采取措施维持其正常运营。此外，对很多非营利性项目的财务效益分析实质上是在进行方案比选，使选中的方案能在满足项目既定目标的前提下花费最少。

（1）非营利性项目的财务分析方法。与营利性项目不同，非营利性项目一般不计算项目的财务内部收益率、财务净现值、投资回收期等指标，取而代之的是一些特殊指标，在必要时才计算反映借款偿还能力的指标。

（2）非营利性项目的财务评价指标。非营利性项目的财务评价指标有以下几项：

1）单位功能投资。单位功能投资是指提供一个单位的服务或者建设一个单位的使用功能所需的投资。例如，学校针对每个学生的投资、医院中每张病床的投资、办公室中每个工作人员办公的投资，等等，计算公式：

$$单位功能投资 = \frac{建设投资}{设施规模} \tag{6-75}$$

在进行方案的比较时，在功能相同的情况下，以单位投资较小的方案为优。

2）单位功能运营成本。单位功能运营成本是指项目的年经营费用与年服务总量的比值。例如，垃圾处理厂处理每吨垃圾所需的费用，污水处理厂处理每吨污水所需的费用。该指标主要用途莫过于考察项目的运营效率，计算公式：

$$单位运营成本 = \frac{年运营费用}{年服务总量} \tag{6-76}$$

其中，年服务总量指项目建设规模设定的年服务量；年运营费用包括运营直接费用、管理费用、财务费用和折旧费用。

3）运营和服务收费价格。运营和服务收费价格指一些半营利性项目向服务对象提供单位服务收取的服务费，常用来评价某项收费的合理性。评价方法是将事先预测的服务价格与消费者承受能力和支付意愿以及政府发布的指导性价格进行对比。

4）借款偿还期。对于负债建设的非营利性项目，应该编制损益表和借款还本付息计划表，并计算出反映借款偿还能力的指标，以考核项目的偿债能力，必要时可以提

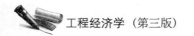

出需要政府支持的建议。

第四节　资金的财务杠杆效应与风险分析

财务杠杆效应是指由于固定费用的存在而导致的，当某一财务变量以较小幅度变动时，另一相关变量会以较大幅度变动的现象。也就是指在企业运用负债筹资方式（如银行借款、发行债券）时所产生的普通股每股收益变动率大于息税前利润变动率的现象。财务风险是指企业为取得财务杠杆利益而利用负债资金时，增加了破产机会或普通股每股利润大幅度变动的机会所带来的风险。财务杠杆会加大财务风险，企业举债比重越大，财务杠杆效应越强，财务风险越大。财务杠杆与财务风险的关系可通过计算分析不同资金结构下普通股每股利润及其标准离差和标准离差率来进行测试。

一、资金的财务杠杆效应

财务杠杆即总负债与总资金的比率。杠杆因子越高就意味着企业债务越多，负债经营既可为企业带来厚利，又可能使企业面临巨大的风险。因此，负债的存在对企业的经营活动具有双重作用和影响，企业必须在效益和风险之间做出适当的权衡。

贷款的两大原则：①期望报酬率必须高于贷款利率。②在最坏的情况下，必须有足够的现金还本付息。

财务杠杆效应的实质：由于企业投资利润率大于负债利息率，由负债所取得的一部分利润转化给了权益资本，从而使得权益资本利润率上升；而若是企业投资利润率等于或小于负债利息率，那么负债所产生的利润只能或者不足以弥补负债所需的利息，甚至利用权益资本所取得的利润都不足以弥补利息，而不得不以减少权益资本来偿债，这便是财务杠杆负效应带来的损失。

财务杠杆效应包含经营杠杆、财务杠杆和复合杠杆三种形式。

1. 经营杠杆

经营杠杆（Degree of Operating Leverage，DOL）是指由于固定成本的存在而导致息税前利润变动大于产销业务量变动。

（1）经营杠杆系数。对经营杠杆的计量最常用的指标是经营杠杆系数（或经营杠杆度）。经营杠杆系数是指息税前利润变动率相当于产销业务量变动率的倍数，计算公式：

$$\text{经营杠杆系数}=\frac{\text{息税前利润变动率}}{\text{产销业务量变动率}} \tag{6-77}$$

（2）经营杠杆与经营风险的关系。经营风险是指公司的决策和管理人员在经营管理中出现失误，导致公司盈利水平变化，从而产生投资者预期收益下降的风险或者由于汇率的变动而导致未来收益下降和成本增加。经营杠杆系数、固定成本和经营风险三者呈同方向变化，即在其他因素一定的情况下，固定成本越高，经营杠杆系数越大，企业经营风险也就越大。

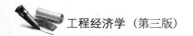

2. 财务杠杆

财务杠杆（Degree of Financial Leverage，DFL）是指由于债务的存在而导致普通股每股利润变动大于息税前利润变动的杠杆效应。

（1）财务杠杆系数。计量财务杠杆的指标是财务杠杆系数。财务杠杆系数是指普通股每股利润的变动率相对于息税前利润变动率的倍数，计算公式：

$$财务杠杆系数 = \frac{普通股每股利润变动率}{息税前利润变动率} = \frac{基期息税前利润变动率}{（基期息税前利润 - 基期利息）} \tag{6-78}$$

（2）财务杠杆与财务风险的关系。财务风险是指企业为取得财务杠杆利益而利用负债资金时，增加了破产机会或普通股每股利润大幅度变动所带来的风险。财务杠杆会加大财务风险，企业举债比重越大，财务杠杆效应越强，财务风险越大。财务杠杆与财务风险的关系可通过计算分析不同资金结构下普通股每股利润及其标准离差和标准离差率来进行测试。

3. 复合杠杆

复合杠杆（Degree of Compound Leverage，DCL）是指由于固定生产经营成本和固定财务费用的存在而导致的普通股每股利润变动大于产销业务量变动的杠杆效应。

（1）复合杠杆系数。对复合杠杆计量的指标是复合杠杆系数（或复合杠杆度）。复合杠杆系数是指普通股每股利润变动率相对于产销业务量变动率的倍数，计算公式：

$$复合杠杆系数 = \frac{普通股每股利润变动率}{产销业务量变动率} = 经营杠杆系数 \times 财务杠杆系数 \tag{6-79}$$

（2）复合杠杆与企业风险的关系。由于复合杠杆作用使普通股每股利润大幅度波动而造成的风险称为复合风险。复合风险直接反映企业的整体风险。在其他因素不变的情况下，复合杠杆系数越大，复合风险越大；复合杠杆系数越小，复合风险越小。通过计算分析复合杠杆系数及普通股每股利润的标准离差和标准离差率可以揭示复合杠杆同复合风险的内在联系。

二、资金风险分析

工程项目的资金常会受到各种风险的影响，识别和判断可能发生的风险因素，采取适当的措施可以使项目的财务更安全。

1. 资金供应风险

资金供应风险是指工程项目资金筹集过程中，可能出现资金不落实而导致的建设期延长，项目投资提高，原定的投资效益目标不能实现的风险。具体表现为计划筹资金额全部或部分没落实，计划发行的股票、债券没实现，其他资金未能按时、足额到位。

针对资金供应风险，企业应该加强对资金供应方的诚信度调查和监管力度，及时采取其他补救措施。

2. 利率风险

利润风险是指企业在经营过程中，因为利率变动直接或间接造成了收益损失的风险，即贷款利率变动对企业造成的损失和风险。利率水平随金融市场情况而变动，若企业财务资金中，贷款所占比率较大，在筹集资金时采用了浮动利率，当利率上升时，成本就会增加；如果筹集资金时采用的是固定成本，当利率下降时，机会成本就会提高。

针对资金的利率风险，企业应该确定合理的资金结构，选择合适的利率，在借款合同中充分考虑企业利益的保障措施并书面作出规定。例如，延期还款、提前还款、固定利率和浮动利率互换等。

3. 汇率风险

汇率风险是指国际金融市场外汇交易结算的风险。源于人民币兑换外币比值的变动，企业用外汇进口设备或偿还外汇债务时，若人民币对外汇比率下跌，企业成本会增加；反之，会减少。因此，利用外资数额较大的企业财务资金监管应该有针对外汇走势的分析，以防汇率发生大变动给企业造成风险和损失。

针对汇率风险，企业应提前采取有效的规避措施，在合同中加入货币保值条款、货币选择条款等措施；注意对汇率变动的预测，采取提前结汇或延期结汇的办法；采用外汇期权、外汇期货等外汇风险管理工作。

三、合理的财务结构

企业的股票价格、加权资金成本和债务比率的关系比较可以为其确定较为合理的财务结构，既能利用好财务杠杆，又能规避财务风险。三者关系如图 6–4 所示。

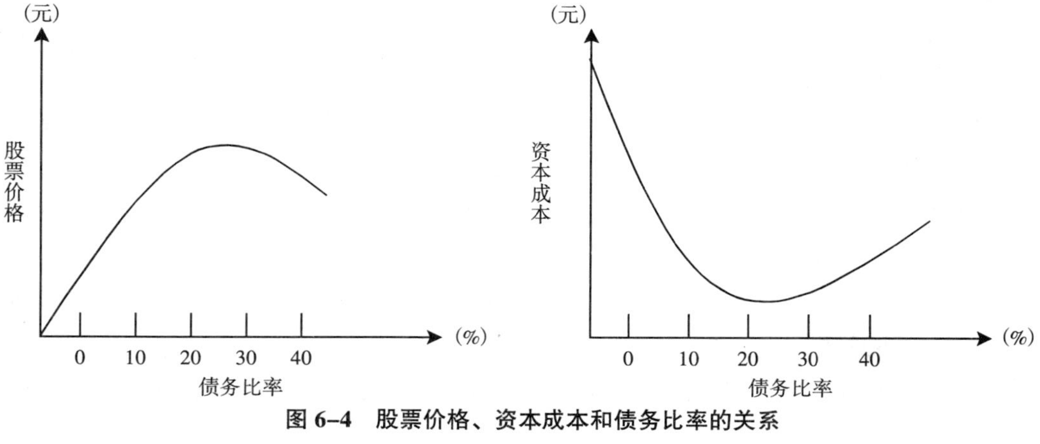

图 6–4　股票价格、资本成本和债务比率的关系

图 6–4 表明，在某一债务比率区间之内，股票的价格最高，此时企业的盈利状况良好，股票持有人也能承受债务比率带来的风险，借贷资金能带来很大好处，且企业的资金成本也很低，此区间内的债务比率就反映了企业较合理的财务结构。

要确定合理的财务结构，还应该分析项目的偿债能力，即利息覆盖比率和债务覆盖比率，其计算公式：

$$\text{利息覆盖比率} = \frac{\text{息税前利润总额}}{\text{本年应付利息}} \tag{6-80}$$

$$\text{债务覆盖比率} = \frac{\text{息税前利润总额}}{\text{本年应付利息} + \dfrac{\text{本年应偿还本金}}{1 - \text{税率}}} \tag{6-81}$$

其中，本年应偿还本金在缴纳所得税后偿还，故除以（1–税率）。利息覆盖比率不应小于 3，债务覆盖比率必须大于 1。

对于稳定性较高的企业，以上两个偿债能力指标要求较低；对于稳定性较低的企业，两个指标都要高些。一般情况下，企业可以将当前指标与过去指标进行比较，以测定企业的这些指标是改善还是恶化，即企业偿债能力的变化趋势。也可以和类似企业进行财务结构合理性比较。

四、资金的债务偿还

在项目投资中，贷款一般要占很大的比重。使用贷款的企业需要关注自身的债务偿还能力。提供贷款的银行也要关心企业的还本付息能力，因此，债务偿还能力的分析是企业资金规划的重要环节。

企业对于贷款的使用，应该在保证自身建设进度的前提下，先使用成本较低的资金，在还款时先还成本较高的资金。进行债务偿还的过程中，需要对还贷能力进行估算并根据项目的盈利能力确认还款方式。

1. 还贷能力

国家现行政策规定，在企业还清贷款后的第二年开始计算所得税。在还贷期间内，部分折旧也可以用于还贷。还贷能力也可认为是企业扣除留存后的利润和可用于还贷的折旧金额，其计算公式：

$$\text{年还贷能力} = \text{年利润总额} + \text{可用于还贷的折旧金额} - \text{企业留利} \tag{6-82}$$

$$\text{年利润总额} = \text{年销售收入} - \text{总成本费用} - \text{营业税金及附加} - \text{营业外净支出} \tag{6-83}$$

$$\text{企业留利} = \text{企业基金} + \text{奖励基金} + \text{新产品试制基金} \tag{6-84}$$

2. 还款方式清算

根据项目盈利能力的预测，可采取不同的还款方式，主要包括等额利息法、等额本金法、等额本息法。

（1）等额利息法。等额利息法即还款时，期末归还本金并支付当期利息，每年的利

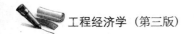

息支付额相同。

等额利息法的特点是每年支付的利息较少，适用盈利能力不强的项目还款。

（2）等额本金法。等额本金法即还款时，每年还相等的本金，贷款利息按年初剩余贷款本金计算，并逐年结清。

等额本金法的特点是贷款本金逐年减少，利息也随之减少，贷款期满时本金、利息全部还清，适用于盈利能力较强的项目还款。

（3）等额本息法。等额本息法即借款人将贷款本利和利息在偿还期内平均分摊，每年等额偿还。

等额本息法的特点是每年的还款额相等，适用前期盈利能力不强，但收入稳定的项目还款。

本章小结

工程项目的财务评价是经济评价的基础和核心，财务评价是根据国家现行财务制度、价格体系和项目评价的有关规定，从项目的财务角度，分析计算项目直接效益和直接费用，编制财务报表，计算财务评价指标。通过对项目的盈利能力和偿债能力的分析，考察项目在财务上的可行性，为投资决策提供科学依据。本章应重点掌握工程项目财务评价的基本内容和基本方法，并要了解财务基础数据的估算、财务评价报表的编制与评价指标计算以及资金的财务杠杆效应与风险分析的相关内容。

概念回顾

财务评价（Financial Evaluation）。在国家现行的财税制度、价格体系前提下，从项目的财务角度出发，估算项目的财务效益和费用，编制财务报表，计算财务评价指标，依此来分析、考察项目的盈利能力和偿债能力，判别项目在财务上的可行性，明确财务主体的价值和对投资人的贡献，为投资决策提供依据。

静态分析（Static Analysis）。静态分析是指在财务分析中不考虑资金的时间因素的影响，投资、收益等资金流量按照当年数值计算，无须折现。

动态分析（Dynamic Analysis）。动态分析是指在财务分析中考虑资金的时间因素的影响，即随着时间的推移，货币价值因为利息的影响发生变动，计算分析时，将变动的货币价值折算为现值。

流动资金（Circulating Fund）。项目投产后，为了维持正常的生产经营活动，用于购买原材料、支付工资及其他运营费用所需的周转资金叫流动资金。

利润（Profit）。项目建成投产后，在一定的生产经营期间内，获得的财务收入与费用的差额为利润。

借款偿还期（Loan Repayment Period）。借款偿还期是指在有关财税规定及企业具体财务条件下，项目投产后可以用作还款的利润、折旧、摊销及其他收益偿还建设投资借款本金（含未付建设期利息）所需要的时间，一般以年为单位表示。该指标可由借款偿还计划表推算。

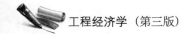

投资回收期（Payback Period）。投资回收期是指项目的净收益抵偿全部投资需要的时间。

投资利润率（Return On Investment，ROI）。投资利润率是指项目达到设计生产能力后，一个正常生产年份的年利润总额与总投资的比率，其表达式：

$$投资利润率 = \frac{年利润总额}{项目总投资} \times 100\%$$

投资利税率（Profit and Tax Investment Ratio）。投资利税率是指项目达到设计生产能力后，在正常的生产年份中，年利税总额与项目总投资的比率，其表达式：

$$投资利税率 = \frac{年利税总额}{项目总投资} \times 100\%$$

资本金利润率（Capital Profit Margin）。资本金利润率是指利润总额占资本金（即实收资本、注册资金）总额的百分比，是反映投资者投入企业资本金的获利能力的指标，其表达式：

$$资本金利润率 = \frac{年利润总额}{资本金总额} \times 100\%$$

财务内部收益率（Financial Internal Rate of Return，FIRR）。财务内部收益率是指项目在整个计算周期内，各年净现金流量的现值累计等于零时的折现率，其表达式：

$$\sum_{t=1}^{n} (CI - CO)_t (1 + FIRR)^{-t} = 0$$

财务净现值（Financial Net Present Value，FNPV）。财务净现值是指按设定的折现率计算的项目计算期内各年净现金流量的现金之和，其表达式：

$$FNPV = \sum_{t=1}^{n} (CI - CO)_t (1 + i_0)^{-t}$$

财务净现值率（Financial Net Present Value Rate，FNPVR）。财务净现值率是指财务净现值与全部投资现值之比，即单位投资现值的净现值。反映了财务净现值与投资现值的关系，其表达式：

$$FNPVR = \frac{FNPV}{I_p}$$

流动比率（Current Ratio）。流动比率是反映项目偿还流动负债能力的指标，它表明每一元的流动负债有多少流动资产作为偿还的保障，即项目的流动资产在短期债务到期之前可以变现的用于偿还流动负债的能力，其表达式：

$$流动比率=\frac{流动资产总额}{流动负债总额}\times 100\%$$

速动比率（Quick Ratio）。速动比率是企业各个时期用可以立即变现的货币资金偿付流动负债能力的指标，该指标反映了项目各年偿付流动负债的能力，其表达式：

$$速动比率=\frac{速动资产总额}{流动负债总额}\times 100\%$$

资产负债率（Asset-liability Ratio）。资产负债率是负债与资产之比，它表示公司总资产中有多少是通过负债筹集的，该指标是评价公司负债水平的综合指标，也是一项衡量公司利用债权人资金进行经营活动能力的指标，反映债权人发放贷款的安全程度，其表达式：

$$资产负债率=\frac{负债总额}{资产总额}\times 100\%$$

产权比率（Equity Ratio）。产权比率是企业负债总额与所有者权益总额之比，它反映了企业自有资金对债权人权益的保障程度，其表达式：

$$产权比率=\frac{负债总额}{所有者权益总额}\times 100\%$$

借款偿还期（Repayment Period of Loan）。借款偿还期是指在国内财税规定和项目具体财务条件下，以项目投产后获得的可用于还本付息的资金，还清借款本息所需的时间，其表达式：

$$P_d=T-t+\frac{R_t^*}{R_t}$$

利息备付率（Interest Coverage Ratio，ICR）。利息备付率也称已获利息倍数，是指项目在借款偿还期内各年可用于支付利息的息税前利润与当期应付利息费用的比值，其表达式：

$$利息备付率=\frac{息税前利润}{当期应付利息}$$

偿债备付率（Debt Service Coverage Ratio，DSCR）。偿债备付率也称偿债覆盖率，是指项目在借款偿还期内各年可用于还本付息的资金与当期应还本付息金额的比值，其表达式：

$$偿债备付率=\frac{可用于还本付息资金}{当期应还本付息金额}$$

财务杠杆效应（Financial Leverage Effect）。财务杠杆效应是指由于固定费用的存在而导致的，当某一财务变量以较小幅度变动时，另一相关变量会以较大幅度变动的现象。也就是指在企业运用负债筹资方式（如银行借款、发行债券）时所产生的普通股每股收益变动率大于息税前利润变动率的现象。

经营杠杆（Eegree of Operating Leverage，DOL）。经营杠杆是指由于固定成本的存在而导致息税前利润变动大于产销业务量变动，其表达式：

$$经营杠杆系数=\frac{息税前利润变动率}{产销业务量变动率}$$

财务杠杆（Degree of Financial Leverage，DFL）。财务杠杆是指由于债务的存在而导致普通股每股利润变动大于息税前利润变动的杠杆效应。其表达式为：

$$财务杠杆系数=\frac{普通股每股利润变动率}{息税前利润变动率}$$

复合杠杆（Degree of Compound Leverage，DCL）。复合杠杆是指由于固定生产经营成本和固定财务费用的存在而导致的普通股每股利润变动大于产销业务量变动的杠杆效应，其表达式：

$$复合杠杆系数=\frac{普通股每股利润变动率}{产销业务量变动率}$$

练习题

1. 工程项目财务评价的主要内容是什么？
2. 简述财务评价应遵循的基本原则。
3. 何谓投资利润率？何谓投资利税率？它们的评价标准和特点各是什么？
4. 线性盈亏平衡分析有哪些基本假设？
5. 何谓内部收益率？其评价标准如何？有何优缺点？
6. 何谓不确定性分析？不确定性存在的原因有哪些？
7. 常用的还本付息方式有哪几种？哪种方式最好？
8. 假定已知某拟建项目达到设计生产能力后，全场定员 500 人，工资和福利费按照每人每年 1.2 万元估算。每年的其他费用为 600 万元。年外购原材料、燃料动力费估算为 18000 万元。年经营成本为 24000 万元，年修理费占年经营成本的 10%。各项流动资金的最低周转天数均为 30 天。用分项详细估算法对该项目进行流动资金的估算。
9. 某工程在建设期初的建安工程费和设备工器具购置费为 45000 万元。按本项目实施进度计划，建设期 3 年，投资分年使用比例：第一年为 25%，第二年为 55%，第三年为 20%，投资在每年平均使用，建设期内预计年平均价格总水平上涨率为 5%。建设期利息为 1395 万元，工程建设其他费用为 3860 万元，基本预备费率为 10%。试估算该项目的建设投资。
10. 某企业有一项投资，现有 A、B 两种方案可供选择，方案 A：投资 1900 万元，每年产品销售收入为 3200 万元，年经营成本为 500 万元；方案 B：投资 2500 万元，每年产品销售收入为 4800 万元，年经营成本为 650 万元。预测两方案使用期均为 5 年，企业基准贴现率为 10%，试用净现值法和净年值法判断此投资方案是否可行，并确定最佳方案。

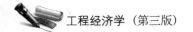

11. 有 A、B、C、D 四个投资方案，现金流量情况如表 6–19 所示。

（1）当基准贴现率为 10%时，用净现值的大小对项目排序。

（2）如果 A、B、C、D 为独立方案，在下列情况下应选择哪个方案？

1）无资金限制时。

2）总投资为 3000 万元。

表 6–19 A、B、C、D 方案现金流量表

单位：万元

方案	0	1	2、3、4、5、6
A	–1000	1400	0
B	–2000	1940	720
C	–1000	490	1050
D	–2000	300	1600

12. 某企业拟建设一个生产项目以生产国内某种急需的产品。该项目的建设期为 2 年，运营期为 7 年。预计建设投资为 800 万元（含建设期利息 20 万元），并全部形成固定资产。固定资产使用年限为 10 年，运营期末残值为 50 万元，按直线折旧法折旧。

该企业建设期第 1 年投入项目资本金为 380 万元，建设期第 2 年向当地建设银行贷款 400 万元（不含贷款利息），贷款年利率为 10%，项目第 3 年投产。投产当年又投入资本金 200 万元，作为流动资金。运营期和正常年份每年的销售收入为 700 万元，经营成本为 300 万元，产品销售税金及附加税率为 6%，所得税税率为 33%，年总成本为 400 万元，行业基准折现率为 10%。

投产的第 1 年生产能力仅为设计生产能力的 70%，为简化计算这一年的销售收入、经营成本和总成本费用均按照正常年份的 70%估算。投产第 2 年及其以后各年份生产均达到设计生产能力。

试对该项目进行财务评价，并判断项目是否可行。

案例分析

1. 项目概况

某新建项目，其可行性研究已完成市场需求预测、生产规模、工艺技术方案、建厂条件和厂址方案、环境保护、工厂组织和劳动定员以及项目实施规划诸方面的研究论证和多方案比较。项目财务评价在此基础上进行。项目基准折现率为 12%，基准投资回收期为 8.3 年。

2. 基础数据

（1）生产规模和产品方案。生产规模为年产 1.2 万吨某工业原料。产品方案为 A 型

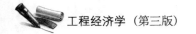

及 B 型两种，以 A 型为主。

（2）实施进度。项目拟两年建成，第三年投产，当年生产负荷达到设计能力的 70%，第四年达到 90%，第五年达到 100%。生产期按 8 年计算，计算期为 10 年。

（3）建设投资估算。建设投资估算见表 6–20。其中外汇按 1 美元兑换 8.30 元人民币计算。

（4）流动资金估算采用分项详细估算法进行估算，估算总额为 3111.02 万元。流动资金借款为 2302.7 万元。流动资金估算见表 6–21。

（5）资金来源。项目资本金为 7121.43 万元，其中用于流动资金为 808.32 万元，其余为借款。资本金由甲、乙两个投资方出资，其中甲方出资 3000 万元，从还完建设投资长期借款年开始，每年分红按出资额的 20%进行，经营期末收回投资。外汇全部通过中国银行向国外借款，年利率为 9%；人民币建设投资部分由中国建设银行提供贷款，年利率为 6.2%；流动资金由中国工商银行提供贷款，年利率为 5.94%。投资分年使用计划按第一年 60%，第二年 40%的比例分配。资金使用计划与资金筹措表见表 6–22。

（6）工资及福利费估算。全厂定员为 500 人，工资及福利费按每人每年按 8000 元估算，全年工资及福利费估算为 400 万元（其中福利费按工资总额的 14%计算）。

（7）年销售收入和年销售税金及附加。产品售价以市场价格为基础，预测到生产期初的市场价格，每吨出厂价按 15850 元计算（不含增值税）。产品增值税税率为 17%。本项目采用价外计税方式考虑增值税。城市维护建设税按增值税的 7%计算，教育费附加按增值税的 3%计算。年销售收入、销售税金及附加见表 6–23。

（8）产品成本估算。总成本费用估算见表 6–24。成本估算说明如下：

1）固定资产原值中除工程费用外还包括建设期利息、预备费用以及其他费用中的土地费用。固定资产原值为 19524.29 万元，按平均年限法计算折旧，折旧年限为 8 年，残值率为 5%，折旧率为 11.88%。固定资产折旧费估算见表 6–25。

2）其他费用中其余部分均作为无形资产及递延资产。无形资产为 368.90 万元，按 8 年摊销，年摊销额为 46.11 万元。递延资产为 400 万元，按 5 年摊销，年摊销额为 80 万元。无形资产及递延资产摊销费估算见表 6–26。

3）修理费计算。修理费按年折旧额的 50%提取。

4）借款利息计算。长期借款利息估算见表 6–33。生产经营期间应计利息计入财务费用。

5）固定成本和可变成本。可变成本包含外购原材料、外购燃料、动力费以及流动资金借款利息。固定成本包含总成本费用中除可变成本外的费用。

（9）损益和利润分配。损益和利润分配表见表 6–30。利润总额正常年为 3617.36 万元。所得税按利润总额的 33%计取，盈余公积金按税后利润的 10%计取。

（10）建设投资估算见表 6–20，流动资金估算见表 6–21，资金使用计划与资金筹措情况见表6–22，销售收入、销售税金及附加和增值税估算见表6–23，全部资金财务现金流量情况见表6–27，资本金财务现金流量见表6–28，甲方投资财务现金流量情况见表6–29，资金来源与运用情况见表6–31，长期借款偿还计划见表6–32。

3. 财务评价说明

本项目采用量入偿付法归还长期借款本金。总成本费用估算表（见表6–24）、损益和利润分配表（见表6–30）及借款偿还计划表（见表6–32）通过利息支出、当年还本和税后利润互相联系，通过三表联算得出借款偿还计划；在全部借款偿还后，再计提盈余公积金和确定利润分配方案。三表联算的关系如图6–5所示。

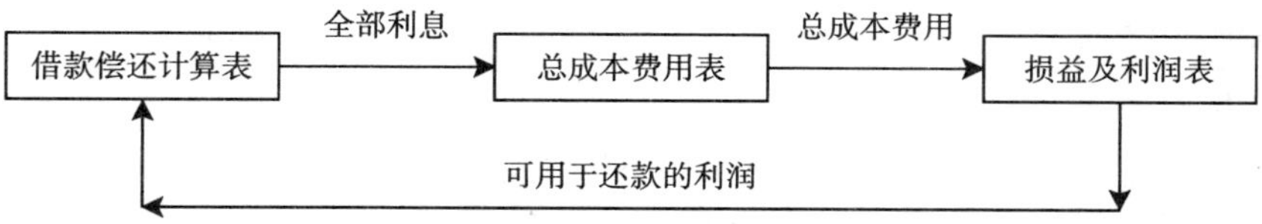

图6–5　三表联算关系

思考题

根据本题所提供的资料和相关信息完成以下问题，以便对项目进行财务评价：

(1) 根据表6–24总成本费用估算表相关数据完成总成本费用、修理费和经营费用的计算。

(2) 完成表6–25固定资产折旧费估算表中折旧费以及固定资产净值的计算。

(3) 根据表6–27全部资金财务现金流量表相关数据计算全部资金财务内部收益率（FIRR）、全部资金财务净现值（FNPV）（i_c=12%）以及全部资金静态投资回收期（从建设期算起）。

(4) 根据表6–28资本金财务现金流量表计算资本金内部收益率。

(5) 根据表6–29甲方投资财务现金流量表计算甲方投资内部收益率。

(6) 根据表6–32计算借款偿还期（从借款开始年算起）。

(7) 根据相关内容完成表6–33利息支付计算表，再根据损益和利润分配表（见表6–30）、资金来源与运用表（见表6–31）、长期借款偿还计划表（见表6–32）、固定资产折旧估算表（见表6–25）、无形资产及递延资产摊销估算表（见表6–26）计算利息备付率（按整个借款期考虑）以及偿债备付率（按整个借款期考虑），以评价项目的偿债能力。

(8) 结合上述财务评价指标对该项目的可行性进行分析。

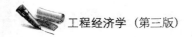

表 6–20 建设投资估算表

单位：万元

序号	工程或费用名称	估算价值						占总值比（%）
		建筑工程	设备费用	安装工程	其他费用	总值	其中外汇（万美元）	
1	建设投资（不含建设期利息）	1559.25	10048.95	3892.95	3642.30	19143.45	976.25	100%
1.1	工程费用	1559.25	10048.95	3892.95	0.00	15501.15		81%
1.1.1	主要生产项目	463.50	7849.35	3294.00		11606.85		
	其中：外汇		639.00	179.25		818.25	818.25	
1.1.2	辅助生产车间	172.35	473.40	22.95		668.70		
1.1.3	公用工程	202.05	1119.60	457.65		1779.30		
1.1.4	环境保护工程	83.25	495.00	101.25		679.50		
1.1.5	总途运输	23.40	111.60			135.00		
1.1.6	厂区服务性工程	117.90				117.90		
1.1.7	生活福利工程	496.80				496.80		
1.1.8	厂外工程			17.10		17.10		
1.2	其他费用				1368.90	1368.90	158.00	7%
	其中：土地费用				600.00	600.00		
	合计	1559.25	10048.95	3892.95	1368.90	16870.05		
1.3	预备费用				2273.40	2273.40		12%
2	建设期利息					1149.74	99.02	
合计（1+2）		1559.25	10048.95	3892.95	3642.30	20293.19	1075.27	

表 6–21 流动资金估算表

单位：万元

序号	项目	最低周转天数	周转次数	投产期		达到设计生产能力期	
				3	4	5	6
1	流动资产			2925.50	3645.15	4001.22	4001.22
1.1	应收账款	30	12	769.17	951.03	1040.03	1040.03
1.2	存货			2117.99	2655.78	2922.85	2922.85
1.3	现金	15	24	38.34	38.34	38.34	38.34
2	流动负债			622.80	800.93	890.20	890.20
2.1	应付账款	30	12	622.80	800.93	890.20	890.20
3	流动资金（1–2）			2302.70	2844.22	3111.02	3111.02
4	流动资金增加额			2302.70	541.52	266.80	0.00

表 6–22 资金使用计划与资金筹措表

单位：万元

序号	项目	N 年份 / 合计人民币	1				2				3				4				5			
			外币	折人民币	人民币	小计	外币	折人民币	人民币	小计	外币	折人民币	人民币	小计	外币	折人民币	人民币	小计	外币	折人民币	人民币	小计
1	总投资	23404.21	612.11	5080.50	6712.28	11792.78	463.16	3844.25	4656.16	8500.41	0.00	0.00	2302.70	2302.70	0.00	0.00	541.52	541.52	0.00	0.00	266.80	266.80
1.1	建设投资（未含利息）	19143.45	585.75	4861.73	6624.35	11486.07	390.50	3241.15	4416.23	7657.38												
1.2	建设期利息	1149.74	26.36	218.78	87.93	306.71	72.66	603.10	239.93	843.03												
1.3	流动资金	3111.02											2302.70	2302.70			541.52	541.52			266.80	266.80
2	资金筹措	23404.21																				
2.1	自有资金	7121.43			3787.87	3787.87			2525.24	2525.24			808.32	808.32								
	其中：用于流动资金	0.00											808.32	808.32								
2.1.1	资本金	7121.43			3787.87	3787.87			2525.24	2525.24			808.32	808.32								
2.1.2	资本溢价	0.00				0.00				0.00				0.00								
2.2	借款	16282.78	612.11	5080.50	2924.41	8004.91	463.16	3844.25	2130.92	5975.17	0.00	0.00	1494.38	1494.38	0.00	0.00	541.52	541.52	0.00	0.00	266.80	266.80
2.2.1	长期借款	12830.34	585.75	4861.73	2836.48	7698.20	390.50	3241.15	1890.99	5132.14												
2.2.2	流动资金借款	2302.70											1494.38	1494.38			541.52	541.52	0.00	0.00	266.80	266.80
2.2.3	建设期利息	1149.74	26.36	218.78	87.93	306.71	72.66	603.10	239.93	843.03	0.00	0.00	0.00	0.00								
2.3	其他																					

注：各年流动资金在年初投入。

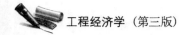

表 6–23　销售收入、销售税金及附加和增值税估算表

单位：万元，吨

序号	项目	单价（元）	生产负荷 70%（第 3 年）		生产负荷 90%（第 4 年）		生产负荷 100%（第 5~10 年）	
			销售量	金额	销售量	金额	销售量	金额
1	产品销售收入	15850.00	8400.00	13314.00	10800.00	17118.00	12000.00	19020.00
2	销售税金及附加			99.25		127.60		141.78
	增值税销项			2263.38		2910.06		3233.40
	增值税进项			1270.92		1634.04		1815.60
	增值税			992.46		1276.02		1417.80
2.1	城市维护建设税（增值税×7%）			69.47		89.32		99.25
2.2	教育费附加（增值税×3%）			29.77		38.28		42.53

注：（1）增值税仅为计算城市维护建设税和教育费附加的依据；

（2）本报表税金的计算方法采用不含增值税的计算方法。

表 6–24　总成本费用估算表

单位：万元

序号	项目＼年份	合计	投产期		达到设计生产能力期					
			3	4	5	6	7	8	9	10
	生产负荷（%）		70	90	100	100	100	100	100	100
1	外购原材料	71811.00	6614.40	8503.80	9448.80	9448.80	9448.80	9448.80	9448.80	9448.80
2	外购燃料、动力	9357.00	861.60	1108.20	1231.20	1231.20	1231.20	1231.20	1231.20	1231.20
3	工资及福利费	3200.00	400.00	400.00	400.00	400.00	400.00	400.00	400.00	400.00
4	修理费									
5	折旧费									
6	摊销费	768.90	126.11	126.11	126.11	126.11	126.11	46.11	46.11	46.11
7	财务费用（利息、汇兑损失）	3820.30	1205.42	1017.02	702.06	348.68	136.78	136.78	136.78	136.78
7.1	其中：利息支出	3820.30	1205.42	1017.02	702.06	348.68	136.78	136.78	136.78	136.78
8	其他费用	4161.60	520.20	520.20	520.20	520.20	520.20	520.20	520.20	520.20
9	总成本费用									
	其中：固定成本	35952.61	4524.08	4524.08	4524.08	4524.08	4524.08	4444.08	4444.08	4444.08
	可变成本	84988.30	8681.42	10629.02	11382.06	11028.68	10816.78	10816.78	10816.78	10816.78
10	经营成本									

表 6–25　固定资产折旧费估算表

单位：万元

序号	年份 项目	合计	折旧率（%）	投产期		达到设计生产能力期					
				3	4	5	6	7	8	9	10
1	固定资产合计		11.88%								
1.1	原值	19524.29									
1.2	折旧费										
	净值										

表 6–26　无形资产及递延资产摊销费估算表

单位：万元

序号	年份 项目	摊销年限	原值	投产期		达到设计生产能力期					
				3	4	5	6	7	8	9	10
1	无形资产		368.90								
1.1	摊销			46.11	46.11	46.11	46.11	46.11	46.11	46.11	46.11
1.2	净值			322.79	276.68	230.56	184.45	138.34	92.22	46.11	0.00
2	递延资产（开办费）		400.00								
2.1	摊销			80.00	80.00	80.00	80.00	80.00			
2.2	净值			320.00	240.00	160.00	80.00	0.00			
3	无形及递延资产合计		768.90								
3.1	摊销			126.11	126.11	126.11	126.11	126.11	46.11	46.11	46.11
3.2	净值			642.79	516.68	390.56	264.45	138.34	92.22	46.11	0.00

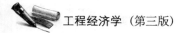

表 6–27　全部资金财务现金流量表

单位：万元

序号	年份 / 项目	合计	建设期		投产期		达到设计生产能力期					
			1	2	3	4	5	6	7	8	9	10
	生产负荷（%）				70	90	100	100	100	100	100	100
1	现金流入	148639.23	0.00	0.00	13314.00	17118.00	19020.00	19020.00	19020.00	19020.00	19020.00	23107.23
1.1	产品销售收入	144552.00			13314.00	17118.00	19020.00	19020.00	19020.00	19020.00	19020.00	19020.00
1.2	回收固定资产余值	976.21										976.21
1.3	回收流动资金	3111.02										3111.02
2	现金流出	121135.64	11486.07	7657.38	11957.40	12360.58	13168.03	12901.23	12901.23	12901.23	12901.23	12901.23
2.1	建设投资（不含建设期借款利息）	19143.45	11486.07	7657.38								
2.2	流动资金	3111.02			2302.70	541.52	266.80					
2.3	经营成本	97803.64			9555.45	11691.45	12759.45	12759.45	12759.45	12759.45	12759.45	12759.45
2.4	销售税金及附加	1077.53			99.25	127.60	141.78	141.78	141.78	141.78	141.78	141.78
3	净现金流量	27503.60	−11486.07	−7657.38	1356.60	4757.42	5851.97	6118.77	6118.77	6118.77	6118.77	10206.00
4	累计净现金流量		−11486.07	−19143.45	−17786.85	−13029.43	−7177.46	−1058.70	5060.07	11178.83	17297.60	27503.60

表 6-28 资本金财务现金流量表

单位：万元

序号	项目＼年份	合计	建设期		投产期		达到设计生产能力期					
			1	2	3	4	5	6	7	8	9	10
	生产负荷（%）				70.00	90.00	100.00	100.00	100.00	100.00	100.00	100.00
1	现金流入	148639.23	0.00	0.00	13314.00	17118.00	19020.00	19020.00	19020.00	19020.00	19020.00	23107.23
1.1	产品销售收入	144552.00			13314.00	17118.00	19020.00	19020.00	19020.00	19020.00	19020.00	19020.00
1.2	回收固定资产余值	976.21										976.21
1.3	回收流动资金	3111.02										3111.02
2	现金流出	133541.75	3787.87	2525.24	14122.32	17118.00	19020.00	17765.04	14205.34	14231.74	14231.74	14231.74
2.1	资本金	7121.43	3787.87	2525.24	808.32							
2.2	借款本金偿还	16282.78			2450.82	3675.62	4435.92	3417.72				2302.70
2.3	借款利息支付	3820.30			1205.42	1017.02	702.06	348.68	136.78	136.78	136.78	136.78
2.4	经营成本	97803.64			9555.45	11691.45	12759.45	12759.45	12759.45	12759.45	12759.45	12759.45
2.5	销售税金及附加	1077.53			99.25	127.60	141.78	141.78	141.78	141.78	141.78	141.78
2.6	所得税	7436.07			3.05	606.31	980.79	1097.40	1167.33	1193.73	1193.73	1193.73
3	净现金流量	15097.48	-3787.87	-2525.24	-808.32	0.00	0.00	1254.96	4814.66	4788.26	4788.26	6572.79

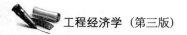

表 6–29　甲方投资财务现金流量表

单位：万元

序号	项目 \ 年份	合计	建设期		投产期		达到设计生产能力期					
			1	2	3	4	5	6	7	8	9	10
	生产负荷（%）				70	90	100	100	100	100	100	100
1	现金流入	6000						600	600	600	600	3600
1.1	股利分配	6000						600	600	600	600	3600
1.2	资产处置收益分配											
1.3	租赁费收入											
1.4	技术转让收入											
1.5	其他现金流入											
2	现金流出	3000	1500	1500								
2.1	股权投资	3000	1500	1500								
2.2	租赁资产支出											
2.3	其他现金流出											
3	净现金流量	1800	–1500	–1500				600	600	600	600	3600

表 6–30 损益和利润分配表

单位：万元

序号	项目＼年份	合计	投产期		达到设计生产能力期					
			3	4	5	6	7	8	9	10
	生产负荷（%）		70	90	100	100	100	100	100	100
1	产品销售收入	144552.0	13314.00	17118.00	19020.00	19020.00	19020.00	19020.00	19020.00	19020.00
2	销售税金及附加	1077.53	99.25	127.60	141.78	141.78	141.78	141.78	141.78	141.78
3	总成本费用	120940.91	13205.50	15153.09	15906.14	15552.76	15340.86	15260.86	15260.86	15260.86
4	利润总额（1–2–3）	22533.56	9.25	1837.31	2972.08	3325.46	3537.36	3617.36	3617.36	3617.36
5	所得税（33%）	7436.07	3.05	606.31	980.79	1097.40	1167.33	1193.73	1193.73	1193.73
6	税后利润（8–5）	15097.48	6.20	1230.99	1991.30	2228.06	2370.03	2423.63	2423.63	2423.63
7	可供分配利润	15097.48	6.20	1230.99	1991.30	2228.06	2370.03	2423.63	2423.63	2423.63
7.1	盈余公积金（10%）	964.09					237.00	242.36	242.36	242.36
7.2	应付利润	0.00								
7.3	未分配利润	14133.39	6.20	1230.99	1991.30	2228.06	2133.03	2181.27	2181.27	2181.27
8	累计未分配利润		6.20	1237.19	3228.49	5456.55	7589.58	9770.85	11952.12	14133.39

表 6–31 资金来源与运用表

单位：万元

序号	项目＼年份	合计	建设期		投产期		达到设计生产能力期					
			1	2	3	4	5	6	7	8	9	10
	生产负荷（%）					70	90	100	100	100	100	100
1	资金来源	69341.98	11792.78	8500.41	4756.58	4823.45	5683.51	5770.09	5981.98	5981.98	5981.98	10069.22
1.1	利润总额	22533.56			9.25	1837.31	2972.08	3325.46	3537.36	3617.36	3617.36	3617.36
1.2	折旧费											

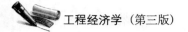

续表

序号	年份 项目	合计	建设期		投产期		达到设计生产能力期					
			1	2	3	4	5	6	7	8	9	10
1.3	摊销费	768.90			126.11	126.11	126.11	126.11	126.11	46.11	46.11	46.11
1.4	长期借款	13980.08	8004.91	5975.17	0.00							
1.5	流动资金借款	2302.70			1494.38	541.52	266.80					
1.6	其他短期借款	0.00										
1.7	自有资金	7121.43	3787.87	2525.24	808.32							
1.8	其他	0.00										
1.9	回收固定资产余值	976.21										976.21
1.10	回收流动资金	3111.02										3111.02
2	资金运用	47123.06	11792.78	8500.41	4756.58	4823.45	5683.51	4515.13	1167.33	1193.73	1193.73	3496.43
2.1	固定资产投资	19143.45	11486.07	7657.38								
2.2	建设期利息	1149.74	306.71	843.03								
2.3	流动资金	3111.02			2302.70	541.52	266.80					
2.4	所得税	7436.07			3.05	606.31	980.79	1097.40	1167.33	1193.73	1193.73	1193.73
2.5	应付利润	0.00										
2.6	长期借款本金偿还	13980.08			2450.82	3675.62	4435.92	3417.72				
2.7	流动资金借款本金偿还	2302.70										2302.70
2.8	短期借款本金偿还	0.00										
3	盈余资金	22218.91	0.00	0.00	0.00	0.00	0.00	1254.96	4814.66	4788.26	4788.26	6572.79
4	累计盈余资金		0.00	0.00	0.00	0.00	0.00	1254.96	6069.61	10857.87	15646.13	22218.91

表 6–32　长期借款偿还计划表

单位：万元

序号	年份 项目	利率(%)	建设期		投产期		达到设计生产能力期	
			1	2	3	4	5	6
1	外汇借款（折合人民币）	9						
1.1	年初借款本息累计			5080.50	8924.75	6473.93	2798.31	
1.1.1	本金			4861.73	8102.88	6473.93	2798.31	
1.1.2	建设期利息			218.78	821.87			
1.2	本年借款		4861.73	3241.15				
1.3	本年应计利息		218.78	603.10	803.23	582.65	251.85	
1.4	本年偿还本金				2450.82	3675.62	2798.31	
1.5	本年支付利息				803.23	582.65	251.85	
2	人民币借款	6.20						
2.1	年初借款本息累计			2924.41	5055.33	5055.33	5055.33	3417.72
2.1.1	本金			2836.48	4727.47	5055.33	5055.33	3417.72
2.1.2	建设期利息			87.93	327.86			
2.2	本年借款		2836.48	1890.99				
2.3	本年应计利息		87.93	239.93	313.43	313.43	313.43	211.90
2.4	本年偿还本金						1637.61	3417.72
2.5	本年支付利息				313.43	313.43	313.43	211.90
3	偿还借款本金的资金来源							
3.1	利润				6.20	1230.99	1991.30	2228.06
3.2	折旧费							
3.3	摊销费				126.11	126.11	126.11	126.11
3.4	偿还本金来源合计(3.1+3.2+3.3)				2450.82	3675.62	4435.92	4672.68
3.4.1	偿还外汇本金				2450.82	3675.62	2798.31	0.00
3.4.2	偿还人民币本金					0.00	1637.61	3417.72
3.4.3	偿还本金后余额(3.4–3.4.1–3.4.2)							1254.96

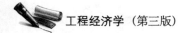

表 6-33　利息支付计算表

单位：万元

项目	合计	3	4	5	6	7	8	9	10
外汇长期借款利息支付（利率 9%）									
人民币长期借款利息支付（利率 6.2%）									
流动资金中的借款数额									
流动资金借款利息支付（利率 5.94%）									
各种借款利息支付总和									

资料来源：某新建工业项目财务评价案例［EB/OL］. http：//www.wenku.baidu.com/view/e257f169b307871978d.html. 2014-04-21. http：//bbs.pinggu.org/thread-854732-1-1.html.

第七章　投资方案的国民经济评价

学习目标

1. 了解国民经济评价的基本概念及其意义。
2. 掌握国民经济评价和财务评价的区别。
3. 理解费用与效益分析的概念。
4. 了解项目的外部效果有哪几种类型。
5. 掌握各经济效益分析指标的含义和计算方法。
6. 了解费用效果分析。
7. 学会运用影子价格。

章前引例

S26 沪常高速公路建设项目的科学投资决策

公路建设项目国民经济评价的主要任务是合理地使用有限的资金，使其发挥出最大的效益。国民经济评价是政府部门投资决策的主要依据，也是公路项目建议书和可行性研究报告的重要组成部分。

S26 沪常高速公路 G1501~G15 区段新建工程可行性研究报告于 2008 年 10 月完成。随着虹桥综合交通枢纽的建成和西郊国际农产品交易中心的投入使用，G1501~G15 区段建成后，将有效分流 G2、G50 的交通流量，能更好地适应虹桥商务区建设发展。该工程全长 10.604 公里，主体工程和配套工程投资共计 526051.85 万元，资本金按 35% 投入，一次存入，分期到位；其余为国内贷款。

S26 沪常高速公路国民经济评价的主要参数有以下几个：

其一，项目评价期。

项目评价期包括建设期和运营期，预计 S26 沪常高速公路项目建设期为 2 年（2009~ 2010 年），运营期一般按 20 年计，故项目评价期为 2009~2030 年，共 22 年。评价基年为建设期第一年，即 2009 年。

其二，社会折现率。

社会折现率反映社会资金的时间价值，体现了国家的经济发展目标和宏观调控意图，综合反映国家当前的投资收益水平、资金的供需情况及资金的机会成本，是国民经济评价的重要参数之一。根据《建设项目经济评价方法与参数》（第 3 版）规定，对于受益期长的建设项目，如果远期效益较大，效益实现的风险较小，社会折现率一般应≥6%。本工程项目测定的社会折现率为 8%。

其三，影子汇率。

影子汇率即外汇的真实价值。在国民经济评价中，通过影子汇率换算系数进行计算。目前我国的影子汇率换算系数取值为 1.08。

其四，贸易费用率。

贸易费用率是贸易费用相对货物影子价格的综合比率。根据有关规定，本工程贸易费用率取 6%。

其五，残值。

残值取项目总投资的 50%，在项目评价期末以负值计入费用。

本项目的国民经济评价结果如表 7–1 所示。

表 7–1　S26 沪常高速公路建设项目国民经济评价结果

指标	经济内部收益率（%）	经济净现值（万元）	经济效益费用比	回收期（年）
评价结果	16.06	912321.66	2.86	13.64

通过国民经济评价结果汇总表，得出该项目经济内部收益率大于基准社会折现率 8%，经济效益显著；经济净现值为 912321.66 万元；经济效益费用比为 2.86，表明 S26 沪常高速公路工程方案可行。

资料来源：王蓓敏. S26 沪常高速公路建设项目的国民经济评价［J］. 中国市政工程，2010（8）.

第一节　国民经济评价概述

国民经济评价是按照资源合理配置的原则，从国家整体角度考察项目的效益和费用，用货物影子价格、影子汇率、影子工资和社会折现率等经济参数，分析计算项目对国民经济的净贡献，评价项目的经济合理性。

一、概念

国民经济评价是项目经济评价的重要组成部分，是按合理配置稀缺资源和社会经济可持续发展的原则，采用影子价格、影子工资、影子汇率、社会折现率等分析参数，从国民经济全局的角度出发，考察项目的经济合理性和在宏观经济上的可行性，其目的是把国家有限的各种资源（包括资金、外汇、劳动力、土地和自然资源等）投入到国家和社会最需要的项目中，并使这些可用于投资的社会有限资源能够合理配置和有效利用，以取得最大的投资效益。

二、意义

国民经济评价是用全局的、长远的观点分析项目的盈利情况，有利于国家实现资源的合理配置，因此，国民经济效益评价对重大工程项目的投资具有决定性的意义。概括地说，对投资项目进行国民经济评价有以下四方面的意义。

1. 有利于国家有限资源的合理流动与优化配置

运用国民经济评价方法对投资项目进行评价能够对资源和投资的合理流动起导向作用。人口以及消费需求不断增长，国家资源（包括资金、外汇、土地、劳动力及其自然资源）却是有限的甚至是稀缺的，仅从财务角度来评价项目得失已经无法正确反映资源的利用是否合理。国民经济评价中采用了影子价格和社会折现率指标。影子价格不仅能起市场信号反馈的作用，而且是在资源最优分配状态下的边际产出价值，因此能够对资源合理分配加以引导，达到宏观调控的目的。采用统一的社会折现率可以使投资最终流向效率高、资金回收比率大的行业或者生产部门，会促进资金的更高效地利用，阻碍某类相对较差项目的建设与存在，同时淘汰某些不适宜的产业，使社会整体效益提高。

2. 能够真实反映项目对国民经济的净贡献

在我国，不少商品出现了“价格失真”的现象，即商品的价格既不能反映价值也不能反映供求关系。在这种情况下，按现行价格来计算项目的投入或产出，就不能确切地反映项目建设给国民经济带来的效益和费用。因此，通过国民经济评价进行价格调整，运用能反映资源真实价值的影子价格来计算建设项目的费用和效益，以便得出该项目的建设是否有利于国民经济总目标的结论。

3. 国民经济评价是投资决策科学化的需要

投资决策的科学性主要表现在以下三个方面：

（1）有利于引导投资方向。运用经济净现值、经济内部收益率等指标及影子价格、影子汇率等参数，可以影响国民经济评价的最终结论，进而起到鼓励或抑制某些行业或项目发展的作用，促进国家资源的合理分配。

（2）有利于抑制投资规模。当投资规模过激时，会引发通货膨胀，这时通过适当提高折现率，控制一些项目的通过，从而控制投资规模。

（3）提供了公平的比较基准。由于国民经济评价不仅统一采用评价价格体系——影子价格，而且采用统一的评价参数——通用参数（影子汇率、影子工资、社会折现率），这样，就使不同地区、不同行业的投资项目，在经济评价中站在同一“起跑线”

上，使其互相之间在效益上、费用上具有可比性。这种横向可比性对于宏观上选择最优投资方向是十分有益的。

4. 对公益性项目具有特殊重要意义

公益性项目主要指政府为社会、国家和公众利益而投资兴办的非营利项目，包括交通运输、邮电、水利等生产性基础设施建设项目；教育、科学、卫生、体育、气象等社会性基础设施建设项目；城市交通、能源动力、城市管理等公共事业项目。这类项目一般以谋求社会效益为目的，由政府投资、兴办，而使大众受益，并且这类工程一般具有规模大、投资多、受益面广、服务年限长、影响深远等特点。显然，对于公益性项目如果只做财务评价会导致错误的结论。因此要以国民经济评价作为评价的主要依据，把对国家和社会的效益放在首位。

三、国民经济评价与财务评价的比较

财务评价与国民经济评价是项目经济评价的两个层次，它们之间既有区别又有联系。财务评价与国民经济评价的共同之处：①它们都是经济评价；②它们都采用现金流量分析的方法；③它们的评价基础相同。财务评价与国民经济评价的区别：①评价角度不同；②项目费用、效益的含义和范围划分不同；③评价采用的价格不同；④主要参数不同。

1. 国民经济评价与财务评价的异同

（1）共同点。国民经济评价与财务评价二者之间的共同之处有以下几点：

1）评价目的相同。国民经济评价和财务评价都是使项目产生最大化效益，即要寻求以最小投入获得最大产出的方法。

2）评价的基本分析方法和主要指标的计算方法相同。国民经济评价和财务评价都使用现金流量分析方法，通过编制基本报表计算净现值、内部收益率等指标来进行比较。

3）评价的基础工作相同。国民经济评价和财务评价都是在完成了产品需求预测、厂址选择、工艺技术路线、工程技术方案、投资估算、资金筹措等可行性研究的基础上进行的，都使用基本的经济评价理论，即费用与效益比较的理论方法。

（2）不同点。国民经济评价和财务评价的区别有以下几点：

1）评价的角度与目标不同。财务评价是从项目自身利益出发通过分析其盈利能力和贷款偿还能力等来确定投资项目的可行性。而国民经济评价是从国民经济的整体利益出发，通过分析国民经济在这个项目上所花的代价和这个项目建成之后可能对国民经济产生的正效益来权衡两者，以确定投资项目的经济合理性。在某种程度上，前者主要为企业的投资决策提供依据，后者则为政府的宏观投资决策提供依据。

2）费用、效益的划分不同。财务评价是根据项目直接发生的实际收入确定项目的效益和费用。国民经济评价则着眼于项目所耗费的全社会有用资源来考察项目的效益。

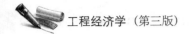

3）所用的价格体系不同。由于财务评价要确定投资项目在财务上的现实可行性，因而对投入物和产出物均采用财务价格。财务价格是以现行价格（市场交易价格）体系为基础的预测价格。而国民经济评价采用的是根据机会成本和供求关系确定的影子价格来代替不合理的国内市场价格。这种影子价格反映资源的价值和稀缺程度，使有限的资源得到最佳的分配，最终带来最大的经济增长。

4）采用的主要评价参数不同。财务评价采用的汇率一般选用当时的官方汇率和因行业而异的基准收益率即折现率。国民经济评价则采用国家统一测量和颁布的影子汇率和社会折现率。

（3）国民经济评价结论与财务评价结论的关系。通常国民经济评价的结论与财务评价的结论是一致的，但基于财务评价和国民经济评价的区别，也有两种评价结论发生冲突的情况。当冲突产生时应用以下相应的原则进行抉择。

原则一，对于财务评价结论和国民经济评价结论均是可行的建设项目可予以通过；反之，应予否定。

原则二，对于国民经济评价结论是不可行的项目，一般予以否定。

原则三，对于关系公共利益、国家安全和市场有效配置资源的经济和社会发展的项目，如果国民经济评价结论是可行的，但财务评价结论是不可行的，应重新考虑方案，必要时可提出经济优惠措施的建议，使项目具有财务生存能力。

2. 国民经济评价的内容及步骤

（1）国民经济评价的内容。在市场经济充分发达的条件下，依赖市场调节的行业项目，政府不必参与具体的项目决策，而由投资者通过财务评价自行决策。项目的生存与发展，完全由市场竞争机制所决定，因此这类项目不必进行国民经济评价。但是在现行的经济体制下，有些行业不能由市场力量自行调节，需要由政府行政干预，这类行业的建设项目需要进行国民经济评价。

需要进行国民经济评价的项目主要有国家及地方政府参与投资的项目；国家给予财政补贴或者减免税费的项目；主要的基础设施项目，包括铁路、公路、航道整治疏浚等交通基础设施建设项目；较大的水利水电项目；国家控制的战略性资源开发项目；动用社会资源和自然资源较多的大型外商投资项目；主要产出物和投入物的市场价格严重扭曲，不能反映其真实价值的项目等。

国民经济评价的主要工作包括识别国民经济的费用和效益、测算和选取影子价格、编制国民经济报表、计算国民经济评价指标、计算全部投资的经济内部收益率和经济净现值等指标，并进行方案比较选择；对于使用国外贷款的项目，还应编制国民经济收益费用表（国内投资），并据此计算国内投资的经济内部收益率和经济净现值等指标。

（2）国民经济评价的步骤。对于一般工程项目，国民经济评价是在财务评价的基础上进行的，其主要步骤如下：

1）效益和费用范围的调整。主要是剔除已计入财务效益和财务费用中的国民经济内部转移支付，并识别项目的间接效益和间接费用，尽量对其进行定量计算，不能定量计算的，则应作定性说明。

2）效益和费用数值的调整。主要是对固定资产投资、流动资金、经营费用、销售收入和外汇借款等各项数据进行调整。

3）分析项目的国民经济盈利能力。编制国民经济效益和费用流量表（全部投资），并据此计算全部投资的经济内部收益率和经济净现值等指标；对于使用国外贷款的项目，还应编制国民经济收益费用表（国内投资），并据此计算国内投资的经济内部收益率和经济净现值等指标。

4）分析项目的外汇效果。对于产出物出口或替代进口的工程项目，应编制经济外汇流量表和国内资源流量表，并据此计算经济外汇净现值、经济换汇成本或经济节汇成本等指标。

5）社会公益项目的国民经济评价步骤。某些工程项目，例如，社会公益项目，也可以直接进行国民经济评价，其主要步骤如下：

A. 识别和估算项目的直接效益。对于为国民经济提供产出物的项目，应先根据产出物的性质确定是否为外贸货物，再确定产出物的影子价格，最后按产出物的种类、数量及其逐年增减情况和产出物的影子价格估算项目的直接效益；对于为国民经济提供服务的项目，则应按提供服务的数量和用户的受益程度来估算项目的直接效益。

B. 估算项目的投资。用货物的影子价格、土地的影子费用、影子工资、影子汇率和社会折现率等参数直接估算项目的投资。

C. 估算流动资金。

D. 估算经营费用依据生产经营的实际耗费，采用货物的影子价格以及影子工资、影子汇率等参数来估算经营费用。

E. 效益评价。识别项目的间接效益和间接费用，尽量对其进行定量计算，不能定量计算的，则应作定性说明。

F. 编制报表。编制有关报表，计算相应的评价指标。

第二节　国民经济评价的费用与效益分析

费用效益分析法是指从国家宏观利益出发，通过识别项目的经济效益和经济费用，求得项目的经济净收益，判断项目经济可行性的过程。费用效益分析的关键：①准确划分项目造成的经济效益和经济费用。②确定影子价格等国民经济评价的重要参数。

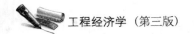

一、概念

所谓费用效益分析，就是按合理配置稀缺资源和社会经济可持续发展的原则，采用影子价格、社会折现率等费用效益分析参数，从国民经济全局的角度出发，考察工程项目的经济合理性。

一个正常运作的市场是将稀缺资源在不同用途和不同时间上进行合理配置的有效机制。然而，市场的正常运作，需要具备以下若干条件：资源的产权清晰、完全竞争、公共物品不多、短期行为不存在等。如果不具备这些条件，市场就不能有效地配置资源，即市场失灵。由于市场失灵的存在，使财务评价的结果往往不能真实反映工程项目的得失，因此必须通过费用效果分析来修正财务评价结果的失真。

费用效益分析主要包括识别国民经济费用与效益、计算和选取影子价格、编制费用效益分析报表、计算费用效益分析指标并对备选方案进行抉择。

二、适用项目类型

对于诸如交通、水利等基础设施建设项目或教育、科学、卫生等公益项目，财务评价不能全面、真实地反映项目的经济价值，应对这些项目进行费用与效益分析以评价其经济上的可行性。

对于财务价格扭曲，不能真实反映项目产出的经济价值，财务成本不能包含项目对资源的全部消耗，财务效益不能包含项目产出的全部经济效果的项目，需要进行经济费用效益分析。应做经济费用效益分析的常见项目类型有以下几种：

其一，具有垄断性特征的项目，如城市供水管网项目、天然气供应项目。

其二，产出具有公共产品特征的项目，如城市道路项目、城市照明路灯项目。

其三，外部效果显著的项目，如长江上游退耕还林项目、城市污水处理厂项目、城市地铁项目。

其四，资源开发项目，如历史文化遗产保护项目、旅游资源开发项目。

其五，涉及国家经济安全的项目，如网络安全项目。

其六，受过度行政干预的项目，如国防工程项目、市政设施、高速公路项目。

三、费用与效益的识别

费用效益分析法是发达国家广泛采用的用于对工程项目进行国民经济评价的方法，也是联合国向发展中国家推荐的评价方法。所谓费用效益分析是指从国家和社会的宏观利益出发，通过对工程项目的经济费用和经济效益进行系统、全面地识别和分析，求得项目的经济净收益，并以此来评价工程项目可行性的一种方法。

费用效益分析的核心是通过比较各种备选方案的全部预期效益和全部预计费用的现值来评价这些备选方案，并以此作为决策的参考依据。项目的效益是对项目的正贡献，而费用则是对项目的反贡献，或者说是对项目的损失。但必须指出的是，工程项目的效益和费用是两个相对的概念，都是针对特定的目标而言的。例如，由于某生产化纤原料的大型工程项目投产使该化纤原料的价格下降，从而导致同行业利润的下降，对该行业来说，这是费用；但服装生产商的成本下降，对服装生产行业来说，则是效益。因此，无论是什么样的项目，在分析、评价的过程中，都有一个费用效益识别的问题。

在项目的国民经济评价中，费用和效益的划分与财务评价相比已有了质的变化，通常识别起来是比较困难的。比如烟草工业，一方面给政府提供了巨额税收，增加了大量的就业岗位，有时甚至成为一个地区的支柱产业；另一方面，烟草对消费者的健康构成了很大的损害，极大地增加了国家和消费者个人的医疗负担。显然，对国民经济整体而言，烟草工业究竟是费用还是效益仅仅从项目的财务收支上进行判别是无法找到答案的。正确地识别费用与效益，是保证国民经济评价正确的前提。

费用与效益的识别原则有以下几点：

1. “有无对比”原则

项目经济效益分析应建立在增量效益、增量费用识别和计算的基础之上，不应考虑沉没成本和已经实现的效益。应按照“有无对比”增量分析的原则，通过项目的实施效果与无项目情况下可能发生的情况进行对比分析，作为计算机会成本或增量效益的依据。

2. 关联效果原则

费用效益分析从国民经济的整体利益出发，其系统分析的边界是整个国民经济，对项目所涉及的成员及群体的费用和效益做全面分析，不仅要识别项目自身的内部效果，而且需要识别项目对国民经济其他部门和单位产生的外部效果。

3. 资源变动原则

在计算财务收益和费用时，依据的是货币的变动。流入项目的货币就是直接效益，流出项目的货币就是直接费用。费用效益分析是以实现资源最优配置从而保证国民经济最大收入为目标，依据的是社会资源真实的变动量，凡是减少社会资源的项目投入都会产生经济费用，凡是增加社会资源的项目产出都会产生经济效益。另外，需要剔除转移支付的部分，因为这种行为本身并没有导致新增资源的产生，如税负、补贴、借款和利息等。

四、经济效益和经济费用的计算原则

项目投资所引发的经济费用或效益的计算，应该在分析利益相关者的基础上，研究处于特定的社会经济背景下相关利益主体获得的收益及付出的代价，从而计算项目相关的费用和效益，计算原则有以下几点：

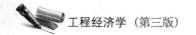

1. 支付意愿原则

具有正面效果的项目产出物的效果计算遵循支付意愿原则，它表示社会成员为项目所产出的效益愿意支付多少。

2. 受偿意愿原则

具有负面效果的项目产出物的效果计算遵循接受补偿意愿原则，它表示社会成员为接受这种不利影响能得到多少补偿。

3. 机会成本原则

计算项目投入的经济费用应遵循机会成本原则，该原则分析了项目所占用的所有资源的机会成本。

4. 实际价值计算原则

采用反映资源真实价值的实际价格对项目所有费用和效益进行计算，不考虑通货膨胀因素的影响，但应考虑相对价格的变动。

五、国民经济评价参数

国民经济评价参数是国民经济评价的基础。正确理解和使用评价参数，对正确计算费用效益和评价指标以及比选优化方案具有重要作用。国民经济评价参数体系有两类，一类是通用参数，如影子汇率、影子工资换算系数和社会折现率等；另一类是货物影子价格等。

1. 影子汇率

影子汇率是指单位外汇的经济价值。实际上，影子汇率也就是外汇的机会成本，即项目投入或产出所导致的外汇的减少或增加给国民经济带来的损失或收益。

在国民经济评价中，影子汇率通过影子汇率换算系数计算，影子汇率换算系数是影子汇率与国家外汇牌价的比值。工程项目投入物和产出物涉及进出口的，应采用影子汇率换算系数计算影子汇率。目前，我国的影子汇率换算系数取值为 1.08。

2. 影子工资换算系数

影子工资是建设项目使用劳动力资源而使社会付出的代价。影子工资由劳动力的边际产出和劳动就业或者转移而引起的社会资源消耗两部分组成。

影子工资一般通过影子工资换算体系计算。影子工资换算系数是影子工资与项目财务评价中劳动力的工资和福利费的比值。我国目前技术性工种劳动力的影子工资换算系数取值为 1，非技术性工种劳动力的影子工资换算系数取值为 0.8。

3. 社会折现率

社会折现率是社会对资金时间价值的估值，代表社会资金被占用应获得的最低收益率，并用作不同年份价值换算的折现率。对以优化资源配置为目的的国民经济分析来说，社会折现率是从整个国民经济角度对资金的边际投资内部收益率的估值，是项目可行性和方案比选的主要判断依据。

根据对我国国民经济运行的实际情况，结合投资收益水平、资金供求状况、资金机会成本以及国家宏观调控等因素进行综合分析，目前社会折现率取值为 10%。

六、费用效益分析指标

项目经济费用效益分析采用社会折现率对未来经济效益和经济费用流量进行折现。项目的所有效益和费用一般均应在共同的时点基础上予以折现。通常，费用效益分析以盈利能力评价为主，评价指标包括经济净现值、经济内部收益率和效益费用比。

1. 经济净现值

经济净现值（ENPV）是指项目按照社会折现率将计算期内各年的经济净效益流量折现到建设期初的现值之和，是经济费用效益分析的主要评价指标，其计算公式：

$$ENPV = \sum_{t=0}^{n}(B-C)_t(1+i_s)^{-t} \tag{7-1}$$

其中，B 表示经济效益流量；C 表示经济费用流量；$(B-C)_t$ 表示第 t 年的经济净效益流量；n 表示计算期；i_s 表示社会折现率。

判断准则：在经济费用效益分析中，如果经济净现值等于或大于零，说明国家拟建项目付出代价后，可以得到符合社会折现率的社会盈余，或者除了得到符合社会折现率的社会盈余外，还可以得到以现值计算的超额社会盈余，这时就认为项目是可以接受的。

2. 经济内部收益率

经济内部收益率（EIRR）是反映项目对国民经济净贡献的相对指标，表明项目占用资金所获得的动态收益率。它是项目在计算期内各年经济净效益流量的现值累计等于零时的折现率，表达式：

$$\sum_{t=0}^{n}(B-C)_t(1+EIRR)^{-t}=0 \tag{7-2}$$

其中，B 表示经济效益流量；C 表示经济费用流量；$(B-C)_t$ 表示第 t 年的经济净效益流量；n 表示计算期。

判断准则：经济内部收益率等于或大于社会折现率，表明项目对国民经济的净贡献达到或超过了要求的水平，这时应认为项目是可以接受的。

3. 效益费用比

效益费用比是项目在计算期内效益流量的现值与费用流量的现值的比率，是经济费用效益分析的辅助评价指标，其计算公式：

$$R_{BC} = \frac{\sum_{t=1}^{n}B_t(1+i_s)^{-t}}{\sum_{t=1}^{n}C_t(1+i_s)^{-t}} \tag{7-3}$$

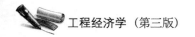

其中，R_{BC} 表示效益费用比；B_t 表示第 t 期的经济效益；C_t 表示第 t 期的经济费用。如果效益费用比大于 1，表明项目资源配置的经济效率达到了可以被接受的水平。

第三节　费用效果分析

费用效果分析是分析项目的结果起到的作用、效用和效能，是分析项目目标实现的程度，是衡量项目实现程度的量。

一、工程项目的效果概述

效益与费用是指工程项目对国民经济所做的正贡献与反贡献。我们往往将项目对国民经济产生的影响称为效果。这种效果又可以分为直接效果和外部效果。

1. 直接效果

直接效果是工程项目直接效益和直接费用的统称。

（1）直接费用。工程项目的直接费用是项目投入物的直接经济价值，是国家为项目的建设和生产经营而投入的各种资源（固定资产投资、流动资金以及经常性投入等）用影子价格计算出来的经济价值。工程项目直接费用的确定可分为两种情况。

1）在项目所需投入物来自国内供应总量增加（即依靠增加国内生产来满足该项目的需求）的情况下，项目的费用即为增加国内生产所耗用的资源价值。

2）在国内市场总供应量不变的情况下，应分三种情况予以考虑：当项目的投入物依靠从国际市场进口来满足需求时，项目的费用即为进口投入物所花费的外汇；当项目的投入物为本可出口的资源（即依靠减少出口来满足该项目的需求）时，项目的费用即为因减少出口量而减少的外汇收入；当项目的投入物为本应用于其他项目的资源（即依靠减少对其他项目的投入来满足该项目的需求）时，项目的费用即为其他项目因减少投入量而减少的效益，也就是其他项目对该投入物的支付意愿。

（2）直接效益。工程项目的直接效益是项目产出物的直接经济价值，是项目自身直接增加销售量和劳动量所获得的效益。

工程项目直接效益的确定可分为两种情况：

1）在项目的产出物用于增加国内市场供应量的情况下，项目的效益即为其所满足的国内需求，可由消费者的支付意愿来确定。

2）在国内市场总供应量不变的情况下，则应考虑三种情况：当项目产出物增加了出口量时，项目的效益即为其出口所获得的外汇；当项目产出物可替代进口时，为国家减少了总进口量，项目的效益即为其替代进口所节约的外汇；当项目产出物顶替了原有项目的生产，致使原有项目减停产时，项目的效益即为由原有项目减停产而向社

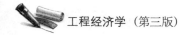

会释放出来的资源，其价值也就等于这些资源的支付意愿。

2. 外部效果

外部效果是工程项目间接效益和间接费用的统称，是由于项目实施所导致的在项目之外未计入项目效益与费用的效果。计算外部效果时，必须同时满足两个条件：相关性条件和不计价条件。所谓相关性条件是指工程项目的经济活动会影响与本项目没有直接关系的其他生产者和消费者的生产水平或消费质量，所谓不计价条件是指这种效果不计价或无须补偿。

（1）间接费用与间接效益。间接费用又称外部费用，是指国民经济为项目付出了代价，而项目自身却不必实际支付的那部分费用。比如，一耗能巨大的工业项目投产，有可能导致当地其他项目用电紧张，其他项目因此而减少的效益即为该项目的间接费用。显然，在对工程项目进行国民经济评价时，必须计算外部效果。

间接效益又称外部效益，是指项目对国民经济做出了贡献，而项目自身并未得益的那部分效益。比如，果农栽种果树，客观上使养蜂者得益，这部分效益即为果农生产的间接效益。

（2）外部效果的内容。项目的费用和效益不仅体现在它的直接投入物和产出物中，还会在国民经济相邻部门及社会中反映出来，这就是外部效果，又称项目的间接费用和间接效益。

外部费用指国民经济为项目付出了代价，而项目本身并不实际支付的费用。例如，工业项目产出的废水、废气和废渣引起的环境污染及对生态平衡的破坏，项目并不支付任何费用，但是国民经济却付出了代价。

外部效益是指项目对社会做出了贡献，而项目本身并未获得的那部分利益。例如，在建设一个钢铁厂的同时，又修建了一套场外运输系统，它除了为钢铁厂服务外，还使当地的工业生产和人民生活得益，这部分效益即为钢铁厂的外部效益。

外部费用和外部效益通常较难计算，为了减少计量上的困难，应力求明确项目的“外部”。根据具体项目情况，合理确定项目扩展的边界。有条件时将具有相互关联的项目绑在一起形成“项目群”再进行具体分析，内部化处理外部效果。对于无法量化的外部效果，应进行定性分析。

经过上述处理后，可能还有一些外部效果需要单独考虑和计算。这些外部效果主要包括以下几个方面：

1）环境影响。环境影响是指工程项目对自然环境和生态环境造成的污染和破坏。比如，工业企业排放的“三废”对环境产生的污染，就是项目的间接费用。这种间接费用要定量计算比较困难，一般可按同类企业所造成的损失或者按恢复环境质量所需的费用来近似估算，若难以定量计算则应作定性说明。此外，某些工程项目，比如，环境治理项目会对环境产生好的影响，则应计算项目的外部效果。

2）价格影响。若项目的产出物大量出口，导致国内同类产品的出口价格下跌，则由此造成的外汇收益的减少应计为该项目的间接费用。若项目的产出物只是增加了国内市场的供应量，导致产品的市场价格下跌，可使产品的消费者获得降价的好处，但这种好处只是将原生产商减少的收益转移给了产品的消费者而已，对于整个国民经济而言，效益并未改变，因此消费者得到的收益并不能计为该项目的间接收益。

3）相邻效果。相邻效果是指由于项目的实施而给上游企业（为该项目提供原材料和半成品的企业）和下游企业（使用该项目的产出物作为原材料和半成品的企业）带来的辐射效果。项目的实施会使上游企业得到发展，增加新的生产能力或使其原有生产能力得到更充分的利用，也会使下游企业的生产成本下降或使其闲置的生产能力得到充分的利用。实践经验证明，对相邻效果不应估计过大，因为大多数情况下，项目对上游、下游企业的相邻效果可以在项目投入物和产出物的影子价格中得到体现。只有在某些特殊情况下，间接影响难以在影子价格中反映时，才需要作为项目的外部效果计算。

4）技术性扩散效果。技术性扩散效果是指由于某个项目率先采用了先进技术而带动了整个行业，甚至是全社会的技术推广。例如，在建设一个钢铁厂的同时，又修建了一套厂外运输系统，它除了为钢铁厂服务之外，还使当地的工业生产和人民生活得益，产生了技术外溢效益；工业项目产生的废水、废气和废渣引起的环境污染及对生态平衡的破坏，项目并不支出任何费用，而国民经济却付出了代价，产生技术外溢费用。

5）乘数效果。乘数效果是指由于项目的实施而使与该项目相关的产业部门的闲置资源得到有效利用，进而产生一系列的连锁反应，带动某一行业、地区或全国的经济发展所带来的外部净效益。比如，当国内钢材生产能力过剩时，如果国家投资修建铁路干线，就需要大量的钢材，进而使原来闲置的生产能力得到启用，使钢铁厂的成本下降，效益提高。同时，由于钢铁厂的生产扩大，连带使炼铁、炼焦以及采矿等部门原来剩余的生产能力得以利用，使效益增加，由此产生一系列的连锁反应。在进行扶贫工作时，就可以优先选择乘数效果大的项目。一般情况下，乘数效果不能连续扩展计算，只需计算一次相关效果即可。

（3）转移支付——剔除的费用效益。在工程项目费用与效益的识别过程中，经常会遇到国内借款利息、税金、折旧以及财政补贴等问题的处理，这些都是财务评价中的实际收支。但从国民经济整体的角度来看，这些收支并不影响社会最终产品的增减，未造成资源的实际耗用和增加，而仅仅是资源的使用权在不同的社会实体之间的一种转移。这种并不伴随着资源增减的纯粹货币性质的转移，即为转移支付。因此，在国民经济评价中，转移支付不能计为项目的费用或效益。常见的转移支付有税金、补贴、折旧和利息。

1）税金。税金是一种财务支出，包括增值税、产品税、资源税和关税等。税金对待建项目来说是支出，但从国家财政角度来说是收入。对于国民经济评价，它仅仅表示项目对国民经济的贡献有一部分转移到政府手中，由政府再分配。税收并未减少国

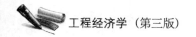

民收入，也未发生社会资源的变动。因此，所有财政性的税金，既不是经济费用也不是经济收益。

2）补贴。补贴是一种货币流动方向与税金相反的转移支付，包括出口补贴和价格补贴等。补贴虽然增加了拟建项目的财务收益，但从社会资源的角度看，补贴既没增加社会资源也没减少社会资源，而是国家从国民收入中批出一部分资金转给了企业。补贴也不是国民经济评价中的费用与效益。

3）折旧。折旧是指一定时期内为弥补固定资产损耗按照规定的固定资产折旧率提取的资产折旧费，它反映了固定资产在当期生产中的转移价值。在经济效益分析时已把以固定资产投资所消耗的资源作为项目的投资成本，所以这部分固定资产在会计上提取的折旧，就不能算作社会成本。

4）利息。利息是利润的转化形式，是企业与银行之间的一种资金转移，并不牵涉资源的增减变化，因此利息也不能作为国民经济分析中的费用与效益。

二、费用效果分析的含义

国民经济评价中费用效果分析是指费用采取货币计量，效果采取非货币计量的经济效果分析方法。费用效果分析中的费用系指为实现项目预订目标所付出的财务代价或经济代价，采用货币计量；效果系指项目的结果所起到的作用、效应和效能，是项目目标的实现程度。按照项目要实现的目标，一个项目可以选用一个或几个效果指标。

对工程项目的费用效果分析主要集中在两个方面：

1. 制定实现项目目标的途径和方案

在正常情况下，经过充分论证项目必要性后，项目进入方案比选阶段，这个阶段要本着以尽可能少的费用获得尽可能大的效果原则，通过多方案比选，提供优选方案或进行方案优先次序排队。

2. 评价项目主体效益难以货币化的项目

在工程项目中，防灾减灾、环境保护、国家安全、科技、教育、文化、卫生、体育等一类项目属于公益性项目，公益性项目的建设目的在于向社会公众提供服务，使社会大众受益，而不是以项目自身的盈利为主要目标，其主体效益往往难以货币化，应采用费用效果分析的结论作为项目投资决策的依据之一。

三、费用效益分析与费用效果分析的比较

费用效果分析是分析项目的结果起到的作用、效用和效能，是分析项目目标实现的程度。费用效益分析是对经济活动方案的得失、优劣进行评价、比较以供合理决策的一种经济数量分析方法，这种方法较多地用于工程建设的项目评价中。费用效益分析还被当作一种特殊形式的经济系统分析。

1. 费用效益分析单位统一，认可度高，结果易于被接受

在市场经济中，货币作为一般等价物，价格作为市场认可的公平权重，在不同产出效果的叠加计算中起着重要的参照物作用。因而用货币衡量效果和费用的费用效益分析具有简洁明了、结果透明、易于被人们接受的优点。当项目效果或其中主要部分已经货币化时，站在社会公众立场上所做的经济评价分析必须采用费用效益分析方法。

2. 费用效果分析回避了效果定价的难题，最适于效果难以货币化的领域

在项目费用经济效益分析中，当涉及发达程度不同的地区、不同收入阶层的代内公平和当代人福利和未来人福利的代际公平、环境的价值、生态的价值、生命和健康的价值等问题时，往往很难定价，而不同的测算方法差别也可能很大。勉强定价，往往引起争议，降低评价的可信度。另外，在可行性研究的不同技术经济环节，如厂址选择、工艺选择、设备选型、总图设计、环境保护、安全措施等，无论进行财务分析，还是进行费用效益分析，都很难与项目最终的效益直接挂钩测算。这些情况都适合用费用效果分析法测算。

尽管费用效益分析和费用效果分析各有适用条件，但两者评价的基本原则是相同的，即最大限度地节约稀缺资源，最大程度地提高经济效果。

四、费用效果分析的适用范围

当工程项目的效果难以或不能货币化，或货币化的效果不是工程项目目标的主体时，在经济评价中应采用费用效果分析法，通过比较项目预期的结果与所支付的费用，判断项目的费用有效性或经济合理性。

费用效果分析只能比较不同方案的优劣，不能像费用效益分析那样保证所选方案的效果大于费用，因此应遵循多方案比选的原则。在进行费用效果分析时，项目的备选方案应满足下列条件：

其一，备选方案不少于两个，且为互斥方案或可转化为互斥的方案。

其二，备选方案应具有共同的目标，且满足最低效果的要求。

其三，备选方案的费用应能货币化，并采用同一计量单位，且资金用量未突破资金限额。

其四，备选方案应具有可比的生命周期。

其五，备选方案的效果应采用同一非货币单位计量。

五、费用效果分析的基本步骤

费用效果分析方法一般应包括以下几个步骤：

第一，确定欲达到的目标。

第二，对达到上述目标的具体要求作出说明和规定。

第三，制定各种可行性方案。

第四，建立各方案达到规定要求的量度指标，这类指标应该具有典型的功能、效率、可靠性、安全性、可维护性、可供应性等。

第五，确定各方案达到上述量度指标的水平。

第六，选择固定效果法、固定费用法或费用效果比较法来选择最佳方案。

在费用效益分析中较为困难的问题是某些项目的效益不能简单地用货币来衡量。例如，文化、教育、医疗、保健、通信、国防、公安、消防、住宅以及绿化等建设项目的效果，还有涉及噪声危害、空气污染、防止犯罪、提高人们素质、改善环境、消除疾病、延长寿命以及军事能力增强、就业机会增多，等等，这些效果称为无形效果。假如，某公益项目的无形效果可用单一指标来衡量，就可采用费用效果分析法，计算指标一般可用效果费用比 $R_{E/C}$ 表示，即：

$$R_{E/C}=\frac{E}{C}=\frac{\text{项目效果}}{\text{项目用现值或年值表示的计算期费用}}=\frac{\text{效果}}{\text{费用}} \tag{7-4}$$

这就是费用效果分析的基本指标。其判定准则：投入费用一定、效果最大，或者效果一定、费用最小的方案最佳。

六、费用效果分析的基本方法

费用效果分析可采用下列基本方法：

1. 最小费用法

最小费用法也称固定效果法，在效果相同的条件下，应选择费用最小的备选方案。

2. 最大效果法

最大效果法也称固定费用法，在费用相同的条件下，应选择效果最大的备选方案。

3. 增量分析法

当效果与费用均不固定，且分别具有较大幅度的差别时，应比较两个备选方案之间的费用差额和效果差额，分析获得增量效果所付出的增量费用是否值得，不可盲目选择效果费用比大的方案或费用效果比小的方案。采用费用效果增量分析时应先确定基准指标（截止指标）。如果增加的效果能够抵补增加的费用，选择费用高的方案；否则，选择费用低的方案。

如果项目有两个以上的备选方案进行增量分析，宜按下列步骤优选：

（1）将方案费用由小到大排序。

（2）从费用最小的两个方案开始比较，通过增量分析选择优势方案。

（3）将优势方案与紧邻的下一个方案进行增量分析，并选出新的优势方案。

（4）重复第三步，直到最后一个方案。最终被选定的优势方案为最优方案。

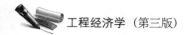

第四节 影子价格

影子价格是在其他条件不变的情况下，单位资源变化所引起的目标函数的最优值的变化。这个定义是基于线性规划中的合理利用有限资源以求得最好的经济效果的规划问题而提出的。影子价格正是这种假设条件中单位资源对目标极值的贡献，是资源的单位价格，反映资源在企业内部运用的贡献情况。

一、概念

影子价格的概念是20世纪30年代末至40年代初由荷兰数理经济学、计量经济学创始人之一的詹恩·丁伯根和苏联数学家、经济学家、诺贝尔经济学奖获得者康托罗维奇分别提出来的。

影子价格是指某种资源得到最优利用时的边际产出价值，即当资源获得最优利用时，每增加一单位该资源所带来的收益增加。影子价格反映了社会经济处于某种最优状态下的资源稀缺程度和对最终产品的需求情况，因此，它是人为确定的，比交换价格更为合理的一种价格。这个"合理"的标志是能更好地反映产品的价值，反映市场供求状况，反映资源稀缺程度；从价格产出的效果来看，"合理"的标志是使资源配置向优化的方向发展。

国民经济评价是通过项目的国民经济效益来评价项目对国民经济的净贡献。正确衡量项目国民经济评价的重要前提是合理确定影子价格。经济费用效益分析使用的价格是基于国家而言的机会成本，由于政府或私人部门所造成的市场扭曲的存在，因而投入物和产出物的经济价值往往与其财务价值不同，例如，关税、出口税、营业税和消费税等。这就造成了项目的国民经济评价与企业财务评价的不一致。因此，在进行国民经济评价时，就要通过影子价格来消除财务评价对国民经济评价的影响，消除市场扭曲的因素。只有合理确定影子价格，才能保证项目国民经济效益的真实性，使国民经济评价的结论能正确指导投资决策，保证资源的合理配置。

二、影子价格的确定

一个项目的投入与产出，一定会对国民经济产生各种影响。从投入物的消耗来看，可能会减少国民经济其他部门对该投入物的消费、增加国民经济内部该投入物的产量、增加进口或减少出口。从产出物的产量来看，可能会增加国民经济对这个产出物的总消费、减少国民经济其他企业的生产、减少进口或增加出口。如果主要影响国家的进出口水平，应划为外贸货物；如果主要影响国内供求关系，应划为非外贸货物。

1. 外贸货物影子价格的确定

外贸货物是指项目使用或生产某种产品将会直接或间接影响国家对这种产品的进口或者出口。外贸货物包括项目产出物中直接出口（增加出口）、间接出口（替代其他企业产品使其增加出口）和替代进口（以产顶进，减少进口）的货物；项目投入物中直接进口（增加进口）、间接进口（挤占其他企业的投入物使其增加进口）和减少进口（占用原本可以出口的国内产品）的货物。

外贸货物影子价格的确定一般以口岸价格为基础，按照项目各项产出和投入对国民经济的影响，根据口岸、项目所在地、投入物的国内产地、项目产出物的主要市场所在地以及交通运输条件的差异，对流通领域的费用支出进行调整而分别制定的。具体的定价方法可分为以下几种情况（对于项目产出物确定的是出厂影子价格，而对于项目投入物确定的是到厂影子价格）。

（1）项目产出物影子价格的确定。项目产出物影子价格的确定分以下几种情况：

1）直接出口。项目产出物直接出口，其影子价格等于离岸价格减去国内运输费用和贸易费用，用计算公式表示：

$$SP = FOB \times SER - (T_1 + TR_1) \tag{7-5}$$

其中，SP 表示产品的影子价格，按出厂价格计算；FOB 表示以外汇计价的离岸价格（离岸价格是指出口货物的离境交货价格）；SER 表示影子汇率；T_1、TR_1 分别表示出口产品出厂到口岸的运输费用和贸易费用。

2）间接出口。间接出口产品影子价格的计算公式：

$$SP = FOB \times SER - (T_2 + TR_2) + (T_3 + TR_3) - (T_4 + TR_4) \tag{7-6}$$

其中，SP 表示间接出口产品的影子价格，按出厂价格计价；FOB 表示同类产品出口离岸价格，以外汇计价；$T_2 + TR_2$ 表示原供应厂到口岸的运输费用和贸易费用；$T_3 + TR_3$ 表示原供应厂到用户的运输费用和贸易费用；$T_4 + TR_4$ 表示项目地点到用户的运输费用和贸易费用。

当原供应厂和用户难以确定时，可以简化为按直接出口计算。此时，需要假定一个产品出口的离岸口岸，估算出离岸价和项目所在地到口岸的运输费用与贸易费用，然后计算出产品的出厂影子价格。

3）替代进口。替代进口产品的影子价格等于到岸价格减去拟建项目到用户的运输费用及贸易费用，再加上口岸到原用户的运输费用和贸易费用，用计算公式表示：

$$SP = CIF \times SER - (T_4 + TR_4) + (T_5 + TR_5) \tag{7-7}$$

其中，SP 表示替代进口产品的影子价格，按出厂价格计价；CIF 表示被替代进口货物的到岸价格，以外汇计价；SER 表示影子汇率；$T_4 + TR_4$ 表示项目产品出厂到用户的运输费用以及贸易费用；$T_5 + TR_5$ 表示被替代进口货物从口岸到用户的运费以及贸易费用。

当具体用户难以确定时，可按到岸价格计算。

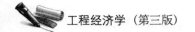

（2）项目投入物影子价格的确定。项目投入物影子价格的确定分以下几种情况：

1）直接进口。项目投入物直接进口，其影子价格等于到岸价格加国内运输费用和贸易费用，用计算公式表示：

$$SP = CIF \times SER + (T_1 + TR_1) \tag{7-8}$$

其中，SP 表示直接进口投入物的影子价格；CIF 表示直接进口投入物的进口到岸价格，以外汇计价；SER 表示影子汇率；T_1+TR_1 表示直接进口投入物从我国口岸到项目地点的运费以及贸易费用。

2）间接进口。间接进口产品的影子价格，用计算公式表示：

$$SP = CIF \times SER + (T_5 + TR_5) - (T_3 + TR_3) + (T_6 + TR_6) \tag{7-9}$$

其中，SP 表示间接进口投入物的影子价格；CIF 表示间接进口投入物的进口到岸价格；SER 表示影子汇率；T_5+TR_5 表示间接进口投入物从口岸到原用户的运费以及贸易费用；T_3+TR_3 表示国内生产供应厂到原用户的运输费用和贸易费用；T_6+TR_6 表示国内生产供应厂到项目地点的运输费用和贸易费用。

当原供应厂和用户难以确定时，可按直接进口考虑。

3）减少出口。减少出口的影子价格等于离岸价格减去原供应厂到口岸的运输费用和贸易费用，再加上供应厂到项目地点的运输费用和贸易费用，用计算公式表示：

$$SP = FOB \times SER - (T_2 + TR_2) + (T_6 + TR_6) \tag{7-10}$$

其中，SP 表示减少出口的影子价格；SER 表示影子汇率；FOB 表示同类产品出口离岸价，以外汇计价；T_2+TR_2 表示原供应厂到口岸的运输费用和贸易费用；T_6+TR_6 表示国内生产供应厂到项目地点的运输费用和贸易费用。

当原供应厂难以确定时，可只按离岸价格计算。

2. 非外贸货物的影子价格

非外贸货物是指生产和使用对国家进出口不产生影响的货物。除了包括所谓的天然非外贸货物如国内建筑、国内运输、商业及其他基础设施的产品和服务以外，还有由于地理位置所限而使国内运费过高不能进行外贸的货物以及受国内外贸易政策和其他条件限制而不能进行外贸的货物等所谓的非天然非外贸货物。非外贸货物影子价格的确定原则和方法如下：

（1）产出物。产出物的影子价格确定有以下两种情况：

1）项目的产品增加国内的供应量，增加新的消费量。若国内市场供求均衡，应采用市场价格定价；若国内市场供不应求，参照国内市场价格并考虑价格变化的趋势定价，但不应高于相同质量的同类产品的进口价格；无法判断供求情况的，取上述价格中的较低者。

2）不增加国内市场供应量，只是替代其他相同或类似生产企业的产出物，导致其减产或停产的。在这种情况下，若质量与被替代产品相同，应按被替代产品的可变成本分解定价；若产品质量有所提高，原则上应按被替代产品的可变成本加上因产品质量提高而带来的国民经济效益定价。其中，提高产品质量带来的效益可以近似地按国际市场价格与被替代产品的价格之差确定。非外贸货物产出物按上述原则定价后，再计算为出厂价格。

（2）投入物。投入物的影子价格确定有以下几种情况：

1）项目所需投入物能通过原有企业挖潜、不增加投资而增加供应，按可变成本分解定价。

2）需要通过增加投资扩大生产规模以满足拟建项目需求的，按分解成本（包括固定成本分解和可变成本分解）定价。当难以获得分解成本所需资料时，可参照国内市场价格定价。

3）项目计算期内无法通过扩大生产规模来增加供应量（减少原用户供应量）的，参照国内市场价格、国家统一价格加补贴及协议价格中较高者定价。

所谓的成本分解法是确定主要非外贸货物影子价格的常用方法，其做法简述如下：首先将货物的成本逐一分解，并按成本构成性质进行分类；其次分别按照其影子价格的确定方法定价；最后将分解后经重新调整所得的成本汇总，即是该货物的影子价格。

投入物按上述原则定价后，再计算为出厂价格。

本章小结

在市场经济条件下，只有当市场不能公平有效地配置资源，从而损害了其他社会成员的利益时，政府才应出面干预。国民经济评价能够为科学决策、合理利用资源以及国民经济的可持续发展提供保证。它在项目评价中发挥着财务评价不可替代的重要作用。

国民经济评价不同于财务评价，项目的费用与效益分析是从国民经济评价的层面上对项目进行分析评价的。正确地识别项目的费用与效益是得到准确的费用与效益评价的基础。当工程项目的效果难以或不能货币化，或货币化的效果不是工程项目目标的主体时，在经济评价中应采用费用效果分析法。

只有对项目的经济评价方法不断加以完善和提高，才能使我们的政策规范更加有利于市场经济体制的完善、国家经济的发展和人民福利水平的提高。

概念回顾

国民经济评价（National Economic Evaluation）。国民经济评价是按合理配置稀缺资源和社会经济可持续发展的原则，采用影子价格、影子工资、影子汇率、社会折现率等分析参数，从国民经济全局的角度出发，考察项目的经济合理性和在宏观经济上的

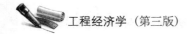

可行性。

直接费用（Direct Costs）。直接费用是指国家为项目的建设和生产经营而投入的各种资源（固定资产投资、流动资金以及经常性投入等）用影子价格计算出来的经济价值。

直接效益（Direct Benefit）。直接效益是指由项目自身产出，由其产出物提供，并应用影子价格计算出来的产出物的经济价值，是项目自身直接增加销售量和劳动量所获得的效益。

间接费用（Indirect Cost）。间接费用又称外部费用，是指国民经济为项目付出了代价，而项目自身却不必实际支付的那部分费用。

间接效益（Indirect Benefit）。间接效益又称外部效益，是指项目对国民经济作出了贡献，而项目自身并未得益的那部分效益。

外部效果（External Effects）。外部效果是工程项目间接效益和间接费用的统称，是由于项目实施所导致的在项目之外未计入项目效益与费用的效果。

相邻效果（Adjacent Effect）。相邻效果是指由于项目的实施而给上游企业（为该项目提供原材料和半成品的企业）和下游企业（使用该项目的产出物作为原材料和半成品的企业）带来的辐射效果。

乘数效果（Multiplier Effect）。乘数效果是指由于项目的实施而使与该项目相关的产业部门的闲置资源得到有效利用，进而产生一系列的连锁反应，带动某一行业、地区或全国的经济发展所带来的外部净效益。

费用效益分析（Cost-Benefit Analysis）。费用效益分析是按合理配置稀缺资源和社会经济可持续发展的原则，采用影子价格、社会折现率等费用效益分析参数，从国民经济全局的角度出发，考察工程项目的经济合理性的经济评价方法。

经济效益（Economic Benefit）。经济效益是在特定的社会经济背景条件下相关利益主体获得的收益。

经济费用（Economic Cost）。经济费用是在特定的社会经济背景条件下相关利益主体付出的代价。

费用效果分析（Cost-effectiveness Analysis）。费用效果分析是指在经济评价中应采用费用效果分析法，通过比较项目预期的结果与所支付的费用，判断项目的费用有效性或经济合理性。

影子价格（Shadow Price）。影子价格是某种资源得到最优利用时的边际产出的价值，即当资源获得最优利用时，每增加一单位该资源所带来的收益增加。

外贸货物（Foreign Trade Goods）。外贸货物是指项目使用或生产某种产品将会直接或间接影响国家对这种产品的进口或者出口。

影子汇率（Shadow Exchange Rate）。影子汇率是指项目投入或产出所导致的外汇的减少或增加给国民经济带来的损失或收益。

社会折现率（Social Discount Rate）。社会折现率是社会对资金时间价值的估值，代表社会资金被占用应获得的最低收益率，并用作不同年份价值换算的折现率。

公式回顾

经济净现值（ENPV）：

$$ENPV = \sum_{t=0}^{n} (B - C)_t (1 + i_s)^{-t} \tag{7-1}$$

经济内部收益率（EIRR）：

$$\sum_{t=0}^{n} (B - C)_t (1 + EIRR)^{-t} = 0 \tag{7-2}$$

效益费用比（R_{BC}）：

$$R_{BC} = \frac{\sum_{t=1}^{n} B_t (1 + i_s)^{-t}}{\sum_{t=1}^{n} C_t (1 + i_s)^{-t}} \tag{7-3}$$

效果费用比（$R_{E/C}$）

$$R_{E/C} = \frac{E}{C} = \frac{\text{项目效果}}{\text{项目用现值或年值表示的计算期费用}} = \frac{\text{效果}}{\text{费用}} \tag{7-4}$$

项目产品物直接出口的影子价格：

$$SP = FOB \times SER - (T_1 + TR_1) \tag{7-5}$$

间接出口产品的影子价格：

$$SP = FOB \times SER - (T_2 + TR_2) + (T_3 + TR_3) - (T_4 + TR_4) \tag{7-6}$$

替代进口产品的影子价格：

$$SP = CIF \times SER - (T_4 + TR_4) + (T_5 + TR_5) \tag{7-7}$$

项目投入物直接进口的影子价格：

$$SP = CIF \times SER + (T_1 + TR_1) \tag{7-8}$$

间接进口产品的影子价格：

$$SP = CIF \times SER + (T_5 + TR_5) - (T_3 + TR_3) + (T_6 + TR_6) \tag{7-9}$$

减少出口的影子价格：

$$SP = FOB \times SER - (T_2 + TR_2) + (T_6 + TR_6) \tag{7-10}$$

练习题

1. 国民经济评价的含义是什么？对投资项目进行国民经济评价有何意义？
2. 分析项目国民经济评价与财务评价的异同。

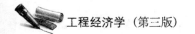

3. 项目的外部效果分哪几种类型？

4. 经济费用效益分析指标有哪些？并简述每一种指标。

5. 在国民经济评价中采用的经济参数主要有哪些？

6. 国民经济评价中费用与效益的识别原则是什么？

7. 什么是直接效益、直接费用和间接效益、间接费用？

8. 什么是影子价格？什么是影子汇率？

9. 假定煤在离新建煤矿最近的口岸价格为每吨 50 美元，汇率按 8.40 元计算，新建煤矿项目所在地到最近口岸的距离为 300 公里，铁路运费的影子价格为 0.053 元/吨·公里，贸易费用的影子价格按口岸价格的 6%计算，试求出口煤（产出物）的影子价格。

10. 已知方案 A、B、C 的有关资料如表 7–2 所示，基准收益率为 15%，试分别用净现值法对这三个方案进行优选。

表 7–2　不同方案的数据资料

方案	初始投资	年收入	年支出	经济寿命
A	3000	1800	800	5 年
B	3650	2200	1000	5 年
C	4500	2600	1200	5 年

☞ 案例分析

某企业拟建一个生产性项目，以生产国内某种急需的产品。该项目的建设期为 2 年，运营期为 10 年。预计建设期投资 800 万元（含建设期贷款利息 20 万元）并全部形成固定资产。固定资产使用年限 10 年，运营期末残值为 50 万元，按照直线法折旧。

该企业于建设期第一年投入项目资本金为 380 万元，建设期第二年向当地建设银行贷款 400 万元（不含贷款利息），贷款年利率为 10%，贷款在 10 年内按等额本金的方式还款，项目第三年投产。投产当年投入资本金 200 万元，作为流动资金使用。

运营期正常年份每年的销售收入为 700 万元，产品销售税金及附加税税率为 6%，增值税税率为 17%，所得税税率为 33%，年总成本为 400 万元（外购原材料 200 万元），行业基准收益率为 10%。

投产的第一年生产能力仅为设计生产能力的 70%，为简化计算，这一年的销售收入、经营成本和总成本费用均按正常年份的 70%估算。投产的第二年及其以后的各年生产均达到设计生产能力。

资料来源：Zhangtaoshunshun. 工程经济复习题［EB/OL］. http：//www.docin.com/p–618392689. html. 2013–03–20.

思考题

（1）编制全部投资现金流量表。

（2）计算项目的动态投资回收期和财务净现值。

（3）计算项目的财务内部收益率。

（4）从财务评价的角度分析说明拟建项目的可行性。

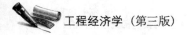

第八章　工程项目风险与不确定性分析

学习目标

1. 比较分析工程项目风险和不确定性之间的关系。
2. 了解项目风险的分类及主要特征。
3. 理解项目风险的识别与应对策略。
4. 能够运用风险型决策的三大主要方法解决问题。
5. 重点掌握盈亏平衡分析的原理、敏感性分析、概率分析的原理。
6. 熟练掌握盈亏平衡图、盈亏平衡点、敏感性分析、概率分析方法。

章前引例

苏宁电器如何应对未来的不确定性

2007年元旦上午10点，刘先生在苏宁电器集团有限公司（以下简称苏宁）中山公园分店为杭州的朋友订了一台热水器。交钱签单后，刘先生立即收到了一条来自苏宁的手机短信，提示该订单将尽快处理。中午12点，刘先生刚在一家餐馆落座，苏宁又发来一条短信，通知他订单已完成，并赠送了一些积分；正要求证的时候，杭州的朋友打来电话致谢。从上海下订单，销售信息传到杭州仓库，到杭州派工装车、送货上门，前后不到两小时，苏宁的响应速度让刘先生感到一丝意外的惊喜。

如果时钟往回拨一个月，刘先生还享受不到上海订货、杭州收货的便利；时钟再往回拨半年，刘先生也享受不到两小时内家电上门的快捷。而这些快捷、便利，都依托在苏宁的SAP信息管理平台上，为充分发挥平台的功能，苏宁推出了沪、浙、闽、赣四省市一票通服务。

在SAP项目实施之前，苏宁的营销、采购与物流是各自独立的，工作易出差错，导致常出现时间上的延误。比如送货，在POS机收银后，门店以手工录入的方式把订单传给仓库部门需要一定的时间；仓库部门随后汇总，到中午12点或下午4点截止时，才能统一派工装车，而货车开出则至少要在两小时以后。SAP系统的上线为苏宁增添了新的竞争力。在苏宁看来，虽然门店的数量和规模很重要，但公司核心优势的后台管理更加重要。

2006 年，苏宁发展加速，管理上暴露出一些核心问题，在 ERP 系统里很难得到解决，原有系统已无法再支撑苏宁急遽的脚步。这时，苏宁必须改革，那该选择何种系统，什么样的成本，有何风险，系统建立后是否能很好地融合，最终带来的效益如何，都让苏宁强烈地感受到项目风险和不确定性分析对于一个成功的项目而言是多么的不可或缺。

经过半年的选型与分析，苏宁最终摘下了 SAP 信息系统管理平台这颗“果子”。由于项目庞杂，耗资近亿元，苏宁每一步都显得小心翼翼。成型后的系统并没有立刻全面推广，而是选择在山东和江苏的少数门店试验效果，一试就是一个半月，直到确认系统运行稳定。

资料来源：苏宁电器 ERP 项目实施案例经验分享［EB/OL］. http：//www.docin.com/p-819493674.html. 2014-05-26.

苏宁是如何最终确定选择 SAP 系统，又是怎样进行风险分析的？这章我们将探讨此类问题。

第一节　工程项目风险分析

本节介绍了工程项目风险以及管理的有关概念、工程项目风险特征与分类、工程项目风险识别过程与识别方法、应对工程项目的措施等内容。

一、概念

一般我们认为，风险就是指由于当事者不能预见或控制某事物的一些因素，使某事物的最终结果与当事者的期望产生背离，从而使当事者蒙受损失或者获得机遇的可能性。而工程项目风险有其更具体的定义：由于项目所处环境和条件本身的不确定性和项目业主/客户、项目组织或项目其他相关利益者主观上不能准确预见或控制的影响因素，使另一方面项目的最终结果与当事者的期望产生背离，从而给当事者带来损失或机遇的可能性。工程项目的立项、分析、可行性报告、设计、计划、施工及移交等环节都具有不确定性。形成工程项目风险的根本原因是人们对项目未来发展与变化的认识和应对等方面出现了问题。

风险的概念包含了两方面的内容，一方面风险是潜在的损失或机遇。风险的结果是与当事者的期望相背离的，但它不一定就是损失，也有可能是一种机遇。另一方面风险具有不确定性。如果风险是确定发生的，那么人们就可以通过各种手段来减小或规避风险，但是却无法完全消除风险。风险的这种无法预料性是风险存在的必要条件。

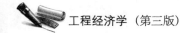

当然风险的定义不是唯一的，不同领域的学者对其有不同的理解，表述也千差万别。比如：①风险是有害后果发生的可能性，是对潜在的、未来可能发生损害的一种度量。②风险是在一定的时间和空间、在冒险和弱点交互过程中产生的一种预期损失。③风险是一个统计概念，用于描述在给定的时间和空间中消极事件和状态影响人或事件的可能性。

二、项目风险的主要特征

由于项目本身的一次性、独特性和创新性特点，使项目风险也具有自己的特性，其主要特征包括以下几点：

1. 项目风险事件的随机性

项目风险事件的发生都是偶然的，没有人能够准确预言。虽然人们通过长期统计发现许多事物的发生和发展是有规律的，但这只是一种统计规律，即随机事件发生的规律。项目风险事件就具有这种随机性的特征，所以存在着很大的偶然性。

2. 项目风险的相对性

同样的项目风险对不同的项目和项目管理者会有不同的影响，因为人们承担风险的能力不同，认识风险的能力也不同，项目收益大小不同，投入资源的多少也不同，项目主体地位不同，其项目风险大小和后果也不同，所以项目风险具有一定的相对性。

3. 项目风险的渐进性

项目风险的渐进性是说，绝大多数的项目风险不是突然爆发的，只有极小部分风险是由突发事件引起的。它是随着环境、条件和自身固有规律一步一步发展而形成的。当项目的内外部条件逐渐发生变化时，项目风险的大小性质也会随着改变。

4. 项目风险的突变性

项目内外部条件的变化可能是渐进的，也可能是突变的。一般在项目的内部或外部条件发生突变时，项目风险的性质和后果也会随之发生变化。比如，过去被认为是项目风险的事件会突然消失，而原来认为无风险的事件却突然发生了。

三、项目风险的类型

根据不同的需要，从不同的角度，按不同的标准，可以对风险进行不同的分类。从风险识别、度量和控制风险的角度来说，项目风险的分类及其关系如图 8-1 所示。

1. 按风险产生的根源与后果分类

按风险产生的根源与后果可以将风险分为重大风险和特定风险。重大风险主要是由经济、社会、政治、物质变化引起的风险，影响范围广泛，非人力所能控制；特定风险的损失主要是由个别事件引起的，影响范围有限。如此分类可以使人们更多地关注那些后果严重的项目风险。

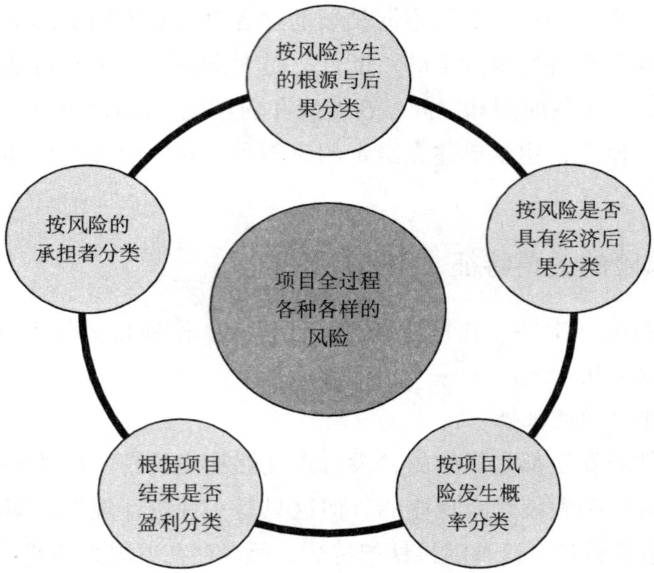

图 8–1　项目风险的分类

2. 按风险是否具有经济后果分类

按风险是否具有经济后果可以将风险分为经济风险与非经济风险。经济风险是指结果可以用经济价值来衡量的风险。经济风险涉及资产和收入的变化，因此包括面临风险的组织或个人、结果不确定性的资产和收入、引起结果变化的原因三个因素。一个不具备价值的经济主体，不会面临任何经济风险。

3. 按项目风险发生概率分类

按项目风险发生概率可以分为高概率发生风险和低概率发生风险。如此分类可以使人们充分认识项目各具体风险发生的可能性大小，从而更加关注那些高概率事件。

4. 根据项目结果是否盈利分类

根据项目结果是否盈利可以将风险分为纯粹风险与投机风险。投机风险代表不确定结果，既有损失，也有盈利。赌博是投机风险的典型代表。而纯粹风险的结果只有损失，没有盈利，最好的结果也就是没有损失。最典型的纯粹风险是针对财产的损失风险。

纯粹风险又可以细分为财产风险、责任风险、他人过失引起的风险等。

财产风险是任何拥有财产的单位和个人都面临的风险，因为这些拥有的财产可能会被摧毁或盗窃。财产风险包括直接损失和间接损失两类。直接损失是财产本身的损失；间接损失是由于无法继续使用财产造成的收入损失或由于财产损失引起的附加支出。例如，在项目实施过程中，由火灾造成的结构物损坏使其失去了价值，这就是直接损失；而项目单位必须清理火灾现场以重新施工，这样的清理工作要付出代价，就是间接损失。

责任风险主要是指企业或个人由于疏忽或过失造成的对他人的人身伤害和财产损坏而必须承担赔偿责任的风险。这种伤害可能是无意的，也可能是有意的。一般情况下，由于疏忽或其他原因造成他人人身伤害或财产损失的企业或个人对其所造成的损害必须承担责任，同时雇主也对其雇员的侵害行为承担连带责任。

他人过失引起的风险是指如果有人同意为企业服务，该人对企业就有义务。如果其没有履行义务会使企业发生经济损失，则对企业而言就产生了风险。例如，在项目建设中，由于某个分包商未能按期完成施工任务，由此造成了整个项目工程进度的延误，使项目建设单位蒙受了经济损失。这种损失的可能性就是由他人过失引起的风险。

5. 按风险的承担者分类

按风险的承担者可以将风险分为业主和法人面临的风险、承包商面临的风险、监理人面临的风险、咨询人面临的风险、设计人面临的风险、贷款人面临的风险等。

业主和法人面临的风险：①自然风险。地理位置、自然条件、气候等。②社会风险。国家政策、法律、规章制度等。③经济风险。宏观环境、投资回收期等。④项目组织实施的风险。

承包商面临的风险：①工程承包决策失误的风险。②签约和履约风险。③责任风险。④其他风险。

除了以上分类，还可以将风险分为总体风险和局部风险；自然风险和人为风险等。

四、风险识别

很多任务不可能按预期工期和预算顺利完成，有些任务会超过预算的时间和成本，而有些却会节约成本提前完工。风险是未知的（通常是不可预知的），可能会导致项目计划的改变，甚至可能导致项目失败。在任何项目中，风险都有可能发生。正如我们所知道的诸如悲惨的矿难和汽车爆炸事件一般。风险还可能发生在项目后期、项目完成并交付使用后，例如，伦敦太平盛世桥的改造工程。风险无时无处不在，所以应该学会识别危害项目风险的方法。

风险识别就是根据风险的特征规律去认识和确定方案可能存在的潜在风险因素，分析风险因素对方案的影响以及风险产生的原因，同时找出方案的主要风险因素。工程人员通过搜集和分析相关资料，确定何种风险可能影响当前的工程项目，并将这些风险的特性整理形成文档。这要求风险分析人员熟悉项目的特点，具有较强的洞察能力、分析能力以及丰富的实践经验。

1. 风险识别的一般步骤

第一， 明确风险分析指向的目标。

第二，找出预期目标的全部因素。

第三，分析各因素对预期目标的相对影响程度。

第四，根据对各因素向不利方向变化的可能性进行分析、判断，确定主要风险

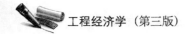

因素。

第五，编制工程项目风险识别报告。

2. 风险识别的方法

风险识别的方法有很多。既有结构化方法也有非结构化方法，既有经验性方法也有系统性方法。使用最多的有头脑风暴法、流程图法、德尔菲法、敏感性分析法等，现将各种风险识别方法的比较列出，如表 8-1 所示。

表 8-1　风险识别方法的比较

风险识别方法	具体操作	优点	缺点
德尔菲方法	选定与项目有关的领域专家，通过函询收集专家意见，整理后匿名反馈意见，再征询意见，反复几轮后最终得出比较满意的结果	不可能被某个人主导，可以通过电子邮件完成，避免了单独评价的问题，所有人必须参与	耗时较长，主持者较费力
头脑风暴法	在一个专家小组内进行，通过专家会议，激发专家的创造性思维、发散性思维，允许专家畅所欲言，通过“思维共振”和“组合效应”搜寻和发现项目的风险	鼓励组内交互活动，速度快、成本低	可能被某个人主导，可能集中于某个特定领域，需要优秀的主持者，必须控制整个团队使其不做评价
流程图法	给出一个项目的工作流程、项目各部分之间的相互关系等信息的图表，包括项目系统流程图、项目实施流程图、项目作业流程图、因果图等，将项目的工作流程和项目可能存在的风险以图表的方式列出	清晰地表明了相关过程内容的实施，有许多电脑工具，较为客观	有时如果分析不当，可能会有误导作用，可能耗时较长
敏感性分析法	分析项目的经济评价指标出现的变化以及引起变化的因素，来判断企业可能面临的风险	定量的分析较客观，有数理理论工具，结果较为真实，比较直观、明确	计算公式运用的假设条件多，局限性大，有时可能产生误导，比较片面
核检表法	使用预先编制好的项目风险核检表去识别项目的风险，可以使用结构化的核检表清单，也可以使用非结构化的核检表清单，对照这些核检表清单中列出的各种风险去检验项目是否存在这些风险	系统性强，目标明确易于操作	只能用于评价，可能忽略所识别项目的特殊之处

此外，除了上述方法外，还有克劳福德法、SWOT 法、情景分析法、面谈调查法等“软科学”的方法，这些都可以在风险识别中使用。

五、应对风险的策略

应对风险的措施主要有项目风险规避、项目风险遏制、项目风险转移、项目风险化解、项目风险消减、项目风险容忍、项目风险分担等。

1. 项目风险规避措施

项目风险规避就是避免可能发生风险的事件，即断绝风险的来源。这就是从根本上放弃使用有风险的一类项目资源、项目技术、项目设计方案等。对于项目的决策来说，规避风险就是取消或延缓项目的实施。例如，对于不成熟的技术坚决不在项目实施中采用，这就是一种项目风险规避的措施。再如，某工厂打算生产一种新产品，但是通过分析估计此产品的市场需求量很小，生产这种新产品不如原来的产品盈利，甚至亏损，这时候选择放弃该新产品的生产就是规避风险。不过，由于使用这种规避风险方法的同时也等于放弃了潜在的收益，因而选择要慎重，一般在风险可能性较大或者可能造成损害很大的情况下才采用这种方法。

2. 项目风险遏制措施

项目风险遏制就是从遏制项目风险事件引发原因的角度出发，控制和应对项目风险的一种措施。例如，对可能出现的因财务状态恶化而造成的项目风险，采取注入新资金的办法就是一种典型的项目遏制措施。

3. 项目风险转移措施

这类项目风险转移应对措施多数是用来对付那些概率小、损失大，或者项目组织很难控制的项目风险。例如，通过结盟、合资、保险，或者投资新市场或新产品，获取回报等方法将项目风险转移给分包商或保险公司就属于风险转移措施。

4. 项目风险化解措施

项目风险化解措施是从化解项目风险产生的原因出发，去控制和应对项目具体风险的方法。例如，对于可能出现的项目团队内部冲突风险，可以通过采取双方沟通、消除矛盾的方法解决问题，这就是一种风险化解措施。

5. 项目风险消减措施

项目风险消减措施是对付无预警信息项目风险的主要应对措施之一。例如，当因雨雪天无法进行室外施工时，尽可能安排各种项目团队成员与设备从事室内作业就是一种项目风险消减措施。

6. 项目风险容忍措施

项目风险容忍是对那些发生概率小，而且项目风险发生所能造成的后果较轻的风险事件所采取的一种应对措施。就是对潜在的风险不采取任何措施，维持现状，自己承担可能造成的风险损失。这种方法一般在可能获得的收益较大或者应对风险成本较大时采用。

7. 项目风险分担措施

项目风险分担是指根据项目风险的大小和项目团队成员以及项目相关利益者不同的承担能力，由其合理分担项目风险的一种应对措施。这也是一种经常使用的措施，一般项目等都属于这种措施的范畴。这样风险就会分摊到每个合作人头上，从而将足以毁掉一家公司的风险分摊，将其负面影响降到最低。

第二节　工程项目风险性决策

风险决策就是指决策者在可能存在经济主体损失和损害的情况下选择最优方案的过程。风险决策的概念要点：①市场可能出现多种情况，而且每种情况的概率可通过以往经验和主观预测确定下来。②为了实现预期目标，有多种可行方案。③决策者要根据一定的原则从多种可行方案中选择一种最佳方案，其中最重要的是估计出各种事件的概率，这就涉及概率分布的问题。

目标决策问题可分为确定型决策问题、风险型决策问题和非确定型决策问题。风险型决策问题，是指自然状态有两种或两种以上，而且每种自然状态产生的概率是可以预测的决策问题。在确定型决策问题中，每个方案只有一个确定的结果，决策者或者分析人员只需按既定的目标和评价准则选定方案即可。非确定型决策问题是指某事件是否发生无法估计和预测。根据三种决策问题的特性，本节只讨论风险型决策问题。风险型决策方法主要有最大可能法、最大期望收益决策准则、决策树分析法等。

一、最大可能法

最大可能法即在诸多状态中，选一个概率值最大的状态作为决策状态，使风险性问题变为确定性问题。这实际上是把决策者不可控制的状态变量 $P(\theta_j)$ 中最大的一个变为 1，其余的变为 0。当某个 $P(\theta_j)$ 比别的状态概率大很多时，该方法很有效。

二、最大期望收益决策准则

最大期望收益法（Expected Monetary Value，EMV）是指用未来收益的期望值作为未来真实收益的代表，并据此利用净现值法、收益率法等进行投资决策，期望值通常用 $E(\alpha_i)$ 来表示。最大期望收益法是通过计算各可行方案的收益期望值，并以此值最大的方案作为最优方案的一种决策方法。这是在风险条件下简单易行和常用的决策方法。最大期望值收益决策法的决策过程如下：

第一，设各事件发生的概率为 P_j，每一个策略对应事件的损益值为 α_{ij}，则每一个策略对应的期望值：

$$E(\alpha_i)=\sum_{j=1}^{n}P_j\alpha_{ij}\quad (i=1,\ 2,\ \cdots,\ n) \tag{8-1}$$

第二，计算最大收益期望值，并确定最优决策方案，若 $E(\alpha_k)=\max\{E(\alpha_i)\}$，则按最大收益期望决策法进行决策的最优方案为 α_k。

【例 8–1】最大期望收益确定。

某服装厂确定下一个月的生产计划，根据以往的经验和调查，已知产品销路分为好、一般和差三种情况的可能性分别为 0.2、0.6 和 0.2，可能获得的收益值也已知（见表 8–2），试确定一个生产方案，使下月的收益最大。

表 8–2　最大期望收益决策准则法

	产品销路		
	好	一般	差
	0.2	0.6	0.2
大批量生产	20	12	8
中批量生产	16	16	10
小批量生产	12	12	12

解：

计算各方案的收益：

根据 $E(\alpha_i)=\sum_{j=1}^{n} P_j \alpha_{ij}$　（i=1，2，…，n）得出：

$E(\alpha_1)=20\times0.2+12\times0.6+8\times0.2=12.8$

$E(\alpha_2)=16\times0.2+16\times0.6+10\times0.2=14.8$

$E(\alpha_3)=12\times0.2+12\times0.6+12\times0.2=12$

显然，$E(\alpha_2)$ 的值最大，根据最大期望值原则，应该选择中批量生产。

三、决策树分析法

1. 决策树的组成

有些决策问题，当进行决策后会产生一些新的情况，并需要进行新的决策。这样决策、情况、决策构成一个序列，这就是序列决策。描述序列决策的有力工具之一就是决策树。决策树是由决策点、事件点、树枝及结果节点构成的树形图。决策树的四个组成部分如下所示：

（1）决策点。决策点，用“□”表示。从它引出的分支叫方案分支，分支数反映的是可选方案的数量，有几个可选方案就有几条分支。

（2）事件点。事件点，用“○”表示。由事件点引出的分支叫概率分支，每条分支上面写明了自然状态及出现的概率，分支数反映可能的自然状态数。

（3）树枝。树枝，用“—”表示。每一树枝表示一方案或事件。

（4）结果节点。结果节点（或称树梢），用“△”表示，它旁边的数字表示每一个方案在相应自然状态下的收益值。

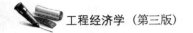

通常称初始决策点为树根，结果节点为树叶，由树根到树叶就构成了一棵决策树。

【例 8-2】 决策树分析。

现将【例 8-1】的决策问题用决策树分析法重新分析。

解：

根据题意，用决策树分别表示产品销路好、一般和差三种情况，如图 8-2 所示。

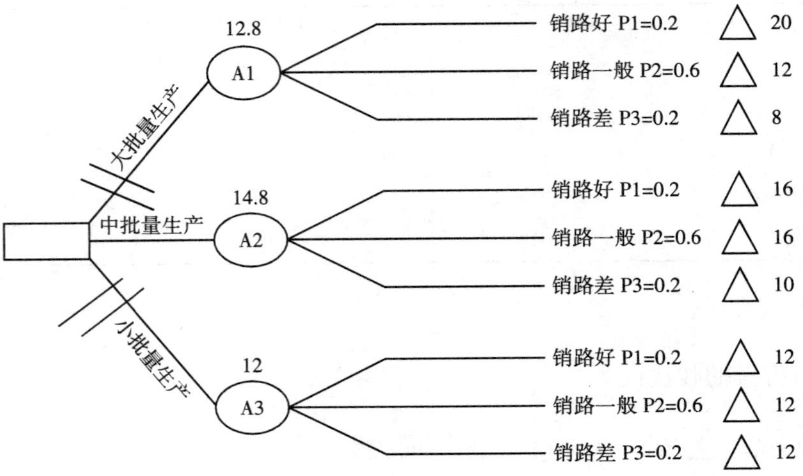

图 8-2　决策树

仍然根据 $E(\alpha_i)=\sum_{j=1}^{n} P_j \alpha_{ij}$　（i = 1，2，…，n），得出：

$E(\alpha_1) = 20 \times 0.2 + 12 \times 0.6 + 8 \times 0.2 = 12.8$

$E(\alpha_2) = 16 \times 0.2 + 16 \times 0.6 + 10 \times 0.2 = 14.8$

$E(\alpha_3) = 12 \times 0.2 + 12 \times 0.6 + 12 \times 0.2 = 12$

显然，$E(\alpha_2)$ 的值最大，根据最大期望值原则，应该选择中批量生产，放弃大批量及小批量生产。

2. 决策树分析的步骤

决策树清晰地显示了最优方案，下面给出决策树分析法的具体步骤（当决策问题的目标是效益时）：

（1）画决策树。画决策树就是把对某个决策问题可能发生的概率和结果所做的估计和预测用树形图反映出来。这个过程实际就是对即将发生事件进行思考和预测的过程，也是对决策问题一层一层探索的过程。画决策树要力求清晰、美观。

（2）预测可能发生事件的概率。概率数值的确定要经过相关人员的估算和参考过去的历史资料。概率的准确性很重要，如果误差太大，做出的决策会有偏差，就会给企业带来损失。但是为了求得一个比较准确的概率要耗费一定的人力、物力，因此，对于概率的估计要量力而行，不能为了追求准确的概率而离开现实条件。

（3）计算期望损益值。将概率值标在决策树相应的位置上，从决策树的末端开始，按从右向左的顺序，按照前文给出的公式，计算各事件节点的损益值。

（4）比较各决策点的期望值。图 8-2 是一个单级决策的例子，比较简单。如果是多级决策，先计算完每一级的期望值，然后在这一级的决策点比较各个期望值的大小，根据最大期望值原则，选出期望收益最大的方案，同时划去其他方案的分支。按照此原则由右至左比较计算，直到在决策树始端的决策点找出最优方案为止。

第三节　不确定性分析

不确定性是指对项目有关因素或未来的情况缺乏足够的情报而无法做出正确的估计，或者是没有全面考虑所有因素而造成的预期价值与实际价值之间的差异。

风险的发生根源于项目的不确定性。由于不确定性，使项目实施结果可能偏离预期目标，导致项目“有风险”。虽然风险问题与不确定性问题从理论上是可以区分的（其区别就在于一个是不知道未来可能发生的结果，或者不知道各种结果发生的可能性，由此产生的问题称为不确定性问题；另一个是知道未来可能发生的各种结果的概率，由此产生的问题称为风险问题），但是从工程经济评价角度来看，试图将两者绝对分开没有多大的意义，实际上也没有必要。

一、对项目进行不确定性分析的作用

不确定性分析是项目经济评价中的一个重要内容。项目评价一般是以一些确定的数据为基础进行的，如项目的总投资、销售收入、经营成本等在计算时是作为已知条件的，但是由于内外界各种因素的影响，预计值与实际值之间总是存在偏差，这样就会对项目评价的结果产生影响，如果不对此进行分析，仅以一些基础数据作出的分析为依据来取舍项目，就有可能导致投资决策的失误，甚至带来损失。所以，为了减少不确定性对项目经济效果的影响，增强其抗风险能力，提高决策的科学性，对项目进行不确定性分析是非常必要的。例如，某项目的标准折现率定为 7%，根据项目基础数据求出的项目内部收益率为 10%，由于内部收益率大于标准折现率，根据方案评价准则，我们有理由认为此项目可行。但是，如果单凭此就做出投资决策是欠考虑的，因为我们没有考虑不确定性问题。如果在项目实施的过程中存在通货膨胀，并且通货膨胀率高于 3%的话，则项目的风险就很大，甚至会变成不可行方案。

二、不确定性分析方法的类型

为了测度不确定性对建设项目可行性的影响，通常采用盈亏平衡分析、敏感性分

析及概率分析。在具体应用时要综合考虑项目的特点、类型、决策者的要求以及相应的人力、物力、财力等。

盈亏平衡分析一般只适用于财务评价，应用在预测成本、收入、利润、编制利润计划方面，为各种决策提供必要的信息。盈亏平衡分析是将成本划分为固定成本和变动成本，假定产销一致，根据产量、成本、售价和利润四者之间的函数关系进行预测分析的技术方法。敏感性分析可同时适用于财务评价和国民经济评价。

三、盈亏平衡分析

盈亏平衡分析是通过盈亏平衡点（BEP）分析项目成本与收益平衡关系的一种方法。各种不确定因素（如投资、成本、销售量、产品价格、项目寿命期等）的变化都会影响投资方案的经济效果，当这些因素的变化达到某一临界值时，就会影响方案的取舍。盈亏平衡分析的目的就是找出这种临界值，即盈亏平衡点，判断投资方案对不确定性因素变化的承受能力，为决策提供依据，其相关理论如下：

1. 盈亏平衡分析

盈亏平衡分析又叫损益平衡分析，它是通过盈亏平衡点分析项目成本与收益之间内在联系，并为决策者提供科学依据的分析方法。随着影响项目的各种不确定性因素如投资额、生产成本、销售量及销售价格等发生变化，且当这些因素的变化达到某一临界值时，项目的盈利与亏损会出现一个转折点，这一点即为盈亏平衡点（Break-Even Poit，BEP）。在这一点上，项目收入与项目总成本恰好相等，盈亏平衡。盈亏平衡分析的最终目的就是找出这种临界值，即盈亏平衡点，从而确定企业的最佳年产量，最终控制企业的盈亏平衡形势，保证企业获得较好的经济效益。

2. 盈亏平衡分析的重要性

盈亏平衡分析主要是考察当影响项目方案的各种不确定性因素发生变化时，对项目经济效果的影响。盈亏平衡分析法让我们跳出传统的思维模式，即先算产量和成本，根据产量和成本确定利润，利润处于被动地位，不利于项目实现盈利的目标；与传统的方法相反，盈亏平衡分析法是先制定一个利润计划，然后据此利润要求，确定相应的产量计划和成本计划，即以目标利润→目标成本→相应的产量的逆序思维模式组织生产经营活动，将被动经营变为主动出击，找出盈亏平衡点，从而判断项目对不确定性因素变化的适应能力和抗风险能力。盈亏平衡是预测利润、控制成本的一种有效手段。

3. 盈亏平衡分析方法

（1）单方案线性盈亏平衡分析。单方案线性盈亏平衡分析如下：

1）条件。要进行单方案线性盈亏平衡分析，必须有以下前提条件才可以进行：产品产量等于销量，也就是零库存；项目的总成本可以划分为固定成本和可变成本，且总成本是产量的线性函数；项目在计算期间，产品市场价格、生产工艺、技术装备、管理水平等保持不变，销售收入与产量也是线性关系；只生产单一产品，或者生产多种产品但是可以换算为单一产品。

2）盈亏平衡分析的数学模型。根据盈亏平衡分析的前提条件，可以得出如下收入与产量的关系式：

$$R = PQ \tag{8-2}$$

其中，R 表示销售收入；P 表示单位产品销售价格；Q 表示销售量。

同时，项目的成本与产量之间也存在线性关系，其关系如下：

$$C = C_1 + C_2 Q \tag{8-3}$$

其中，C 表示项目总成本；C_1 表示项目固定成本；C_2 表示单位产品可变成本；Q 表示销售量。

在某一特定时期，销售产品获得的利润 B 如下：

$$B = R - C - T = PQ - C_1 - C_2Q - tQ \tag{8-4}$$

其中，T 表示一定时期内销售税金；t 表示单位产品营业税金及附加。

当盈亏相等时，即达到盈亏平衡点，B = 0，此时盈亏平衡产量：

$$Q_0 = \frac{C_1}{P - C_2 - t} \tag{8-5}$$

盈亏平衡收入：

$$R_0 = P \times Q_0 = \frac{PC_1}{P - C_2 - t} \tag{8-6}$$

盈亏平衡时单位产品可变成本：

$$C_2 = P - t - \frac{C_1}{Q_0} \tag{8-7}$$

另外，若设目标利润为 B_a，则达到目标利润的年产量：

$$Q_a = \frac{C_1 + B_a}{P - C_2 - t} \tag{8-8}$$

用图 8–3 表示如下：

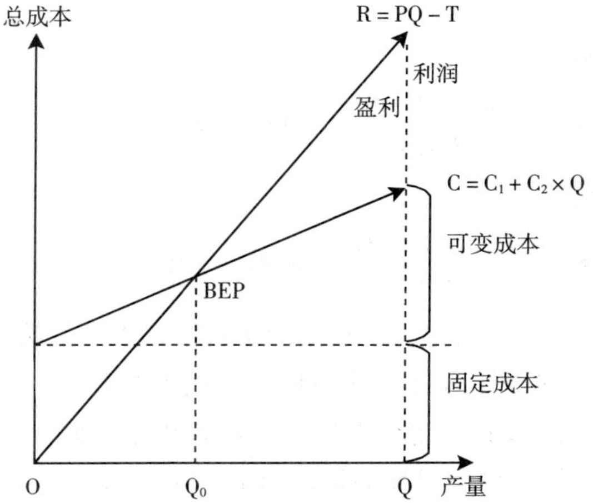

图 8–3　盈亏平衡分析

图 8–3 中横坐标为产量或者销量，纵坐标为总成本或者总收入，销售曲线与成本曲线的交点即为盈亏平衡点，此点表明产量为 Q_0 时，既不发生亏损，也不产生盈利。在此基础上增加产量，在 BEP 的右边，收入曲线高于成本曲线，项目盈利，收入曲线与成本曲线之间的距离为盈利值，形成盈利区；在 BEP 的左边，总成本曲线高于总收入曲线，则该项目亏损，形成亏损区。

以生产能力利用率表示的盈亏平衡点是指盈亏平衡点销售量占企业正常销售量的比重。正常销售量是指正常市场和正常开工情况下企业的销售数量。

$$f_0 = \frac{Q_0}{Q_c} \times 100\% = \frac{C_1}{(P - C_2 - t)Q_c} \tag{8–9}$$

其中，f_0 表示生产能力利用率；Q_0 表示盈亏平衡点销售量；Q_c 表示正常销售量。

一般认为，当 $f_0 < 70\%$时，项目已经具备了一定的抗风险能力，f_0 越小，项目的抗风险能力越强。

【例 8–3】 盈亏平衡点。

某工厂项目设计生产能力为生产某种产品 3 万件，单位产品售价为 3000 元，总成本费用为 7800 万元，其中固定成本为 3000 万元，总变动成本与产量成正比例线性关系，求以产量、生产能力利用率、销售价格、单位变动成本表示的盈亏平衡点。

解：

先算出产品的单位可变成本：

$$C_2 = \frac{C - C_1}{Q} = \frac{(7800 - 3000) \times 10000}{30000} = 1600 \text{（元/件）}$$

盈亏平衡产量：

$$Q_0 = \frac{C_1}{P - C_2} = \frac{3000 \times 10000}{3000 - 1600} = 21429 \text{（件）}$$

盈亏平衡生产能力利用率：

$$f_0 = \frac{Q_0}{Q_c} \times 100\% = \frac{21429}{30000} \times 100\% = 71.43\%$$

盈亏平衡销售价格：

$$P_0 = C_2 + \frac{C_1}{Q_c} = 1600 + \frac{3000 \times 10000}{30000} = 2600 \text{（元/件）}$$

盈亏平衡单位变动成本：

$$C_0 = P - \frac{C_1}{Q_c} = 3000 - \frac{3000 \times 10000}{30000} = 2000 \text{（元/件）}$$

（2）单方案非线性盈亏平衡分析。在生产实践中，当产量超过一定限度时，由于原材料、动力供应价格上涨等原因造成的项目生产成本并非与产量呈线性关系，也由于市场容量的限制，产量增长到一定程度后，产品售价会下降，价格与产量呈某种函数关系，因此，收入与产量就呈非线性关系，如图 8–4 所示。

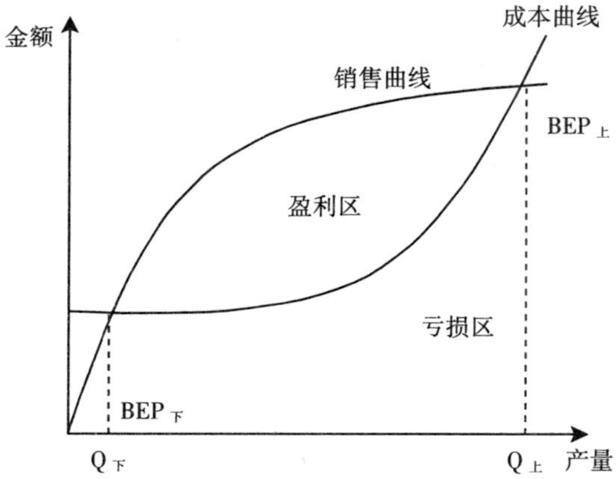

图 8-4　单方案非线性盈亏平衡分析

【例 8-4】 单方案非线性盈亏平衡点。

某企业生产某种产品，年固定成本为 50000 元，当原材料为批量采购时，可使单位产品成本在原来每件 48 元的基础上降低产品产量的 0.4%，产品售价在每件 75 元的基础上降低产品产量的 0.7%，试求企业在盈亏平衡点时的产量及最优产量。

解：

首先，销售收入和产品总成本都可以表示为产量 Q 的函数：

$R(Q)=(75-0.007Q)Q=75Q-0.007Q^2$

$C(Q)=50000+(48-0.004Q)Q=50000+48Q-0.004Q^2$

盈亏平衡时 R（Q）= C（Q），即：

$75Q=0.007Q^2=50000+48Q-0.004Q^2$

解这个方程得：$Q_{01}=2607$（件），$Q_{02}=6393$（件）

盈利函数 $B(Q)=R(Q)-C(Q)=-0.003Q^2+27Q-50000$，求它的导数并令其为 0 得：

$B'(Q)=0.006Q+27=0$

解得：$Q_1=4500$（件）

求它的二阶导数 $B''(Q)=-0.006<0$

所以 $Q_1=4500$ 时为盈利最大时的产量。

对于非线性盈亏平衡问题，在选择方案时应该优先选择盈亏平衡点较低者，盈亏平衡点低意味着项目的抗风险能力较强，承受意外风险的能力也较强。

（3）互斥方案线性盈亏平衡分析。盈亏平衡分析不但可用于对单个投资方案进行分析，还可用于对多个方案进行比较和分析。在需要对若干个互斥方案进行比较选择的情况下，如果是某一个共有的不确定因素影响方案取舍，那么可以先分别求出两两方案的盈亏平衡点，再根据盈亏平衡点进行方案的取舍。

【例 8-5】 互斥方案线性盈亏平衡分析。

生产某种产品有三种工艺方案，采用方案一，年固定成本为 800 元，单位产品变动成本为 10 元；采用方案二，年固定成本为 500 元，单位产品变动成本为 20 元；采用方案三，年固定成本为 300 元，单位产品变动成本为 30 元。分析各种方案使用的生产规模。

解：先将各方案表示成 Q 的函数：

$C_1 = C_{11} + C_{12}Q = 800 + 10Q$

$C_2 = C_{21} + C_{22}Q = 500 + 20Q$

$C_3 = C_{31} + C_{32}Q = 300 + 30Q$

令

$C_1 = C_2$

$C_2 = C_3$

$C_3 = C_1$

解得：

$Q_{12} = 30$，$Q_{23} = 20$，$Q_{13} = 25$

当预期产量低于 20 时，应采用方案三；当预期产量大于 20 小于 30 时，应采用方案二；当预期产量高于 30 时，应采用方案一。

【例 8-6】 某公司项目的开发有两种方案，方案一的初始投资为 800 万元，预期年净收益为 150 万元；方案二的初始投资为 1600 万元，预期年净收益为 250 万元。该项目的市场寿命有较大不确定性，如果不考虑期末固定资产收回，基准折现率为 10%，应该如何决策？

解：

设该项目的寿命为 X 年，

第一种方案的预计年净现值：

$NPV_1 = -800 + 150(P/A，10\%，X)$

第二种方案的预计年净现值：

$NPV_2 = -1600 + 250(P/A，10\%，X)$

当$NPV_1 = NPV_2$时，得：

$(P/A，10\%，X) = 8$

查表可知，$X \approx 17$ 年

由于方案二的预计年净收益率比方案一高，寿命延长对方案二有利。所以，如果根据调查预期项目寿命期小于 17 年，则应采用方案一，如果项目寿命大于 17 年应采用方案二。

4. 盈亏平衡分析的局限性

盈亏平衡分析有一定的局限性，一方面，它是建立在产量等于销量的基础上的，即产品没有积压，与现实不是很符合。另一方面，它使用的数据精确度也有待提高，一般为某一正常年份的数据，但是由于建设项目是一个长期的过程，因而用盈亏平衡

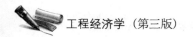

分析法难以得出全面的结论。因此，盈亏平衡分析适合对项目的短期分析。不过，由于计算方法简单，并能直接对项目的关键因素做出不确定性分析，而且可以粗略地对高度敏感的产量、售价、成本利润等因素进行分析，有助于决策者了解整个项目的抗风险能力，因而在不确定分析时仍然很常用。

四、敏感性分析

敏感性分析是当各种不确定性因素在一定幅度变化时，对方案经济效果的影响程度的分析。通过对比研究某些不确定因素（如收入、成本、产能、价格等）对经济效益评价值（如投资回报率、净现值、内部收益率等）的影响程度，从中找出其敏感因素，并对此提出对策。如果引起的变化幅度很大，说明方案经济效果对这个变动的因素是敏感的；如果引起的变动因素很小，则说明方案经济效果对这个变动因素是不敏感的。通过敏感性分析，可以找出敏感因素，分析经济效果对该因素的敏感程度及该因素达到临界值时项目的承受能力。敏感性分析分为单因素敏感性分析和多因素敏感性分析。

1. 敏感性分析步骤

敏感性分析的步骤如下：

（1）选择需要分析的不确定性因素，并设定这些因素的变化范围。影响方案经济效果的因素有很多，但是我们没有必要对所有的不确定性因素都进行敏感性分析，一般我们分析的不确定性因素有投资额、建设工期、产品价格、成本、贷款利率、销售量等，这些因素对经济效果的影响比较大，因此，我们要着重分析这些因素的变化对经济方案的影响。

（2）确定分析指标。这里所说的分析指标，就是指敏感性分析的具体对象，如净现值、净年值、内部收益率、投资回收年限，等等。各种经济效果指标都有其特定的含义，分析评价所反映的问题也有所不同。对于某个特定方案的经济分析来说，不需要把所有的经济效果指标都拿来进行敏感性分析，要根据方案的具体特点，选择一种或两种具有代表性意义的指标进行分析，以便为管理者做决策提供依据。

（3）分别计算各因素变化对指标的影响。对于各不确定因素的各种可能变化幅度，分别计算其对分析指标影响的具体数值，即固定其他不确定性因素，变动一个或某几个因素，计算经济效果指标值。

（4）确定敏感因素。所谓敏感因素就是其数值变动能显著影响方案经济效果的因素。判断敏感因素有两种方法。第一种方法是相对测定法，即设定要分析的因素均从确定型经济分析中所采用的数值开始变动，且各因素每次变动的幅度相同，比较在同一变动幅度下各因素变动对经济效果指标的影响，据此判断方案经济效果对各因素变动的敏感程度。第二种方法是绝对测定法，即设各因素均相对方案向不利的方向变动，并取其有可能出现的对方案最不利的数值，据此计算方案的经济效果指标，看其是否可达到使方案无法被接受的程度。在实践中可以把确定敏感因素的两种方法结合起来使用。

（5）做出决策。根据确定性分析和敏感性分析的结果，综合评价方案，并选择最优方案。

2. 敏感性分析方法

（1）单因素敏感性分析。单因素敏感性分析就是当单个不确定性因素变动时，对方案经济效果的影响所做的分析，分析方法类似于数学上多元函数的微分，即在计算某个因素的变化对经济效果指标影响时，假定其他因素均不变。

【例 8–7】 单因素敏感性分析。

某一项目计划投资 2930 万元，当年建成并投产，预计该项目主要设备寿命为 10 年，基准收益率为 12%，有关资料如表 8–3 所示，假定基准收益率不变，试对投资、年销售收入、年销售成本、寿命逐一作敏感性分析。

表 8–3　项目计划投资

单位：万元

投资	年销售收入	年销售成本	寿命（年）	NPV
2930	9500	8200	10	4415.3

解：

根据表 8–3 可以计算出项目的净现值：

NPV = –2930 +（9500 – 8200）(P/A，12%，10) = 4415.3（万元）

设投资变化为 X，项目的净现值变化：

NPV = –2930（1 + X）+（9500 – 8200）（P/A，12%，10）

当 X 在表 8–3 的基础上按±5%、±10%、±20%变化取值时，则可算出相应的项目净现值。同理，可求得其他因素变化对净现值的影响，其结果如表 8–4 所示。

表 8–4　单因素敏感性分析

单位：万元

参数 \ NPV \ 变化率	–20%	–10%	–5%	0	5%	10%	20%
投资	5001	4708	4562	4415	4268	4122	3829
销售收入	–6320	–952	1731	4415	7099	9783	15151
销售成本	13681	9048	6732	4415	2099	–218	–4851
寿命（年）	3528	3997	4206	4415	4602	4789	5123

根据表 8-4，可以做出敏感度分析图（见图 8-5），来反映各因素变化对净现值的影响。每一条斜率反映净现值对该不确定性因素的敏感程度，斜率越大，敏感度越高。每条斜线与横坐标轴的相交点是该不确定性因素变化的临界点。由图 8-5 中可以看到，净现值指标对销售收入及销售成本两个参数最为敏感，a、b 即为销售收入与销售成本两因素各自变化的临界点。

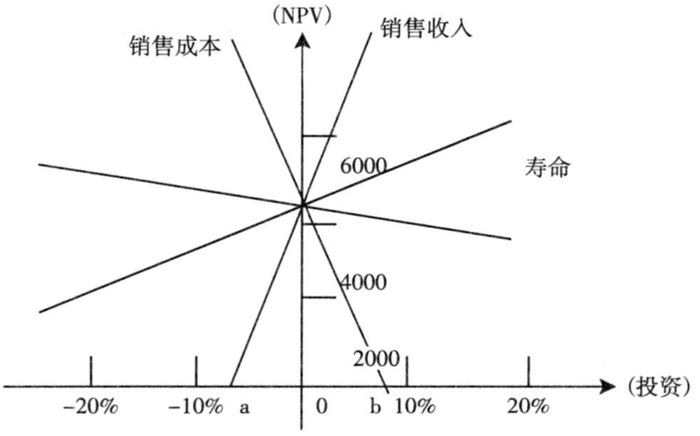

图 8-5　敏感性分析

敏感性分析的结果如表 8-5 所示。

表 8-5　敏感性分析汇总表

单位：万元

不确定因素	变化率（%）	基本方案	敏感度系数	临界点（%）	临界值
净现值	±5、±10、±20	4415.3			
投资	±5、±10、±20	2930	−0.664	+150.69	7345.2
销售收入	±5、±10、±20	9500	12.16	−8.23	8718.15
销售成本	±5、±10、±20	8200	−10.49	+9.53	8981.46
寿命（年）	±5、±10、±20	10	1	−72.07	2.79

（2）多因素敏感性分析。在进行单因素敏感性分析的过程中，当计算某特定因素的变动对经济效果指标的影响时，假定其他因素均不变。实际上，许多因素的变动都具有相关性，一个因素的变动往往也伴随着其他因素的变动。所以，单因素敏感性分析有其局限性。改进的方法是进行多因素敏感性分析，即考察多个因素同时变动对方案经济效果的影响，以判断方案的风险情况。

多因素敏感性分析就是要考虑各种因素可能发生的不同变动幅度的多种组合，分析其对方案经济效果的影响程度。由于各种因素可能发生的不同变动幅度的组合关系很复杂，组合方案很多，因而多因素敏感性分析的计算较复杂。如果需要分析的不确定性因素不超过三个，而且经济效果指标的计算也比较简单，则可以用解析法与作图

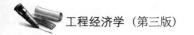

法相结合的方法进行分析。

【例 8–8】多因素敏感性分析。

某项目基本数据如表 8–6 所示。决策者认为，参数中不确定性因素为投资、年收入，变化范围不超过 10%。试对指标 NPV 关于投资、年收入作双因素敏感性分析。

表 8–6　双因素敏感性分析

单位：元

项目参数	预测值
期初投资	10000
计算期（年）	5
残值	2000
年收入	5000
年支出	2200
i_c（%）	8

解：

设 x，y 分别表示投资、年收入的变化百分比，那么：

$NPV=-1000(1+x)(A/P，8\%，5)+5000(1+y)-2200+2000(A/F，8\%，5)$

化简得：

$636-2505x+5000y=0.1705$

当 $636-2505x+5000y\geqslant0$ 时，方案可行。

临界线：

$636-2505x+5000y=0$

作出的双因素敏感性分析如图 8–6 所示。

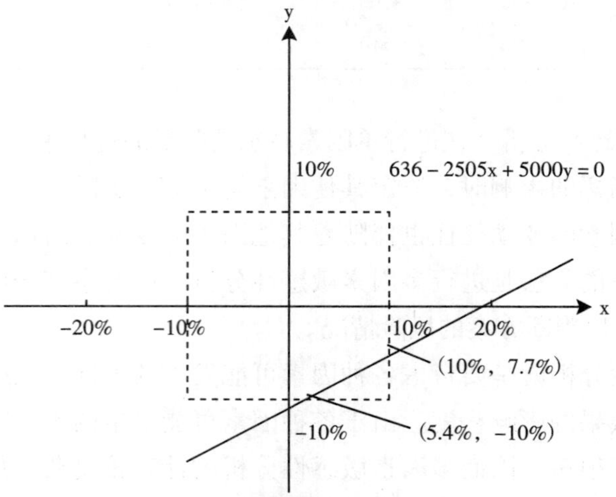

图 8–6　双因素敏感性分析

虚线方框内部为不确定性因素的变化范围，直线 $636-2505x+5000y=0$ 将其分为两部分，左上部分为 $NPV>0$，表明项目可行，右下部分为 $NPV<0$，表明项目不可行。

3. 敏感性分析局限性

敏感性分析总的来说，在一定程度上就各种不确定因素的变动对方案经济效果的影响作了定量描述。这有助于决策者了解方案的风险情况，也有助于确定在决策过程中及方案实施过程中需要重点研究与控制的因素，但是，敏感性分析没有考虑各种不确定性因素在未来发生的概率，这样可能会影响分析结论的正确性。事实上，可能会出现这样的情况：通过敏感性分析找出的某一敏感性因素未来发生不利变动的概率很小，因而实际上带来的风险并不大，而另一些不太敏感的不确定性因素发生的概率却很大，实际上带来的风险也很大的情况。这正是敏感性分析的局限性。

五、概率分析

概率分析又称风险分析，是通过研究各种不确定性因素发生不同变动幅度的概率分布及其对项目经济效益指标的影响，对项目可行性和风险性以及方案优劣作出判断的一种不确定性分析法。概率分析常用于对大中型重要项目的评估和决策之中。概率分析是根据不确定性因素在一定范围内的随机变动，分析并确定这种变动的概率分布，从而计算出其期望值及标准偏差为项目的风险决策提供依据的一种分析方法。

一般概率分析分为以下五个步骤：

第一步，列出风险因素的所有可能结果（假设有 n 种）。

第二步，列出风险因素出现每种可能结果的概率（p_1，p_2，…，p_n）。

第三步，列出风险因素各种可能结果出现时项目的效益值（x_1，x_2，…，x_n）。

第四步，根据以上数据计算项目效益期望值、方差、标准差。

$$E(X)=\sum_{t=1}^{n}p_t x_t \tag{8-10}$$

$$D(X)=\sum_{t=1}^{n}(x_t-E(X))^2 p_t \tag{8-11}$$

$$\sigma=\sqrt{D(X)} \tag{8-12}$$

第五步，根据以上运算结果计算项目效益值落在某范围内的概率。

$$P(X\leqslant x)=\Phi\left(\frac{x-E(X)}{\sigma}\right) \tag{8-13}$$

【例 8-9】 概率分析。

已知某项目年初投资 140 万元，1 年建成，经营期 9 年，基准折现率为 10%，预测项目投产后年收入为 80 万元的概率为 0.5，而收入增加或减少 20%的概率分别为 0.3、0.2，年经营成本为 50 万元的概率为 0.5，而成本增加或减少 20%的概率分别为 0.3、0.2，忽略其他影响因素，试计算净现值的期望值。

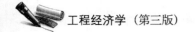

解：

计算净现值的期望值：

根据不确定性因素的不同概率，共有 $3\times3=9$ 种可能的组合状态，每种状态进行净现值计算。

正常状态时：

$$NPV=-140+(80-50)(P/A,\ 10\%,\ 9)(P/F,\ 10\%,\ 1)$$
$$=-140+30\times5.76\times0.91=17.08$$

设销售收入、开发成本的变动幅度分别为 x、y，则：

$$NPV=-140+[80(1+x)-50(1+y)](P/A,\ 10\%,\ 9)(P/F,\ 10\%,\ 1)$$

变动幅度下 NPV 的计算结果如表 8-7 所示。

表 8-7　各状态下的 NPV 值

单位：万元

销售收入变动 x（%）	开发成本变动 y（%）	P_x	P_y	$P=P_x\cdot P_y$	期初投资	销售收入	开发成本	NPV	NPV·P	NPV 排序
0	0	0.5	0.5	0.25	-140	80	50	17.06	4.27	5
	20	0.5	0.3	0.15			60	-35.29	-5.29	3
	-20	0.5	0.2	0.10			40	69.42	6.94	7
20	0	0.3	0.5	0.15		96	50	100.83	15.12	8
	20	0.3	0.3	0.09			60	48.48	4.36	6
	-20	0.3	0.2	0.06			40	153.19	9.19	9
-20	0	0.2	0.5	0.10		64	50	-66.70	-6.67	2
	20	0.2	0.3	0.06			60	-119.06	-7.14	1
	-20	0.2	0.2	0.04			40	-14.35	-0.57	4
净现值期望值为 E(NPV) = 20.21								合计	20.21	

本章小结

在本章中，我们重点强调了工程项目风险决策和不确定性分析方法。决策者需要在可能存在经济主体损失和损害的情况下选择最优方案，风险型决策方法因此提出。工程项目经济分析是在投资前进行的，分析过程中所用的数据（如投资额、生产成本、销售量及销售价格）只能通过预测和以往经验得到，所以难免会产生不确定，进行不确定性分析就是根据这一实际需要而提出的。

我们在本章中还重点说明了如何用最大期望收益决策准则、决策树分析法等进行项目取舍以及重点介绍了盈亏平衡分析法、敏感性分析及概率分析法的相关内容。同时，我们还对当相关参数发生变化时，应如何把握机会及所用的决策方法应如何变动进行了分析。综上所述，本章应重点掌握风险型决策和不确定性分析方法。

概念回顾

风险（Risk）。风险是指由于当事者不能预见或控制某事物的一些因素，使其最终结果与当事者的期望产生背离，从而使当事者蒙受损失或者获得机遇的可能性。

工程项目风险（Engineering Project Rrisk）。工程项目风险是指由于项目所处环境和条件本身的不确定性和项目业主/客户、项目组织或项目其他相关利益者主观上不能准确预见或控制的影响因素，使项目的最终结果与当事者的期望产生背离，从而给当事者带来损失或机遇的可能性。

经济风险（Economic Risk）。经济风险是指那些可能结果都可以用经济价值来衡量的风险。

责任风险（Liability Risk）。责任风险主要是指企业或个人由于疏忽或过失造成的对他人的人身伤害和财产损坏而必须承担赔偿责任的风险。

风险识别（Risk Identification）。风险识别就是要根据风险的特征规律去认识和确定方案可能存在的潜在风险因素，分析其对方案的影响以及风险产生的原因，并同时找出方案的主要风险因素。

风险决策（Risk Decision）。风险决策就是指决策者在可能存在经济主体损失和损害的情况下选择最优方案的过程。

风险型决策问题（The Problem of Risky Decision）。风险型决策问题是指自然状态有两种或两种以上，而且每种自然状态产生的概率可以预测出来的决策问题。

最大期望收益法（Maximum Expected Income Method）。最大期望收益法是指用未来收益的期望值作为未来真实收益的代表，并据此利用净现值法、收益率法等进行投资决策。

不确定性（Uncertainty）。不确定性是指对项目有关的因素或未来的情况缺乏足够的情报而无法做出正确的估计，或者是没有全面考虑所有因素而造成的预期价值与实际价值之间的差异。

盈亏平衡分析（Breakeven Analysis）。盈亏平衡分析又叫损益平衡分析，它是通过盈亏平衡点（BEP）分析项目成本与收益之间的内在联系，并为决策者提供科学依据的分析方法。

敏感性分析（Sensitivity Analysis）。敏感性分析是当各种不确定性因素在一定幅度变化时，对方案经济效果的影响程度的分析。通过对比研究某些不确定因素（如收入、成本、产能、价格等）对经济效益评价值（如投资回报率、净现值、内部收益率等）的影响程度，从中找出其敏感因素，并对此提出对策。

练习题

1. 我们应该如何进行风险识别，识别风险的方法和步骤有哪些？

2. 风险型决策主要有哪些方法，各自的核心思想是什么？

3. 不确定性分析主要有哪些方法，各自的核心思想是什么？

4. 什么是敏感性分析？简述敏感性分析的计算步骤。

5. 简述盈亏平衡分析法的优缺点。

6. 企业生产某种产品，设计年产量为6000件，每件出厂价为50元，企业固定开支为66000元/年，产品变动成本为28元/件，求：

（1）试计算企业的最大可能盈利。

（2）试计算企业盈亏平衡时的产量。

（3）企业要求年盈余为5万元时，产量是多少？

（4）若产品出厂价由50元下降到48元，还要维持5万元的盈余，问应销售的量是多少？

7. 某项目的数据如表8–8所示，经预测分析，将来投资、销售收入、经营成本可能在±10%范围变化，试对NPV进行敏感性分析（i_c=10%）。

表8–8　某项目敏感性分析数据

单位：万元

初始投资	n（年）	残值	各年的销售收入	各年的经营成本
200	10	20	70	30

8. 某项目有预选方案A和方案B，方案A投资500万元，方案B投资300万元，其使用年限均为10年。据估计，在此10年间产品销路好的可能性有70%，销路差的可能性有30%，设折现率i＝10%。由于采用的设备及其他条件不同，故A、B两方案的年收益不同，其数据如表8–9所示。试对项目方案进行比选。

表8–9　项目方案在不同状态下的年收益

单位：万元

自然状态	概率	方案A	方案B
销路好	0.7	150	100
销路差	0.3	–50	10

9. 某房地产公司拟开发一住宅小区，建设经营期为8年，现有三个开发方案：

（1）大面积开发需2亿元，初步估算，商品房销售较好时每年可获利8000万元；销售不好时，每年亏本2000万元。

（2）小面积开发，需投资1.2亿元，初步估算，商品房销售较好时每年可获利3500

万元；销售不好时，每年仍可获利 2500 万元。

（3）先小面积开发，2 年后商品房销路好时再扩大开发，此时需投资 1.5 亿元，扩大开发后，每年可获利 8000 万元。

问题：根据市场商品房销售形势预测，产品销路好时的概率为 0.7，销路不好时的概率为 0.3，试进行方案决策。

10. 某项目需投资 20 万元，建设期为一年。据预测，有三种建设方案在项目生产期内的年收入为 5 万元、10 万元和 12.5 万元的概率分别为 0.3、0.5 和 0.2。折现率为 10%。生产期为 2、3、4、5 年的概率分别为 0.2、0.2、0.5、0.1。试计算净现值期望值和净现值≥0 的累计概率。

案例分析

石油钻探项目

设有某石油钻探队，在一片估计能出油的荒田钻探，可以先做地震试验，然后决定钻井与否，或不做地震试验，只凭经验决定钻井与否。做地震试验的费用每次 2000 元，钻井费用为 10000 元。若钻井后出油，该井队可收入 40000 元；若不出油就没有任何收入。各种情况下出油的概率已估算出，并标在图 8–7 上。

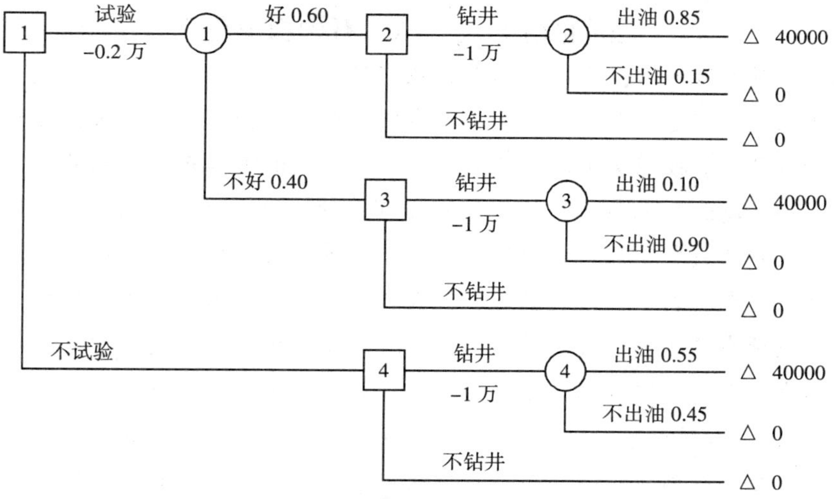

图 8–7　石油钻探项目决策树

资料来源：不确定性分析案例. https://wenku.baidu.com/view/6e52b829650e52ea5518984c.html. 2013–12–28.

思考题

（1）请你写出此项目可能面临的风险。

（2）试用本章学过的不确定性分析方法帮助钻井队的决策者进行方案比选。

第九章　价值工程

学习目标

1. 理解价值工程及其基本原理。
2. 理解价值工程基本公式中的功能、成本、价值的特定含义。
3. 掌握价值工程的工作程序以及确定价值工程对象的主要方法。
4. 掌握功能分析、功能评价的各种方法。
5. 学习如何选择价值工程改善方案的实施和经济效果的评价。
6. 理论联系实践，运用价值工程技术解决实际问题。

章前引例

美国通用电气公司“石棉板事件”

第二次世界大战期间，美国的军火工业有了很大的发展，同时也出现了资源的紧张和短缺现象。美国通用电气公司在生产中所需要的防护用品石棉板，由于该材料短缺，所以价格昂贵。按照美国消防法的规定，生产中的喷漆车间其地面和墙壁必须依法安装石棉板，以达到隔热、防火的条件方可进行生产。该公司设计师 L.D.麦尔斯先生对石棉板产品的成本和原材料的选用产生了兴趣。他分析了石棉板的功能，找到了一种在功能上完全起到石棉板的隔热、防火作用且廉价的纸板，用其代替石棉板。这样既保证了现场生产隔热、防火的要求，又节约了大量费用开支。但此事遭到美国消防部门的制止，双方争执激烈，竟发展成诉讼，提交法律部门处理。经麦尔斯据理力争，取得胜利。“石棉板事件”后，引起了麦尔斯的思考，我们使用原材料的目的是什么？目的是使原材料满足产品的某种功能要求。据此，麦尔斯把这一思想应用于产品的设计中，并设法降低成本，取得了很大成功。他发现，用户购买产品时，不是购买产品本身，而是购买产品的功能以满足某种需要，而且都希望费用低些为好。麦尔斯把这个发现归结为用最低成本费用向用户提供所需功能的问题。因为用户是按照产品的功能满足程度付款购买商品的，并把它看成产品的价值。麦尔斯把他创造的方法叫做“价值分析”（Value Analysis，VA），并于 1947 年正式发表。1954 年，美国海军舰船局把这种方法定名为“价值工程”，简称 VE。

麦尔斯的价值分析与价值工程理论在美国很快就被众多公司和企业所采用而使其得到迅速的推广和应用；同时，在应用的过程中又不断地得到完善和发展。美国通用电气公司在推行价值工程的最初 17 年中耗费资金 80 万美元，而创造价值则高达 2 亿美元。20 世纪六七十年代，全世界工业化国家和地区积极引进和推广价值工程方法。日本、西欧、苏联等都是起步较早的国家和地区。1979 年价值工程被引入我国，在很多行业得到了推广和使用，均取得了显著的经济效果。

资料来源：王乃静. 价值工程概论［M］. 北京：经济科学出版社，2006.

第一节　价值工程概述

价值工程是以提高产品价值为目的。提高价值，既是用户的需要，又是生产经营者追求的目标，两者的根本利益是一致的。企业应当研究产品功能与成本的最佳匹配。价值工程的基本原理公式 V＝F/C，深刻地反映出产品价值与产品功能和实现此功能所耗成本之间的关系。

一、概念

价值工程（Value Engineering，VE）是一种技术与经济相结合的现代工程方法，是以提高产品价值和有效利用资源为目的，通过有组织的创造性工作，寻求用最低的寿命周期成本，可靠地实现研究对象的必要功能，从而提高其价值的思想方法和管理技术。价值工程是 1947 年由美国通用电气公司拉里·麦尔斯提出并研究的。价值工程的主要思想是通过对选定研究对象的功能及费用分析提高其价值。这里的价值指的是反映费用支出与获得之间的比例关系，用数学公式表达如下：

$$V = \frac{F}{C} \tag{9-1}$$

其中，V 表示价值；F 表示功能评价值；C 表示总成本。

价值工程的概念中涉及三个基本而又极其重要的概念：价值、功能和成本。

1. 价值

价值工程中价值（Value）的含义与经济学中的价值意义不同。政治经济学中对价值的定义为“凝结在商品中的一般人类劳动”。凝结在产品中的社会必要劳动时间越多，产品在市场上越是供不应求，其交换价值就越大；使用价值是产品能够满足人们某种需要的程度，即效用，效用越大，使用价值越大。价值工程中的价值是比较价值，是作为评价事物有效程度的一种尺度而被提出来的。它更接近于人们日常生活中常用的“值不值得”的意思，是指事物的有益程度，它反映了功能和成本的关系，为分析与评价产品的价值提供了一种科学的标准。例如，人们在购买商品时，总是希望“物美价廉”，即花费最少的代价换取最多、最好的商品。

价值工程把“价值”定义为对象所具有的功能与获得该功能的全部费用之比。功能是指产品的功能、效用、能力等，即产品所担负的职能或者说是产品所具有的性能。成本指产品周期成本，即产品从研制、生产、销售直到使用过程中全部耗费的成本之和。麦尔斯说过：“一切费用都是为了功能。”衡量价值的大小主要看功能（F）与成本（C）的比值如何。人们一般对商品都有“价廉物美”的要求，“物美”实际上就是反映商品的性能、质量水平，“价廉”就是反映商品的成本水平，顾客购买时考虑“合算不合算”就是针对商品的价值而言的。

提高价值的基本途径有五种：

（1）功能不变，成本降低，价值提高。

$$V\uparrow=\frac{F\rightarrow}{C\downarrow} \tag{9-2}$$

（2）成本不变，功能提高，价值提高。

$$V\uparrow=\frac{F\uparrow}{C\rightarrow} \tag{9-3}$$

（3）功能提高的幅度高于成本增加的幅度。

$$V\uparrow=\frac{F\uparrow\uparrow}{C\uparrow} \tag{9-4}$$

（4）功能降低的幅度小于成本降低的幅度。

$$V\uparrow=\frac{F\downarrow}{C\downarrow\downarrow} \tag{9-5}$$

（5）功能提高，成本降低，价值大大提高。

$$V\uparrow\uparrow=\frac{F\uparrow}{C\downarrow} \tag{9-6}$$

2. 功能

功能（Function）是对象能满足某种需求的一种属性，其对不同的对象有着不同的含义：对物品来说，功能就是它的用途或效用；对作业或方法来说，功能就是它所起的作用或要达到的目的；对人来说，功能就是应该完成的任务；对企业来说，功能就是应为社会提供的产品和效用。总之，功能是对象满足某种需求的一种属性，是使用价值的具体表现形式。任何功能无论是针对机器还是针对工程，最终都是为了满足人类主体一定的需求目的，是为人类主体的生存与发展服务，其最终也将体现为相应的使用价值，因此，价值工程所谓的“功能”实际上就是使用价值的产出量。

（1）功能的分类。按不同的分类标准，功能可分为以下几类：

1）按满足要求的性质标准分为使用功能和美观功能。使用功能是指提供的使用价值或实际用途；美观功能主要是提供欣赏价值，可以起到扩增价值的作用，与使用者的精神感觉、主观意识有关。不同的产品对二者有不同的要求和侧重。例如，建筑物中使用的输电暗线和地下管道等，只需要有使用功能，而完全不需要美观功能，因此，不应该在外观功能上多花资金；相反，工艺品和装饰品就要求美观、豪华等功能。另外，某些产品还要求使用功能与美观功能共存，例如，服装、家具和灯具等。

2）按重要程度标准分为基本功能和辅助功能。基本功能是指实现某事物的用途必不可少的功能，是决定产品性质和存在的基本要素。例如，石英钟的基本功能是显示时间，基本功能改变了，产品的用途也就随之改变了。辅助功能是为了更有效地实现基本功能而附加的因素。还是以石英钟为例，它的基本功能是显示时间，但是有的附加了声音、日期等辅助功能。辅助功能可以依据用户的需求而改变。

3）按用户用途标准分为必要功能和不必要功能。必要功能是指用户要求的需要功能，如石英钟的“走时”功能是必要功能。产品若无此功能，也就失去了价值。必要功能包括基本功能和辅助功能，但是辅助功能不一定是必要功能。不必要功能是与满足使用者需求无关的功能，多余功能、重复功能和过剩功能均属于不必要功能。

（2）功能的度量。价值工程是一种定量化分析技术，需要对功能进行定量衡量。衡量功能的大小有两种方法：

1）用性能指标衡量。可以用定量化的性能指标衡量功能的大小，如产品的规格标准，达到的质量和性能指标等。这种方法虽然既简单又直观，但指标千差万别，不同产品的功能无法相互比较，同一产品不同零件的功能也无法汇总计量，所以这种功能衡量方法在价值分析中很难应用。

2）用货币单位衡量。若用货币单位衡量便可实现不同产品之间的功能比较和不同零部件功能值的汇总计算，价值分析是用实现功能必须支付的最低费用来衡量功能的大小。换个说法可表示为用产品的理想成本来表示功能的大小。这样就把功能与成本联系起来，功能与生产成本的比较也变为理想成本与生产成本的比较，使功能分析更实际、更具体了。

（3）功能的特性。功能特性包括以下几点内容：

1）性能。通常表示功能的水平，即实现功能的品质。

2）可靠性。实现功能的持续性。

3）维修性。功能发生故障后修复的难易度。

4）安全性。实现功能的安全性。

5）操作性。实现功能的操作或作业的方便性与少故障性。

6）易得性。实现功能的难易度。

3. 成本

价值工程中的“成本”（Cost）是指实现功能所支付的全部费用，即全寿命周期成本（Life Cycle Cost）。对产品来说，是以功能为对象而进行的成本核算，是一个产品从开发、设计、制造到使用全过程的耗费，分为生产费用和使用费用。生产费用是指为实物产品的调研、立项、设计、生产及使用的原材料、机器设备和劳动力等物化劳动和活劳动所支付的费用；而使用费用指产品在流通、运输、销售、储存、使用、维护与维修以及报废后处理等物化劳动和活劳动中所支付的费用，如图 9–1 所示。

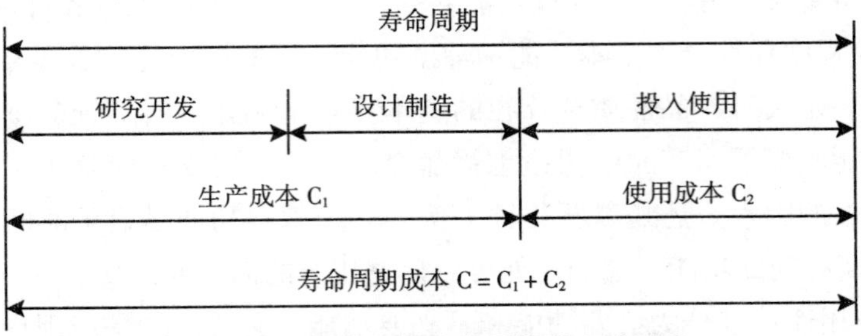

图 9–1　寿命周期与寿命周期成本关系图

因此，寿命周期成本＝生产成本＋使用成本，即：

$$C = C_1 + C_2 \tag{9–7}$$

价值工程与一般意义上的成本相比，最大的区别在于将消费者或用户的使用成本也算在内。这使企业在考虑产品成本时，不仅要考虑降低设计与制造成本，还要考虑降低使用成本，从而使消费者或用户既买得合算又用得合算。由此产品的寿命周期与产品的功能是有关系的，且这种关系的存在，决定了寿命周期费用存在最低值。

扩展阅读

用马克思价值论解释价值工程的价值观

根据马克思在《资本论》中的论述，人们知道商品有使用价值和交换价值。使用价值是指商品满足人们需要的属性；与价值工程的功能定义相同。交换价值是一种使用价值同另一种使用价值相交换时在数量上的比例。通常人们习惯讲商品是有使用价值和交换价值的。但马克思认为，严格说这是不对的，商品具有使用价值或使用物品的“价值”。因为孤立地考察，商品是有“价值”的，而当交换发生时才具有“交换价值”。当人们看到马克思使用商品的“价值”一词时，要想到他指的是“交换”的“价值”，而不是指“使用价值”。

按照马克思的观点，商品的价值是由耗费的社会必要劳动时间决定的。劳动包括体力劳动和脑力劳动；劳动也包括活的劳动和物化的劳动（生产资料）。上面扼要介绍马克思的价值术语，是便于理解将要引用的论述。

马克思的《资本论》在第一卷第一章《商品》中，有一段随着生产力的升或降，商品的两因素的量值有怎样变化趋势的精辟语句，可以解答我们这个议题。马克思说：“不管生产力发生了什么变化，同一劳动在同样的时间内提供的价值量总是相同的。但它在同样的时间内提供的使用价值量会是不同的：生产力提高时就多些，生产力降低时就少些。因此，那种能提高劳动成效从而增加劳动所提供的使用价值的生产力变化，如果会缩减生产这个使用价值量所必需的劳动时间的总和，就会减少这个增大的总量的价值量。反之亦然。”（《资本论》第一卷第60页）

简单地讲，马克思这段话就是指当生产力提高时，可以增加提供的使用价值量，同时又减少必需的劳动耗费即价值量。现代社会在理想的状况下，企业的生产力可以长期稳定地提高，便形成各类商品功能提高而价值减少的总趋势。

价格是商品价值量的指数。在市场中人们看到的、交易的是价格，而不是价值。所以，价值工程的价值概念只能使用以货币计量的价格（或成本），而无法使用以劳动时间计量的价值。把价值换成价格之后，就已经全部演变成价值工程的术语：商品功能与成本（价格）比有上升的总趋势。功能随生产力提高而提高，而同时价格降低，于是功能与成本比就有上升的总趋势。

资料来源：谭浩邦，杨明. 新编价值工程［M］. 广州：暨南大学出版社，1996.

二、价值工程的主要特点

价值工程的主要特点是以提高对象价值为目的，以功能分析为核心，以有组织、有领导的活动为基础，以科学的技术方法为工具，要求以最低的寿命周期成本实现产品的必要功能。

1. 价值工程以提高对象价值为目的

价值工程的目标是以最低的寿命周期成本，使产品具备其所必须具备的功能。通过降低成本来提高价值的活动应贯穿于生产和使用的全过程。

2. 价值工程以功能分析为核心

价值工程的核心是对产品进行功能分析。价值工程中的功能是指对象能够满足某种要求的一种属性，具体来说，功能就是效用。例如，手表有计时功能，电冰箱有冷藏功能。用户向生产企业购买产品，是要求生产企业提供产品的，而不是产品的具体结构。企业生产的目的，也是通过生产获得用户所期望的功能，而结构、材质等是实现这些功能的手段。目的是主要的，手段可以广泛选择。因此，运用价值功能分析产品，是在分析功能的基础上再去研究结构、材质等问题。

3. 活动领域上价值工程侧重于产品的研制设计阶段

价值工程侧重于在产品的研制与设计阶段开展工作，寻求技术上的突破。技术上的突破在一定程度上对社会生产力有推动作用，所以价值工程也是社会科学的一种重要的管理分析工具。

4. 价值工程强调不断改革和创新

价值工程强调开拓新构思和新途径，获得新方案，创造新功能载体，从而简化产品结构，节约原材料，提高产品的技术经济效益。

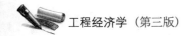

5. 价值工程强调将产品价值、功能和成本作为一个整体考虑

价值工程中对价值、功能、成本的考虑是在确保产品功能的基础上再综合考虑生产成本和使用成本，兼顾生产者和用户的利益，创造出总体价值最高的产品。

第二节　价值工程分析方法

价值工程是采用系统的工作方法分析功能与成本、效益与费用之间关系的管理技术。它不仅广泛应用于产品设计和产品开发，而且应用于各种建设工程项目，甚至应用于组织机构的改革。价值工程在建设工程项目中主要应用在规划和设计阶段，因为这两个阶段是提高建设工程项目经济效果的关键环节。

对价值工程对象的选择有很多方法，不同方法适宜于不同的价值工程对象，根据企业条件选用适宜的方法就可以取得较好效果。常用的方法有因素分析法、ABC 分析法、强制确定法、百分比分析法、价值指数法等。

一、价值工程分析的原则以及工作程序

价值工程分析是一项复杂的系统工程，是对对象的深入研究，涉及因素众多，因而价值工程分析必须满足一定的原则。同时，价值工程也像其他技术一样具有自己独特的工作程序。价值工程的工作程序，实质上就是对产品的功能和成本提出问题、分析问题、解决问题的过程。

1. 指导原则

价值工程的特点是有组织地活动，要按照工作程序有组织地展开集体活动。开展价值工程的过程实际上是一个发现问题、分析问题、解决问题的过程。麦尔斯在长期实践中总结了一套开展价值工程的原则，用于指导价值工程活动各步骤的工作。这些原则有以下几条：

第一，分析问题要具体，避免一般化和概念化。

第二，收集一切可用的成本资料。

第三，使用最好、最可靠的情报。

第四，打破现有框框，进行创新和提高。

第五，发挥真正的独创性。

第六，找出障碍，克服障碍。

第七，充分利用有关专家扩大专业知识面。

第八，对于重要的公差，要换算成加工费用来认真考虑。

第九，尽量采用专业化工厂的生产技术。

第十，利用和购买专业化工厂的生产技术。

第十一，采用专门生产工艺。

第十二，尽量采用标准。

第十三，以“我是否这样花自己的钱”作为判断标准。

2. 工作程序

价值工程已发展成为一门比较完善的管理技术，在实践中已形成了一套科学的工作实施程序。这套实施程序实际上是发现矛盾、分析矛盾和解决矛盾的过程，通常是围绕以下七个合乎逻辑程序的问题展开的：

第一，这是什么？

第二，这是干什么用的？

第三，它的成本是多少？

第四，它的价值是多少？

第五，有其他方法能实现这个功能吗？

第六，新方案的成本是多少？功能如何？

第七，新方案能满足功能要求吗？

按顺序回答和解决这七个问题的过程就是价值工程的工作程序和步骤。即选定对象→收集情报资料→进行功能分析→提出改进方案→分析和评价方案→实施方案→评价活动成果。

价值工程的一般工作程序如表 9–1 所示。由于价值工程的应用范围广泛，其活动形式也不尽相同，因而在实际应用中，可参照工作程序，根据对象的具体情况，应用价值工程的基本原理和思想方法考虑具体的实施措施和方法步骤。但是对象选择、功能分析、功能评价和方案创新与评价是工作程序的关键内容，体现了价值工程的基本原理和思想，是不可缺少的。

表 9–1 价值工程的一般工作程序

价值工程工作阶段	设计程序	工作步骤		价值工程对应问题
		基本步骤	详细步骤	
准备阶段	制定工作计划	确定目标	（1）对象选择	（1）这是什么
			（2）信息搜集	
分析阶段	制定评价（功能要求事项实现程度的）标准	功能分析	（3）功能定义	（2）这是干什么用的
			（4）功能整理	
		功能评价	（5）功能成本分析	（3）它的成本是多少
			（6）功能评价	（4）它的价值是多少
			（7）确定改进范围	

续表

价值工程工作阶段	设计程序	工作步骤		价值工程对应问题
		基本步骤	详细步骤	
创新阶段	初步设计（提出各种设计方案）	制定改进方案	(8) 方案创造	(5) 有其他方法能实现这个功能吗
	评价各设计方案，对方案进行改进、选优		(9) 概略评价	(6) 新方案的成本是多少
			(10) 调整完善	
			(11) 详细评价	
	书面化		(12) 提出提案	(7) 新方案能满足功能要求吗
实施阶段	检查实施情况并评价活动成果	实施评价成果	(13) 审批	(8) 偏离目标了吗
			(14) 实施与检查	
			(15) 成果鉴定	

二、对象选择与信息收集

开展价值工程活动首先要解决的就是价值工程的对象是什么。企业生产产品的种类很多，而每种产品又由许多零部件构成，因而在对价值工程的对象进行选择时，应抓住主要矛盾。原则是优先考虑对企业生产经营有重要影响或对国计民生有重大影响的产品或项目；在改善价值上有较大潜力、可取得较大经济效益的产品或项目。

收集信息对开展价值工程具有重要的意义。价值工程的整个实践过程就是运用各种信息的过程。围绕价值工程所选对象和活动过程了解有关信息和收集有关信息是价值工程活动的前提；收集信息是摸准对象、熟悉对象的必要手段，信息是价值工程分析的材料，是选择方案和创新的资源，是决定价值工程活动成果大小的关键；价值工程成果在一定程度上取决于信息收集的数量和质量以及是否及时可靠。

1. 研究对象的选择

在一个企业或项目里并不是对所有产品都要进行价值分析，是要有一定选择的。能否找准价值工程的研究对象将直接关系价值工程的成败。因此，价值工程的第一步就是正确确定研究对象。由于企业的产品和零件种类复杂、工序繁多，不可能将所有的产品都作为研究对象，因而，企业往往将精力投入到重点产品上。实际做法是企业首先就研究对象的特性达成共识；其次采取一定的方法，进行定量、定性分析；最后依据分析和计算的结果确定研究目标。

（1）选择的一般原则。选择对象的原则是根据企业的发展方向、经营目的、存在的问题等，以提高生产率、提高产品质量、降低成本、提高经济效益为目标来决定。一般按以下步骤进行选择：

1）对国计民生及实现企业经营目标影响较大的产品。

2）社会需求量大、竞争激烈及有良好的发展前景的产品。

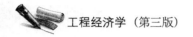

3）结构复杂、零件较多的产品，工艺、生产技术落后、在同类产品中技术指标较差的产品。

4）情报资料易收集齐全，投入少且收效快的产品及设计生产周期短的产品。

5）成本高的产品及占产品成本比重大的零部件，价格较贵且有代用可能的产品。

6）零部件及成品率较低的产品及零部件。

7）用户意见大、退货多及功能差的产品。

8）产量大的产品。

（2）价值工程对象选择的方法。价值工程对象的选择有以下几种方法：

1）经验分析法。经验分析法（Factor Analysis）是一种定性分析方法，是目前企业较为普遍使用的、简单易行的价值工程对象选择方法。可以根据有丰富实践经验的专业人员和管理人员对企业存在问题的直接感受，经过主观判断确定价值工程对象。可以对设计、施（加）工、制造、销售和成本等方面的各种影响因素进行综合分析，区分主次轻重，既考虑需要，也考虑可能，以保证对象选择的合理性。

2）ABC 分析法。ABC 分析法是一种运用数理统计的分析原理，按照局部成本在总成本中比重的大小来选定价值工程对象的方法。通过对某一产品的全部零部件的成本比重进行分析，往往发现有少数几种零件在产品总成本中占的比重很大，即所谓“关键的少数”。如果将零件种数（或比率）与相应的累计成本值（或比率）的关系一一对应画在坐标轴上，就形成一条零件成本分配曲线。再运用 ABC 分类原则，将曲线图分为 A、B、C 三个区域，就可相应地将零件分为 A、B、C 三类。A 类零件种数少而成本比重大，是对产品成本起举足轻重作用的关键零件类，应列为价值工程对象；B 类零件是次要零件，有时亦可选（A+B）类作为价值工程对象；C 类零件虽然种数很多，但对整体成本影响不大，暂可不做专门研究。这一曲线图能直观地表达产品成本中的主次因素，所以，也称主次因素图或 ABC 分析图。这种分析方法又称为成本比重分析法。ABC 的划分原则要按产品及成本的具体情况而定，大致可参照表 9–2 划分。

表 9–2　ABC 分析法原则

单位：%

零件种类	零件数量 n	零件成本 C	研究对象的选择
A	少，10~20	高，70~80	重点对象
B	其余	其余	一般对象
C	多，70~80	低，10~20	不作为对象

下面以自行车书包架为例说明 ABC 分析法的应用。

书包架的零件成本分布如表 9–3 所示，零件成本分配比重曲线图如图 9–2 所示。

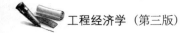

表 9–3 零件成本分析

单位：元，%

序号	零件名称	零件数量（件）	成本			分类
			成本额	成本比率	累计成本比率	
1	外框	1	0.9132	41.98	41.98	A 类
2	支撑	2	0.5924	27.24	69.22	
3	横撑	4	0.2256	10.37	79.59	B 类
4	托架	1	0.1926	8.86	88.45	
5	接片	2	0.0870	4.00	92.45	C 类
6	夹杆	1	0.0740	3.40	95.85	
7	心轴	1	0.0530	2.44	98.29	
8	弹簧	2	0.0178	0.82	99.11	
9	5×12 铆钉	2	0.0178	0.82	99.93	
10	3×15 铆钉	2	0.0017	0.07	100	
共计		18	2.1751	100		

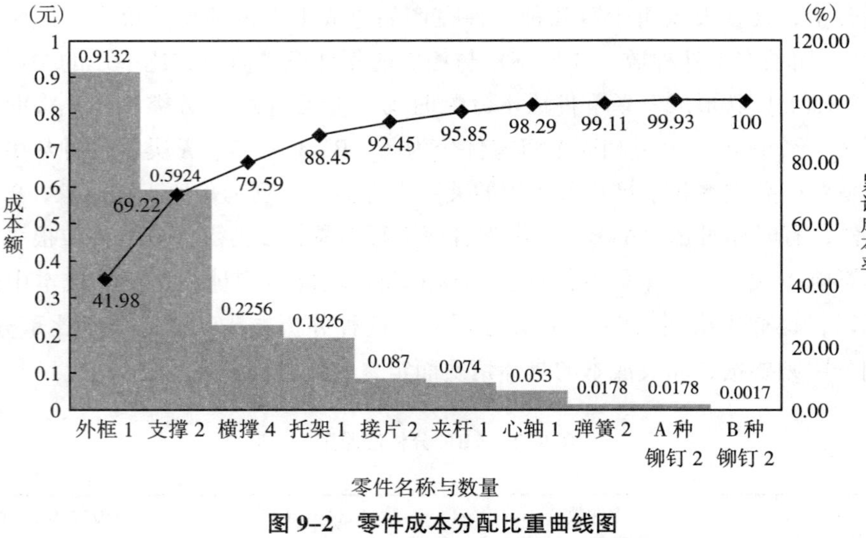

图 9–2 零件成本分配比重曲线图

以零件累计种数比率（%）为横坐标，累计成本比率为纵坐标，将 10 种零件按其成本比率的高低，依次标在坐标图上，连接各点就得到成本分配曲线。如果对象是不可分的连续产品或工艺时，可按成本的构成分类，如材料费、燃动费、工时费、管理费等，画出 ABC 曲线图。

外框及支撑的成本共占总成本的 69.22%，而零件种数仅占全部零件种数的 20%，故列为 A 类零件。接片、夹杆、心轴、弹簧、铆钉五类零件数之总和占全部零件种数的 60%，而累计成本仅占总成本的 11.55%，故列入 C 类零件。横撑与托架介于 A 类零件与C类零件之间，可列为B类零件。

A和B两类零件的成本之和占总成本的88.45%，是影响书包架成本上升的关键零件，降低成本的潜力较大，故此在有足够力量的情况下，将A类及B类零件同时列为书包架价值工程的分析对象。

ABC分析法可层层反复运用，比如，可先用此找出A类部件，再从A类部件中找出A类零件，进而找出A类零件中的A类费用。在产品品种多或零件种类多的情况下使用主次因素图，更显得迅速、醒目、省事。ABC分析法的应用范围不限于产品分析，在物资管理、编制生产作业计划等方面运用此法同样能找出重点，便于分类控制。ABC分析法的缺点是仅从成本比重大小的角度找价值工程对象，没有考虑功能因素，某些功能高而实际成本较低的零件，有可能因成本比率小而被列入B类零件或C类零件，因此，往往会漏掉成本上升虽比较小，但却需要改善功能的对象。

ABC分析法的基本程序可分为开展分析和实施对策两个阶段。

第一阶段：开展分析。这是“区别主次”的过程。它包括以下步骤：

其一，收集数据。确定构成某一管理问题的因素，收集相应的特征数据。

其二，计算整理。对收集的数据进行加工，并按要求进行计算，包括计算特征数值、特征数值占总计特征数值的百分数、累计百分数、因素数目及其占总因素数目的百分数、累计百分数。

其三，根据一定分类标准，进行ABC分类，列出ABC分析表。各类因素的划分标准并无严格规定，习惯上常把主要特征值的累计百分数达70%~80%的若干因素称为A类；累计百分数在10%~20%的若干因素称为B类；累计百分数在10%左右的若干因素称为C类。

其四，绘制ABC分析图。以累计因素百分数为横坐标，以累计主要特征值百分数为纵坐标，按ABC分析表所列示的对应关系，在坐标图上取点，并连接各点成曲线，即绘制成ABC分析图。

第二阶段：实施对策。这是“分类管理”的过程。根据ABC分类结果，权衡管理力量和经济效果，制定ABC分类管理标准表，对三类对象进行有区别的管理。

3）强制确定法。强制确定法简称FD法。这种方法抓住每一事物的评价特性，然后把这些因素组合起来进行强制评价。该方法兼顾功能与成本，具体做法是先求出分析对象的成本系数、功能系数，得出价值系数，揭示出分析对象的功能与花费的成本是否相符，不相符、价值低的被选为价值工程的研究对象。该方法的理念是产品的功能和成本应当相互协调一致，即某产品某零部件的成本应与其功能的重要性相对应。

如果零部件的成本很高，而其功能在零部件中所处的重要性又较低，或者反之，这种成本与功能不相匹配的情况，就可利用强制确定法，通过求算功能评价系数、成本系数、价值系数来判断对象的价值，选出价值工程的对象。

强制确定法除用于选择对象外，还可用来进行功能评价和方案评价。

强制确定法的应用步骤如下：

第一，将构成产品的零部件按顺序排列出来。

第二，将各零部件逐一进行比较、打分，重要的多得分，不重要的少得分或不得分。

第三，将每个零部件所得分数除以各零部件的总和分数，求出每个零部件的功能评价系数。

第四，将每个零部件的目前成本系数除以全部零部件的总成本数，求出每个零部件的成本系数。

第五，将每个零部件功能评价系数除以成本系数，得出各零部件的价值系数。

第六，选取价值系数偏离 1 较多的零部件作为价值工程对象。

4）价值比较法。依据 V＝F/C，在产品成本已知的基础上，将产品功能定量化，计算出产品价值，然后选取价值小的产品或零部件作为价值工程对象。

【例 9–1】 某成片开发的居住区，提出了几种类型的单位住宅的初步设计方案，各方案的单位住宅居住面积及相应概算造价如表 9–4 所示，试选择价值工程研究的对象。

表 9–4　概算造价表

方案	A	B	C	D	E	F	G
功能：单位住宅居住面积/(平方米)	9900	3500	3200	5500	8000	7000	4500
成本：概算造价/(万元)	1100	330	326	610	1000	660	400
价值指数：V＝F/C	9.00	10.61	9.82	9.02	8.00	10.61	11.25

结论：A、D、E 方案价值指数偏低，应选为价值工程的研究对象。

5）百分比法。百分比法是通过分析产品的两次技术经济指标所占的百分比来确定价值工程对象的一种分析方法。

【例 9–2】 某企业有 6 种产品，在与同行业相比之下，发现企业的成本偏高而利润偏低。运用百分比法分析这 6 种产品的成本及利润，从中找出成本高利润薄的产品进行分析（见表 9–5）。

表 9–5　百分比法

项目产品	成本		利润		本利对比	VE 选择
A	80	60.7	28	60.9	相当	
B	10	7.1	4	8.7	接近	
C	5	3.6	2	4.3	接近	
D	25	17.9	3	6.5	本高利薄	√
E	3	5.7	5	10.9	本低利厚	
F	7	5.0	4	8.7	本低利厚	
合计	140	100	46	100		

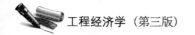

本例对比结果表明，产品 D 的成本比重大而利润比重小，是问题的症结，应作为价值工程对象。企业中各种费用，如运输费、燃料费、材料费、工具费、管理费等，都可用百分比法来发现问题，确定对象。这种方法具有较强的针对性和实用性。

百分比法亦可与 ABC 分析法联用。比如，先用 ABC 分析法找出 A 类费用之后，再用百分比法找出其中某项费用作为价值工程对象。

2. 收集情报

收集情报是价值判断的一个重要环节，没有准确可靠的情报，价值分析将是空洞和错误的。与情报收集相关的内容如下：

（1）情报收集的原则。情报收集的原则是要有目的性、完整性、准确性、适时性、计划性、条理性。

（2）情报的主要内容。情报的内容包括以下几点：

1）使用和销售方面的内容。充分理解用户对对象产品的期待、要求。

2）技术方面的内容。可以明白如何进行产品的设计改进才能更好地满足用户的要求，根据用户的要求内容如何进行设计和改进。

3）经济方面的内容。成本是计算价值的必需依据，是功能分析的主要内容。在实际生产中，往往在设计、施工、运营等方面其成本存在着较大的改善潜力。在广泛占有经济资料的基础上，通过实际成本与标准成本的比较、不同企业之间的比较，可以找出问题，分析差距，降低成本，提高产品价值。

4）企业生产经营方面的内容。可以明白价值工程活动的客观制约条件，使创造出的方案既先进又切实可行。企业的生产经营能力包括设计研究能力，施工生产能力，质量保证能力，采购、供应、运输能力，筹措资金的能力等。

（3）对情报的要求。首先，情报要准确可靠。不准确、不可靠的情报会给价值工程活动造成困难和错误，使价值工程活动达不到预期效果，甚至失败。因此，对收集的情报必须仔细分析，加以判断，剔除不可靠的和错误的，将可靠的整理分类列出，对于需要而尚未收集到的情报应列出备忘，以便在价值工程活动过程中继续收集。

其次，情报必须提供得及时。即使能够收集大量准确可靠的情报，如果提供不及时，也不能使价值工程活动产生应有的效果。情报的价值不仅取决于其数量和质量，还取决于提供的时间，只有在最需要的时候才有价值。

最后，情报的全面性。收集情报必须全面、系统、完整，方能有实际意义。

收集情报是价值工程实施过程中不可缺少的重要环节。通过资料、信息的收集、整理和汇总、分析，使人们开阔思路、发现差距、开拓创新，使价值工程活动加快速度、提高效率、减少费用、增大效益。因此，收集信息情报的工作不仅是选择对象的需要，而且是整个价值工程活动的基础。

为了确保实现情报收集的目的性、可靠性、全面性、及时性，需要加强情报收集的计划性，认真编制情报收集计划。情报收集计划一般包括情报内容、情报来源、收集情报的时间、收集情报的方法和确定收集情报的人员等。

（4）收集情报资料的方法。收集情报资料的方法有询问法、查阅法、观察法、购买法、试销试用法。

扩展阅读

红指针和红油墨

在调节器光亮的金属片上，镶嵌着红色指针，它的功能是紧固住夹持螺杆的调节器。这样，不外露螺杆的同时又提供了顾客所要求的产品外观。

每年 100 万件产品的花费，审定为 20000 元。造型设计师被召去咨询，寻求推进开发方案的指导性建议。抛光过的不锈钢件是一种方案，它将同样完成该客户所喜好的功能，当然，还可以有别的方案。

工程设计师问，“为什么红色指针的成本升高那么多？”回答：“它使这小零件变成了一种‘（商标）铭牌’，它强加了一定的成本及制造与采购的限制。”别的方案，例如，抛光过的不锈钢，只是小小的标志而不采用（商标）铭牌的工艺，同时亦不限制制铭牌的资源供应。

设计师果断地决定排除红色指针，而采用抛光过的不锈钢，他认为红色箭头的方案是不够好的，它使产品显得更像一种小玩具而不像应有的成熟可靠的产品，他从不喜欢在其产品中涂上红色，但是又想不出另外的方案。这一改革的实施，既改善了顾客所要求的产品的外观价值，又使非必要的成本减少了 15000 元。

尽管这个曾经用过的答案以及这个思维过程似乎很简单，但是一旦实行，按 3~4 年的设计寿命每年兑现 15000 元（每月 1250 元），则显示了用于简单以及复杂问题的一项最合适的问题解决系统的效益。

资料来源：［美］麦尔斯. 价值工程教程［M］. 长沙：湖南大学出版社，1987.

三、功能分析

功能分析是价值分析的核心，它针对产品及零部件系统地分析和比较它们的功能，除掉不必要和过剩功能，改善必要功能，从而达到以最少的成本、可靠地实现必要功能的目的。

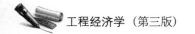

价值工程活动成果的大小取决于价值分析，功能分析是价值工程活动的核心。通过功能分析，确定分析对象的功能和成本，进而计算其价值。功能分析包括以下内容：

1. 功能定义

任何产品都具有特定的功能，这是产品之所以存在的理由，也是产品之间相互区别的基本特征。用简明准确的语言来描述，价值工程中的功能定义是指功能对价值工程对象及其构成要素的作用。

（1）功能定义的目的。价值工程的特点是从对象的功能出发对事物的功能进行本质的思考。在评价方案时，是以最低成本为尺度，衡量产品是否实现了用户所要求的功能。功能定义的目的是为了抓住其本质，把握用户的要求，简洁地、定量地表达功能，以利扩大思路，为功能评价与方案创造打好基础。

（2）功能定义的方法。要用简明准确的语言来描述分析对象的功能。功能定义一般由一个动词和一个名词组成。

（3）功能定义的要求。在功能定义时，并非完全拘泥于简单的谓—宾结构，必要时也可加些限制词，但不要过于复杂，应以简明扼要为准则。表述功能定义有下述三点基本要求：

1）功能定义必须简明准确。功能定义必须简明准确，不复杂、冗长，更不可模棱两可。通过准确的功能定义可以将产品的性能直接与用户购买产品的动机联系起来。

2）功能定义的表达要适当地抽象。功能定义的表达要有利于打开设计思路、开拓解决问题的空间，应适当地加以抽象。

3）功能定义中的名词宜定量化。名词定量化是指尽量使用可测定数量的词汇来表示功能定义。只有定量地表达功能定义，才有可能区别性质上相同而数量标准不同的功能。

2. 功能整理

功能整理是用系统的思想分析各功能间的内在联系，并按照一定的逻辑关系，将众多的功能组成一个体系，给出功能体系图，发现和删除多余的功能，把握功能改善区域，确定功能等级，从而确定价值工程的工作范围。

产品的功能是由产品的整体结构来实现的。每种产品都可以分成许多不同的组成部分，各组成部分又具有不同的功能。为了便于分析研究，必须将各种功能加以系统整理。功能整理的目的是找出并排除不必要功能，补充不足功能，进一步明确和修正功能定义。

功能整理是价值工程的重要环节，针对各具体产品，可以选择相应的功能整理方法。功能分析系统技术（Function Analysis System Technique，FAST）是一种常用方法，其主要步骤如下所述：

（1）确定基本功能。可以通过回答三个问题来拟定基本功能：①它的作用是必不可少的吗？②是主要目的吗？③如果它的作用改变了，它的制造工艺和零部件全部改变了吗？

假若回答是肯定的，则这个功能就是基本功能。

（2）逐个明确功能逻辑关系。一个产品的许多功能之间存在着所属关系和并列关系。在功能整理中，要逐个明确各功能间的逻辑关系。

功能的所属关系亦称上下关系，即上位功能与下位功能的关系。一般来说，统一功能区中左右相邻的上位功能是下位功能的目的，而下位功能是上位功能的手段。

功能的并列关系是指对于较为复杂的功能系统，在上位功能之后往往有几个并列的功能存在，这些功能处于同等地位，都是为了实现共同目的而必须具备的手段。

（3）绘制功能系统图。无论功能关系简单或复杂，任何产品的功能都是成系统的。在产品内部存在着大大小小的功能，按照一定的内在逻辑关系结合在一起，就形成了功能系统。将功能之间的上下或并列关系按顺序排列下去，上位功能在左，下位功能在右，就得到表示功能关系的功能系统图。

功能系统图的一般模式如图 9–3 所示。

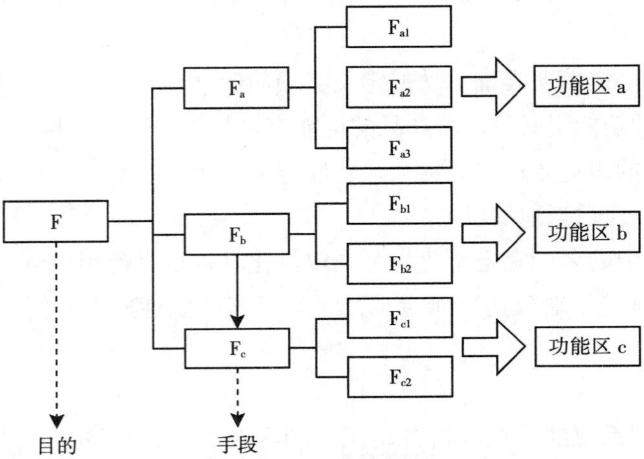

图 9–3　功能系统图的一般模式

功能系统图的作用很大，在功能评价和研究改进方案时，可以沿着图中各功能的顺序逐个功能地予以分析和评价。

例如，老式打火机的功能系统图如图 9–4 所示。

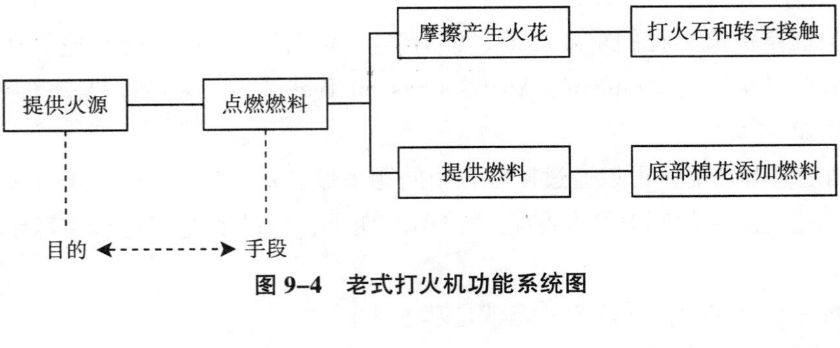

图 9–4　老式打火机功能系统图

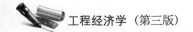

四、功能评价

通过功能分析与整理明确必要的功能后，价值工程的下一步工作就是功能评价。功能评价，即评定功能的价值，是找出实现功能的最低费用，并将其作为功能的目标成本（又称功能评价值），以此成本为基准，通过与功能现实成本的比较，求出两者的比值（功能价值）和两者的差异值（改善期望值），然后选择功能价值低、改善期望值大的功能作为价值工程活动的重点对象。功能评价工作可以更准确地选择价值工程研究的对象，制定目标成本，这有利于提高价值工程工作效率、增加工作人员的信心。

1. 功能评价的步骤

功能评价的基本工作步骤如下：

（1）计算功能现实成本。计算功能现实成本的方法是根据传统的成本核算资料，将产品或零部件的现实成本按功能进行分配，换算成功能的现实成本。

（2）求功能评价值。功能评价值是指可靠地实现用户要求功能的最低成本，它可以理解为是企业有把握，或者说应该达到的实现用户要求功能的最低成本。从企业目标的角度来看，功能评价值可以看成是企业预期的、理想的成本目标值。功能评价值一般以功能货币价值形式表达。

功能重要性系数评价法是一种根据功能重要性系数确定功能评价值的方法。这种方法是把功能划分为几个功能区（即子系统），并根据各功能区的重要程度和复杂程度，确定各功能区在总功能中所占的比重，即功能重要性系数。然后将产品的目标成本按功能重要性系数分配给各功能区作为其目标成本，即功能评价值。

（3）计算功能价值和改善期望值，选择研究对象。功能价值计算公式：

$V = F/C$

其中，V 为功能价值（系数）；F 为功能评价值；C 为功能现实成本。

$F - C$ 为改善期望值，即成本降低幅度，F 为目标成本。

功能价值 V 的计算方法可分为两大类——功能成本法与功能指数法。

1）功能成本法。功能成本法又称绝对值法，它是通过一定的测算方法，测定实现应有功能所必须消耗的最低成本，同时计算为实现应有功能所耗费的现实成本，经过分析、对比，求得对象的价值系数和成本降低期望值，确定价值工程的改进对象。

功能的价值系数计算结果有以下三种情况：

A. $V = 1$。$V = 1$ 时，即功能评价值等于功能现实成本。这表明评价对象的功能现实成本与实现功能所必需的最低成本大致相当。此时评价对象的价值为最佳，一般无须改进。

B. $V < 1$。当 $V < 1$ 时，即功能现实成本大于功能评价值。这表明评价对象的现实成本偏高，而功能要求不高。这时一种可能是由于存在着过剩的功能；另一种可能是功能虽无过剩，但实现功能的条件或方法不佳，以致使实现功能的成本大于功能的实际

需要。这两种情况都应列入功能改进的范围，并且以剔除过剩功能及降低现实成本为改进方向，使成本与功能比例趋于合理。

C. $V>1$。当 $V>1$ 时，说明该部件功能比较重要，但分配的成本较少，即功能现实成本低于功能评价值。此时应进行具体分析，功能与成本的分配可能已较理想，或者有不必要的功能，或者应该提高成本。

应注意一种情况，即 $V=0$ 时，要进一步分析。如果是不必要的功能，该部件则取消；如果是最不重要的必要功能，则要根据实际情况处理。

2）功能指数法。功能指数法又称相对值法，在功能指数法中，功能的价值用价值指数来表示，它是通过评定各对象功能的重要程度，用功能指数来表示其功能程度的大小，然后将评价对象的功能指数与相对应的成本指数进行比较，得出该评价对象的价值指数，从而确定改进对象，并求出该对象的成本改进期望值。

价值指数的计算结果有以下三种情况：

A. $V=1$。当 $V=1$ 时，说明评价对象的功能比重与成本比重大致平衡，合理匹配，可以认为功能的现实成本是比较合理的。

B. $V<1$。当 $V<1$ 时，说明评价对象的成本比重大于其功能比重，表明相对于系统内的其他对象而言，其所占的成本偏高，会导致该对象的功能过剩。应将评价对象列为改进对象，改善方向主要是降低成本。

C. $V>1$。当 $V>1$ 时，说明评价对象的成本比重小于其功能比重。出现这种结果的原因可能有三种：①由于现实成本偏低，不能满足评价对象实现其应具有的功能要求，致使对象功能偏低。这种情况应列为改进对象，改善方向是增加成本。②对象目前具有的功能已经超过了其应该具有的水平，也即存在过剩功能。这种情况也应列为改进对象，改善方向是降低功能水平。③对象在技术、经济等方面具有某些特征，在客观上存在着功能很重要而需要消耗的成本却很少的情况，这种情况一般就不应列为改进对象。

如图 9-5 所示，与横轴成 45°的一条直线为标准价值线（$V=1$）。围绕该线有一个由两条曲线围成的喇叭形区域，叫做最适合区域。在此区域中的点是功能与成本较适合的点，可不作重点改善的目标。而在区域外的点，不管是落在喇叭形区域上方（$V>1$），还是在落在喇叭形区域下方（$V<1$），都属于功能改善目标。

（4）确定功能改善对象。确定功能改善对象是价值工程功能分析与评价的最后一个步骤，通过这一步，确定哪些因素是改进的对象以及改进的目标，为改进方案的提出、产品价值的提高提供依据。确定对象改进范围应遵循如下原则：

1）C 值低的功能区域。计算出来的 $V<1$ 的功能区域，基本上都应进行改进，特别是 V 值比 1 小得较多的功能区域，应力求使 $V=1$。

2）C-F 值大的功能区域。 当 n 个功能区域的价值系数同样低时，就要优先选择 C-F 数值大的功能区域作为重点对象。一般情况下，当 C-F 大于零时，C-F 大者为优

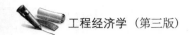

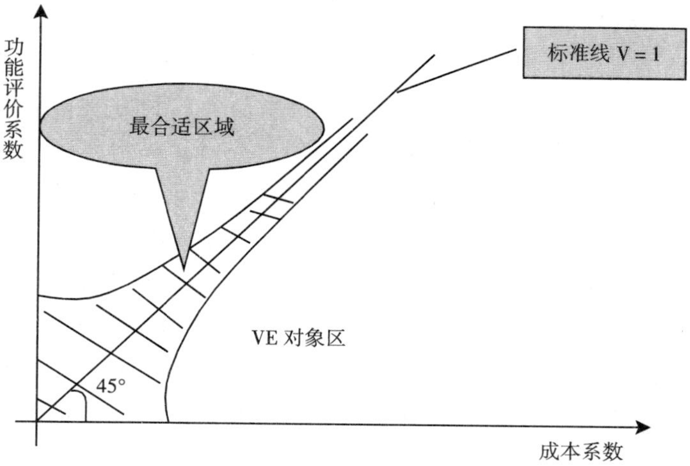

图 9-5　最适合区域图

先改进对象。

3）复杂的功能区域。复杂的功能区域，说明其功能是通过采用很多零件来实现的。一般说来，复杂的功能区域其价值系数也较低。

2. 功能评价的方法

功能评价的方法主要有经验估算法、理论价值标准法、实际价值标准法、逻辑判断法、实际统计值评价法、功能重要性系数法、最合适区域法等。下面介绍其中的几种。

（1）经验估算法。经验估算法是由价值工程人员以及邀请的有经验的技术人员、专家对实现某一功能的几个方案进行成本估算，取成本最低的为目标成本。在要求精度不高的情况下，这是一种简便有效的方法。

（2）理论价值标准法。有些功能成本可以根据物理学、材料力学和其他的工程计算方法进行计算，直接求出实现该功能的最低成本，进行功能评价。理论价值标准法比较科学可靠，应用简便，不需要评价的特殊技巧及熟练程度。但是该方法仅限于能够用物理学、材料力学等工程计算公式计算的，但用该方法往往考虑不到实际情况，所以作为研究对象的现实目标成本还要进一步结合市场行情、企业状况、国家政策等综合进行考虑。

（3）实际价值标准法。实际价值标准法是指广泛收集企业内外实现同样功能的已有产品资料，从中选择成本最低的产品作为价值标准。实际价值标准法的实施步骤如下：

1）广泛收集企业内外实现同样功能的已有产品资料，包括其功能、功能的实现程度、产品成本资料以及实现功能的约束条件（如可靠性、操作性、质量、维修等）。

2）将所收集的产品资料按功能实现程度进行分类并排列顺序。

3）根据实际价值标准决定产品目标成本。

采用实际价值标准法制定的目标成本在现实中存在，有说服力。但是现有的产品功能并不尽善尽美了，仍有可能存在过剩功能或功能不足，而且产品的功能与成本是不断变化的，所以选择实际价值标准时，一定要注意变化的情况，进行适当修正。

（4）逻辑判断法。逻辑判断法也是一种相对评价方法，对研究对象各功能区域进行功能评分，进行逻辑判断活动并给出功能评价系数。这种方法可以在强制确定法和DARE法的基础上进行。其评价步骤如下：

1）进行定性评价，由上而下依次排出各零件功能重要程度的顺序。

2）自上而下进行对比，分析功能之间的关系，给出逻辑判断。

3）暂定最下一项的功能分值为某一数值，按照逻辑判断的数量界限依次打分。

4）每一功能的功能值除以得分总和，即得该零件功能评价系数。

逻辑流程判断法确定的功能评价系数更能准确反映各零件功能的实际情况，按功能评价系数分配的目标成本比较切合实际。但功能评价时，逻辑判断有一定的主观色彩。

（5）实际统计值评价法。实际统计值评价法是根据大量的统计资料，依据产品的基本功能、辅助功能成本，预测价值工程研究对象总成本中实现基本功能的成本和实现必要的辅助功能所需要的成本以及二者之间的比例，运用该比例关系决定研究对象的功能评价值。随着经济的发展和市场竞争的激烈，产品的竞争日益集中在辅助功能的竞争上，所以产品价值改善的很大一部分取决于产品的辅助功能，预测产品的功能评价值时要考虑必要的辅助功能。

实际统计值法在展开评价工作时，首先收集若干同类产品的资料，经分析研究把现实成本分为三个部分：基本功能成本 F_b、必要的辅助功能成本 F_s、不必要的辅助功能成本 F_u，求出基本功能与必要功能的比例 R，$R=F_s/F_b$。然后求出价值工程研究对象的基本功能评价值，再利用已求出的（根据统计资料）R，根据公式：$F=F_b(1+R)$，求出研究对象的全部功能评价值。

实际统计值评分法简便易行，可以在短时间内进行评价，缺点是必要辅助功能成本比例难以准确确定。

随着科学技术的发展和价值分析的多次循环不断深入，在必要的辅助功能中会进一步分离出某些不必要的辅助功能，而必要的辅助功能有不断下降的趋势。R 的数值也会相应变化，需要适时修正。

五、方案创造与评价

方案创造与方案评价是价值工程第三阶段的两项主要工作。

1. 方案创造

方案创造是从提高对象的功能价值出发，在正确的功能分析和评价的基础上，针对应改进的具体目标，通过创造性的思维活动提出能够可靠地实现必要功能的新方案。方案创造的方法有很多种，下面介绍几种常用方法。

（1）头脑风暴法。头脑风暴法（Brain Storming，BS）是指自由奔放、打破常规、

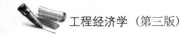

创造性地思考问题。我国的“诸葛亮会”与此类似。一般由5~13个人参与为宜，主持人要熟悉价值工程研究对象、善于引导，参加人员要有企业内外部的专业人员。头脑风暴法有四条规则：①不互相指责。②鼓励自由地提出想法。③欢迎提出大量方案。④欢迎完善别人提出的方案。在会议上对表达的设想，不必追求全面系统，但记录工作一定要认真。国外经验证明，采用头脑风暴法提出方案比同样的人单独提出方案的效果要大65%~93%。

（2）哥顿法。哥顿法是1964年由美国人哥顿提出来的。在会议上，主持人不仅把要解决的问题进行抽象介绍，还要使会议的参加者不明白会议的研究问题，以开拓思路。以有名的稻谷脱粒机案例为例，主持人首先提出如何使物体“分离”，与会者可以回答“切断”“锯断”“剪断”“烧断”等方法，会议主持人再进一步提出如何使稻谷与稻草分离的问题，最后会议形成一种高效率圆筒式稻谷脱粒机的方案。哥顿法的优点是将问题抽象化，有利于减少束缚、产生创造性想法，难点在于主持者如何做引导。

（3）德尔菲法。德尔菲法的工作方法是将要解决的问题进行分解，选择一定数量的专业人士，将提案要求寄出去，各专业人士分别提出自己的设想方案并寄回，组织者把各方面意见加以整理汇总，形成不同的改进方案，再次寄出去供提案人员（专业人士）分析，组织者再次收到意见后选出少数方案后再寄出去。如此反复，最后形成最优方案。德尔菲法的优点是成员之间互不见面，可以排除权威、资历、多数意见等心理因素影响，有利于方案的创造，缺点是时间较长。

（4）T·T—STORM法。STORM是Systematic Thinking of Objective Realizing Method的缩写，意思是实现目标的思考方法。该方法是由日本经营合理化中心武知考夫提出的，T·T是武知考夫罗马字母拼音的字头。该方法的具体实施步骤如表9-6所示。

表9-6 T·T—STORM法的具体步骤

步骤	内容
集中目标	深刻领会对象问题的真正目的，明确定义
广泛思考	自由联想，提出多种新方案
搜索相似点	提出新方案的关键词作强制联想，使这些方案得到发展
系统化	把实现目的的各方案系统化，并把这些方案添加到产品设计上
排队	把提出的方案按价值大小顺序排列，进行选择分析
具体化和提炼	把各种设想方案具体化，并同其他功能和对象问题联系起来，以求把解决问题的方案具体化
制定模式	确定新方案的细节问题和能实现功能的最有价值的具体方案

（5）输入输出法。输入输出法是美国通用电气公司用于产品设计的一种方法，将用户需要解决的问题作为“输入”，把企业满足用户要求的目标作为“输出”，将“功能要求事项”作为“制约条件”，进行方案创造。

（6）类比法。类比法是哥顿的又一研究成果，又称“Synectics”，意思是把不同的、看起来毫无联系的因素进行联想，类比得出方案。类比法有三种：

1）直接类比。例如，有没有在水中和陆地都能走的动物？

龟→龟的机理→水陆两用汽车。

2）象征类比。例如，用神话进行类比，开发一种新型钥匙。

（故事）念咒→声音→声波→电信号交换装置→（产品）根据电气原理制成的钥匙。

3）拟人类比。例如，对于传递力矩的轴。

把自己设想为一根轴时所具有的心情：
- 两边受力太大了 ⟶ 试图改进安装、改进材料
- 阻力太大了 ⟶ 试图改进有障碍的地方
- 空间狭窄，挤得难受 ⟶ 试图改进空间布置

2. 方案评价

方案评价是在方案创造的基础上对新构思方案的技术、经济、社会和环境效果等几方面进行估价，以便于选择最佳方案予以实施。方案评价包括概略评价和详细评价两个阶段，其评价内容和步骤都包括技术评价、经济评价、社会评价以及综合评价。概略评价是对创造阶段提出的各方案设想进行初步评价，目的是淘汰那些明显不可行的方案，筛选出少数几个价值较高的，以供详细评价作进一步分析的方案。详细评价是在掌握大量数据资料的基础上，对通过概略评价的少数方案从技术、经济、社会三个方面进行详尽的评价分析，为提案的编写和审批提供依据。

在对方案进行评价时，无论是概略评价还是详细评价，一般可先做技术评价，再分别进行经济评价和社会评价，最后进行综合评价。

（1）技术可行性评价。技术可行性评价是评价方案实现必要功能的程度，以价值工程研究对象是产品为例，其技术可行性可从如下几个方面进行评价：①功能的实现程度（性能、质量、寿命等）。②可靠性。③可维修性。④操作性。⑤安全性。⑥整个系统的协调性。⑦与环境的协调。技术可行性评价，力求把技术指标定量化，以便进行比较选择。技术经济价值计算公式：

$$X=\frac{\bar{P}}{P_{max}} \tag{9-8}$$

其中，X 表示技术价值；$\bar{P}$表示各项技术项目得分的算术平均值；P_{max} 表示评分标准的最高得分。

理想方案是技术价值为 1，一般 $X>0.8$ 为可行方案，$X<0.6$ 为不可行方案。

（2）经济可行性评价。经济可行性评价从成本和利润两方面进行综合考虑，侧重以成本为指标进行评价，综合考虑企业经营需要、实施改进方案的费用情况、适用时期、方案实施条件等。经济可行性评价的公式：

$$Y=\frac{H_i}{H} \tag{9-9}$$

其中，Y 表示经济效益；H_i 表示目标成本（理想成本）；H 表示新方案制造成本。

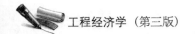

理想方案是经济效益为 1，一般 $Y>0.7$ 是很好的方案，$Y<0.5$ 应舍弃。

经济可行性评价的方法一般有以下几种：

1）变动成本法。变动成本法是指将成本划分为固定成本与变动成本，计算盈亏平衡点。其基本公式：

$$X=\frac{C}{P-V} \tag{9-10}$$

其中，X 表示盈亏平衡点产量；C 表示固定成本；P 表示产品单价；V 表示单位产品变动成本。

2）“总额”与“差额”法。总额法是指对影响利润或成本的全部因素加以计算，求出总利润或总成本进行比较的一种方法；差额法是指只对影响利润或成本有差异的因素加以计算，进行差额比较的一种方法，这种方法简便、节省时间。

（3）社会评价。社会评价是指对方案的社会效果的评价。企业作为社会的成员，有其社会属性，要谋求企业的利益与社会利益的一致。社会评价主要包括的内容：①方案是否符合国家规划。②方案实施资源利用是否合理。③方案实施是否达到国家关于环境保护颁布的有关规定。④方案是否符合国家、社会的其他要求。

（4）方案综合评价。方案综合评价是在上述三种评价的基础上，对整个方案做出综合的、整体的评价。综合评价时要综合考虑各指标因素之间重要性比重、各方案对评价指标的满足程度，从而判断和选择出最优方案。用于方案综合评价的方法很多，从整体上说，可区分为定性评价法和定量评价法。定性评价法简单且全面，但是缺乏定量依据，容易把一些相近的方案全部排除或对于相近的方案难以选择，常用的定性方法有德尔菲（Delphi）法、优缺点列举法等。定量评分法是指用每一方案的得分来评价和选择方案的方法，常用的定量方法有直接评分法、加权评分法、比较价值评分法、环比评分法、强制评分法、几何平均值评分法等。下面介绍几种常用的具体定量评分方法。

1）DARE 法。DARE 法是指根据评价指标重要性程度（W_i）和方案对评价指标的满足程度（S_i）进行综合评价的方法。其具体步骤如下：

A. 确定重要性系数 W_i。

B. 确定方案对评价指标的满足程度系数。

C. 确定方案的评分值，计算公式：

$$A_i=\sum W_i S_i \tag{9-11}$$

D. 根据 A_i 数值，选择总评分值最高的方案为最优方案。

2）加法评分法与乘法评分法。这两种方法都是将评价项目按满足程度分为若干等级，确定各级评分标准并进行评分。加法评分法如表 9-7 所示。

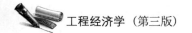

表 9–7　加法评分法

评价项目			对比方案			
内容	评价等级	评分标准	A	B	C	D
功能	绝对必要	30	30			
	一般	20		20		20
	较小	10			10	
竞争能力	强	10				
	中	8		8		8
	弱	5			5	
市场规模	大	8		8		
	中	6	6			
	小	3			3	3
生产能力	充分利用现有基础	15	15			
	增加设备，少量投入	10		10	10	
	增加设备，大量投入	6				6
评分总数		25~63	61	46	28	37

从表中可以看出，A 方案的评分值最高，可确定为最优方案。

乘法评分法与加法评分法类似，各方案的每一个评价指标得分累计相乘。由于总分值由乘积确定，因而方案之间分值差距较大，对比醒目。

第三节　价值工程的应用实例

进行一项价值分析，首先需要选定价值工程的对象。一般说来，价值工程的对象是要考虑社会生产经营的需要以及对象价值本身有被提高的潜力。例如，选择占成本比例大的原材料部分，如果能够通过价值分析降低费用提高价值，那么价值分析对降低产品总成本的影响也会很大。当我们面临一个紧迫的境地，例如，生产经营中的产品功能、原材料成本都需要改进时，研究者一般采取经验分析法、ABC 分析法以及百分比分析法。选定分析对象后需要收集对象的相关情报，包括用户需求、销售市场、科学技术进步状况、经济分析以及本企业的实际能力等。价值分析中能够确定的方案的多少以及实施成果的大小与情报的准确程度、及时程度、全面程度紧密相关。有了较为全面的情报之后就可以进入价值工程的核心阶段——功能分析，在此阶段要进行功能的定义、分类、整理、评价等步骤。经过分析和评价，分析人员可以提出多种方案，并从中筛选出最优方案加以实施。在决定实施方案后应该制定具体的实施计划，提出工作的内容、进度、质量、标准、责任等方面的内容，确保方案的实施质量。为了掌握价值工程实施的成果，还要组织成果评价。成果的鉴定一般以实施方案的经济效益、社会效益为主。作为一项技术经济的分析方法，价值工程做到了将技术与经济紧密结合，此外，价值工程的独到之处还在于它注重提高产品的价值、注重在研制阶段开展工作，并且将功能分析作为自己独特的分析方法。

下面以公路建设方案为例来说明价值工程在工程项目建设方面的指导作用。

一、老线方案（即部分沿老路改建的方案）

老线方案的特点是将原有公路在符合路线总方向且前后无其他限制的路段加宽利用，不能利用的路段则进行改线，此方案路长 181.2 公里，比原有公路短 5.4 公里。其中，利用老路加宽的路段共长 82.6 公里，改线长 98.6 公里。

与新线方案比较，老线方案主要有以下缺点：

里程长 6 公里，将会长期浪费运力和能源，增加用路者费用；改建不利于将来进一步提高等级；不可避免穿过集镇和居民区，事故隐患大；拆迁面大，给施工增加困难；利用老路地段路基标高不能提高至要求高度，故不能保证强度，从而减少使用寿命；由于平交多无法对来往车辆收取过路费，使资金筹措发生问题，等等。

二、新线方案

新线方案的特点是全部新建一条 I 级公路，并保留老路作慢车道和区间交通用，此方案路长 175.2 公里，比原有公路短 11.4 公里，比老线方案短 6 公里，其基本走向与老路方案平行。

老路方案的缺点是新线方案的优点，但新线方案也有一些问题：通过地形比老线方案低 1 米左右，土方工程量大；占用土地多；建设期投资比老线方案大，但经济效益大。

两方案投资如表 9–8 所示。

表 9–8　各方案投资

单位：万元

方案名称	老线方案	新线方案
建设期投资	50074	55175
使用期投资	4690.8	7157
寿命期总成本	54764.8	62332
各方案总里程（公里）	181.2	175.2
每千米寿命期总成本	302.234	355.776

以下运用价值工程对设计方案进行评价。

1. 思路

首先，重点计算各方案的功能指数。

（1）通过功能分析，得出公路的各项功能相对重要性系数（即各项功能的权重）。

（2）按照功能要求由专家对各方案所满足的各项功能进行 10 分制评分，进而采用加权评分法计算各方案的功能指数。

其次，有了各方案的功能指数，再分别计算各方案的成本指数和价值指数。

最后，根据价值指数选择最优方案。

2. 功能分析

（1）功能定义。公路的功能可以定义为通行车辆。

（2）功能整理。公路的功能可以整理为基本功能和辅助功能，排列如图 9–6 所示。

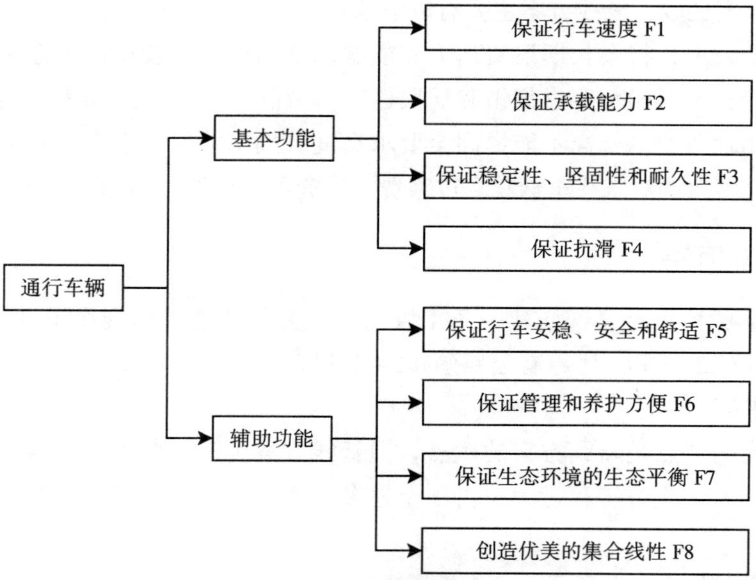

图 9–6　功能整理图

（3）通过功能整理把公路的功能归类为两类八种，这八种功能在公路功能中占有不同的地位。因而需确定公路的各项功能相对重要性系数（即各项功能的权重）。

这里采用用户、设计、施工单位三家加权评分法，三者的权数分别定为 60%、30%、10%（见表 9–9）。

表 9–9 加权评分表

功能		用户评分		设计人员评分		施工人员评分		功能权重
		得分①	①×0.6	得分②	②×0.3	得分③	③×0.1	
基本功能	F1	40.55	24.33	30.67	9.201	31.75	3.175	0.3671
	F2	10.25	6.15	13.45	4.035	13.25	1.325	0.1151
	F3	8.15	4.89	12.25	3.675	15.45	1.545	0.1011
	F4	9.25	5.55	5.55	1.665	10.55	1.055	0.0827
辅助功能	F5	10.75	6.45	10.18	3.054	10.90	1.09	0.1059
	F6	10.25	6.15	12.35	4.705	5.25	0.525	0.1038
	F7	5.30	3.18	5.33	1.599	10.35	1.035	0.0581
	F8	5.50	3.30	10.22	3.066	2.50	0.25	0.0662
合计		100	60	100	30	100	10	1

3. 计算各方案的功能指数

按照功能要求由专家对各方案所满足的各项功能进行 10 分制评分，进而采用加权评分法计算各方案的功能指数，各方案的功能指数，如表 9–10 所示。

表 9–10 各方案的功能指数

评价因素		方案功能得分	
功能因素	功能权重	新线方案	老线方案
F1	0.3671	10	7
F2	0.1151	10	8
F3	0.1011	10	10
F4	0.0827	9	7
F5	0.1059	9	6
F6	0.1038	10	6
F7	0.0581	8	9
F8	0.0662	9	6
方案总分		9.6290	7.2587
功能指数		0.5702	0.4298

注：（1）9.6290 = 0.3671 × 10 + 0.1151 × 10 + 0.1011 × 10 + 0.0827 × 9 + 0.1059 × 9 + 0.1038 × 10 + 0.0581 × 8 + 0.0662 × 9。

（2）0.5702 = 9.6290/（9.629 + 7.2587）。

4. 成本评价系数的计算

成本评价系数如表 9–11 所示。

表 9–11　成本评价系数计算

方案名称	单位总成本（万元）	成本系数
老线方案	302.234	0.4593 = 302.234/658
新线方案	355.776	0.5407
合计	658 = 302.234 + 355.776	1

5. 价值系数的计算

价值系数如表 9–12 所示。

表 9–12　价值系数

方案名称	功能评价系数	成本系数	价值系数	最优
老线方案	0.4298	0.4593	0.9358 = 0.4298/0.4593	
新线方案	0.5702	0.5407	1.0546	√

6. 结论

由表 9–12 的计算结果可知，新线方案的价值指数最高，为最优方案。

本章小结

价值工程是一种在各行业广泛运用的工程经济评价方法，它用“价值”的概念，把技术和经济统一起来，通过对功能的分析量化和对比，确定需要改进的对象和需要达到的预期目标；谋求以最低的成本实现必要的功能。力求在满足使用者要求的同时，可以使企业和社会都获得最佳的经济效益，充分合理地利用有限的资源。

对于价值工程的关键技术，在于深刻理解价值、功能和成本之间的相互关系，也在于功能分析方法、功能评价方法的灵活掌握。关于方案创造与实施评价则需要对改善目标有正确认识和与团队成员间的默契配合。

在经济全球化的历史大背景下，我国要保持强有力的竞争优势，充分合理地利用资源，有利于我国实现可持续发展。价值工程思想和价值工程技术在我国的推广和使用有着不可忽视的社会意义。

概念回顾

价值工程（Value Engineering）。价值工程是以提高产品价值和有效利用资源为目的，通过有组织的创造性的工作，寻求用最低的寿命周期成本，可靠地实现研究对象的必要功能，从而提高对象价值的思想方法和管理技术。

寿命周期成本（Life Cycle Cost）。寿命周期成本是指从对象被研究开发、设计制造、用户使用直到报废为止的经济寿命期间所发生的各项成本费用之和，其中包括生产成本和使用成本。

功能分析（Functional Analysis）。功能分析是价值分析的核心，它针对产品及零部件，系统地分析和比较其功能，除掉不必要的和过剩的功能，改善必要功能，从而达到以最少的成本、可靠地实现必要功能的目的。

功能评价（Function Evaluation）。功能评价即评定功能的价值，是找出实现功能的最低费用，并将其作为功能的目标成本（又称功能评价值），以此成本为基准，通过与功能现实成本的比较，求出两者的比值（功能价值）和两者的差异值（改善期望值），然后选择功能价值低、改善期望值大的功能作为价值工程活动的重点对象。

最适合区域（The Most Suitable Area）。以成本系数为横坐标，功能评价系数为纵坐标，与横轴成45°的一条直线为理想价值直线，由围绕该直线的两条双曲线围成的喇叭形区域叫做最合适区域，即功能与成本比较合理的区域。

练习题

1. 价值工程是什么？
2. 什么是寿命周期和寿命周期成本？
3. 什么是功能分析？什么是功能定义、功能分类、功能整理？
4. 举例说明功能及功能的分类。
5. 功能指数法中，V=F/C，说明 V=1，V>1，V<1 的含义。
6. 提高价值的途径有哪些？最理想的方法是什么？
7. 价值工程的工作步骤和阶段分别有哪些？
8. 方案创造与评价的方法有哪些？
9. 价值工程选择对象的方法有哪些？

案例分析

价值工程应用案例

造价工程师在某开发公司的某幢公寓建设工程中，采用价值工程的方法对该工程的设计方案和编制的施工方案进行了全面的技术经济评价，取得了良好的经济效益和社会效益。有四个设计方案 A、B、C、D，经有关专家对上述方案根据评价指标 F1~F5 进行技术经济分析和论证，得出如下资料（见表 9-13 和表 9-14）。

表 9–13 功能重要性评分表

方案功能	F1	F2	F3	F4	F5
F1		4	2	3	1
F2	0		1	0	2
F3	2	3		3	3
F4	1	4	1		1
F5	3	7	1	3	

表 9–14 方案功能评分及单方造价

方案功能	方案功能得分			
	A	B	C	D
F1	9	10	9	8
F2	10	10	8	9
F3	9	9	10	9
F4	8	8	8	7
F5	9	7	9	6
单方造价（元/平方米）	1420	1230	1150	1360

资料来源：价值工程案例习题［EB/OL］. http：//max.book118.com/html/2015/0316113369059.shtm. https://wenku.baidu.com/view/1044e3543c1ec5da50e27054.html.

思考题

（1）计算功能重要性系数。

（2）计算功能系数、成本系数、价值系数并选择最优设计方案。

第十章 项目后评价

学习目标

1. 了解项目后评价的概念、产生与发展历程。
2. 理解项目后评价的特点以及作用。
3. 掌握项目后评价的内容与方法。
4. 学会项目后评价报告的撰写。

章前引例

分布式光伏发电项目后评价研究

项目后评价是项目生命周期中的重要环节，是项目立项评价相关工作的延续。通过项目后评价可在项目生命周期各阶段的实践中分析总结成功经验和失误教训，对已完成的项目进行一种系统而又不失客观的分析与评价，以此来确定项目的目标、目的、效果和效益等实现的程度。

国外的项目后评价与项目前评价几乎同时产生，在经过了近百年的发展后，理论体系相对比较完整。目前，世界各地的后评价机构主要是对国家预算、计划和项目进行评价。随着全球社会与经济发展的变化，各国在后评价机构中设置了各种法律法规、明确的管理运行机制和行使有效的方法与程序。美国是全世界项目后评价工作发展最早、最迅速的国家之一，后评价范围开始仅限于国家政府，后来慢慢走向地方，并且在其他性质企业中也有逐步扩大的趋势。项目后评价在 20 世纪 80 年代中后期引入我国，经过近 30 年的发展，由于各部门项目后评价工作的组织和开展，相应的后评价方法也得以制定，学术界也一直在做相关研究并取得了一定的成果。在参考国际有关组织的后评价工作与方法及其他评价方法的基础上初步形成了我国自己的后评价体系。

光伏电站项目的后评价应遵循定性与量化分析相结合、综合指标与单项指标分析相结合的原则。随着我国光伏电站的大规模建设，光伏项目的后评价将成为未来后评价工作的重点研究方向。

对即墨市高新技术开发区 20MWp 光伏发电示范项目的后评价为评价项目乃至集团

后续项目提供了数据支持。开展分布式光伏项目的后评价，是项目管理工作中一个不可或缺的关键环节。进行该项目的后评价是通过对已有项目情况的总结，指导在建项目，完善已建项目，改进待建项目，达到提高投资决策水平的目的，并从已完成的项目中吸取经验教训；能够公正、客观、全面地评价项目决策者、施工者和管理者的工作状况与结果以及存在的各种问题，进而有效地提高其责任感，促进光伏项目未来更好地发展。

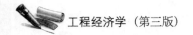

构建光伏项目后评价的方法与体系，也为其他单位的光伏项目后评价提供了参考。例如，大唐集团为我国五大发电集团之一，对光伏项目进行完整的后评价，以此来确定项目预期目标是否达到，预期效益指标是否实现，查找项目出现问题的原因，吸取经验教训，及时反馈信息，提高公司待开发项目的管理水平。评价项目的成绩和失误的主客观原因，这对其他发电企业的光伏项目也具有一定的参考价值。

即墨市高新技术开发区 20MWp 光伏发电示范项目后评价的主要内容包括五大部分：

第一，分布式光伏项目实施过程评价。

第二，项目环境影响评价。

第三，项目财务分析评价。

第四，可持续性评价。

第五，综合评价分析。

通过项目后评价我们可以得出结论，该项目通过合理的规划和设计较为充分地利用了项目所在地区太阳资源和屋顶资源实现发电，符合国家产业政策及节能减排政策；在工程建设过程中，较好地保证了安全施工、工程质量；通过合同能源管理的方式实现售电，实现了一定的经济效益。

本书在前面的章节中分别讲述了项目的方案比选和工程项目财务评价、项目的不确定性分析。本章主要介绍项目后评价，上述案例即为项目后评价的典型运用。项目后评价虽然有别于项目评价，但又与项目评价有着诸多的联系。项目后评价是检验工程项目管理工作质量，总结工程项目决策的经验教训，提高项目决策和实施管理水平的有效方法，对实现投资决策的程序化、科学化、民主化和规范化，具有十分重要的意义。

资料来源：张国辉. 分布式光伏发电项目后评价研究［D］. 北京：华北电力大学，2015.

第一节　项目后评价概述

投资项目后评价不同于投资项目前评价与可行性研究，它是在投资项目建成投产并运行一段时间（一般为两年或达到设计生产能力的年份）以后，对项目立项、准备、决策、实施到投产运营的全过程投资活动进行综合评价，从而判别项目投资目标的实现程度。项目后评价的具体实施过程就是对项目前评价与可行性研究报告及其设计文件中规定的技术经济指标进行再评价。项目后评价考察项目环境影响情况和社会影响情况，并通过对整个投资项目建设过程各阶段工作的回顾，对项目投资全过程的实际情况（施工、建设、投产经营等）与预计情况进行比较研究，衡量和分析实际情况与预测情况偏离的程度，说明项目成功与失败的原因，全面总结投资项目管理的经验和教训，并将总结的经验和教训反馈到将来的项目中去，作为其参考和借鉴，为以后的项目管理工作改善和制定合理科学的投资计划及各项规定提供重要依据，从而达到提高项目投资决策水平、管理水平和投资效益的目的。

一、项目后评价概述

国外的工程建设项目后评价几乎与项目前评价同时产生，最早产生于 20 世纪 30 年代的美国，主要为了适应当时罗斯福政府对重大社会计划项目管理的需要，作为监督政府“新政”政策性投资的手段。到 20 世纪 60 年代，美国、英国等发达国家的财政、审计机构及援外单位已开始进行项目后评价工作，其代表是美国联邦政府动用数以亿美元计的公共资金到“向饥饿宣战”（Waron Poverty）的计划中，新建了大批大型公益项目。国会和公众对资金的使用、效益及影响表现出极大的关注。

因此，在计划实施的同时进行了以投资建设项目效益评价为核心的后评价的原则延续至今，并为各国所接受和采纳。直到 20 世纪 70 年代，项目后评价才广泛地被许多国家和世界银行、亚洲开发银行等双边和多边援助组织重视和应用，并成为西方发达国家以及一些发展中国家政府管理的必不可少和不可分割的一个组成部分。后评价提供的信息作为国民经济效益和社会效益的决策依据，为制定经济政策服务，成为政府计划决策和宏观管理的一种重要工具。在发达国家，后评价主要是对国家的预算、计划和项目进行评价，一般说来，这些国家有评价的法律和系统的规则、明确的管理机构、科学的方法和程序。目前，后评价的发展趋势是将资金预算、监测、审计和评价结合在一起，形成一个有效的和完整的管理循环和评价体系。

我国的投资项目后评价始于 20 世纪 80 年代中后期。1998 年中华人民共和国原计划经济委员会（以下简称国家计委）正式委托中国国际工程咨询公司进行第一批国家重点投资项目的后评价，这标志着投资项目后评价在我国的正式开始。

随后在我国的一些金融部门，如建设银行、国家发展银行等，和一些政府部门，如中华人民共和国原交通部、铁道部、农业部也相继开展了自己的项目后评价工作。虽然近年来我国的项目后评价工作发展较快，但与其他国家相比仍相对滞后，特别是还未形成完整的后评价体系。然而，随着我国经济体制的改革，尤其是投资体制改革的深入和发展，后评价已越来越受到我国经济界和投资界的重视。因此，投资项目后评价活动将日益完整而规范。

1. 项目后评价概念

工程项目后评价又称事后评价，它是指对已实施或完成的项目（或规划）的目标、执行过程、效益和影响进行系统、客观的分析、检查和总结，以确定目标是否达到，检验项目或规划是否合理和有效率，并通过收集可靠、有用的信息资料为未来的决策提供经验和教训，从而作为判别项目投资目标实现程度的一种方法。

工程项目的后评价是对项目决策前的评价报告及其设计文件中规定的技术经济指标进行再评价，并通过对工程项目建设过程中涉及的各阶段的工作进行整体回顾，将工程项目全过程的实际情况（施工建设、投产经营等）与预期情况进行对比研究，衡量分析实际情况与预期情况的偏离程度，分析说明项目成功与失败的原因，全面总结工程项目管理的经验和教训。具体来讲，后评价是一种活动，它从未来的、正在进行的或过去的一个或一组活动中评价出结果并吸取经验，并将经验教训反馈到将来的项目中作为参考和借鉴，为改善项目管理工作和制定科学合理的工程计划及各项规定提供重要的依据和改进措施，有利于提高项目投资决策水平、管理水平和投资效益。工程项目后评价不仅是工程项目建设程序中的一个重要工作阶段，还是项目管理工作中不可缺少的组成部分和重要环节。

我们可以从各个角度来理解项目后评价。从微观角度看，项目后评价与单个或多个项目，或者一个规划有关；从宏观角度看，它可以是对整个经济、某一部门的经济或经济中某一方面的活动情况进行审查；从空间的含义看，后评价还可以是对某一地区发展趋势的评价。后评价是在项目进行一定时期后，对其进行全面综合的评价，分析项目实施的实际经济效果和影响力，以论证项目的持续能力，判断最初的决策是否合理，为以后的决策提供经验和参考。

2. 工程项目后评价的产生和发展

就世界范围而言，从 20 世纪 30 年代美国政府第一次有目的地开始对项目进行后评价以来，已有几十年的历史，然而直到 20 世纪 70 年代中期，后评价才广泛地被许多国家和世界银行、亚洲开发银行等双边和多边组织在评价其世界范围的资助活动结果中使用。各国的后评价机构各不相同，而且随着其社会和经济的发展而变化。

（1）发达国家的后评价。在发达国家，后评价主要是对国家的预算、计划和项目进行评价。一般来说，这些国家有评价的法律和健全的规则、明确的管理机构、系统的方法和程序。目前，后评价的发展趋势是将资金预算、监测、审计和评价结合在一起，形成一个有效的、完整的管理循环和评价体系。

1）发达国家国内工程活动的评价体系。美国是后评价做得比较好的国家之一，本书以美国为例，介绍发达国家国内工程活动的后评价体系。在过去的 60 年中为促进社会和经济的发展，美国两次对主要由政府控制的工程计划进行过后评价。第一次是在 20 世纪 30 年代经济大萧条时期所进行的“新分配”计划。当时的后评价仅为少数人的行为。第二次是在 20 世纪 60 年代，在被称为“向饥饿宣战”的计划中，美国联邦政府为新建一大批大型公益项目投入了数亿美元的资金，国会和公众对资金的使用、效益和影响表现出极大的关注，于是在计划实施的同时进行了以投资效益评价为核心的后评价。这种效益评价的原则延续至今。

在 20 世纪 70~80 年代，某些公益性项目的决策由美国联邦政府下放到州政府或地方政府，后评价的过程也相应扩展到地方。最近六七年内不少州在后评价方法体系中有许多创新，例如，州政府对主要社会福利项目的评价更为密切和直接；评价更注重对项目的过程的研究，而不是等到项目结束时才进行。这些创新得到了联邦政府评价执行部门的全力支持。公众关注项目效益的趋势，要求增加对国家各级政府管理的透明度，对政府是否“尽职”提出质疑，其范围涉及社会的各个方面，诸如从环境保护到教育及创造就业机会等。内容涉及政府机构管理公共资源和工程的状况，管理是否充分和有效、评价项目的结果和效益如何等。

在经济衰退和紧缩时期，更增加了对后评价的要求。预算来源的挑战往往对后评价起到了推动作用。近年来，执行部门中的管理和预算办公室越来越强调对计划执行情况的评价，并把评价结果作为决定国家预算分配的一个重要因素。该办公室对计划执行情况的评价有极强的兴趣。在立法部门中，美国国会将其后评价研究作为一种监督功能。中央政府机构中总监督的作用原先仅限于一般的审计和检查活动，而今已经扩展到计划的评价领域。

在私营体系中，即私有公司和企业中，也有增强后评价的趋势。一些私有公司开始使用被称为“战略计划”的方式，通过所确立的发展目标，公司可以不断地检查计划，不断地调整和修订其目标和策略。这些原属于私营企业的计划评价模式，现在开始推广到公共部门。政府逐渐增强了对公共部门工程计划和项目的效益和结果进行不断监测和评价的能力。

2）发达国家援外机构的后评价。大部分发达国家在其国家预算中都有一部分资金用于第三世界工程，这些资金的使用由一个单独的机构管理，如美国国际开发署、英国海外开发署、加拿大国际开发署、日本海外经济协力基金等。为保证资金使用的合理性和效益性，各国在这些部门中一般设立了一个相对独立的办公室专门从事海外援助项目的后评价。以英国为例，英国海外开发署是设立在英联邦外交办公室的一个政府部门，它每年有约 100 个国外工程项目，工程金额达数亿英镑。该部门从 1975 年开始进行项目的影响评价，并于 1982 年正式在署内设立后评价局，主要负责项目后评价的政策、计划、执行、报告和反馈工作，每年花费大约 80 万英镑对 10~15 个项目进行后评价。

（2）发展中国家的后评价。近年来，发展中国家的后评价已经有了很大的发展。据联合国开发署 1992 年的资料介绍，85 个较不发达国家已经成立了中央评价机构。但这些评价机构大多是从属或挂靠政府的下属机构，相对独立的后评价机构和体系尚未真正形成。这些政府机构大多只是根据世界银行、亚洲开发银行等外部要求其组织相关项目的后评价而设立的。从总体上看，后评价成果的反馈情况并不令人满意，主要问题是没有完善的反馈机制。

（3）国际金融组织的后评价。20 世纪 70 年代以来，越来越多的国际金融组织依靠评价来检查其工程活动的结果。20 世纪 80 年代末，英国海外开发署对全世界 24 个多边金融机构的评价体系进行了专门研究，研究表明，所调查的 24 个组织每年花费 3600 万美元用于后评价，而同期的资金投入约为 210 亿美元，即评价费用约占同期工程的 0.17%；几乎所有组织都有综合性的项目前评价系统和有组织的监测系统；评价的目的因各方面的要求而异，但一般可分为总结经验教训和通过对项目价值的评价两类，以此检查本组织的工作情况。真实有效的评价应指出工程活动的缺点，因此评价单位和被评价单位之间的矛盾是不可避免的。评价单位对所做的评价报告的质量应有严格的控制，内容应与所用的资料来源相一致，评价结果应有很高的可信度。设立一个高级管理委员会是监督和控制评价成果质量的一种有效方法。

在各国际金融组织中，世界银行和亚洲开发银行由于工程贷款额大、后评价任务重，在项目执行评价方面积累了大量的经验。

（4）中国的工程项目后评价。中国的工程项目后评价始于 20 世纪 80 年代中期，1988 年原国家计委正式委托中国国际工程咨询公司进行第一批国家重点建设项目的后评价。多年来中国的后评价事业有了长足的进步，初步形成了自己的后评价体系。

1）中国项目后评价的基本情况。中国工程项目后评价的目的是全面总结工程项目的决策、实施和运营情况，分析项目的技术、经济、社会和环境效益的影响，为投资决策和项目管理提供经验和教训，改进并完善建成项目，提高其可持续性。

就工程项目渠道和管理体制而言，项目后评价可分为以下几类：

第一，国家重点建设项目。国家重点建设项目由原国家计委制定评价规定，编制评价计划，委托独立的咨询机构来完成。目前，中华人民共和国国家发展和改革委员会（以下简称国家发改委）主要委托中国国际工程咨询公司实施项目的后评价工作。国家重点建设项目后评价有多种类型，包括项目后评价、项目效益调查、项目跟踪评价、行业专题研究等。中国国际工程咨询公司十几年来完成约 120 项国家重点建设项目的各类评价报告，为国家发改委投资决策提供了有益的反馈信息。

第二，国际金融组织贷款项目。国际金融组织贷款项目主要是指世界银行和亚洲开发银行在中国的贷款项目。国际金融组织贷款项目按其规定开展项目后评价，即按本书前面所述的原则、方法和程序，由这些组织进行分析评价。中方项目管理和执行机构主要做一些后评价的准备和资料收集工作。作为中国政府对外窗口，中华人民共和国财政部和中国人民银行也积极参与了这些项目后评价的指导和管理工作。当然，多数国际金融组织的贷款项目也是中国国家的重点项目，其中部分项目国家发改委也要安排进行国内的后评价。

第三，国家银行贷款项目。过去国家建设项目的工程执行机构是中国人民建设银

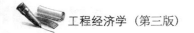

行，该行从1987年起就开展了国家工程大中型项目的效益调查和评价工作，目前已形成了自己的评价体系。1994年国家开发银行的成立，对国家政策性工程实现统一管理。国家开发银行担负起国家政策性工程业务的后评价工作，几年来在后评价机构建设、人员配备和业务开发上取得了较大的进展。

第四，国家审计项目。20世纪80年代末，中华人民共和国审计署（以下简称国家审计署）成立，开始了对国家工程和利用外资大中型项目的正规审计工作。对这些主要项目的审计由审计署自己来完成，主要进行项目开工、实施和竣工的财务方面的审计。目前国家审计署正在积极开拓绩效审计等与项目后评价相关的业务。

第五，行业部门和地方项目。由行业部门和地方政府安排的工程建设项目一般由部门和地方去安排后评价。行业部门和地方的项目后评价发展还不平衡，目前，开展比较好的有农林、能源、交通、卫生等部门和黑龙江省、云南省、山西省等地区。部门和地方项目管理机构还参与了在本地区或本部门的国家一级和世界银行项目的后评价工作。

2）中国项目后评价的机构和管理。到1995年，国家开发银行、中国国际工程咨询公司和中国人民建设银行等相继成立了后评价机构。这些机构大多类似世界银行的模式，具有相当的独立性。国家一级的后评价管理机构和组织正在酝酿之中。

国家重点建设项目和政策性贷款项目的后评价已经走上正轨。国家发改委和国家开发银行选择后评价项目的原则：①国家特大型项目，尤其是跨地区跨行业的项目。②与国家产业政策密切相关的项目，特别是带有引导发展方向的项目。③有特点的项目，如采用新技术、新融资渠道、新政策的项目。④国家急需了解的项目等。

国内后评价一般分为四个阶段：

第一，项目自评阶段。项目自评阶段由项目业主会同执行管理机构按照国家计委或国家开发银行的要求编写项目的自我评价报告，报行业的主管部门和国家发改委或国家开发银行。

第二，行业或地方初审阶段。行业或地方初审由行业或省级主管部门对项目自评报告进行初步审查，提出意见，一并上报。

第三，正式后评价阶段。正式后评价由相对独立的后评价机构组织专家对项目进行后评价，通过资料收集、现场调查和分析讨论，提出项目的后评价报告。

第四，成果反馈阶段。在项目后评价报告的编写过程中，要广泛征求各方面的意见，在报告完成之后要以召开座谈会等形式进行发布，同时发布成果报告。

二、项目后评价的内涵

项目后评价用以确定项目预期目标是否达到和主要效益指标是否实现；查找项目成败的原因，总结经验和教训，及时有效反馈信息，提高未来新项目的管理水平。因此，项目后评价具有其鲜明的特点。

1. 特点

从前面的介绍中我们可以知道，工程项目后评价不同于项目决策前的可行性研究和项目评价。由于评价时点的不同，因此项目后评价具有如下特点：

（1）现实性。工程项目后评价是对工程项目投产后一段时间所发生的情况的一种总结评价。它从现实出发，对项目在建设、投产、运营的状况中存在的问题进行总结、分析、研究和评价。它分析研究的是项目的实际情况，所依据的数据资料是现实发生的真实数据或根据实际情况重新预测的数据，总结的是现实存在的经验和教训，提出的是实际可行的对策措施。工程项目后评价的现实性决定了其评价结论的客观可靠性。而项目前评价分析研究的是项目的预测情况，所采用的数据都是预测数据。

（2）可信性。项目后评价是对实际运行项目准备、建设和运营情况的分析研究。它通过搜集现实发生的实际数据资料来客观反映项目实施的成功经验与失败教训，因此具有客观性和可靠性。可信性的一个重要标志是后评价应同时反映出项目的成功经验和失败教训，这就要求评价者具有广泛的阅历和丰富的经验。同时，后评价也提出了“参与”的原则，要求项目执行者和管理者参与后评价，以利于收集资料和查明情况。为增强评价者的责任感和可信度，评价报告要注明评论者的名称或姓名。评价报告要说明所用资料的来源或出处，报告的分析和结论应有充分可靠的依据。

（3）全面性。工程项目后评价的内容具有全面性，即不仅要分析项目的投资过程，而且还要分析其生产经营过程；不仅要分析项目的投资经济效益，而且还要分析其社会效益、环境效益等；不仅要总结项目决策、建设和营运中成功的经验，更要发现问题，找出差距，分析研究成因，提出对策建议。另外，它还要分析项目经营管理水平和项目发展的后劲和潜力。

（4）透明性。透明性是后评价的一个重要原则。从可信性方面来看，要求后评价的透明度越大越好，因为后评价往往需要引起公众的关注，对投资决策活动及其效益和效果实施更有效的社会监督。从后评价成果的扩散和反馈的效果来看，成果及其扩散的透明度也是越大越好，这样可以使更多的人借鉴过去的经验和教训。

（5）反馈性。工程项目后评价的目的在于通过对现有项目的准备过程、建设过程和运营过程的回顾总结和分析研究，总结成功的典型经验和不成功的教训，并把它们作为一笔宝贵的财富反馈给有关部门，以提高项目决策水平和管理水平。因此，后评价的最主要特点是具有反馈特性。项目后评价的结果需要反馈到决策部门，作为新项目的立项和评价基础以及调整工程规划和政策的依据，这是后评价的最终目的。因此，后评价的结论的扩散以及反馈机制、手段和方法成为后评价成败的关键环节之一。在国外，一些国家建立了“项目管理信息系统”，通过项目周期各阶段的信息交流和反馈，系统地为后评价提供资料和向决策机构提供后评价的反馈信息。

（6）探索性。项目后评价是在分析工程项目现状的基础上及时发现问题、研究问题，以探索项目未来的发展方向和趋势。因此，从这方面来讲，项目后评价还具有探

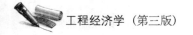

索未来项目发展的特点。

2. 项目后评价与前评价（项目财务评价）的差异

项目后评价与前评价不同，项目后评价具有自身的特点，由于其独特的特点使其与前评价有一定的差异。主要表现在以下几个方面：

（1）评价的侧重点不同。工程项目前评价主要以定量指标为主，侧重分析项目建设的必要性和可能性，评价项目经济上的合理性，其作用是直接为项目投资决策提供依据。而工程项目的后评价则要结合行政和法律、经济和社会、建设和生产、决策和实施等方面的内容对项目投资全过程的实际情况进行综合评价，并与预期情况进行比较的评价。它是以现有事实为依据，以提高经济效益为目的，对项目实施结果进行鉴定，并间接作用于未来项目的投资决策，为其提供反馈信息。

（2）评价主体不同。工程项目前评价是由项目发起者、投资主体、贷款决策机构或项目审批部门组织实施的；而工程项目的后评价则是以投资运行的监督管理机构、单设的后评价机构或决策的上一级机构为主，主管部门会同计划、财政、审计、银行、设计、质量等有关部门进行。按照项目单位自我评价、行业主管部门评价和国家评价的实施方法，一方面可保证工程项目后评价的全面性，另一方面也可确保后评价工作的公正性和客观性。

（3）评价的依据不同。工程项目前评价主要依据历史资料和经验性数据，按照国家和有关部门颁发的定额标准、经济评价方法和参数进行评价；而项目的后评价则主要以项目实施中和投产后的实际数据和项目后续年限的预测数据为依据进行的评价。

（4）评价的内容不同。工程项目前评价主要是对项目的市场需求、建设的必要性、可行性、合理性及工程技术方案和建设条件等进行评价，对未来的经济效益和社会效益进行科学预测；而后评价除了对上述内容进行再评价外，还要对项目决策、项目实施效率、项目实际运营状况、影响效果、可持续性等进行深入细致的分析。

（5）评价的阶段不同。工程项目的前评价是在项目决策前工作阶段进行的，是项目前期工作的重要内容之一，是为项目的决策进行服务的评价；而后评价通常选择在项目建成投产并运行一段时间后，对项目全过程（包括项目的工程实施期和生产期）的总体情况进行的评价。

总之，工程项目的后评价不是对项目前评价的简单重复，而是依据国家政策和制度规定，对工程项目的决策水平、管理水平和实施结果进行的严格检验和评价。它是在与前评价比较分析的基础上，总结经验教训，发现存在的问题并提出对策措施，促使项目更快、更好地发挥效益和健康发展。

三、项目后评价作用

从上述工程项目后评价的定义可以看出，工程项目的后评价主要目的是根据项目的实际成果和效益来检查项目预期的目的是否达到，项目是否合理有效，项目的主要效益是否实现。通过分析找出成败的原因，总结经验教训并为未来新项目的决策提供建议。因此具体地说，工程项目后评价的作用主要表现在以下几个方面：

1. 提高项目投资决策的科学化水平，有利于降低项目的工程风险程度

项目后评价是对工程项目实施结果的全面评价，通过项目后评价可以检验项目前评价的理论和方法是否合理，决策是否科学。因此，通过建立和完善项目的后评价制度和科学的方法体系，一方面可以增强前评价决策者和执行者的责任感，促使评价和决策人员努力做好前评价工作，提高项目预测的科学性和准确性；另一方面可通过项目的后评价的反馈信息，及时纠正项目决策中存在的问题，并为今后同类型工程项目的评估和决策提供参照和分析依据，防止和减少可行性研究和项目决策的随意性，从而提高未来工程项目决策的准确程度和科学化水平。

2. 总结工程项目建设管理的经验教训，提高项目管理水平，对项目本身有监督和促进作用

投资项目管理是一项十分复杂的综合性工作活动。项目能否顺利完成并取得预期的工程经济效果，不仅取决于自身因素，还需要计划部门、主管部门、物资供应部门、勘察设计部门、银行等金融机构、施工单位和有关地方行政管理部门等较多单位的相互协调和密切合作，以便保质保量地完成各项任务和工作。只有这些部门相互密切合作才能保证项目的顺利进行，而如何协调各部门的关系，各方应采取什么样的协作形式等都尚在研究探索之中。

通过工程项目后评价，对项目建设全过程（从项目的立项、准备、决策、设计实施和投产经营）各阶段存在的问题提出切实可行的改进措施和建议，促进项目运营状况，使项目尽快实现预期的效益目标。也可对一些因决策失误、投产后经营管理不善、环境变化等造成生产、技术或经济状况处于困境的项目进行后评价，重新找到生存和发展途径。同时，项目后评价可以使项目决策者、实施者和承担项目可行性研究、项目前评估及设计、监理的单位感到自己的责任重大，主观上更自觉地认真做好每项工作，提高决策科学性、预测准确性，从这一点来说，后评价也会对现有工程项目起一定的监督作用。

3. 对项目建成后的经营管理进行诊断，提出完善的建议方案

项目后评价是在项目运营阶段进行的，因此可以分析和研究项目投产初期和达产时期的具体情况，比较实际情况与预测情况的偏离程度，找出偏差产生的原因，提出切实可行的措施，从而使项目运营正常化，充分发挥项目的经济效益与社会效益。

4. 为政府制定工程计划、产业政策和技术经济参数提供依据，对国家建设项目的工程管理工作起着强化和完善作用

由于工程项目后评价能够发现宏观工程管理中存在的某些问题，因此国家可以及时地修正某些不适合经济发展的技术经济政策以及某些已经过时的指标参数。同时，项目后评价所反馈的信息可以为国家合理确定工程规模和工程流向，协调各产业、各

部门之间及其内部的各种比例关系提供依据。此外，国家还可以充分运用法律、经济和行政手段，建立必要的法律法规，设立相应的机构，促进工程管理的良性循环。

四、项目后评价的种类与基本程序

尽管因项目规模、复杂程度的不同，导致每个项目后评价的种类和具体的工作程序也有所区别，但从总的情况来看，一般项目的后评价分为跟踪评价、影响评价、完成评价，同时应遵循客观和循序渐进的过程。

1. 项目后评价的种类

一般来说，从项目开始即项目投资发生之后，由监督部门所进行的所有评价活动都属于项目后评价的范畴。项目后评价可以延伸到项目的期末。因此，根据项目评价时点的不同，项目后评价可以分为跟踪评价、影响评价、完成评价。

（1）跟踪评价。跟踪评价又称中间评价或是过程评价，它是指项目开工到项目竣工以前任何一个时点所进行的评价。这种由独立机构进行的评价主要目的是检查评价项目的实施状况；评价项目建设过程中的重大变更（如项目的产品市场发生变化、概算调整、重大方案的变化等）及其对项目效益的作用与影响；判断项目发生的重大困难和问题，寻求对策和出路等。

（2）影响评价。影响评价又称事后评价，它主要指在项目效益得到充分发挥后（一般是投资完成 5~10 年后）直到项目报废为止整个运营阶段中任何一个时点对项目所产生的影响进行的评价。影响评价侧重对项目长期目标的评价，通过调查项目的实际运营情况，衡量项目的实际投资效益，评价项目的发展趋势和对社会与环境的影响；发现项目运营过程中的经营和管理方面的问题，提出改进措施，充分发挥项目的潜力。

（3）完成评价。完成评价也叫总结评价或终期评价，它是指在项目投资结束，各项工程建设竣工，项目的生产效果已初步显现时所进行的一次较为全面的评价。完成评价是对项目建设全过程的总结和对项目效益实现程度的评判。它的主要内容包括项目选定的准确性及其经验、教训的分析，项目的目标制定是否合理、适当，项目组织机构和管理是否有效，项目采取的技术是否适用，项目财务和经济分析是否符合实际，项目市场分析是否充分、全面，预期目标的实现情况，预期目标的有效程度，项目产生的社会影响等。

2. 项目后评价的基本程序

由于项目规模、复杂程度的不同，导致每个项目后评价的具体工作程序也有所区别，但从总的情况来看，一般项目的后评价都应遵循客观和循序渐进的过程。具体可以概括为以下几个步骤：

（1）组织项目后评价机构。项目后评价组织机构问题实际上是指由谁来组织项目后评价工作，这是具体实施项目后评价首先要解决的问题。根据项目后评价的概念、特点和职能，我国项目后评价的组织机构应符合以下两个方面的基本要求：

1）满足客观性、公正性要求。客观性和公正性是由项目后评价本身的特点和要求决定的。只有项目后评价机构具有客观性、公正性，才能保证项目后评价的客观、公正性。这就要求后评价机构要排除人为干扰，独立地对项目实施及其结果作出评价。

2）具有反馈检查功能。项目后评价的作用主要是通过项目全过程的再评价并反馈信息，为投资决策科学化服务。因此要求后评价机构具有反馈检查功能，也就是要求后评价组织机构与计划决策部门具有通畅的反馈回路，以使后评价有关信息迅速地反馈到决策部门。

从以上两点要求看，我国项目后评价的组织机构不应该是项目原可行性研究单位和前评价单位与项目实施过程中的项目管理机构。

（2）选择项目后评价的对象。原则上，对所有竣工投产的投资项目都要进行后评价，项目后评价应纳入项目管理程序之中。但实际工作中，往往囿于各方面条件的限制，只能有选择地确定评价对象。

现阶段，我国在选择进行项目后评价的对象时优先考虑以下类型项目：①投产后本身经济效益明显不好的项目。如投产后一直亏损或主要技术经济指标明显低于同行业平均水平，或生产一直开工不足、生产能力得不到正常发挥的项目等。②国家急需发展的短线产业部门的投资项目，其中主要是国家重点投资项目，如能源、通信、交通运输、农业等项目。③国家限制发展的长线产业部门的投资项目，如某些家用电器投资项目等。④一些投资额巨大、对国计民生有重大影响的项目，如宝钢、京九铁路等项目。⑤一些特殊项目，如国家重点投资的新技术开发项目、技术引进项目等。

（3）收集资料和选取数据。项目后评价是以大量的数据、资料为依据的。这些数据和资料的来源要可靠。一般应由项目后评价者亲自调查整理，需要收集的数据和资料：①档案资料。主要有建设项目的规划方案、项目建议书（预可行性研究）和批文、可行性研究报告、评估报告、设计任务书、初步设计材料和批文、施工图设计和批文。②项目生产经营资料。主要是生产、销售、供应、技术、财务、劳动工资等部门的统计年度报告。③分析预测用基础资料。主要是建设项目开工以来的有关利率、汇率、价格、税种、税率、物价指数变化的有关资料。④与项目有关的其他资料。如国家及地方的产业结构调整政策、发展战略和长远规划；国家和地方颁布的规定和法律文件等文件、竣工验收报告、工程大事记、各种协议书和合同及有关厂址选择、工艺方案选择、设备方案选择的论证材料等。

（4）分析和加工收集的资料。对所收集的数据和资料进行汇总、加工、分析和整理，对需要的数据和资料进行调整。此时往往需要进一步补充测算有关的资料，以满足验证的需要。

（5）评价及编制后评价报告。编制各种评价报表及计算评价指标，并与前评价进行对比分析，找出差异及其原因。由评价组编制后评价报告。

（6）上报后评价报告。把编制的正式后评价报告和其重点内容摘要上报给组织后评价的部门。

第二节　项目后评价的内容与方法

项目后评价是指对已经完成的项目或规划的目的、执行过程、效益、作用和影响进行的系统、客观的分析。通过对投资活动实践的检查总结，确定投资预期的目标是否达到，项目或规划是否合理有效，项目的主要效益指标是否实现，通过分析评价找出成败的原因，总结经验教训，并通过及时有效的信息反馈，为未来项目的决策和提高完善投资决策管理水平提出建议，同时也为被评价项目实施运营中出现的问题提出改进建议，从而达到提高投资效益的目的。

项目后评价基本内容包括项目目标评价、项目实施过程评价、项目效益评价、项目影响评价和项目持续性评价。

项目后评价方法：①项目后评价方法的基础理论是现代系统工程与反馈控制的管理理论。项目后评价亦应遵循工程咨询的方法与原则。②项目后评价的综合评价方法是逻辑框架法。逻辑框架法是通过投入、产出、直接目的、宏观影响四个层面对项目进行分析和总结的综合评价方法。③项目后评价的主要分析评价方法是对比法，即根据后评价调查得到的项目实际情况，对照项目立项时所确定的直接目标和宏观目标以及其他指标，找出偏差和变化，分析原因，得出结论和经验教训。项目后评价的对比法包括前后对比、有无对比和横向对比。

一、项目后评价的内容

由于项目的类型、规模、复杂程度以及后评价目的的不同，因而对每个项目进行后评价的内容也并非完全相同。

1. 项目后评价的基本内容

（1）项目立项决策的后评价。根据国民经济发展规划和国家制定的产业政策以及区域经济优势，结合项目的实际情况，检验项目建议书、可行性研究报告和项目评估报告的编制是否坚持了实事求是的原则，如果项目实施结果偏离预测目标较远，要分析产生偏差的原因，并提出相应的补救措施。

（2）项目生产建设条件的后评价。着重分析项目实施过程的建设条件，建成投产后的生产条件与当初项目评估决策时主要条件的变动，作出定性与定量分析，剖析重要差别的原因，并提出诊断建议。

（3）项目技术方案的后评价。对工程设计方案、项目实施方案的再评价，以确认技术方案的先进性和适用性。

（4）项目经济后评价。项目经济后评价包括项目财务后评价和项目国民经济后评价两个组成部分。

2. 项目分段后评价的内容

（1）项目前期工作的后评价。建设项目前期工作是指从项目的酝酿到开工建设以前进行的各种工作。它是项目建设中一个重要的组成部分。因此，项目前期工作后评价是项目后评价的重要组成部分。它主要包括项目决策后评价、项目筹备工作评价、项目选择评价等几个部分。

（2）项目建设的后评价。项目建设是指项目从开工到竣工的整个过程。在这个过程中投资集中发生，因而项目潜在的投资风险较大。同时，这个阶段的工作好坏直接影响未来项目运行的安全性、可靠性、稳定性和运行效益。所以建设项目后评价是项目后评价中十分重要的一个环节，其主要内容包括施工项目管理后评价、工程项目监理后评价。其中，施工项目管理后评价主要包括项目管理班子、工作职责、程序、制度等评价内容。工程项目监理后评价主要内容有监理人资质，委托方式及委托合同；监理人分工准备审查，开工令签发，施工组织设计及进度计划审查、监督执行，停工复工等工期控制；监理人质量保证体系的审查及监督执行，材料检验等的评价。

（3）项目营运的后评价。项目营运阶段是指项目从投产到项目后评价时的整个过程。项目营运后评价主要包括生产准备工作后评价、项目营运后评价、项目营运效益后评价几个方面。

（4）项目综合的后评价。项目综合后评价就是综合上述评定项目所预定目标的实现程度，并在此基础上预测项目实施对区域和国民经济、生态环境、社会发展进步等方面的影响。它是项目后评价的主要任务之一，其主要内容包括项目后评价、项目可持续性后评价、项目影响后评价。项目影响后评价主要是考察项目对国民经济、生态环境、社会发展进步等方面的影响，主要包括项目对资源配置、产业结构的调整、能源开发和综合利用、技术进步、生产力布局结构等影响的评价，项目实施后对大气、土地、水、生态等环境影响的评价。

二、项目后评价的常用方法

目前，国内外进行后评价的方法主要有以下几种：

1. 前后对比法

一般情况下，“前后对比”是指将项目实施之前与完成之后的情况加以对比，以确定项目的作用与效益的一种对比方法。在项目后评价中，则是指将项目前期所进行的可行性研究及评估的预测结论与项目后期的实际运行结果加以比较，发现其中的变化并分析产生变化的原因。这种对比主要用于检验计划、决策和实施的质量，是项目过程评价中应遵循的原则。

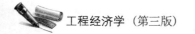

2. 有无对比法

“有无对比”是指将项目实际发生的情况与若没有该项目则可能发生的情况进行对比，以衬托及衡量项目的真实影响和作用。对比的重点在于要分清项目作用的影响与项目以外的作用影响。这种对比主要用于项目的效益评价和影响评价中。

“有无对比”中的“有”和“无”是指评价的对象，即项目。评价是通过项目的实施所付出的资源代价与项目实施后产生的效果进行对比以得出项目业绩是好还是坏的结论。比较的关键是要求投入的代价与产出的效果口径一致，也就是说，所度量的效果要真正归因于所评价的项目。按照有无项目情况的不同假定，可以划分为以下四种对比方法：

（1）项目实施前与实施后数据对比。项目实施前与实施后的数据对比只是将项目实施前的情况与项目实施一段时间之后的情况加以对比。这样做有一个隐含的假设，即在没有项目的情况下，项目实施之前的情况将保持不变并一直持续下去。而事实上，由于项目本身的发展趋势和其他项目的影响，即使没有项目，评价对象也可能变好或变差。该方法对实施前就有后评价计划的项目最有效，因为这样可以收集特殊数据来提供足够的评价依据。

这种简单的前后数据比较简单易行，成本低。不足之处是很有可能高估或低估项目的作用，准确性较差。所以适用于在实践中时间和人力都受限制的情形。

（2）项目实施前的时间序列数据的预测结果与项目实施后的结果对比。这种方法根据评价标准将项目实施后的实际数据与根据项目实施前的时间序列数据进行的预测结果进行比较。这种方法适用于历史数据充足，而且预计无项目时，数据具有并保持较为明显的趋势（上升或下降）的情况。如果实施的数据不稳定，那么预测结果的意义便不明显，同时，如果有充分的理由相信实施前几年的数据发生了变化，则再早的历史数据就不能再使用。

（3）准随机实验设计。准随机实验设计法是将受项目直接影响的地区的数据与其他地区的数据进行对比，具体包括以下内容：

1）受项目影响的地区与一个类似的地区或没有项目影响的一些地区进行同类指标比较。

2）受项目影响区域内受益于项目的人群与没有受益的人群进行对比。

由于很难确定一个可比较的类似的对象，因而在确定比较对象和解释对比结果时需十分谨慎；同样，由于没有进行随机抽样，对象群可能不平均，这也是这种方法的最大缺陷。

这种方法在可以找到一个与项目对象具有可比性的比较对象时适用。当随机实验方法不可行时，可考虑采用这种方法。另外，尽管本方法有助于控制一些较重要的外邻因素，但由于上述局限，它不能作为项目结果评价的一种完全可靠的方法，最好与其他方法一起使用。

（4）随机实验设计。随机实验设计法是最有效的，同时也是最困难和成本最高的方法。它通过事先选好的两组对象，其中一组受益于被评价项目，而另外一组没有从中受益进行比较。最关键的是比较对象是科学地随机抽取的，除了受项目影响这一点外，两组对象之间尽可能地相似。这种方法也可用来评价项目的某个变量变化时所引起的整体上的变化，可据此确定哪些变量最有效。这种比较方法也较适用衡量政策（如扶贫政策）、计划等的实施效果。它能准确地衡量项目效果，但成本也相对其他方法较高。

选择哪种评价方法主要取决于评价开始的时间、可获得的及所期望的精确度。这些方法并不一定单独使用，前几种方法中的一种或几种通常一起使用。在实际应用时尽量使用最精确的评价方法，如果是衡量使个人受益的项目，最好采用方法（4）。当不能使用方法（4）时，应结合前三种方法一起使用，即评价应比较指标的前后值，根据项目实施之前的时间序列数据做出预测，寻找没有从实施该项目中受益的对象。综合三种方法的结果可以得出比较完备的结论。另外，尽量避免单独使用方法（1），因为评价方法（1）不是一个有效的工具。但无论最开始时选择哪种方法，若以后的情况证明有更好的方法时都应及时修正。

3. 逻辑框架法

1970 年，美国国际开发署（USAID）开发并使用一种设计、计划和评价工具，即逻辑框架法（Logical Framework Approach，LFA）。目前已有 2/3 的国际组织把逻辑框架法作为援助项目的计划管理和后评价的主要方法。它可以对关键因素进行系统的选择和分析。逻辑框架法可以用来总结一个项目的诸多因素（包括投入、产出、目的和宏观目标）之间的因果关系（如资源、活动、产出），评价发展方向（如目的、宏观目标）。该方法有助于评价者“思考和策划”，侧重于分析项目的运作（如项目的对象、目的、进行时间和方式等）。

（1）逻辑框架法的含义。逻辑框架法不是一种机械方法程序，而是一种概念化论述项目的方法，即用一张简单的框图来清晰地分析一个复杂项目的内涵和关系，以达到便于理解的目的。逻辑框架法将几个内容相关并且必须同步考虑的动态因素组合起来，分析其相互之间的关系，从设计策划到目的目标等方面来评价一项活动或工作。逻辑框架法为项目计划者和评价者提供了一种分析框架，用以确定工作的范围和任务，并对项目目标和达到目标所需要的手段进行逻辑关系的分析。

（2）逻辑框架法的模式。逻辑框架法的模式是由 4×4 的矩阵组成，横行代表项目目标的层次（垂直逻辑），竖行代表如何验证这些目标是否达到（水平逻辑）。

1）垂直逻辑。垂直逻辑用于分析项目计划做什么，弄清项目手段与结果之间的关系，确定项目本身和项目所在地的社会、物质、政治环境中的不确定因素。垂直逻辑关系划分为四个层次。

A. 目标（Goal）。目标通常是指高层次的目标，该目标可由数个项目来实现，如提高农业产出、扩大就业、改善老年人的生活状况、生态保护等。

B. 目的（Object or Purpose）。确定“为什么”要实施这个项目，也就是说，项目将为受益目标带来什么？例如，某项目的实施可以使某一地区的就业率提高百分之多少等。

C. 产出（Output）。通常用产出描述项目“要取得什么”，即项目提供可计量的直接结果。例如，水利灌溉项目的产出是建立供水和灌溉网络。项目的产出并不直接实现上一层次的目标（增加稻米产出），它只是提供实现目标的手段和条件。

D. 投入与活动（Input and Activities）。投入与活动描述项目是“怎样”被执行的，包括资源投入的量和时间。

以上四个层次由自下至上的三个逻辑关系相连接。第一级是如果保证一定的资源投入，并加以很好的管理，则预计有怎样的产出；第二级是项目的产出与社会或经济变化之间的关系；第三级是项目的目的对整个地区甚至整个国家更高层次目标的贡献的关联性。上述这种关系在逻辑框架方法中称为垂直逻辑关系，其逻辑关系的方向自下而上。垂直逻辑关系能体现一个项目的活动在什么条件下可以达到项目的直接目的，达到这一目的后在什么条件下可以达到项目的宏观目标。

2）水平逻辑。每个层次的目标应该有客观验证指标、验证方法和重要假设条件，这些构成水平方向的逻辑关系。

A. 客观验证指标。客观验证指标指用来界定达到目标的程度。各层次目标应尽可能地有客观的可度量的验证指标，包括数量、质量、实现（或提供）的时间及负责实施的人员。

B. 验证方法。验证方法是指用什么方法检查项目是否达到目标。如农业项目达到增加农民收入的目标，需要收集当地农民收入变化的数据，需要从当地统计部门收集所需材料，或通过抽样调查获得数据。是否达到增加农业部门的收入的宏观目标，则要从国家统计部门收集资料。一般验证方法中要包括资料的来源渠道和数据资料的采集方法。

C. 重要假设条件。重要假设条件是指可能对项目的进展或结果产生影响，而项目管理者又无法控制的那些条件，即如果这些外部条件假设一旦发生，会产生什么结果。这种失控的发生有多方面的原因，首要的原因是项目所在地的特定自然环境及自然变化。其次，政府在政策、计划、发展战略方面的失误或变化也会产生不良影响。最后，管理部门体制发生变化，使项目的投入、产出与目的、目标分割开来。水平逻辑的目的是要衡量项目的资源和结果，确立客观的验证指标及其指标的验证方法来进行分析。水平逻辑要求对垂直逻辑四个层次上的结果做出详细说明，其基本模式如表 10-1 所示。

表 10–1　逻辑框架法的模式

层次描述	客观验证指标	验证方法	重要外部条件
目标	目标指标	监测和监督手段及方法	实现目标的主要条件
目的	目的指标	监测和监督手段及方法	实现目的的主要条件
产出	产出物定量指标	监测和监督手段及方法	实现产出的主要条件
投入	投入物定量指标	监测和监督手段及方法	实现投入的主要条件

（3）项目后评价的逻辑框架。项目后评价通过应用逻辑框架法来分析项目原定的预期目标、各种目标的层次、目标实现的程度和原因，用以评价其效果、作用和影响。表 10–2 是某一个投资项目后评价的逻辑框架。

表 10–2　某项目后评价的逻辑框架

层次描述	预计目标	实际结果	原因分析	可持续条件
宏观目标				
项目目的				
项目产出				
项目投入				

第三节　项目后评价报告

项目后评价报告是对项目后评价工作进行的总结和后评价成果的表现形式，是项目后评价的最终成果。项目后评价要求做到公正、客观、全面系统，以实现后评价的目标。后评价的内容与格式不相同，主要取决于项目的类型与规模。这里主要介绍世界银行和我国有关机构关于一般工业项目后评价的编写格式。

一、世界银行项目后评价报告的编写格式

世界银行的项目后评价报告主要包括“项目完成报告书”和“项目执行情况审核备忘录”，均有较为规范的格式，当然，具体内容也要根据项目的具体情况加以适当调整。

1. 项目完成报告的编写格式

世界银行编制的“项目完成报告书”一般包括如下几个方面的内容：

（1）项目背景。项目背景主要包括项目提出、准备和实施的依据，项目目标，项目建设内容等。

（2）项目管理机构。项目管理机构主要包括项目管理机构的设置、管理措施、管理人员实绩、管理过程中的经验和教训等。

（3）项目物资与财务管理。项目物资与财务管理主要包括采购、供应商和承包商的表现，物资与财务管理中出现的问题、问题产生的原因，存在的问题及所造成的影响，为解决问题所采取的措施及其实际效果等。

（4）项目贷款中的异常情况。项目贷款中的异常情况主要是对项目贷款中的异常情况与贷款条件、贷款协议、贷款程序等方面相互关系的分析。

（5）项目重大修改。项目重大修改主要集中在对项目重大修改原因的分析。

（6）人员培训。人员培训主要对世界银行及贷款者双方在工作人员培训方面的经验和教训进行分析。

（7）项目违约事件。项目违约事件主要对违约事件的发生及采取的相应措施进行分析，如未采取任何措施，则要分析其原因。

（8）项目财务评价。计算相关的财务评价指标，分析其财务盈利能力与贷款偿还能力。

（9）项目国民经济评价。计算国民经济评价指标，分析其对国民经济的贡献程度。

（10）项目社会评价。计算相关的社会评价指标，分析其对社会的贡献程度。

（11）结论。总结项目的经验教训，提出结论性意见及建议。

2. 项目执行情况审核备忘录的编写格式

世界银行编制的“项目执行情况审核备忘录”主要包括以下几个方面的内容：

（1）对项目建设的背景、目的目标、实施过程和结果进行概述。

（2）分析评价项目完成情况，并检验其是否达到预期目标。

（3）分析检验项目选定情况以及准备阶段预计的不利因素是否已消除。

（4）得出评价结论、经验教训以及其他有特殊意义的问题。

（5）指出与“项目完成报告”的相同处及分歧点。

（6）重点阐述“项目完成报告”中未涉及的问题或者阐述不清的问题。

二、我国项目后评价报告的编写格式

项目后评价是对工程项目取得的经济效益、社会效益和环境效益进行综合评价；项目财务后评价要编制有关财务后评价表格，计算有关财务评价指标；项目国民经济后评价应该编制有关经济后评价表格，计算有关国民经济指标。

1. 总论

报告总论主要内容包括：项目后评价的目的；后评价工作的组织管理；后评价报告的编制单位；后评价报告的编写依据；后评价方法；项目基本情况；项目设计单位；项目可行性研究报告及评价报告的编写单位等。

2. 项目前期工作后评价

项目前期工作后评价主要包括以下内容：项目筹备工作评价；项目筹建单位及其工作效率；项目决策工作评价；项目厂址选择的科学性；项目征地拆迁工作评价；项目委托设计和施工工作评价；项目配套工作；项目物资与资金落实状况等。

3. 项目建设后评价

项目建设后评价主要包括以下内容：项目开工手续情况；开工时间是否与计划时间一致，若不一致，则要分析原因以及对项目总体效益产生的影响；项目设计是否发生变更，若发生变更，则对建设期及总体效益有何影响；筹资方案是否符合国家有关规定；工程项目额是否超支；资金供应是否及时；工程项目质量是否与计划要求一致，若不一致，则其对生产期及运营状况有何影响；项目建设期是否与计划期相一致，若不一致，则其对项目总体效益有何影响；项目竣工验收程序是否符合国家有关规定等。

4. 项目运营后评价

项目运营后评价主要包括以下内容：项目投产后的产品方案评价；项目投产后的经营管理水平评价；项目投产后实际达到的技术水平评价；项目投产期是否与预期值一致，若不一致，则要分析其原因，并提出积极建议等。

理论上讲，财务评价和国民经济评价应包括在项目运营后评价之中，但由于其内容较多，大多数项目后评价报告将其单独列出。

5. 项目财务后评价

根据实际资料得出的预测数据及现行的财税制度或项目运行的实际数据，编制相关的财务后评价表格，并计算相关的财务评价指标。

6. 项目国民经济后评价

根据实际资料得出的预测数据及国家有关部门公布的有关参数或项目运行的实际数据，编制相关的经济后评价表格，并计算相关的国民经济评价指标。

7. 综合结论和建议

综合结论和建议主要包括以下内容：总结项目决策、准备、实施和营运各阶段的主要成果和不足；预测项目未来发展前景；总结经验和教训；提出改进和完善措施；提出项目提高经济效益的途径和可持续发展的战略。

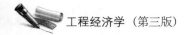

本章小结

项目后评价是项目建设周期中不可缺少的重要环节，对项目进行后评价，是对已完成项目的目的、过程、效益、作用和影响进行客观的、全面的、系统的分析，总结经验和教训，为未来的新项目提供参考和建议。本章依次介绍了项目后评价的含义、特点、作用、内容以及评价方法，并讲述了项目后评价报告的编写格式。通过本章的学习，可对项目后评价有概括的认识和了解。在现代工程项目管理中，项目后评价已经成为不可或缺的环节。同时，项目后评价并非一项简单的工作。大型项目的后评价涉及内容庞杂，在进行此类项目评价时，需要耐心地分析每一部分的内容和细节，从整体到局部，由简单到复杂，做到不遗漏、不空缺，并在此基础上进行客观的、科学的分析评价，为今后的项目后评价提供足够的经验，促进项目后评价在我国更好更快地发展。

概念回顾

项目后评价（Post Project Evaluation）。项目后评价是指在项目已经完成并运行一段时间后，对项目的目的、执行过程、效益、作用和影响进行系统地、客观地分析和总结的一种技术经济活动。

跟踪评价（Tracking Assessment）。跟踪评价又称中间评价或是过程评价，它是指项目开工后到项目竣工以前对任何一个时点进行的评价。

影响评价（Post-project Evaluating）。影响评价又称事后评价，主要指在项目效益得到充分发挥后（一般是投资完成 5~10 年后）直到项目报废为止整个运营阶段中任何一个时点，对项目所产生的影响进行的评价。

完成评价（Impact Assessment）。完成评价也称总结评价和终期评价，它是指在项目投资结束，各项工程建设竣工，项目的生产效果已初步显现时所进行的一次较为全面的评价。完成评价是对项目建设全过程的总结和对项目效益实现程度的评判。

前后对比法（Before and After Comparison）。“前后对比”法是将项目实施之前与完成之后的情况加以对比，以确定项目的作用与效益的一种对比方法。

有无对比法（With and Without Antitheses）。“有无对比”法是指将项目实际发生的情况与若无项目可能发生的情况进行对比，以度量项目的真实影响和作用。

逻辑框架法（Logical Framework Approach，LFA）。逻辑框架法是一种概念化论述项目的方法，即用一张简单的框图来清晰地分析一个复杂项目的内涵和关系，使之更易理解。

练习题

1. 项目后评价的概念是什么？
2. 就工程项目渠道和管理体制而言，项目后评价可分为几类？
3. 项目后评价有什么特点？
4. 项目前评价与后评价有什么区别？
5. 项目后评价的重要作用是什么？
6. 项目后评价的基本程序包括哪几个步骤？

7. 项目后评价基本内容包括哪些？试述项目后评价的常用方法。

8. 简述逻辑框架法中垂直逻辑和水平逻辑的含义和内容。

9. 试述我国项目后评价报告的编写格式。

案例分析

上海石化塑料事业部聚烯烃联合装置3PP单元的干燥系统在运行时，加热器E-503翅片间隙内有沉积下来的PP粉料，其会逐步填满翅片散热空间；干燥器D-502内的分布板由于结构不合理，物料流动不畅而不能充分流化。生产运行一段时间后，就出现循环气粉料的沉积引起加热器E-503阻塞和干燥器D-502内分布板的堵塞，只能采取停车清扫措施来维持干燥系统的正常运行。其中，2008年因气粉料堵塞停车清扫两次。这些问题不仅影响干燥系统的正常运行和产品的质量，也增加了装置的能耗，对装置稳定生产和节能考核产生了极大的影响，需要进行改造。

该项目2009年4月8日可研报告批复，2009年10月12日开工建设，2009年10月16日完工，2010年6月进行了项目后评价。

已知可研报告所预计达到的指标与实践达到指标如表10-3所示。

表10-3　聚烯烃联合装置技改项目评价指标

单位：万元，吨

内容	可研阶段指标	后评估阶段指标
每年减少产品产量损失	1290	1290
每年减少产品品质降等	443.4	443.4
每年节约电量（WM·h）	200	91.034
总投资	95.19	73.18
建设投资	95.19	73.18
建设期利息	0	0
流动资金	0	0
每年新增销售收入	21	30.2
每年新增总成本	1	3.31
每年新增利润总额	15	20
税后内部收益率（%）	47.40	53.6
税后投资回收期（年）	3.08	2.85
税后财务净现值	101	85.8

资料来源：张慧玲.投资项目后评价不同方法的应用实例分析[J].石油化工技术与经济，2011，27（1）：15-18.

思考题

请用项目后评价的方法，对该项目的经济效果和技术经济指标进行项目后评价。

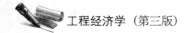

附录　复利系数表

附表 1　1%的复利系数表

年	一次支付		等额系列			
	终值系数	现值系数	年金终值系数	年金现值系数	资本回收系数	偿债基金系数
n	F/P，i，n	P/F，i，n	F/A，i，n	P/A，i，n	A/P，i，n	A/F，i，n
1	1.010	0.9901	1.000	0.9910	1.0100	1.0000
2	1.020	0.9803	2.010	1.9704	0.5075	0.4975
3	1.030	0.9706	3.030	2.9401	0.4300	0.3300
4	1.041	0.9610	4.060	3.9020	0.2563	0.2463
5	1.051	0.9515	5.101	4.8534	0.2060	0.1960
6	1.062	0.9421	6.152	5.7955	0.1726	0.1626
7	1.702	0.9327	7.214	6.7282	0.1486	0.1386
8	1.083	0.9235	8.286	7.6517	0.1307	0.1207
9	1.094	0.9143	9.369	8.5660	0.1168	0.1068
10	1.105	0.9053	10.426	9.4713	0.1056	0.0956
11	1.116	0.8963	11.567	10.3676	0.0965	0.0865
12	1.127	0.8875	12.683	11.2551	0.0889	0.0789
13	1.138	0.8787	13.809	12.1338	0.0824	0.0724
14	1.149	0.8700	14.974	13.0037	0.0769	0.0669
15	1.161	0.8614	16.097	13.8651	0.0721	0.0621
16	1.173	0.8528	17.258	14.7191	0.0680	0.0580
17	1.184	0.8444	18.430	15.5623	0.0634	0.0543
18	1.196	0.8360	19.615	16.3983	0.0610	0.0510
19	1.208	0.8277	20.811	17.2260	0.0581	0.0481
20	1.220	0.8196	22.019	18.0456	0.0554	0.0454
21	1.232	0.8114	23.239	18.8570	0.0530	0.0430
22	1.245	0.8034	24.472	19.6604	0.0509	0.0409
23	1.257	0.7955	25.716	20.4558	0.0489	0.0389
24	1.270	0.7876	26.973	21.2434	0.0471	0.0371
25	1.282	0.7798	28.243	22.0232	0.0454	0.0354

续表

年	一次支付		等额系列			
	终值系数	现值系数	年金终值系数	年金现值系数	资本回收系数	偿债基金系数
n	F/P，i，n	P/F，i，n	F/A，i，n	P/A，i，n	A/P，i，n	A/F，i，n
26	1.295	0.7721	29.526	22.7952	0.0439	0.0339
27	1.308	0.7644	30.821	23.5596	0.0425	0.0325
28	1.321	0.7568	32.129	24.3165	0.0411	0.0311
29	1.335	0.7494	33.450	25.0658	0.0399	0.0299
30	1.348	0.7419	34.785	25.8077	0.0388	0.0288
31	1.361	0.7346	36.133	26.5423	0.0377	0.0277
32	1.375	0.7273	37.494	27.2696	0.0367	0.0267
33	1.389	0.7201	38.869	27.9897	0.0357	0.0257
34	1.403	0.7130	40.258	28.7027	0.0348	0.0248
35	1.417	0.7050	41.660	29.4086	0.0340	0.0240

附表 2　3%的复利系数表

年	一次支付		等额系列			
	终值系数	现值系数	年金终值系数	年金现值系数	资本回收系数	偿债基金系数
n	F/P，i，n	P/F，i，n	F/A，i，n	P/A，i，n	A/P，i，n	A/F，i，n
1	1.030	0.9709	1.000	0.9709	1.0300	1.0000
2	1.061	0.9426	2.030	1.9135	0.5226	0.4926
3	1.093	0.9152	3.091	2.8286	0.3535	0.3235
4	1.126	0.8885	4.184	3.7171	0.2690	0.2390
5	1.159	0.8626	5.309	4.5797	0.2184	0.1884
6	1.194	0.8375	6.468	5.4172	0.1846	0.1546
7	1.230	0.8131	7.662	6.2303	0.1605	0.1305
8	1.267	0.7894	8.892	7.0197	0.1425	0.1125
9	1.305	0.7664	10.159	7.7861	0.1284	0.0984
10	1.344	0.7441	11.464	8.5302	0.1172	0.0872
11	1.384	0.7224	12.808	9.2526	0.1081	0.0781
12	1.426	0.7014	14.192	9.9540	0.1005	0.0705
13	1.469	0.6810	15.618	10.6450	0.0940	0.0640
14	1.513	0.6611	17.086	11.2961	0.0885	0.0585
15	1.558	0.6419	18.599	11.9379	0.0838	0.0538
16	1.605	0.6232	20.157	12.5611	0.0796	0.0496
17	1.653	0.6050	21.762	13.1661	0.0760	0.0460

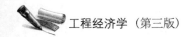

续表

年	一次支付		等额系列			
	终值系数	现值系数	年金终值系数	年金现值系数	资本回收系数	偿债基金系数
n	F/P，i，n	P/F，i，n	F/A，i，n	P/A，i，n	A/P，i，n	A/F，i，n
18	1.702	0.5874	23.414	13.7535	0.0727	0.0427
19	1.754	0.5703	25.117	14.3238	0.0698	0.0398
20	1.806	0.5537	26.870	14.8775	0.0672	0.0372
21	1.860	0.5376	28.676	15.4150	0.0649	0.0349
22	1.916	0.5219	30.537	15.9369	0.0628	0.0328
23	1.974	0.5067	32.453	16.4436	0.0608	0.0308
24	2.033	0.4919	34.426	16.9356	0.0591	0.0291
25	2.094	0.4776	36.495	17.4132	0.0574	0.0274
26	2.157	0.4637	38.553	17.8769	0.0559	0.0259
27	2.221	0.4502	40.710	18.3270	0.0546	0.0246
28	2.288	0.4371	42.931	18.7641	0.0533	0.0233
29	2.357	0.4244	45.219	19.1885	0.0521	0.0221
30	2.427	0.4120	47.575	19.6005	0.0510	0.0210
31	2.500	0.4000	50.003	20.0004	0.0500	0.0200
32	2.575	0.3883	52.503	20.3888	0.0491	0.0191
33	2.652	0.3770	55.078	20.7658	0.0482	0.0182
34	2.732	0.3661	57.730	21.1318	0.0473	0.0173
35	2.814	0.3554	60.462	21.4872	0.0465	0.0165

附表 3　4%的复利系数表

年	一次支付		等额系列			
	终值系数	现值系数	年金终值系数	年金现值系数	资本回收系数	偿债基金系数
n	F/P，i，n	P/F，i，n	F/A，i，n	P/A，i，n	A/P，i，n	A/F，i，n
1	1.040	0.9615	1.000	0.9615	1.0400	1.000
2	1.082	0.9246	2.040	1.8861	0.5302	0.4902
3	1.125	0.8890	3.122	2.7751	0.3604	0.3204
4	1.170	0.8548	4.246	3.6199	0.2755	0.2355
5	1.217	0.8219	5.416	4.4518	0.2246	0.1846
6	1.265	0.7903	6.633	5.2421	0.1908	0.1508
7	1.316	0.7599	7.898	6.0021	0.1666	0.1266
8	1.396	0.7307	9.214	6.7382	0.1485	0.1085
9	1.423	0.7026	10.583	7.4351	0.1345	0.0945

续表

年	一次支付		等额系列			
	终值系数	现值系数	年金终值系数	年金现值系数	资本回收系数	偿债基金系数
n	F/P，i，n	P/F，i，n	F/A，i，n	P/A，i，n	A/P，i，n	A/F，i，n
10	1.480	0.6756	12.006	8.1109	0.1233	0.0833
11	1.539	0.6496	13.486	8.7605	0.1142	0.0742
12	1.601	0.6246	15.036	9.3851	0.1066	0.0666
13	1.665	0.6006	16.627	9.9857	0.1002	0.0602
14	1.732	0.5775	18.292	10.5631	0.0947	0.0547
15	1.801	0.5553	20.024	11.1184	0.0900	0.0500
16	1.873	0.5339	21.825	11.6523	0.0858	0.0458
17	1.948	0.5134	23.698	12.1657	0.0822	0.0422
18	2.026	0.4936	25.645	12.6593	0.0790	0.0390
19	2.107	0.4747	27.671	13.1339	0.0761	0.0361
20	2.191	0.4564	29.778	13.5093	0.0736	0.0336
21	2.279	0.4388	31.969	14.0292	0.0713	0.0313
22	2.370	0.4220	34.248	14.4511	0.0692	0.0292
23	2.465	0.4057	36.618	14.8569	0.0673	0.0273
24	2.563	0.3901	39.083	15.2470	0.0656	0.0256
25	2.666	0.3751	41.646	15.6221	0.0640	0.0240
26	2.772	0.3067	44.312	15.9828	0.0626	0.0226
27	2.883	0.3468	47.084	16.3296	0.0612	0.0212
28	2.999	0.3335	49.968	16.6631	0.0600	0.0200
29	3.119	0.3207	52.966	16.9873	0.0589	0.0189
30	3.243	0.3083	56.085	17.2920	0.0578	0.0178
31	3.373	0.2965	59.328	17.5885	0.0569	0.0169
32	3.508	0.2851	62.701	17.8736	0.0560	0.0160
33	3.648	0.2741	66.210	18.1477	0.0551	0.0151
34	3.794	0.2636	69.858	18.4112	0.0543	0.0143
35	3.946	0.2534	73.652	18.6646	0.0.36	0.0136

附表 4　5%的复利系数表

年	一次支付		等额系列			
	终值系数	现值系数	年金终值系数	年金现值系数	资本回收系数	偿债基金系数
n	F/P，i，n	P/F，i，n	F/A，i，n	P/A，i，n	A/P，i，n	A/F，i，n
1	1.050	0.9524	1.000	0.9524	1.0500	1.000
2	1.103	0.9070	2.050	1.8594	0.5378	0.4878
3	1.158	0.8638	3.153	2.7233	0.3672	0.3172
4	1.216	0.8227	4.310	3.5460	0.2820	0.2320
5	1.276	0.7835	5.526	4.3295	0.2310	0.1810
6	1.340	0.7462	6.802	5.0757	0.1970	0.1470
7	1.407	0.7107	8.142	5.7864	0.1728	0.1228
8	1.477	0.6768	9.549	6.4632	0.1547	0.1047
9	1.551	0.6446	11.027	7.1078	0.1407	0.0907
10	1.629	0.6139	12.587	7.7217	0.1295	0.0795
11	1.710	0.5847	14.207	8.3064	0.1204	0.0704
12	1.796	0.5568	15.917	8.8633	0.1128	0.0628
13	1.886	0.5303	17.713	9.3936	0.1065	0.0565
14	1.980	0.5051	19.599	9.8987	0.1010	0.0510
15	2.079	0.4810	21.597	10.3797	0.0964	0.0464
16	2.183	0.4581	23.658	10.8373	0.0932	0.0432
17	2.292	0.4363	25.840	11.2741	0.0887	0.0387
18	2.407	0.4155	28.132	11.6896	0.0856	0.0356
19	2.527	0.3957	30.539	12.0853	0.0828	0.0328
20	2.653	0.3769	33.066	12.4622	0.0803	0.0303
21	2.786	0.3590	35.719	12.8212	0.0780	0.0280
22	2.925	0.3419	38.505	13.1630	0.0760	0.0260
23	3.072	0.3256	41.430	13.4886	0.0741	0.0241
24	3.225	0.3101	44.502	13.7987	0.0725	0.0225
25	3.386	0.2953	47.727	14.0940	0.0710	0.0210
26	3.556	0.2813	51.113	14.3753	0.0696	0.0196
27	3.733	0.2679	54.669	14.6340	0.0683	0.0183
28	3.920	0.2551	58.403	14.8981	0.0671	0.0171
29	4.116	0.2430	62.323	15.1411	0.0661	0.0161
30	4.322	0.2314	66.439	15.3725	0.0651	0.0151
31	4.538	0.2204	70.761	15.5928	0.0641	0.0141
32	4.765	0.2099	75.299	15.8027	0.0633	0.0133
33	5.003	0.1999	80.064	16.0026	0.0625	0.0125
34	5.253	0.1904	85.067	16.1929	0.0618	0.0118
35	5.516	0.1813	90.320	16.3742	0.0611	0.0111

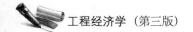

附表 5　6%的复利系数表

年	一次支付		等额系列			
	终值系数	现值系数	年金终值系数	年金现值系数	资本回收系数	偿债基金系数
n	F/P，i，n	P/F，i，n	F/A，i，n	P/A，i，n	A/P，i，n	A/F，i，n
1	1.060	0.9434	1.000	0.9434	1.0600	1.000
2	1.124	0.8900	2.060	1.8334	0.5454	0.4854
3	1.191	0.8396	3.184	2.6704	0.3741	0.3141
4	1.262	0.7291	4.375	3.4561	0.2886	0.2286
5	1.338	0.7473	5.637	4.2124	0.2374	0.1774
6	1.419	0.7050	6.975	4.9173	0.2034	0.1434
7	1.504	0.6651	8.394	5.5824	0.1791	0.1191
8	1.594	0.6274	9.897	6.2098	0.1610	0.1010
9	1.689	0.5919	11.491	6.8071	0.1470	0.0870
10	1.791	0.5584	13.181	7.3601	0.1359	0.0759
11	1.898	0.5268	14.972	7.8869	0.1268	0.0668
12	2.012	0.4970	16.870	8.3839	0.1193	0.0593
13	2.133	0.4688	18.882	8.8527	0.1130	0.0530
14	2.261	0.4423	21.015	9.2956	0.1076	0.0476
15	2.397	0.4173	23.276	9.7123	0.1030	0.0430
16	2.540	0.3937	25.673	10.1059	0.0990	0.0390
17	2.693	0.3714	28.213	10.4773	0.0955	0.0355
18	2.854	0.3504	30.906	10.8276	0.0924	0.0324
19	3.026	0.3305	33.760	11.1581	0.0896	0.0296
20	3.207	0.3118	36.786	11.4699	0.0872	0.0272
21	3.400	0.2942	39.993	11.7641	0.0850	0.0250
22	3.604	0.2775	43.329	12.0461	0.0831	0.0231
23	3.820	0.2618	46.996	12.3034	0.0813	0.0213
24	4.049	0.2470	50.816	12.5504	0.0797	0.0197
25	4.292	0.2330	54.865	12.7834	0.0782	0.0182
26	4.549	0.2198	59.156	13.0032	0.0769	0.0169
27	4.822	0.2074	63.706	13.2105	0.0757	0.0157
28	5.112	0.1956	68.528	13.4062	0.0746	0.0146
29	5.418	0.1846	73.640	13.5907	0.0736	0.0136
30	5.744	0.1741	79.058	13.7648	0.0727	0.0127
31	6.088	0.1643	84.802	13.9291	0.0718	0.0118
32	6.453	0.1550	90.890	14.0841	0.0710	0.0110
33	6.841	0.1462	97.343	14.2302	0.0703	0.0103
34	7.251	0.1379	104.184	14.3682	0.0696	0.0096
35	7.686	0.1301	111.435	14.4983	0.0690	0.0090

附表 6 7%的复利系数表

年	一次支付		等额系列			
	终值系数	现值系数	年金终值系数	年金现值系数	资本回收系数	偿债基金系数
n	F/P，i，n	P/F，i，n	F/A，i，n	P/A，i，n	A/P，i，n	A/F，i，n
1	1.070	0.9346	1.000	0.9346	1.0700	1.000
2	1.145	0.8734	2.070	1.8080	0.5531	0.4831
3	1.225	0.8163	3.215	2.6234	0.3811	0.3111
4	1.311	0.7629	4.440	3.3872	0.2952	0.2252
5	1.403	0.7130	5.751	4.1002	0.2439	0.1739
6	1.501	0.6664	7.153	4.7665	0.2098	0.1398
7	1.606	0.6228	8.645	5.3893	0.1856	0.1156
8	1.718	0.5280	10.260	5.9713	0.1675	0.0975
9	1.838	0.5439	11.978	6.5152	0.1535	0.0835
10	1.967	0.5084	13.816	7.0236	0.1424	0.0724
11	2.105	0.4751	15.784	7.4987	0.1334	0.0634
12	2.252	0.4440	17.888	7.9427	0.1259	0.0559
13	2.410	0.4150	20.141	8.3577	0.1197	0.0497
14	2.597	0.3878	22.550	8.7455	0.1144	0.0444
15	2.759	0.3625	25.129	9.1079	0.1098	0.0398
16	2.952	0.3387	27.888	9.4467	0.1059	0.0359
17	3.159	0.3166	30.840	9.7632	0.1024	0.0324
18	3.380	0.2959	33.999	10.0591	0.0994	0.0294
19	3.617	0.2765	37.379	10.3356	0.0968	0.0268
20	3.870	0.2584	40.996	10.5940	0.0944	0.0244
21	4.141	0.2415	44.865	10.8355	0.0923	0.0223
22	4.430	0.2257	49.006	11.0613	0.0904	0.0204
23	4.741	0.2110	53.436	11.2722	0.0887	0.0187
24	5.072	0.1972	58.177	11.4693	0.0872	0.0172
25	5.427	0.1843	63.249	11.6536	0.0858	0.0158
26	5.807	0.1722	68.676	11.8258	0.0846	0.0146
27	6.214	0.1609	74.484	11.9867	0.0834	0.0134
28	6.649	0.1504	80.698	12.1371	0.0824	0.0124
29	7.114	0.1406	87.347	12.2777	0.0815	0.0115
30	7.612	0.1314	94.461	12.4091	0.0806	0.0106
31	8.145	0.1228	102.073	12.5318	0.0798	0.0098
32	8.715	0.1148	110.218	12.6466	0.0791	0.0091
33	9.325	0.1072	118.933	12.7538	0.0784	0.0084
34	9.978	0.1002	128.259	12.8540	0.0778	0.0078
35	10.677	0.0937	138.237	12.9477	0.0772	0.0072

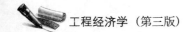

附表 7　8%的复利系数表

年	一次支付		等额系列			
	终值系数	现值系数	年金终值系数	年金现值系数	资本回收系数	偿债基金系数
n	F/P，i，n	P/F，i，n	F/A，i，n	P/A，i，n	A/P，i，n	A/F，i，n
1	1.080	0.9259	1.000	0.9259	1.0800	1.0000
2	1.166	0.8573	2.080	1.7833	0.5608	0.4080
3	1.260	0.7938	3.246	2.5771	0.3880	0.3080
4	1.360	0.7350	4.506	3.3121	0.3019	0.2219
5	1.496	0.6806	5.867	3.9927	0.2505	0.1705
6	1.587	0.6302	7.336	4.6229	0.2163	0.1363
7	1.714	0.5835	8.923	5.2064	0.1921	0.1121
8	1.851	0.5403	10.637	5.7466	0.1740	0.0940
9	1.999	0.5003	12.488	6.2469	0.1601	0.0801
10	2.159	0.4632	14.487	6.7101	0.1490	0.0690
11	2.332	0.4289	16.645	7.1390	0.1401	0.0601
12	2.518	0.3971	18.977	7.5361	0.1327	0.0527
13	2.720	0.3677	21.459	7.8038	0.1265	0.0465
14	2.937	0.3405	24.215	8.2442	0.1213	0.0413
15	3.172	0.3153	27.152	8.5595	0.1168	0.0368
16	3.426	0.2919	30.324	8.8514	0.1130	0.0330
17	3.700	0.2703	33.750	9.1216	0.1096	0.0296
18	3.996	0.2503	37.450	9.3719	0.1067	0.0267
19	4.316	0.2317	41.446	9.6036	0.1041	0.0214
20	4.661	0.2146	45.762	9.8182	0.1019	0.0219
21	5.034	0.1987	50.423	10.0168	0.0998	0.0198
22	5.437	0.1840	55.457	10.2008	0.0980	0.0180
23	5.871	0.1703	60.893	10.3711	0.0964	0.0164
24	6.341	0.1577	66.765	10.5288	0.0950	0.0150
25	6.848	0.1460	73.106	10.6748	0.937	0.0137
26	7.396	0.1352	79.954	10.8100	0.0925	0.0125
27	7.988	0.1252	87.351	10.9352	0.0915	0.0115
28	8.627	0.1159	95.339	11.0511	0.0905	0.0105
29	9.317	0.1073	103.966	11.1584	0.0896	0.0096
30	10.063	0.0994	113.283	11.2578	0.0888	0.0088
31	10.868	0.0920	123.346	11.3498	0.0881	0.0081
32	11.737	0.0852	134.214	11.4350	0.0875	0.0075
33	12.676	0.0789	145.951	11.5139	0.0869	0.0069
34	13.690	0.0731	158.627	11.5869	0.0863	0.0063
35	14.785	0.0676	172.317	11.6546	0.0858	0.0058

附表 8　9%的复利系数表

年	一次支付		等额系列			
	终值系数	现值系数	年金终值系数	年金现值系数	资本回收系数	偿债基金系数
n	F/P，i，n	P/F，i，n	F/A，i，n	P/A，i，n	A/P，i，n	A/F，i，n
1	1.090	0.9174	1.000	0.9174	1.0900	1.0000
2	1.188	0.8417	2.090	1.7591	0.5685	0.4785
3	1.295	0.7722	3.278	2.5313	0.3951	0.3051
4	1.412	0.7084	4.573	3.2397	0.3087	0.2187
5	1.539	0.6499	5.985	3.8897	0.2571	0.1671
6	1.677	0.5963	7.523	4.4859	0.2229	0.1329
7	1.828	0.5470	9.200	5.0330	0.1987	0.1087
8	1.993	0.5019	11.028	5.5348	0.1807	0.0907
9	2.172	0.4604	13.021	5.9953	0.1668	0.0768
10	2.367	0.4224	15.193	6.4177	0.1558	0.0658
11	2.580	0.3875	17.560	6.8052	0.1470	0.0570
12	2.813	0.3555	20.141	7.1607	0.1397	0.0497
13	3.066	0.3262	22.953	7.4869	0.1336	0.0436
14	3.342	0.2993	26.019	7.7862	0.1284	0.0384
15	3.642	0.2745	29.361	8.0607	0.1241	0.0341
16	3.970	0.2519	33.003	8.3126	0.1203	0.0303
17	4.328	0.2311	36.974	8.5436	0.1171	0.0271
18	4.717	0.2120	41.301	8.7556	0.1142	0.0242
19	5.142	0.1945	46.018	8.9501	0.1117	0.0217
20	5.604	0.1784	51.160	9.1286	0.1096	0.0196
21	6.109	0.1637	56.765	9.2023	0.1076	0.0176
22	6.659	0.1502	62.873	9.4424	0.1059	0.0159
23	7.258	0.1378	69.532	9.5802	0.1044	0.0144
24	7.911	0.1264	76.790	9.7066	0.1030	0.0130
25	8.623	0.1160	84.701	9.8226	0.1018	0.0118
26	9.399	0.1064	93.324	9.9290	0.1007	0.0107
27	10.245	0.0976	102.723	10.0266	0.0997	0.0097
28	11.167	0.0896	112.968	10.1161	0.0989	0.0089
29	12.172	0.0822	124.135	10.1983	0.0981	0.0081
30	13.268	0.0754	136.308	10.2737	0.0973	0.0073
31	14.462	0.0692	149.575	10.3428	0.0967	0.0067
32	15.763	0.0634	164.037	10.4063	0.0961	0.0061
33	17.182	0.0582	179.800	10.4645	0.0956	0.0056
34	18.728	0.0534	196.982	10.5178	0.0951	0.0051
35	20.414	0.0490	215.711	10.568	0.0946	0.0046

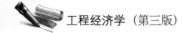

附表 9　10%的复利系数表

年	一次支付		等额系列			
	终值系数	现值系数	年金终值系数	年金现值系数	资本回收系数	偿债基金系数
n	F/P，i，n	P/F，i，n	F/A，i，n	P/A，i，n	A/P，i，n	A/F，i，n
1	1.100	0.9091	1.000	0.9091	1.1000	1.0000
2	1.210	0.8265	2.100	1.7355	0.5762	0.4762
3	1.331	0.7513	3.310	2.4869	0.4021	0.3021
4	1.464	0.6880	4.641	3.1699	0.3155	0.2155
5	1.611	0.6299	6.105	3.7908	0.2638	0.1638
6	1.772	0.5645	7.716	4.3553	0.2296	0.1296
7	1.949	0.5132	9.487	4.8684	0.2054	0.1054
8	2.144	0.4665	11.436	5.3349	0.1875	0.0875
9	2.358	0.4241	13.579	5.7590	0.1737	0.0737
10	2.594	0.3856	15.937	6.1446	0.1628	0.0628
11	2.853	0.3505	18.531	6.4951	0.1540	0.0540
12	3.138	0.3186	21.384	6.8137	0.1468	0.0468
13	3.452	0.2897	24.523	7.1034	0.1408	0.0408
14	3.798	0.2633	27.975	7.3667	0.1358	0.0358
15	4.177	0.2394	31.772	7.6061	0.1315	0.0315
16	4.595	0.2176	35.950	7.8237	0.1278	0.0278
17	5.054	0.1979	40.545	8.0216	0.1247	0.0247
18	5.560	0.1799	45.599	8.2014	0.1219	0.0219
19	6.116	0.1635	51.159	8.3649	0.1196	0.0196
20	6.728	0.1487	57.275	8.5136	0.1175	0.0175
21	7.400	0.1351	64.003	8.6487	0.1156	0.0156
22	8.140	0.1229	71.403	8.7716	0.1140	0.0140
23	8.954	0.1117	79.543	8.8832	0.1126	0.0126
24	9.850	0.1015	88.497	8.9848	0.1113	0.0113
25	10.835	0.0923	98.347	9.0771	0.1102	0.0102
26	11.918	0.0839	109.182	9.1610	0.1092	0.0092
27	13.110	0.0763	121.100	9.2372	0.1083	0.0083
28	14.421	0.0694	134.210	9.3066	0.1075	0.0075
29	15.863	0.0630	148.631	9.3696	0.1067	0.0067
30	17.449	0.0573	164.494	9.4269	0.1061	0.0061
31	19.194	0.0521	181.943	9.4790	0.1055	0.0055
32	21.114	0.0474	201.138	9.5264	0.1050	0.0050
33	23.225	0.0431	222.252	9.5694	0.1045	0.0045
34	25.548	0.0392	245.477	9.6086	0.1041	0.0041
35	28.102	0.0356	271.024	9.6442	0.1037	0.0037

附表 10　12%的复利系数表

年	一次支付		等额系列			
	终值系数	现值系数	年金终值系数	年金现值系数	资本回收系数	偿债基金系数
n	F/P，i，n	P/F，i，n	F/A，i，n	P/A，i，n	A/P，i，n	A/F，i，n
1	1.120	0.8929	1.000	0.8929	1.1200	1.0000
2	1.254	0.7972	2.120	1.6901	0.5917	0.4717
3	1.405	0.7118	3.374	2.4018	0.4164	0.2964
4	1.574	0.6355	4.779	3.0374	0.3292	0.2092
5	1.762	0.5674	6.353	3.6048	0.2774	0.1574
6	1.974	0.5066	8.115	4.1114	0.2432	0.1232
7	2.211	0.4524	10.089	4.5638	0.2191	0.0991
8	2.476	0.4039	12.300	4.9676	0.2013	0.0813
9	2.773	0.3606	14.776	5.3283	0.1877	0.0677
10	3.106	0.3220	17.549	5.6502	0.1770	0.0570
11	3.479	0.2875	20.655	5.9377	0.1684	0.0484
12	3.896	0.2567	24.133	6.1944	0.1614	0.0414
13	4.364	0.2292	28.029	6.4236	0.1557	0.0357
14	4.887	0.2046	32.393	6.6282	0.1509	0.0309
15	5.474	0.1827	37.280	6.8109	0.1468	0.0268
16	6.130	0.1631	42.752	6.9740	0.1434	0.0234
17	6.866	0.1457	48.884	7.1196	0.1405	0.0205
18	7.690	0.1300	55.750	7.2497	0.1379	0.0179
19	8.613	0.1161	63.440	7.3658	0.1358	0.0158
20	9.646	0.1037	72.052	7.4695	0.1339	0.0139
21	10.804	0.0926	81.699	7.5620	0.1323	0.0123
22	12.100	0.0827	92.503	7.6447	0.1308	0.0108
23	13.552	0.0738	104.603	7.7184	0.1296	0.0096
24	15.179	0.0659	118.155	7.7843	0.1285	0.0085
25	17.000	0.0588	133.334	7.8431	0.1275	0.0075
26	19.040	0.0525	150.334	7.8957	0.1267	0.0067
27	21.325	0.0469	169.374	7.9426	0.1259	0.0059
28	23.884	0.0419	190.699	7.9844	0.1253	0.0053
29	26.750	0.0374	214.583	8.0218	0.1247	0.0047
30	29.960	0.0334	421.333	8.0552	0.1242	0.0042
31	33.555	0.0298	271.293	8.0850	0.1237	0.0037
32	37.582	0.0266	304.848	8.1116	0.1233	0.0033
33	42.092	0.0238	342.429	8.1354	0.1229	0.0029
34	47.143	0.0212	384.521	8.1566	0.1226	0.0026
35	52.800	0.0189	431.664	8.1755	0.1223	0.0023

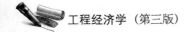

附表 11　15%的复利系数表

年	一次支付		等额系列			
	终值系数	现值系数	年金终值系数	年金现值系数	资本回收系数	偿债基金系数
n	F/P，i，n	P/F，i，n	F/A，i，n	P/A，i，n	A/P，i，n	A/F，i，n
1	1.150	0.8696	1.000	0.8696	1.1500	1.0000
2	1.323	0.7562	2.150	1.6257	0.6151	0.4651
3	1.521	0.6575	3.473	2.2832	0.4380	0.2880
4	1.749	0.5718	4.993	2.8550	0.3503	0.2003
5	2.011	0.4972	6.742	3.3522	0.2983	0.1483
6	2.313	0.4323	8.754	3.7845	0.2642	0.1142
7	2.660	0.3759	11.067	4.1604	0.2404	0.0904
8	3.059	0.3269	13.727	4.4873	0.2229	0.0729
9	3.518	0.2843	16.786	4.7716	0.2096	0.0596
10	4.046	0.2472	20.304	5.0188	0.1993	0.0493
11	4.652	0.2150	24.349	5.2337	0.1911	0.0411
12	5.350	0.1869	29.002	5.4206	0.1845	0.0345
13	6.153	0.1652	34.352	5.5832	0.1791	0.0291
14	7.076	0.1413	40.505	5.7245	0.1747	0.0247
15	8.137	0.1229	47.580	5.8474	0.1710	0.0210
16	9.358	0.1069	55.717	5.9542	0.1680	0.0180
17	10.761	0.0929	65.075	6.0472	0.1654	0.0154
18	12.375	0.0808	75.836	6.1280	0.1632	0.0123
19	14.232	0.0703	88.212	6.1982	0.1613	0.0113
20	16.367	0.0611	102.444	6.2593	0.1598	0.0098
21	18.822	0.0531	118.810	6.3125	0.1584	0.0084
22	21.645	0.0462	137.632	6.3587	0.1573	0.0073
23	24.891	0.0402	159.276	6.3988	0.1563	0.0063
24	28.625	0.0349	184.168	6.4338	0.1554	0.0054
25	32.919	0.0304	212.793	6.4642	0.1547	0.0047
26	37.857	0.0264	245.712	6.4906	0.1541	0.0041
27	43.535	0.0230	283.569	6.5135	0.1535	0.0035
28	50.066	0.0200	327.104	6.5335	0.1531	0.0031
29	57.575	0.0174	377.170	6.5509	0.1527	0.0027
30	66.212	0.0151	434.745	6.5660	0.1523	0.0023
31	76.144	0.0131	500.957	6.5791	0.1520	0.0020
32	87.565	0.0114	577.100	6.5905	0.1517	0.0017
33	100.700	0.0099	664.666	6.6005	0.1515	0.0015
34	115.805	0.0086	765.365	6.6091	0.1513	0.0013
35	133.176	0.0075	881.170	6.6166	0.1511	0.0011

附表 12 20%的复利系数表

年	一次支付		等额系列			
	终值系数	现值系数	年金终值系数	年金现值系数	资本回收系数	偿债基金系数
n	F/P，i，n	P/F，i，n	F/A，i，n	P/A，i，n	A/P，i，n	A/F，i，n
1	1.200	0.8333	1.000	0.8333	1.2000	1.0000
2	1.440	0.6845	2.200	1.5278	0.6546	0.4546
3	1.728	0.5787	3.640	2.1065	0.4747	0.2747
4	2.074	0.4823	5.368	2.5887	0.3863	0.1963
5	2.488	0.4019	7.442	2.9906	0.3344	0.1344
6	2.986	0.3349	9.930	3.3255	0.3007	0.1007
7	3.583	0.2791	12.916	3.6046	0.2774	0.0774
8	4.300	0.2326	16.499	3.8372	0.2606	0.0606
9	5.160	0.1938	20.799	4.0310	0.2481	0.0481
10	6.192	0.1615	25.959	4.1925	0.2385	0.0385
11	7.430	0.1346	32.150	4.3271	0.2311	0.0311
12	8.916	0.1122	39.581	4.4392	0.2253	0.0253
13	10.699	0.0935	48.497	4.5327	0.2206	0.0206
14	12.839	0.0779	59.196	4.6106	0.2169	0.0169
15	15.407	0.0649	72.035	4.7655	0.2139	0.0139
16	18.488	0.0541	87.442	4.7296	0.2114	0.0114
17	22.186	0.0451	105.931	4.7746	0.2095	0.0095
18	26.623	0.0376	128.117	4.8122	0.2078	0.0078
19	31.948	0.0313	154.740	4.8435	0.2065	0.0065
20	38.338	0.0261	186.688	4.8696	0.2054	0.0054
21	46.005	0.0217	225.026	4.8913	0.2045	0.0045
22	55.206	0.0181	271.031	4.9094	0.2037	0.0037
23	66.247	0.0151	326.237	4.9245	0.2031	0.0031
24	79.497	0.0126	392.484	4.9371	0.2026	0.0026
25	95.396	0.0105	471.981	4.9476	0.2021	0.0021
26	114.475	0.0087	567.377	4.9563	0.2018	0.0018
27	137.371	0.0073	681.853	4.9636	0.2015	0.0015
28	164.845	0.0061	819.223	4.9697	0.2012	0.0012
29	197.814	0.0051	984.068	4.9747	0.2010	0.0010
30	237.376	0.0042	1181.882	4.9789	0.2009	0.0009
31	284.852	0.0035	1419.258	4.9825	0.2007	0.0007
32	341.822	0.0029	1704.109	4.9854	0.2006	0.0006
33	410.186	0.0024	2045.931	4.9878	0.2005	0.0005
34	492.224	0.0020	2456.118	4.9899	0.2004	0.0004
35	590.668	0.0017	2948.341	4.9915	0.2003	0.0003

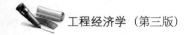

附表 13　25%的复利系数表

年	一次支付		等额系列			
	终值系数	现值系数	年金终值系数	年金现值系数	资本回收系数	偿债基金系数
n	F/P，i，n	P/F，i，n	F/A，i，n	P/A，i，n	A/P，i，n	A/F，i，n
1	1.250	0.8000	1.000	0.8000	1.2500	1.0000
2	1.156	0.6400	2.250	1.4400	0.6945	0.4445
3	1.953	0.5120	3.813	1.9520	0.5123	0.2623
4	2.441	0.4096	5.766	2.3616	0.4235	0.1735
5	3.052	0.3277	8.207	2.6893	0.3719	0.1219
6	3.815	0.2622	11.259	2.9514	0.3388	0.0888
7	4.678	0.2097	15.073	3.1611	0.3164	0.0664
8	5.960	0.1678	19.842	3.3289	0.3004	0.0504
9	7.451	0.1342	25.802	3.4631	0.2888	0.0388
10	9.313	0.1074	33.253	3.5705	0.2801	0.0301
11	11.642	0.0859	42.566	3.6564	0.2735	0.0235
12	14.552	0.0687	54.208	3.7251	0.2685	0.0185
13	18.190	0.0550	68.760	3.7801	0.2646	0.0146
14	22.737	0.0440	86.949	3.8241	0.2615	0.0115
15	28.422	0.0352	109.687	3.8593	0.2591	0.0091
16	35.527	0.0282	138.109	3.8874	0.2573	0.0073
17	44.409	0.0225	173.636	3.9099	0.2558	0.0058
18	55.511	0.0180	218.045	3.9280	0.2546	0.0046
19	69.389	0.0144	273.556	3.9424	0.2537	0.0037
20	86.736	0.0115	342.945	3.9539	0.2529	0.0029
21	108.420	0.0092	429.681	3.9631	0.2523	0.0023
22	135.525	0.0074	538.101	3.9705	0.2519	0.0019
23	169.407	0.0059	673.626	3.9764	0.2515	0.0015
24	211.758	0.0047	843.033	3.9811	0.2511	0.0012
25	264.698	0.0038	1054.791	3.9849	0.2510	0.0010
26	330.872	0.0030	1319.489	3.9879	0.2508	0.0008
27	413.590	0.0024	1650.361	3.9903	0.2506	0.0006
28	516.988	0.0019	2063.952	3.9923	0.2505	0.0005
29	646.235	0.0016	2580.939	3.9938	0.2504	0.0004
30	807.794	0.0012	3227.174	3.9951	0.2503	0.0003
31	1009.742	0.0010	4034.968	3.9960	0.2503	0.0003
32	1262.177	0.0008	5044.710	3.9968	0.2502	0.0002
33	1577.722	0.0006	6306.887	3.9975	0.2502	0.0002
34	1972.152	0.0005	788.609	3.9980	0.2501	0.0001
35	2465.190	0.0004	9856.761	3.9984	0.2501	0.0001

附表 14 30%的复利系数表

年	一次支付		等额系列			
	终值系数	现值系数	年金终值系数	年金现值系数	资本回收系数	偿债基金系数
n	F/P，i，n	P/F，i，n	F/A，i，n	P/A，i，n	A/P，i，n	A/F，i，n
1	1.300	0.7692	1.000	0.7692	1.3000	1.0000
2	1.690	0.5917	2.300	1.3610	0.7348	0.4348
3	2.197	0.4552	3.990	1.8161	0.5506	0.2506
4	2.856	0.3501	6.187	2.1663	0.4616	0.1616
5	3.713	0.2693	9.043	2.4356	0.4106	0.1106
6	4.827	0.2072	12.756	2.6428	0.3784	0.0784
7	6.275	0.1594	17.583	2.8021	0.3569	0.0569
8	8.157	0.1226	23.858	2.9247	0.3419	0.0419
9	10.605	0.0943	32.015	3.0190	0.3321	0.0312
10	13.786	0.0725	42.620	3.0915	0.3235	0.0235
11	17.922	0.0558	65.405	3.1473	0.3177	0.0177
12	23.298	0.0429	74.327	3.1903	0.3135	0.0135
13	30.288	0.0330	97.625	3.2233	0.3103	0.0103
14	39.374	0.0254	127.913	3.2487	0.3078	0.0078
15	51.186	0.0195	167.286	3.2682	0.3060	0.0060
16	66.542	0.0150	218.472	3.2832	0.3046	0.0046
17	86.504	0.0116	285.014	3.2948	0.3035	0.0035
18	112.455	0.0089	371.518	3.3037	0.3027	0.0027
19	146.192	0.0069	483.973	3.3105	0.3021	0.0021
20	190.050	0.0053	630.165	3.3158	0.3016	0.0016
21	247.065	0.0041	820.215	3.3199	0.3012	0.0012
22	321.184	0.0031	1067.280	3.3230	0.3009	0.0009
23	417.539	0.0024	1388.464	3.3254	0.3007	0.0007
24	542.801	0.0019	1806.003	3.3272	0.3006	0.0006
25	705.641	0.0014	2348.803	3.3286	0.3004	0.0004
26	917.333	0.0011	3054.444	3.3297	0.3003	0.0003
27	1192.533	0.0008	3971.778	3.3305	0.3003	0.0003
28	1550.293	0.0007	5164.311	3.3312	0.3002	0.0002
29	2015.381	0.0005	6714.604	3.3317	0.3002	0.0002
30	2619.996	0.0004	8729.985	3.3321	0.3001	0.0001
31	3405.994	0.0003	11349.981	3.3324	0.3001	0.0001
32	4427.793	0.0002	14755.975	3.3326	0.3001	0.0001
33	5756.130	0.0002	19183.768	3.3328	0.3001	0.0001
34	7482.970	0.0001	24939.899	3.3329	0.3001	0.0001
35	9727.860	0.0001	32422.868	3.3330	0.3000	0.0000

附表 15　35%的复利系数表

年	一次支付		等额系列			
	终值系数	现值系数	年金终值系数	年金现值系数	资本回收系数	偿债基金系数
n	F/P，i，n	P/F，i，n	F/A，i，n	P/A，i，n	A/P，i，n	A/F，i，n
1	1.3500	0.7407	1.0000	0.7404	1.3500	1.0000
2	1.8225	0.5487	2.3500	1.2894	0.7755	0.4255
3	2.4604	0.4064	4.1725	1.6959	0.5897	0.2397
4	3.3215	0.3011	6.6329	1.9969	0.5008	0.1508
5	4.4840	0.2230	9.9544	2.2200	0.4505	0.1005
6	6.0534	0.1652	14.4384	2.3852	0.4193	0.0693
7	8.1722	0.1224	20.4919	2.5075	0.3988	0.0488
8	11.0324	0.0906	28.6640	2.5982	0.3849	0.0349
9	14.8937	0.0671	39.6964	2.6653	0.3752	0.0252
10	20.1066	0.0497	54.5902	2.7150	0.3683	0.0183
11	27.1493	0.0368	74.6976	2.7519	0.3634	0.0134
12	36.6442	0.0273	101.8406	2.7792	0.3598	0.0098
13	49.4697	0.0202	138.4848	2.7994	0.3572	0.0072
14	66.7841	0.0150	187.9544	2.8144	0.3553	0.0053
15	90.1585	0.0111	254.7385	2.8255	0.3539	0.0039
16	121.7139	0.0082	344.8970	2.8337	0.3529	0.0029
17	164.3138	0.0061	466.6109	2.8398	0.3521	0.0021
18	221.8236	0.0045	630.9247	2.8443	0.3516	0.0016
19	299.4619	0.0033	852.7483	2.8476	0.3512	0.0012
20	404.2736	0.0025	1152.2103	2.8501	0.3509	0.0009
21	545.7693	0.0018	1556.4838	2.8519	0.3506	0.0006
22	736.7886	0.0014	2102.2532	2.8533	0.3505	0.0005
23	994.6646	0.0010	2839.0418	2.8543	0.3504	0.0004
24	1342.797	0.0007	3833.7064	2.8550	0.3503	0.0003
25	1812.776	0.0006	5176.5037	2.8556	0.3502	0.0002
26	2447.248	0.0004	6989.2800	2.8560	0.3501	0.0001
27	3303.785	0.0003	9436.5280	2.8563	0.3501	0.0001
28	4460.110	0.0002	12740.313	2.8565	0.3501	0.0001
29	6021.148	0.0002	17200.422	2.8567	0.3501	0.0001
30	8128.550	0.0001	23221.570	2.8568	0.3500	0.0000
31	10973.54	0.0001	31350.120	2.8569	0.3500	0.0000
32	14814.28	0.0001	42323.661	2.8569	0.3500	0.0000
33	19999.28	0.0001	57137.943	2.8570	0.3500	0.0000
34	26999.03	0.0000	77137.223	2.8570	0.3500	0.0000
35	36448.69	0.0000	104136.25	2.8571	0.3500	0.0000

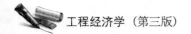

附表 16 40%的复利系数表

年	一次支付		等额系列			
	终值系数	现值系数	年金终值系数	年金现值系数	资本回收系数	偿债基金系数
n	F/P，i，n	P/F，i，n	F/A，i，n	P/A，i，n	A/P，i，n	A/F，i，n
1	1.400	0.7143	1.000	0.7143	1.4001	1.0001
2	1.960	0.5103	2.400	1.2245	0.8167	0.4167
3	2.744	0.3654	4.360	1.5890	0.6294	0.2294
4	3.842	0.2604	7.104	1.8493	0.5408	0.1408
5	5.378	0.1860	10.946	2.0352	0.4914	0.0914
6	7.530	0.1329	16.324	2.1680	0.4613	0.0613
7	10.541	0.0949	23.853	2.2629	0.4420	0.0420
8	14.758	0.0678	34.395	2.3306	0.4291	0.0291
9	20.661	0.0485	49.153	2.3790	0.4204	0.0204
10	28.925	0.0346	69.814	2.4136	0.4144	0.0144
11	40.496	0.0247	98.739	2.4383	0.4102	0.0102
12	56.694	0.0177	139.234	2.4560	0.4072	0.0072
13	79.371	0.0126	195.928	2.4686	0.4052	0.0052
14	111.120	0.0090	275.299	2.4775	0.4037	0.0037
15	155.568	0.0065	386.419	2.4840	0.4026	0.0026
16	217.794	0.0046	541.986	2.4886	0.4019	0.0019
17	304.912	0.0033	759.780	2.4918	0.4014	0.0014
18	426.877	0.0024	104.691	2.4942	0.4010	0.0010
19	597.627	0.0017	1491.567	2.4959	0.4007	0.0007
20	836.678	0.0012	2089.195	2.4971	0.4005	0.0005
21	1171.348	0.0009	2925.871	2.4979	0.4004	0.0004
22	1639.887	0.0007	4097.218	2.4985	0.4003	0.0003
23	2295.842	0.0005	5373.105	2.4990	0.4002	0.0002
24	3214.178	0.0004	8032.945	2.4993	0.4002	0.0002
25	4499.847	0.0003	11247.110	2.4995	0.4001	0.0001
26	6299.785	0.0002	15746.960	2.4997	0.4001	0.0001
27	8819.695	0.0002	22046.730	2.4998	0.4001	0.0001
28	12347.570	0.0001	30866.430	2.4998	0.4001	0.0001
29	17286.590	0.0001	43213.990	2.4999	0.4001	0.0001
30	24201.230	0.0001	60500.580	2.4999	0.4001	0.0001

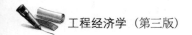

附表 17　45%的复利系数表

年	一次支付		等额系列			
	终值系数	现值系数	年金终值系数	年金现值系数	资本回收系数	偿债基金系数
n	F/P，i，n	P/F，i，n	F/A，i，n	P/A，i，n	A/P，i，n	A/F，i，n
1	1.4500	0.6897	1.0000	0.690	1.45000	1.00000
2	2.1025	0.4756	2.450	1.165	0.85816	0.40816
3	3.0486	0.3280	4.552	1.493	0.66966	0.21966
4	4.4205	0.2262	7.601	1.720	0.58156	0.13156
5	6.4097	0.1560	12.022	1.867	0.53318	0.08318
6	9.2941	0.1076	18.431	1.983	0.50426	0.05426
7	13.4765	0.0742	27.725	2.057	0.48607	0.03607
8	19.5409	0.0512	41.202	2.109	0.47427	0.02427
9	28.3343	0.0353	60.743	2.144	0.46646	0.01646
10	41.0847	0.0243	89.077	2.168	0.46123	0.01123
11	59.5728	0.0168	130.162	2.158	0.45768	0.00768
12	86.3806	0.0116	189.735	2.196	0.45527	0.00527
13	125.2518	0.0080	267.115	2.024	0.45326	0.00362
14	181.6151	0.0055	401.367	2.210	0.45249	0.00249
15	263.3419	0.0038	582.982	2.214	0.45172	0.00172
16	381.8458	0.0026	846.324	2.216	0.45118	0.00118
17	553.6764	0.0018	1228.170	2.218	0.45081	0.00081
18	802.8308	0.0012	1781.846	2.219	0.45056	0.00056
19	1164.1047	0.0009	2584.677	2.220	0.45039	0.00039
20	1687.9518	0.0006	3748.782	2.221	0.45027	0.00027
21	2447.5301	0.0004	5436.743	2.221	0.45018	0.00018
22	3548.9187	0.0003	7884.246	2.222	0.45013	0.00013
23	5145.9321	0.0002	11433.182	2.222	0.45009	0.00009
24	7461.6015	0.0001	16579.115	2.222	0.45006	0.00006
25	10819.322	0.0001	24040.716	2.222	0.45004	0.00004
26	15688.017	0.0001	34860.038	2.222	0.45003	0.00003
27	22747.625	0.0000	50548.056	2.222	0.45002	0.00002
28	32984.056		73295.681	2.222	0.45001	0.00001
29	47826.882		106279.74	2.222	0.45001	0.00001
30	69348.978		154106.62	2.222	0.45001	0.00001

附表 18　50%的复利系数表

年	一次支付		等额系列			
	终值系数	现值系数	年金终值系数	年金现值系数	资本回收系数	偿债基金系数
n	F/P，i，n	P/F，i，n	F/A，i，n	P/A，i，n	A/P，i，n	A/F，i，n
1	1.5000	0.6667	1.000	0.667	1.50000	1.00000
2	2.2500	0.4444	2.500	1.111	0.90000	0.40000
3	3.3750	0.2963	4.750	1.407	0.71053	0.21053
4	5.0625	0.1975	8.125	1.605	0.62303	0.12308
5	7.5938	0.1317	13.188	1.737	0.57583	0.07583
6	11.3906	0.0878	20.781	1.824	0.54812	0.04812
7	17.0859	0.0585	32.172	1.883	0.53108	0.03108
8	25.6289	0.0390	49.258	1.922	0.52030	0.02030
9	38.4434	0.0260	74.887	1.948	0.51335	0.01335
10	57.6650	0.0173	113.330	1.965	0.50882	0.00882
11	86.4976	0.0116	170.995	1.977	0.50585	0.00585
12	129.7463	0.0077	257.493	1.985	0.50388	0.00388
13	194.6195	0.0051	387.239	1.990	0.50258	0.00258
14	291.9293	0.0034	581.859	1.993	0.50172	0.00172
15	437.8939	0.0023	873.788	1.995	0.50114	0.00114
16	656.8408	0.0015	1311.682	1.997	0.50076	0.00076
17	985.2613	0.0010	1968.523	1.998	0.50051	0.00051
18	1477.8919	0.0007	2953.784	1.999	0.50034	0.00034
19	2216.8378	0.0005	4431.676	1.999	0.50023	0.00023
20	3325.2567	0.0003	6648.513	1.999	0.50015	0.00015
21	4987.8851	0.0002	9973.770	2.000	0.50010	0.00010
22	7481.8276	0.0001	14961.655	2.000	0.50007	0.00007
23	11222.742	0.0001	22443.483	2.000	0.50004	0.00004
24	16834.112	0.0001	33666.224	2.000	0.50003	0.00003
25	25251.168	0.0000	50500.337	2.000	0.50002	0.00002

参考文献

[1] 武献华，宋维佳等. 工程经济学 [M]. 大连：东北财经大学出版社，2002.

[2] 邵颖红，黄渝祥. 工程经济学概论 [M]. 北京：电子工业出版社，2003.

[3] 兖矿集团有限公司. 济宁三号矿井建设项目后评价与展望 [M]. 北京：煤炭工业出版社，2002.

[4] 张慧玲. 投资项目后评价不同方法的应用实例分析 [J]. 石油化工技术与经济，2011，27（1）：15–18.

[5] 郑小虎. 逻辑框架法在医药物流中心建设项目后评价中的实践与应用 [J]. 项目技术管理，2010，8（9）：42–45.

[6] 黄耀琴，郑千军. 鄂尔多斯盆地长北气田钻井工程项目后评价 [J]. 石油钻探技术，2011，39（5）：110–114.

[7] 黄渝祥. 后评价的方法论原则——项目后评价系列讲座之二 [J]. 石油化工技术经济，1997（2）：52–56.

[8] 李育宁. 鹤壁电力集团公司粉煤灰蒸压砖厂扩建工程项目后评价 [D]. 保定：华北电力大学硕士学位论文，2008.

[9] 崔轶. 公路建设项目后评价内容及方法的研究 [D]. 成都：西华大学硕士学位论文，2006.

[10] 张阿迪. 西昌玫瑰油项目后评价研究 [D]. 天津：天津大学硕士学位论文，2006.

[11] 刘翠梅. 旅游投资项目后评价 [D]. 青岛：青岛大学硕士学位论文，2006.

[12] 杨寿元. 我国边远农村地区通信建设项目评价分析 [D]. 北京：北京邮电大学硕士学位论文，2008.

[13] 鲍海君. 土地开发整理的 BOT 项目融资研究——特许权期决策与项目运行监督的博弈分析 [D]. 杭州：浙江大学博士学位论文，2005.

[14] 鲍学英，王琳. 工程经济学 [M]. 北京：化学工业出版社，2011.

[15] 布局成竞争关键，当当面临转型抉择 [N]. 经理日报，2010–12–01（B04）.

[16] 曹玲. 中国集成电路芯片项目投资风险分析 [D]. 西安：西安建筑科技大学硕士学位论文，2008.

[17] 陈德平，汪华华. 国内外技术经济理论的演变 [J]. 南昌水专学报，1992（1）：

58–63.

［18］ 陈福贵. 城市轨道交通项目经济评价方法研究与系统开发 [D]. 成都：西南交通大学硕士学位论文，2007.

［19］ 陈家根. "洋快餐"选址策略的启示 [N]. 新华日报，2001–05–11.

［20］ 陈敬武. 项目融资能力的综合集成评价方法和风险管理研究 [D]. 天津：河北工业大学博士学位论文，2007.

［21］ 陈旭. 公路 BOT 项目基于 BAYES 理论的投资决策 [D]. 成都：西南交通大学硕士学位论文，2009.

［22］ 陈占涛，郑天立. 关于物流园项目财务评价案例分析的探讨 [J]. 水利工程，2011，334（11）：8–11.

［23］ 邓华平. 行政立法价值工程原理初探 [D]. 成都：西南政法大学硕士学位论文，2006.

［24］ 邓铁军. 工程风险管理 [M]. 北京：化工工业出版社，2002.

［25］ 丁丽萍. 价值工程在房地产项目规划设计中的应用研究 [D]. 武汉：武汉理工大学硕士学位论文，2006.

［26］ 董小丽. 价值工程在软件项目需求工程中的应用研究 [D]. 天津：天津大学硕士学位论文，2008.

［27］ 杜春艳等. 工程经济学 [M]. 武汉：华中科技大学出版社，2007.

［28］ 杜峰，张胜利. 黄土高原丘陵沟壑区第 1 副区小流域淤地坝工程经济效益分析 [J]. 安徽农业科学，2011，39（5）：3035–3036.

［29］ 杜江. 基础设施特许经营项目投资机会分析 [D]. 长沙：中南大学硕士学位论文，2008.

［30］ 段海瑞. 房地产投资项目经济评价研究 [D]. 北京：首都经济贸易大学硕士学位论文，2002.

［31］ 郭立夫，张泽文. 多个独立方案的评选问题研究 [J]. 技术经济，2005（10）：95–96.

［32］ 国家发改委建设部. 建设项目经济评价方法与参数 [M]. 北京：中国计划出版社，2006.

［33］ 何洪伟.万科资本结构决策研究 [D]. 成都：西南交通大学硕士学位论文，2002.

［34］ 黄利明. 腾讯 QQ 今日在香港正式上市 [N]. 千龙科技，2004–06–16.

［35］ 黄亮. 城市基础设施建设项目融资模式研究 [D]. 北京：华北电力大学（北京）硕士学位论文，2008.

［36］ 黄伟. AHP 法的房地产项目投资方案的比较和选择 [D]. 杭州：浙江大学硕士学位论文，2002.

［37］黄有亮，徐向阳，谈飞，李希胜. 工程经济学［M］. 南京：东南大学出版社，2005.

［38］黄有亮，徐向阳等. 工程经济学［M］. 南京：东南大学出版社，2002.

［39］黄渝祥，邢爱芳. 工程经济学［M］. 上海：同济大学出版社，2005.

［40］姬赢.《70 万吨/年油页岩制油项目》财务评价［D］. 北京：华北电力大学（北京）硕士学位论文，2008.

［41］蒋德嵩. 蒙牛乳业登陆香港股市［N］. 南方日报，2004-10-20.

［42］肯德基（KFC）在中国［N］. 中国经营报，2001-03-20（020）.

［43］李大龙. 价值工程成本化评价方法在工程造价控制中的应用研究［D］. 华北电力大学（北京）硕士学位论文，2009.

［44］李骏. 关于快餐门店可获店址的选择研究［D］. 大连：大连海事大学硕士学位论文，2004.

［45］李南. 工程经济学［M］. 北京：科技出版社，2007.

［46］李彤. 谁导演国美资本尴尬“独角戏”?［J］. 中国企业家，2004（9）.

［47］李为. 城市轨道交通项目国民经济评价方法与参数研究［D］. 成都：西南交通大学硕士学位论文，2007.

［48］李伟. 价值工程在水利水电工程施工项目管理的应用研究［D］. 北京：国防科学技术大学硕士学位论文，2009.

［49］李相然，陈慧等. 工程经济学［M］. 北京：中国电力出版社，2008.

［50］林鹏. 住宅建设前期造价控制研究［D］. 重庆：重庆大学硕士学位论文，2003.

［51］刘长滨. 建筑工程经济学［M］. 北京：中国建筑工业出版社，1999.

［52］刘凡顺. 湖南省锂鱼江电厂扩建工程的经济效果评价研究［D］. 长沙：湖南大学硕士学位论文，2002.

［53］刘芬. 建筑设计项目管理理论方法及应用研究［D］. 天津：天津大学硕士学位论文，2007.

［54］刘霁，陈建宏，周智勇. 城市公园建设项目综合费—效分析的灰色评价［J］. 环境科学与技术，2009（8）：179-182.

［55］刘凌. 建设项目全过程造价控制研究［M］. 武汉：武汉理工大学出版社，2006.

［56］刘晓君，刘洪玉. 工程经济学［M］. 北京：中国建筑工业出版社，2008.

［57］刘亚臣. 工程经济学［M］. 大连：大连理工大学出版社，2008.

［58］刘玉杰. 价值工程在港口规划设计中的应用研究［D］. 天津：天津大学硕士学位论文，2009.

［59］刘玉明. 工程经济学［M］. 北京：清华大学出版社，2006.

［60］ 马瑞光，郭淑萍．本土化：肯德基抢占中国市场的利器［N］．经理日报，2007-07-22（A04）．

［61］ 马瑞光．肯德基的选址秘密［N］．民营经济报，2006-05-22．

［62］ 马瑞光．肯德基圈地［J］．农产品市场周刊，2007（12）．

［63］ 马瑞光．肯德基选址策略［N］．市场报，2006-07-07（006）．

［64］ 马瑞光．他山之石——肯德基的选址秘密［J］．中小企业科技，2006（6）：31-32．

［65］ 冒伟炜．谈财务评价的分析和国民经济评价［J］．科学之友，2010（33）：128-129．

［66］ 聂希凯．价值工程［M］．济南：山东人民出版社，1990．

［67］ 齐天志．世界著名烹鸡"专家"肯德基选址策略［N］．证券日报，2004-03-07．

［68］ 秦淼．候鸟客栈的创业构想［D］．长春：吉林大学硕士学位论文，2004．

［69］ 宋国防，贾湖主编．工程经济学［M］．天津：天津大学出版社，2006．

［70］ 宋伟，王恩茂．工程经济学［M］．北京：人民交通出版社，2006．

［71］ 孙晓芹．热水供热一次网经济比摩阻的研究［D］．太原：太原理工大学硕士学位论文，2010．

［72］ 谭浩邦，杨明．新编价值工程［M］．广州：暨南大学出版社，1996．

［73］ 唐凌风．S 公司财务诊断与优化［D］．广州：华南理工大学硕士学位论文，2010．

［74］ 涂胜．建设项目投资研究［D］．武汉：武汉理工大学硕士学位论文，2002．

［75］ 王蓓敏．沪常高速公路建设项目的国民经济评价［J］．中国市政工程，2010（8）．

［76］ 王红岩．公共项目经济评价体系研究［D］．大连：东北财经大学博士学位论文，2007．

［77］ 王乃静．价值工程概论［M］．北京：经济科学出版社，2006．

［78］ 王旭青．公共环境建设项目融资研究［D］．天津：天津大学硕士学位论文，2005．

［79］ 王蕴俊．现阶段房地产企业投资风险分析［D］．天津：天津大学硕士学位论文，2007．

［80］ 王振颖．高新技术改造传统产业项目的技术经济评价研究［J］．科学之友，2003（11）．

［81］ 王卓甫．工程项目风险管理：理论、方法与应用［M］．北京：中国水利水电出版社，2002．

［82］ 魏法杰，王玉灵，郑筠．工程经济学［M］．北京：电子工业出版社，2007．

[83] 文刚. 建筑施工项目成本控制研究 [D]. 武汉：武汉理工大学硕士学位论文，2008.

[84] 武献华，宋维佳，屈哲. 工程经济学 [M]. 北京：科学出版社，2010.

[85] 武献华，宋维佳，屈哲. 工程经济学 [M]. 大连：东北财经大学出版社，2007.

[86] 向丽，戴晓晖，刘天星. 水资源综合利用规划的国民经济评价——以阜康市水资源规划为例 [J]. 价值工程，2010（19）：117- 118.

[87] 肖静. 如何与天使共舞——本土企业联姻境外资本的三个案例 [J]. 企业管理，2005（1）：80-82.

[88] 辛侨. 浅谈项目后评价方法 [J]. 山西建筑，2007（7）：194.

[89] 熊鹏，陈伟琪，王萱，孟海涛. 福清湾围填海规划方案的费用效益分析 [J]. 厦门大学学报（自然科学版），2007（S1）：214-217.

[90] 徐帮学. 公路工程项目可行性研究与经济评价手册 [M]. 长春：吉林摄影出版社，1995.

[91] 徐朝，黄洁. 肯德基给我们的启示 [J]. 中国牧业通讯，2004（10）：36-39.

[92] 薛巨来. BOT 项目融资模式风险及其治理研究 [D]. 成都：西南交通大学硕士学位论文，2006.

[93] 杨汉宏等. 工程经济学 [M]. 北京：煤炭工业出版社，2002.

[94] 杨虹. 价值工程在砌体结构加固方案中的应用 [D]. 成都：西南交通大学硕士学位论文，2004.

[95] 杨久斌. 开发新产品如何做好财务评价 [J]. 航天技术与民品，1998（11）.

[96] 杨敏. 改扩建项目评估中经济效益评价的系统研究 [D]. 西安：西安建筑科技大学硕士学位论文，2005.

[97] 杨扬.肯德基创始人哈兰·山德士 [J]. 名人传记（财富人物），2009（11）.

[98] 于春田，赵建华等. 工程经济学 [M]. 石家庄：河北科学技术出版社，1990.

[99] 袁家荣. 基于价值工程的移动式混凝土布料机改进方案研究 [D]. 北京：国防科学技术大学硕士学位论文，2009.

[100] 张成林. CD 经济开发区工业标准厂房建设项目可行性研究 [D]. 成都：西南交通大学硕士学位论文，2008.

[101] 张胜寒，张彩庆，胡文培. 电厂湿法烟气脱硫系统费用效益分析 [J]. 华东电力，2011（2）：196-197.

[102] 张翔，马瑞光，郭淑萍. 中国市场、中国式管理的外资大鳄 [J]. 现代营销（学苑版），2009（8）.

[103] 赵国杰. 工程经济学 [M]. 天津：天津大学出版社，2003.

[104] 赵国杰. 为工程硕士设计新工程经济学体系 [J]. 中国地质大学学报（社会科学版），2003（1）.

［105］赵国杰. 新工程经济学体系设计［J］. 基础管理优化，2003（3）：32-35.

［106］赵俊平. 油气钻井工程项目风险分析与管理研究［D］. 大庆：大庆石油学院博士学位论文，2007.

［107］赵雅娟. 基于绿色 GDP 的污水处理项目国民经济评价［J］. 科技创新导报，2011（25）.

［108］赵玉建. 企业项目投资策划理论与方法研究［D］. 成都：西南石油学院硕士学位论文，2004.

［109］周健. 公路工程经济分析的关键问题研究［D］. 上海：上海海事大学硕士学位论文，2006.

［110］F. 罗伯特·雅各布斯，理查德·B.蔡斯. 运营管理［M］. 北京：机械工业出版社，2011.

［111］［美］L.D.麦尔斯. 价值工程教程［M］. 长沙：湖南大学出版社，1987.

［112］B. Leland，T. Anthony. Engineering Economy（5th Edition）［M］. New York：McGraw-Hill Companies Inc.，2002.

［113］Ursula Backhaus. An Engineer's View of Economics：Wilhelm Launhardt's Contributions［J］. Journal of Economic Studies，2000，27（4/5）：424-476.

［114］S. P. Chan. Contemporary Engineering Economics（3th Edition）［M］. New Jerey，Upper Saddle River：Prentice Hall，2002.